Pariser Märkte

SPEZIALITÄTEN · REZEPTE · MENSCHEN

Dieses Buch wäre ohne die Unterstützung und Hilfe von Freunden und Familienangehörigen nicht ent-standen, deshalb danken die Autorinnen ganz besonders Aurore Besson, Paul Bocuse, Kevin Caldwell, Yves Clerc, Alain Cirelli, Roberto Dutesco, Duccio Ermenegildo, Ben Gdalewicz, Ellen Kaplowitz, Ulli und Ellen Kurtinat, Philippe Levy, Rita Alix Meyer, Anthony und Cayetana Meyer, François Mouriès, Brian Nakauchi, Eric Philippe, Babou und Editha Poniatowski, Cynthia Rosenfeld, Elisabeth Slama, Alejandro und Sheila Smith, Ellen Sugarman, Gottfried Tollmann, Elizabeth Will, Brigitte Willisch und Johannes Zilkens sowie Laura Capsoni und Christoph Radl für die Zeit und Kreativität, die sie in dieses Buchprojekt gesteckt haben.

Fachliche Unterstützung kam von:
Camilla Invernizzi, Roberto Gennari, Pia Scavia Sophia Wellmans und Olaf Wipperfürth, Marie Christine und Jean Marie Allemoz (Caves Pétrissans), Isabelle Bantegny (Hediard), Gilles Bauduin (FNAC), Pascal Bensidoun, Alice Bouteille (Fauchon), Caviar Kaspia, Carol Chretiennot (Café de Flore), Terri de Vito, Marie-Hélène Passemier (Nicolas), Michel-Jacques Perrochon (Brasserie Lipp), Pierre Tellier, François Bastchera, Bruno Cigoi, Marie-France de Chabaneix, Comtesse Lucienne von Doz, Catherine Lacipière, Penta Swanson, Mario Sampaio und Michel Trousselle.

Dank an alle Marktbeschicker, die bereitwillig ihr Wissen weitergegeben haben, ganz besonders an Jean und Lucette Allain, Abdelrani und Laurence Benkritly, Edouard Boghossian, Annie Boulanger, André Camboulas, George Capitano-Courtot, Claude Ceccaldi, Madeleine und Basil Chauvel, Claudine und Jean Claude Crié, Nicole Denoit, Michel Felten, Christian Gardy, Henri-Jean Giboulot, Ginette Leconte, Monique und Daniel Letard, Jean-Marie Loren, Jacky Lorenzo, Dominique Martino, Laurence und Pascal Miolane, Raymond Neveux, Madame Ndongo, Philippe Perrete, Ibu Tall und Joël Thiébault.

Für meine Mutter Rita Alix Meyer.

Für meine Eltern Alejandro und Sheila Smith, in Erinnerung an meine Schwester Maruca.

Verlags- und Artdirektion: Peter Feierabend
Projektleitung: Miriam Rodriguez Startz
Lektorat: Burke Barrett
Design: Laura Capsoni & Christoph Radl, R.A.D.L. Inc., New York
Repros: Omnia Scanners, Mailand

Übersetzung aus dem Amerikanischen:
Jens Bommel, Cornell Ehrhardt, Gabriele Gugetzer, Wiebke Krabbe
Redaktion und Satz der deutschen Ausgabe:
Lesezeichen Verlagsdienste, Köln

Projektkoordination: Dr. Marten Brandt
Herstellung: Oliver Benecke

Druck und Bindung: Mladinska knijga tiskarna d.d., Ljubljana
Printed in Slovenia
ISBN 3-8290-2700-1

10 9 8 7 6 5 4 3 2 1

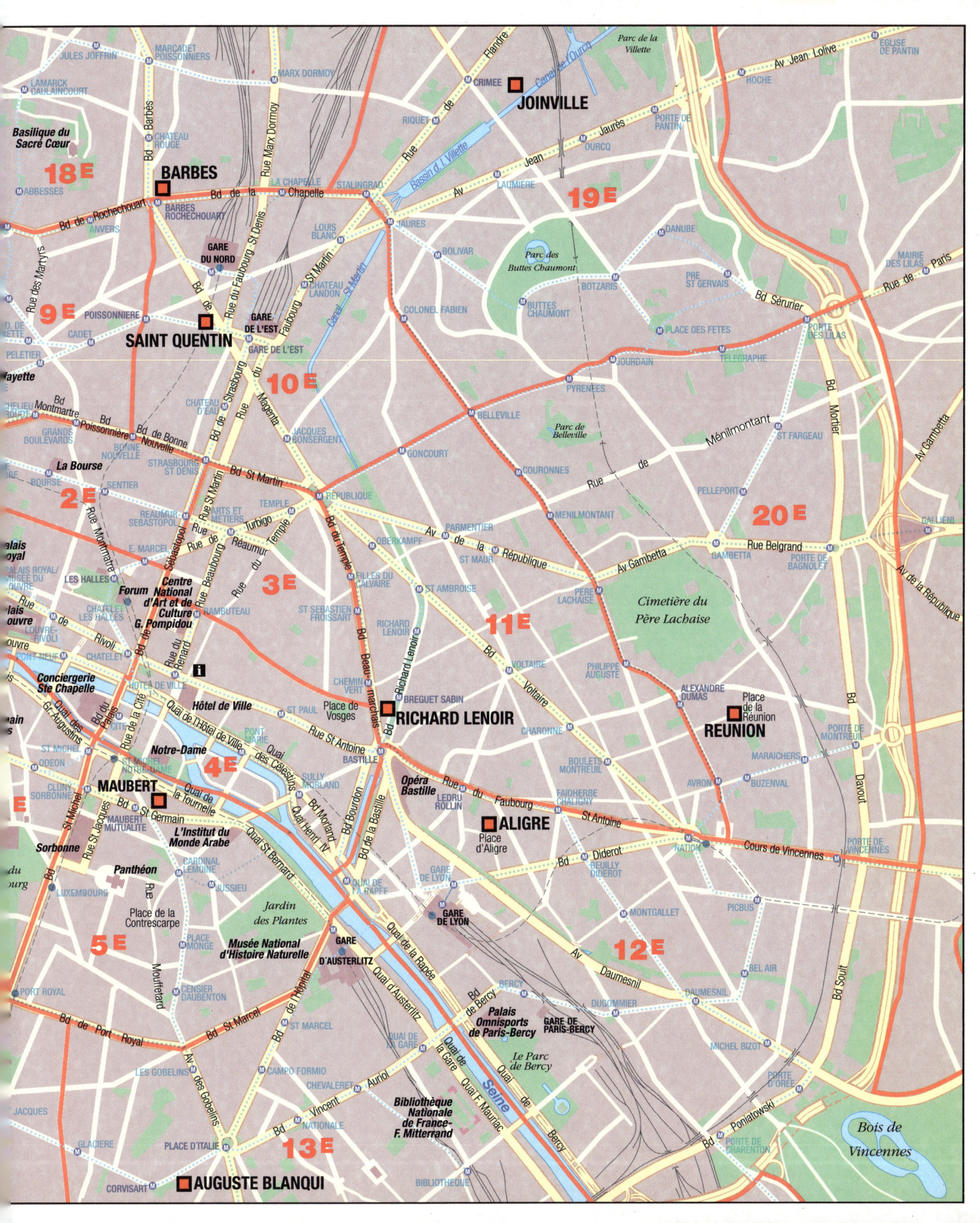

NICOLLE AIMEE MEYER & AMANDA PILAR SMITH

Pariser Märkte

SPEZIALITÄTEN · REZEPTE · MENSCHEN

VORWORT VON PAUL BOCUSE

KÖNEMANN

INHALT

Vorwort von Paul Bocuse • 9

Einleitung • 12

Ier–IVe ARRONDISSEMENT • DER BAUCH VON PARIS • *Les Halles* • 16

Ve ARRONDISSEMENT • LITERARISCHES GEMÜSE • *Der Marché Maubert* • 38

VIe ARRONDISSEMENT • DIE »ÖKOS« VON SAINT GERMAIN • *Der Marché Biologique Raspail* • 60

VIIe ARRONDISSEMENT • IM SCHATTEN DES EIFFELTURMS • *Der Marché Saxe-Breteuil* • 82

VIIIe ARRONDISSEMENT • À LA MADELEINE • *Der Marché Aguesseau* • 104

IXe–Xe ARRONDISSEMENT • MAGERE ERNTE • *Der Marché Saint Quentin* • 120

XIe ARRONDISSEMENT • DER STURM AUF DIE BASTILLE • *Der Marché Richard Lenoir* • 134

XIIe ARRONDISSEMENT • DIE NOTRE DAME DER MÄRKTE • *Der Marché d'Aligre* • 158

XIIIe ARRONDISSEMENT • EIN TAG AUF DEM LANDE • *Der Marché Auguste Blanqui* • 178

XIVe ARRONDISSEMENT • EIN VERBORGENES JUWEL • *Der Marché Montrouge* • 198

XVe ARRONDISSEMENT • AUF ZUM MARKT! • *Der Marché Saint Charles* • 216

XVIe ARRONDISSEMENT • BAUERN FÜR DIE HAUTEVOLEE • *Der Marché Président Wilson* • 236

XVIIe ARRONDISSEMENT • GLEISE ZU GRÜNEN FELDERN • *Der Marché Biologique Batignolles* • 260

XVIIIe ARRONDISSEMENT • PARIS – GANZ PREISWERT • *Der Marché Barbès* • 278

XIXe ARRONDISSEMENT • DER SCHMELZTIEGEL • *Der Marché Joinville* • 296

XXe ARRONDISSEMENT • VIVE LA FRANCE • *Der Marché Réunion* • 314

Betriebszeiten • 338

Marktadressen • 340

Fisch- und Käseübersicht • 342

Französischer Fleischschnitt (Rind) • 346

Kochglossar und Glossar • 347

Adressen • 350

Bibliographie, Bildnachweise, Abkürzungen • 351

MARKTREZEPTE

VORSPEISEN

ARTICHAUDS À L'ANCHOÏADE – Artischocken mit Anchoïade – 58
SOUFFLÉ AUX FLEURS DE COURGETTE – Zucchiniblüten-Soufflé – 79
TAPENADE – Olivenkaviar – 90
TARTE AU CHÈVRE – Zucchinitarte mit Ziegenfrischkäse – 101
DOLMA – 103
TERRINE DE FOIE GRAS – Stopfleberpastete – 118
TERRINE DE LAPIN ET CONFITURE D'OIGNONS – Kaninchenterrine mit Zwiebelchutney – 195
POMMES DE TERRE AU CANTAL – Mit Cantal überbackene Kartoffeln – 197
RACLETTE AU MONT D'OR – Raclette mit cremigem Mont d'Or – 209
PISSALADIÈRE – Zwiebeltarte – 232
FLEURS DE COURGETTE À L'ITALIENNE – Knusprig frittierte Zucchiniblüten – 255
CRÊPES AU SARRASIN – Buchweizencrêpes – 275
CAVIAR D'AUBERGINE – Auberginenkaviar – 293
PASTILLA MAROCAINE AU PIGEON – Marokkanische Pastillas mit Taube – 294
CHAMPIGNONS DE PARIS FOURRÉS AUX ESCARGOTS – Mit Schnecken gefüllte Champignons – 305

SUPPEN

SOUPE À L'OIGNON ET AUX XÉRÈS – Zwiebelsuppe mit Sherry – 37
SOUPE AUX MARRONS – Maronencremesuppe – 196
VICHYSSOISE D'AVOCAT – Avocado-Vichyssoise – 293

SALATE

SALADE DE MÂCHE ET DE BETTERAVE – Pariser Feldsalat mit Roter Bete – 79
SALADE DE COQUILLES ST. JACQUES AU MONBAZILLAC – Salat mit Jakobsmuscheln und Monbazillac-Vinaigrette – 117
SALADE DE POULPES ET DE POMMES DE TERRE – Mediterraner Oktopus-Kartoffel-Salat – 155
SALADE AUX HERBES – Sommerlicher Kräutersalat – 277

FISCH UND MEERESFRÜCHTE

HUÎTRES À LA NAGE – Austern in einer Brühe aus Riesling und Crème fraîche – 57
SARDINES FRAÎCHES PRINTANIÈRES – Marinierte Sardinen mit Frühlingsgemüsen – 132
DORADE AU FENOUIL – Goldbrasse mit Fenchel gebacken – 156
RAIE À LA VINAIGRETTE TIÈDE – Rochen mit warmer Kapern-Oliven-Vinaigrette – 176
BRUSCHETTA AUX PÉTONCLES – Bruschetta mit Kamm-Muscheln – 232
TIMBALE DE CRABE ET RATATOUILLE – Taschenkrebs-Timbale mit Ratatouille – 256
PAVÉ DE SAUMON AVEC SALADE DE LENTILLES – Pochierter Lachs mit Linsensalat – 275
FRITURE D'ÉPERLAN – Frittierte Stinte – 311
MOULES MARINIÈRES – Gedämpfte Miesmuscheln mit Schalotten und Wein – 333
BRANDADE DE MORUE – Südfranzösisches Stockfisch-Kartoffelpüree – 334

GEFLÜGEL UND KLEINWILD

LAPIN AU CALVADOS – Geschmortes Kaninchen nach Art der Normandie – 58
COQ AU VIN – Hahn in Rotwein – 131
YASSA DE POULET – Würziges Limetten-Yassa-Huhn – 155
MAGRET DE CANARD AU PORTO – Kurz gebratene Entenbrust mit Portweinsauce – 175
PINTADE AU CHOU – Perlhuhn mit Wirsing – 196
CHAPON AU CHAMPAGNE – Kapaun mit Champagner und Trüffeln – 214
CAILLES AUX FIGUES FRAÎCHES – Wachteln mit frischen Feigen – 235
CANARD AUX CERISES – Ente mit Kirschen – 312
POULET AU RIESLING – Huhn mit Rieslingsauce – 312

FLEISCH

POT-AU-FEU – Würziger Rindseintopf mit Brühe – 35
ONGLET À L'ÉCHALOTE – Kurz gebratenes Steak mit Schalotten und Rotweinsauce – 80
PALETTE DE PORC FERMIER AU FOUR – Gebratene Schweineschulter mit Thymian – 101
CHEVREUIL AUX PRUNEAUX – Rehmedaillons mit Backpflaumen und Cognacsauce – 117
ROGNONS DE VEAU À LA CRÈME – Kalbsnieren mit Cognac-Sahne-Sauce – 131
AGNEAU AUX HARICOTS BLANCS – Lammragout mit weißen Bohnen – 175
RÔTI DE VEAU AUX CAROTTES DOUCES – Kalbsbraten mit süßen Möhren – 256
BŒUF BOURGUIGNON – Rinderschmortopf mit rotem Burgunder – 258
TAGINE D'AGNEAU AUX CITRONS CONFITS – Lamm-Tagine mit Oliven und eingelegten Zitronen – 294
HACHIS PARMENTIER – Im Ofen überbackenes Kartoffelpüree mit Hackfleisch – 333

DESSERTS

MOUSSE AU CHOCOLAT – Klassische Mousse au chocolat – 37
SOUFFLÉ AUX FRAMBOISES – Himbeersoufflé – 80
GÂTEAU AUX AMANDES ET AU CHOCOLAT – Mandel-Schokoladen-Kuchen – 103
MADELEINES – 118
SORBET DE KIWI – Kiwisorbet – 133
GÂTEAU AU FROMAGE BLANC – Bauern-Frischkäsekuchen – 156
TARTE AUX MIRABELLES – Mirabellentarte – 176
COMPOTE DE FRUITS SECS – Kompott aus Trockenfrüchten mit Weißwein – 197
GÂTEAU AUX POMMES – Warmer Butter-Apfel-Kuchen – 214
CRÈME CARAMEL – 235
TARTE AU CITRON – Zitronentarte – 258
GÂTEAU À L'ORANGE – Orangenkuchen mit Cointreau – 277
COINGS POCHÉS AU CASSIS – In Cassis pochierte Quitten – 313
CLAFOUTIS AUX CERISES – Clafoutis mit Kirschen – 334

Nehmen Sie Ihren Einkaufskorb und folgen Sie unseren beiden Fremdenführerinnen: Nicolle Aimée MEYER und Amanda Pilar SMITH laden Sie ein zu einem wirklich originellen Rundgang durch Paris. Bei einem Streifzug über alle Pariser Wochenmärkte lernen Sie jedes Viertel mit seiner speziellen Nachbarschaft und Geschichte kennen.

Vergessen Sie Stress, Lärm und das tosende Leben der Stadt und wenden Sie sich dieser charmanten und bezaubernden Seite von Paris zu, die Ihre Sinne mit den unterschiedlichsten Gerüchen und Farben anregt. Hier, in der warmherzigen Atmosphäre der Märkte, schlägt das Herz der Hauptstadt.

Gemüsegärtner und Bauern aus dem Umland buhlen über die Stände hinweg um die Gunst der Kunden. Jeder soll sich vom Besten etwas auswählen. Auch Handeln ist erlaubt, Probieren ebenso – man muss nur fragen! Vorgefertigte Meinungen und Geschmäcker sollte man getrost zu Hause lassen und sich vom jeweiligen saisonalen Angebot verführen lassen, Ratschläge und Großmutters Rezepte wohlwollend aufnehmen.

Genießen Sie diese außergewöhnlichen Orte, diese Schmelztiegel von Kulturen, Geschmäckern und Ideen, wo man sich trifft, miteinander redet, sich gelassen begegnet und sich freut, so leckere Dinge mit nach Hause nehmen zu können. Aber um auch wirklich das Beste zu erwischen, ist es ratsam, sich den Wecker zu stellen, und vor neun Uhr über die Märkte zu schlendern. Dann können Sie während der schönen Jahreszeit wirklich frisches Obst und Gemüse erstehen, am Vortag oder sogar noch am gleichen Morgen gepflückt. Frühaufsteher können sich in einem der umliegenden Cafés bei einem *petit café* und einem *croissant* auf ihr Tagewerk vorbereiten.

Denjenigen, die keinen Wecker haben und später kommen, dienen ein Aperitif oder ein kleines Glas Weißwein, dazu ein paar frische Austern oder ein Stück *saucisson*, am Bistro-Tresen eingenommen, als Appetitanreger. So gestärkt lassen sich die Märkte oder die in diesem Werk kenntnisreich beschriebenen hervorragenden *traiteurs* aufs Schönste genießen.

Wenn Sie hochwertige Produkte finden, vergessen Sie nicht, die Erzeuger zu loben! Sie brauchen Ihre Meinung, um ihre Leistung zu verbessern und sich gegen Massenproduktion zu behaupten. Freunde der biologisch angebauten und hergestellten Produkte finden in diesem Werk wertvolle Informationen zu Biomärkten. Außerdem wird zu Recht erwähnt, dass auf fast allen Wochenmärkten nicht nur Lebensmittel, sondern auch Kleidung, Schuhe, Drogerieartikel, Vogelfutter und ähnliches angeboten wird.

Immer haben Sie auf den Pariser Marktplätzen die Qual der Wahl, inmitten von Händlern, die die pure Lebensfreude verbreiten. Ein guter Einkauf macht auch gute Laune, und wenn Ihnen an einem solchen Tag auch noch die Sonne lacht, ist das Glück vollkommen.

Wenn Sie schwer beladen nach Hause kommen und die herrlichen Waren aus Ihrem Korb noch einmal begutachten, dann gedenken Sie unserer beiden Autorinnen, die für alle, die gerne gut essen, eine bemerkenswerte und sehr lobenswerte Arbeit geleistet haben.

Ich beglückwünsche Nicolle Aimée und Amanda Pilar! Dieser kulinarische Spaziergang wird unvergesslich bleiben. Dank ihrer wertvollen Ratschläge können wir uns hernach – erquickt an Körper und Geist – zu Tisch begeben.

Paul Bocuse

EINLEITUNG

Man stelle sich vor, durch Paris zu bummeln, vorbei am Eiffelturm und am Louvre, auf der sonnenbeschienenen Terrasse eines Straßencafés einen schaumig aufgeschlagenen *café au lait* zu bestellen, dann den Spaziergang in Richtung Notre-Dame fortzusetzen und dabei unvermutet auf einen malerischen Platz zu stoßen, wo das Leben pulsiert. Fremdartige Düfte steigen in die Nase, saftige Früchte sind zu Pyramiden aufgetürmt, frisch zubereitete Pâtés liegen aufgereiht, der Duft von Brathähnchen erfüllt die Luft, dazwischen Pfingstrosen, gestreut wie Farbtupfer, und glatt schimmernde Fische in einem durchchoreographierten Ballett auf zerstoßenem Eis. Oder in einem verschlafenen Teil der Stadt aus der Métro zu steigen und über einen Markt zu flanieren, dessen bunt gestreifte Markisen einen Großteil des Pflasters beschatten. Menschen schieben sich dicht gedrängt entlang schmaler Gänge und können aus einem Meer von Waren auswählen, während die Rufe der Verkäufer die morgendliche Luft zum Sirren bringen. Diese unter freiem Himmel abgehaltenen Märkte sind das bestgehütete Geheimnis von Paris.

Ein solcher Markt lag direkt vor unserer Haustür. Wir fragten uns, ob sich der Rest der Stadt in einer ähnlich beneidenswerten Lage befände oder ob nur wir einen solchen Luxus genossen. Mit dem Fahrrad erkundeten wir bald jeden Winkel der Stadt, bewaffnet mit Fotoapparat und Notizblock. Was als Hobby begann, wurde bald zur Leidenschaft und damit Grundlage des vorliegenden Buches. Jeder Einwohner von Paris kennt zwar seinen eigenen Markt, doch hat er nur selten eine Vorstellung von der Größe und der Vielfalt der anderen Stadtmärkte. Auch wir wussten anfangs nicht, dass es 62 solcher »vagabundierenden« Märkte gibt, die eine Armee von 20 000 Verkäufern beschäftigen und Paris damit zu der Weltstadt machen, die besser als jede andere mit Lebensmitteln versorgt wird. Ein Rundgang von Markt zu Markt, wie im vorliegenden Buch beschrieben, ist gleichzeitig auch eine Stadtführung. Er öffnet die Tore zur Pariser Geschichte und zu den kulinarischen Gewohnheiten der Pariser Bevölkerung.

Die Markttradition lässt sich bis ins 5. Jahrhundert zurückverfolgen; damals schon boten auf dem Platz, auf dem heute Notre-Dame steht, Verkäufer ihre Waren feil. Bis heute ist diese Tradition ein wichtiger Bestandteil des alltäglichen Lebens in Paris. Jeden Abend werden entlang der geschäftigen Boulevards und auf baumbestandenen Plätzen Eisenstangen in das Pflaster gerammt und Markisen entrollt, wird das Skelett eines Marktes errichtet, das die Verkäufer und ihre Produkte erwartet. Am nächsten Morgen um sechs Uhr kommen – ob es regnet oder die Sonne scheint – die Bauern mit eigenen Erzeugnissen oder Marktverkäufer mit Produkten vom Großmarkt Rungis und breiten ihre Waren aus. Die Tische werden abgedeckt, die Planen hochgezogen, die

verschiedenen Spezialitäten liebevoll dekoriert, es werden Lichterketten gezogen, Preise auf Tafeln übertragen und Waagen ausgerichtet. Um acht Uhr morgens treffen die ersten vereinzelten Käufer ein, bewaffnet mit Körben und Einkaufswagen, um die knackigsten Salate und wohlschmeckendsten Fleischstücke, den besten Tagesfang und das schönste Obst zu erstehen.

Im Verlauf des Vormittags kommen die Märkte richtig in Schwung. Kunden stehen an ihrem Lieblingsstand in der Schlange an, Nachbarn tauschen Klatsch aus, die Verkäufer erfüllen betriebsam alle Wünsche und bieten Kostproben feil, Bettler suchen sich strategisch günstige Plätze, Hunde unter den Ständen nach Abfällen, Babys knabbern in ihren Buggys genüsslich an einem Stück Baguette und Kinder drängen sich um die Stände – in Augenhöhe von süßen Torten oder herzhaften Schinken. Die Zeit vergeht wie im Flug. Um ein Uhr mittags sind die Menschenwogen abgeebbt, ist man mit seinen schweren Körben und zum Platzen gefüllten Plastiktüten auf dem Weg nach Hause. Langsam werden die Stände abgebaut. Man nimmt sich Zeit für eine Zigarettenpause und ein Schwätzchen; was nicht verkauft wurde, wandert wieder in die klimatisierten Transporter. Leere Kisten und Pappkartons stapeln sich im Rinnstein. Nun tritt das städtische Putz-Rollkommando in seinen grünen Uniformen und mit fluoreszierenden grünen Besen auf den Plan und widmet sich den Abfallbergen, während Tauben den Platz erobern. Um drei Uhr nachmittags sieht das Fleckchen Stadt wieder so aus wie immer und liefert keinen Hinweis mehr auf das Spektakel, das sich noch vor kurzem hier abspielte.

Ein Markt, das ist eine lebendige Einheit, die das Lokalkolorit eines Stadtteils widerspiegelt. Paris ist aufgeteilt in 20 solcher Stadtteile, Arrondissements genannt, die sich spiralenförmig vom Zentrum bis zum östlichsten Ende winden. Das vorliegende Buch folgt dieser Anordnung. Jedes Arrondissement hat seinen eigenen Charakter und seine eigene Geschichte, oftmals auch seine eigene Kultur. In jedem Kapitel entdeckt man ein neues Arrondissement und unseren jeweiligen Lieblingsmarkt, ausgewählt nach den Kriterien Atmosphäre und Angebot. Häufig hat ein Stadtteil mehr als einen Markt. In diesem Fall werden alle Märkte im Kapitel kurz beschrieben und zusätzlich im Anhang aufgeführt, der wie ein Stadtführer alle Beurteilungskriterien und die genauen Adressen nennt. Dieser Anhang enthält auch eine vollständige Aufzählung aller Geschäfte und Restaurants, die im Buch erwähnt werden.

Alle offenen Märkte sind unterschiedlich, jeder hat eine besondere Atmosphäre. Deshalb haben wir uns auf diese konzentriert, denn sie verwandeln anonymes Großstadtpflaster in einen lebendigen Treffpunkt. Jede Jahreszeit hat ihre eigenen Farben und Aromen, am Wochenende trifft sich eine spezielle Mischung von Käufern und Kleinunterhaltern. Die Großstadthektik verschwindet hinter den üppigen Auslagen und dem fröhlichen Geplänkel der Verkäufer. Süß duftende Melonen, frisch gebackenes Brot und körbeweise Oliven versetzen den Beobachter in die Stimmung eines sonnendurchfluteten Platzes in der Provence, während das Menschengewusel, duftende Gewürze und klangvolle Rufe an einen marokkanischen *souk* erinnern. Oft ist die Atmosphäre der Märkte genauso atemberaubend wie ihr Angebot – was für ein herrliches Gefühl ist es, von seinem Bund Radieschen in den Himmel zu blicken und den Eiffelturm oder die geflügelte Figur des Genie de la Bastille über sich schweben zu sehen.

Märkte unter freiem Himmel werden zwei bis drei Mal pro Woche abgehalten und sind nur vormittags zwischen acht und ein Uhr geöffnet. Die Verkäufer zahlen den ein, zwei oder drei Märkten, auf denen sie regelmäßig ihre Stände aufstellen, jährliche Gebühren. Auch fest installierte, überdachte Märkte und Straßenmärkte werden in diesem Buch am Rande vorgestellt. Im Gegensatz zu den Markthallen mit ihren Einzelständen befinden sich die Straßenmärkte in Fußgängerzonen. Die Waren werden auf den Bürgersteigen feilgeboten und das – mit Ausnahme der heiligen Mittagspause und des heiligen freien Montags! – durchgängig an jedem Tag der Woche.

Wenn man in dieses Markttreiben eintaucht und seine Sitten und Gebräuche studiert, entdeckt man auch eine neue Facette dieser Stadt. Auf unserer Erkundungstour durch Paris fanden wir Restaurants und kleine versteckte Ecken, besuchten Denkmäler und Sehenswürdigkeiten und verplauderten uns mit den Verkäufern, die in diesem Buch ihre Geheimtipps weitergeben. Jeder war mit Enthusiasmus dabei, viele überließen uns ihre Familienrezepte, die wir in unserer bescheidenen Küche auf einer Arbeitsfläche zubereiteten und auf zwei Elektroplatten nachkochten. Einige dieser Rezepte klingen aufwendig, sind aber in der Praxis überraschend einfach und gelingen immer.

Ob man nun den Morgen auf einem sonnigen Markt vertrödelt oder es sich am Nachmittag mit dem Buch auf dem Sofa gemütlich macht und später eines der vorliegenden Rezepte für ein romantisches *tête-à-tête* zubereitet – wir hoffen, dass der Leser durch die Lektüre dieses Buches die gleiche Entdeckerfreude beim Aufspüren der farbenfrohen Pariser Märkte haben wird wie wir.

 Dieses Symbol steht bei Kurzbeschreibungen anderer Märkte aus dem gleichen Arrondissement.

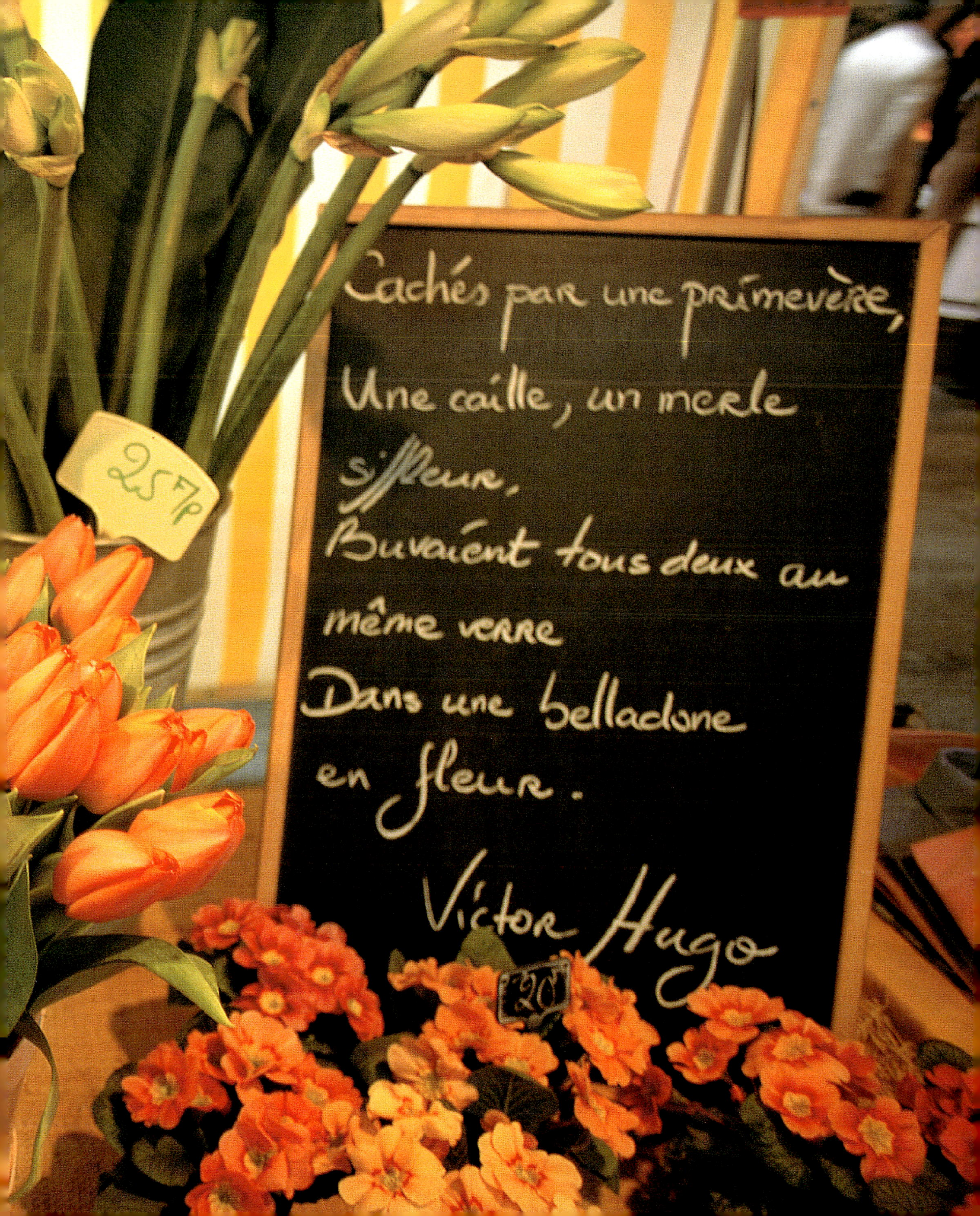
25 F/p
Cachés par une primevère,
Une caille, un merle
siffleur,
Buvaient tous deux au
même verre
Dans une belladone
en fleur.
Victor Hugo
20

Das Herz von Paris wird vom Verkehr regiert: Entnervte Autofahrer trommeln mit den Fingern gegen das Armaturenbrett, Vespas düsen laut knatternd im Zickzackkurs durch das Meer von Autos, Menschenmengen versperren die schmalen Bürgersteige. Kaum ein anderer Stadtteil von Paris ist so verstopft wie die Innenstadt, die ersten vier Arrondissements. Nirgendwo sonst findet man so viele Touristen. Denn hier liegen dicht gedrängt auf engstem Raum Denkmäler, Relikte aus dem Altertum, Museen, wunderschöne öffentliche Plätze, Läden, Kirchen, Kaufhäuser und ein riesiger Pendlerbahnhof. Hier ist das Marais mit seinen aus dem Mittelalter stammenden Straßen und Häusern, liegen der Palast und die Gärten des Louvre, finden sich die gotischen Türme und Turmspitzen von Notre-Dame und die beeindruckende Architektur rund um die Place Vendôme. Viele Jahrhunderte lang war dieser Stadtteil auch die Heimat des größten Großmarkts der Welt, Les Halles.

Ier–IVe ARRONDISSEMENT

Die »Bewohner« von Les Halles wirkten, als seien sie unabhängig vom Rest des *quartiers* und waren rund um die Uhr damit beschäftigt, auch die entlegendste Ecke der Stadt mit Lebensmitteln zu beliefern. Früher ging es hier sogar noch hektischer und betriebsamer zu als heute, denn der Verkehr lief damals über Lastwagen, Pferde, Fuhrwerke, Körbe, Kisten – und alle versperrten sich den Weg. Als Les Halles Ende der 1960er-Jahre geschlossen und durch eine aseptisch wirkende Einkaufspassage ersetzt wurde, gab es Befürchtungen, dass er nun auch seine Vitalität verlieren würde. Doch das war nicht der Fall, denn obwohl das Herz von Paris nicht mehr im Nonstop-Takt von Les Halles schlägt, ist es noch äußerst lebendig.

Im 5. Jahrhundert n. Chr. wurde auf der Île de la Cité der erste Markt von Paris gegründet. Die ursprünglichen Brücken aus Holz, die die Insel mit dem linken und rechten Seineufer verbanden, wurden später durch die Brücken, die jedem Parisbesucher so vertraut sind, ersetzt.

DER BAUCH VON PARIS
Les Halles

Über Jahrhunderte hinweg lag in den ersten vier Arrondissements von Paris das Zentrum der Lebensmittelbelieferung der ganzen Stadt. Bis 1968 florierte Les Halles, dieser größte Großmarkt der Welt, mitten im 1. Arrondissement; im ganzen Viertel gab es viele feste Straßenmärkte und fliegende Händler. Seit dem 3. Jahrhundert v. Chr., als die Kelten Paris gründeten, wurde viel Energie aufgewendet, um Paris mit Lebensmitteln zu versorgen. Damals war Paris nur eine kleine Insel mitten in der Seine, Lutetia genannt. Seine Bewohner, die Parisii, lebten vom Fluss – den Fischen und dem Handel. Straßenhändler wanderten durch die Gassen der heutigen Île de la Cité und verkauften ihre Waren aus Körben oder von Karren.

MOUTARDIER 1586.

Damals wie heute hatten sich die Händler spezialisiert. Unabhängig davon, ob sie mit Austern, Früchten, Senf, Käse oder Fisch handelten – ihre Arbeit begann bei Tagesanbruch, denn dann verkauften sie im wörtlichen Sinne marktschreierisch ihre Waren. Erst seit dem 5. Jahrhundert wird ein tatsächlicher Markt erwähnt, der Marché Palu.

Paris hatte sich nun schon zu einem reichen und geschäftigen Handelszentrum entwickelt; einer geschätzten Bevölkerung von 15 000 Menschen standen 20 Kirchen zur Verfügung und der Marché Palu bot ihnen neben anderen kleineren Märkten auf der Insel die Möglichkeit, bei Fischern und Jägern ihren Fang und bei Bauern die Früchte ihrer Ernte zu erwerben. Selbst aus dem Mittleren Osten und aus Großbritannien kamen Händler mit Luxusartikeln hierher.

Ende des 6. Jahrhunderts war die Insel endgültig zu klein für die wachsende Bevölkerung geworden. Holzbrücken verbanden die Île de la Cité nun mit dem Festland, und hier boten Händler scharenweise ihre Waren an. Die Brücken waren auch der Ort, an dem die erste *tripière* von Paris registriert wurde. In großen Kesseln wurden die Innereien gekocht und noch heiss als Eintopf serviert: So entwickelte sich die Tradition, auf den Märkten auch Essen anzubieten. Später wurde auch der Marché Palu umgesiedelt. Einige seiner Händler schlugen ihre Stände auf der Place Maubert am linken Seineufer auf, andere zogen um auf den neu errichteten Place de la Grève am rechten Seineufer, wo heute das Hôtel de Ville steht. Der Markt erhielt den Namen des Platzes und blieb hier mehrere Jahrhunderte. Er entwickelte sich zum größten Markt der Stadt.

Im Jahr 1137 erwarb König Louis VI, der Dicke, ein Stück Land nördlich der Stadt, um dort ein neues Wirtschaftszentrum zu errichten, das den florierenden Markt beherbergen sollte. Der Marché de la Grève wurde in »Les Champeaux« umbenannt, denn er war von landwirtschaftlichen Feldern (*champs*) umgeben. Die Wahl des neuen Standorts hatte mehrere Gründe: Zum einen lag er in der Nähe der Durchgangsstraße Rue St. Denis, auf der die königlichen Prozessionen ihren Weg Richtung Notre-Dame nahmen, zum anderen relativ nahe am Flussufer, was es den Händlern ermöglichte, ihre Waren über die Seine zu transportieren. Damit eine konstante Weizenbelieferung sichergestellt war – Weizen hatte sich zu einem Grundnahrungsmittel entwickelt – wurde am Markt ein Getreidelagerhaus errichtet. Anfangs stellten auf Les Champeaux vorrangig Weber, Gerber, Metallarbeiter, Kurzwarenhändler und Töpfer aus; die kleineren Lebensmittelmärkte verblieben im Stadtzentrum, näher am Fluss und seinen Bewohnern.

Links: Blick auf die Menschenmassen vor Les Halles, dem größten Großmarkt der Welt, der mitten in der Pariser Innenstadt lag (Foto um 1939).
Oben: Senf- und Essigverkäufer gehörten zu den vielen Händlern, die mit ihren heiss begehrten Waren durch die Straßen von Paris zogen.

Über Jahrhunderte hinweg lag in den ersten vier Arrondissements von Paris das Zentrum. König Philippe II Auguste trat in die Fußstapfen seines Großvaters und baute Les Champeaux weiter aus. Im Jahr 1183 kamen zwei Hallen hinzu, in denen eine Handelsmesse untergebracht wurde, die sich großer Beliebtheit erfreute. Das wiederum vergrößerte die Bedeutung des Marktes, von dem der König Gebühren und Steuern eintrieb. Um noch mehr Menschen anzulocken, baute er ein Handels- und Wirtschaftszentrum und ließ neue Geschäfte und Wohnhäuser errichten. Nach dieser Urbanisierung gab er den Auftrag, eine neue Stadtmauer zu ziehen, um Les Champeaux innerhalb der Stadtgrenzen zu wissen. Metzger errichteten ihr eigenes Viertel, Fischer brachten ihren Tagesfang und Bauern verkauften frische landwirtschaftliche Erzeugnisse. Ende des 13. Jahrhunderts waren sechs neue Hallen errichtet worden. Hier erwarb der Großteil der mittlerweile 200 000 Personen zählenden Bevölkerung Waren wie Pelze, Leder, Spiegel und

gebaut, und die zum Markt führenden Straßen nach den Produkten benannt, die dort verkauft wurden, beispielsweise Rue de la Fromagerie. Les Champeaux war nun der zentrale Groß- und Einzelhandelsmarkt von Paris. Und es entwickelte sich sein Name: »Les Halles« – nach dem Wort *aller* (gehen), denn hier ging in den folgenden vier Jahrhunderten einfach jedermann einkaufen.

Les Halles wuchs mit bemerkenswerter Geschwindigkeit. Innerhalb der Stadtmauern hatte er sich bald zu einem eigenen Dorf entwickelt, mit eigener Kultur und ganz eigenem Rhythmus. Oft wurde der Markt als »Bauch von Paris« bezeichnet. Im Jahr 1811 würdigte Kaiser Napoleon seine Bedeutung: »Je veux que Les Halles soient Le Louvre du peuple!« (Ich will, dass Les Halles der Louvre des Volks wird!). Zwar sollte das noch 36 Jahre dauern, aber im Jahr 1847 wurde sein Versprechen wahr: Les Halles wurde abgerissen und als modernster und größter Großmarkt der Welt wieder aufgebaut. Der Architekt Victor Baltard

Modeschmuck – Luxusartikel, die in der Blütezeit des Mittelalters sehr begehrt waren. Auch Töpfe, Körbe, Wein, Salz und Nahrungsmittel konnte man hier erstehen. Doch dann bereiteten die Pest und der Hundertjährige Krieg einer Weiterentwicklung des Marktes ein Ende. Ab Mitte des 14. Jahrhunderts schrumpften die Bevölkerungszahlen auf die Hälfte zusammen.

Mitte des 16. Jahrhunderts hatte sich Paris von diesen tragischen Ereignissen wieder erholt. Die Stadt expandierte gen Norden; der Markt hatte sich im Stadtkern großzügig ausgedehnt. Unter König Henri II wurde Les Champeaux erweitert, um den vielen Verkäufern, die sich wie »Kraut und Rüben« vor den Hallen ausgebreitet hatten, ein Dach über dem Kopf zu bieten. Neue Lebensmittelhallen wurden

wurde beauftragt, zwölf unterkellerte Pavillons aus Eisen und Glas mit Kühlräumen, einem ausgeklügelten Belüftungssystem, Gaslichtleitungen und dem einzigartigen Wasserleitungs- und Abwassersystem zu entwerfen. Diese Megalopolis entwickelte sich zur Lebensmittelhauptstadt der Welt. Tausende lebten, aßen und arbeiteten hier. Les Halles funktionierte nach eigenen Regeln, und für jeden, der diese erleben durfte, war Les Halles gleichbedeutend mit einem echten Wunder.

Die Markthallen waren paarweise auf ingesamt 418 000 Quadratmetern zwischen der Rue du Louvre und der Rue Saint Denis angeordnet. Nicht nur die Größe, sondern auch die Optik machten Les Halles reizvoll. In den riesigen Eingangstoren dieser beeindruckenden Konstruktionen aus Glas verschwanden Käufer und Verkäufer wie im Schlund eines Ungeheuers. Auf den Bürgersteigen vor den Hallen türmten sich Obst, Gemüse und Blumen. Den Verkäufern gelang es irgendwie, mit ihrem Verkaufsgeschrei den Lärmpegel der hupenden Lastwagen, die Nachschub anlieferten, zu übertönen. Käufer, immer auf der Suche nach der besten Wahl, hasteten zwischen Gemüsekisten hin und her, die mit atemberaubender Geschwindigkeit von den Lastwagen gelöscht und an den Ständen verkauft wurden. Jede Markthalle hatte sich auf bestimmte Lebensmittel spezialisiert. Man betrat den Markt etwa durch die Halle der *charcuterie*. Daran schloss sich die Halle für Wild und Geflügel an, gefolgt von den Hallen für Rindfleisch, Gemüse und Blumen. Auf dem Rückweg kam man durch die Halle für Süßwasserfische, gefolgt von der für Meeresfische, den Butter-, Eier- und Käse-Hallen und beendete den Gang in einer Markthalle, die Austern anbot.

Les Halles war so groß geworden, dass man sagte, jemand könne jahrelang an einem Ende des Marktes arbeiten, ohne je den anderen

unentbehrlich, nicht nur als Ordnungshüter, sondern auch als menschliche Gabelstapler. Ihre Hauptaufgabe, bei der sie von Trupps von Hilfsarbeitern, den so genannten *renforts*, unterstützt wurden, bestand im Löschen der Millionen von Kisten, Körben und Tierrümpfen, die vom Morgengrauen bis zum Sonnenuntergang quer durch die Hallen transportiert wurden. In Stärke und Kraft konnten ihnen nur die Metzger das Wasser reichen, die mühelos ganze Rinderschlachtkörper mit einem Gewicht von bis zu 300 Kilogramm tragen konnten. Die Metzger waren auch die wohlhabendsten aller Großhändler, denn Fleisch war das teuerste Lebensmittel von Les Halles. Streitigkeiten zwischen Polizisten und Metzgern wurden meist schnell beigelegt. Auch die städtische Polizei schaute täglich auf einen Inspektionsgang herein, um zu kontrollieren, ob in den Markthallen betrogen wurde und Kisten auch genau das enthielten, womit sie ausgezeichnet waren. Sie trugen zu dieser Zeit lang herunterhängende Pelerinen und je mehr Stunden

Teil des Marktes betreten zu müssen. Wer seinen 20-Tonner irrtümlich in die falsche Ecke des Marktes steuerte, musste oft lange nach jemandem suchen, der ihm erklären konnte, wo seine Waren eigentlich angeliefert werden sollten. Die Einzigen, die jeden Zentimeter von Les Halles kannten, waren die *forts des Halles* (die Polizeitruppe in den Markthallen). Im frühen 19. Jahrhundert wurde diese Polizeieinheit von Napoléon in Amt und Würden gesetzt. 1952 gehörten ihr 710 Mitglieder an. Mitglied wurde nur, wem es gelang, einen Korb, der mit Steinbrocken gefüllt war und der 240 frz. Pfund wog (204 kg) hochzuheben und auf dem Rücken quer durch eine Halle zu tragen. Die *forts* trugen Abzeichen, riesige Schlapphüte, die an Pilzhüte erinnerten und besaßen rund um Les Halles uneingeschränkte Autorität. Sie waren

sie in Les Halles blieben, desto beträchtlicher wuchs ihr Leibesumfang – mal bekamen sie ungefragt einen Käse zugesteckt, mal ein Huhn, eine Wurst, ein Kilo Äpfel. *Les Pelerines* (Die Pelerinen) verstauten diese etwas fragwürdigen Geschenke in den Innentaschen ihrer namengebenden Umhänge und teilten sie auf dem Kommissariat mit ihren Kollegen.

Oben: Mit seinen zwölf Hallen aus Glas und Eisen nahm Les Halles im Zentrum von Paris beträchtlichen Raum ein. Der Großmarkt zog Händler und Käufer aus ganz Paris und der Umgebung an.
Nächste Seite: Vor den Glaspavillons standen Träger, die *renforts*, die man anheuerte, um die erworbenen Waren aus den Markthallen zu den Karren für den Weitertransport zu bringen (Foto um 1910).

Jede Halle war eine Welt für sich, mit unterschiedlichen Öffnungszeiten, Verkaufstricks und -techniken, die wie andere Dinge auch auf die Bedürfnisse der jeweiligen Lieferanten, Käufer und Großhändler zugeschnitten waren. Als erstes standen zwischen 17 und 21 Uhr Blumen zum Verkauf an. Um Mitternacht bereiteten die Fischhändler, die schon seit dem Mittelalter auf Marktkarren oder Kutschen von den Küstenstreifen der Normandie und Bretagne nach Paris gekommen waren, ihren Fang für die Fischauktion um zwei Uhr morgens vor. Gegen vier Uhr morgens begannen Metzger und Geflügelhändler mit der Entladung der während der Nacht eingetroffenen Lieferwagen. Im Keller standen Tische aus Marmor, die mit Wasserhähnen ausgestattet waren, bereit für das Zerlegen und Ausnehmen von Fleisch. Dann wurden die Schlachtteile eine Etage tiefer in der Kühlung gelagert oder

ab Sonnenaufgang verkauft. Die *maraîchers* hatten zu diesem Zeitpunkt ihr Gartengemüse im Umland frisch gepflückt und begannen gegen neun Uhr morgens mit dem Verkauf. Les Halles war ein Riesenunternehmen, rund um die Uhr aktiv und steckte mit seiner Geschäftigkeit auch die umgebenden Viertel an. Zu Spitzenzeiten wurden in Les Halles im Jahr 1,7 Millionen Tonnen Lebensmittel umgesetzt. Eine Million Schweine, 700 000 Kühe, 900 000 Schafe, 36 000 Tonnen Butter, 300 Millionen Eier und 575 000 Tonnen Gemüse fanden so ihren Weg in die Kochtöpfe der Pariser Bevölkerung.

Der kaum zu kontrollierende, gleich bleibende Rhythmus von Les Halles zog Menschen aus allen Schichten an, die hier Lebensmittel kauften und verkauften, im Morgengrauen ihre Gelüste auf eine Zwiebelsuppe befriedigten, sich ein paar Francs verdienten, um ein Bett für

die Nacht und eine Mahlzeit zu finanzieren oder um im Menschenmeer ganz einfach unterzutauchen. Überall gab es Hotels, in denen nicht viel gefragt wurde. Hier konnten die völlig übermüdeten Arbeiter auch ein Nickerchen machen oder sich mit einer der vielen Prostituierten vergnügen, die nicht unerheblich zur besonderen Atmosphäre des Viertels beitrugen. In Les Halles wurde rund um die Uhr hart gearbeitet, und auch das älteste Gewerbe der Welt florierte inmitten dieses Strudels aus Bargeld, Alkohol und Tatendrang. Um 1900 gingen satte zehn Prozent der weiblichen Bevölkerung von Paris dieser Beschäftigung nach. Auch heute noch ist die Rue St. Denis ihr Hauptbetätigungsfeld. Dominique Loï wuchs in dieser Gegend auf. Ihr gehört auf der nahe gelegenen Rue Montmartre das Geschäft *Comptoir de la Gastronomie*. Sie beschreibt die Zustände folgendermaßen: »Als ich ungefähr acht Jahre alt war, ging

ich einmal mit meinem Vater, der hier im Viertel Metzger war, spazieren und fragte ihn, wer denn die jungen Damen seien, die da auf der Straße standen. Das seien die Sekretärinnen der Händler, erklärte er mir. Es erschien mir völlig logisch, gerade wenn man in Betracht zog, wie viele Menschen, wie mein Vater, dort arbeiteten. Jahre später wurde mir dann natürlich klar, was er mit dem Begriff Sekretärin gemeint hatte.«

Das Marktviertel entwickelte sich auch zu einem wichtigen Zentrum von Geld und Macht. Banken, Zeitungen und die Börse etablierten sich.

Im Uhrzeigersinn von links oben: Junge Helfer (um 1900). Der starke Arm von Les Halles mit ihren berühmten Hüten (1958). Eine Fischhändlerin präsentiert ihr Angebot (um 1900). Knochenarbeit: Die Metzger (1920). In der Menschenmenge sitzt eine Apfelverkäuferin (1908). Käseverkäufer in ihrer Halle (um 1900). Frühmorgendliche Kaffeepause (1900). Warenanlieferung spät nachts (1938).

Die Händler legten jedoch Wert darauf, unabhängig zu bleiben. Dieses war ein Teil des Geheimrezeptes von Les Halles. Die meisten geschäftlichen Verhandlungen wurden in den nahe gelegenen Cafés und Bistros abgehalten, die den Händlern als »Büro« dienten. Der Wein floss in Strömen, man konnte sich aufwärmen, ein Telefon – sehr wichtig – war griffbereit und es gab eine warme Mahlzeit und Getränke. Hier organisierten *financiers* (Finanziers) mitternächtliche Transaktionen und beschlossen Leihgeschäfte mit einem Handschlag, nach einem ungeschriebenen Verhaltenskodex, den jeder, der auch nur einige Stunden in Les Halles verbracht hatte, verstand. Ob Mann oder Frau – um hier zu überleben, musste man Stärke zeigen und signalisieren, dass man sich nichts vormachen ließ. Nur oberflächlich lag über dem Markt Geselligkeit, Fröhlichkeit und Unbeschwertheit. Aber die Realität war

Trost finden, konnten die Arbeiter frühmorgens ihren Lohn umsetzen: Oft wurden sie nämlich mit 400 Gramm Fleisch, dem so genannten *gobet,* entlohnt, das sie sich gegen einen Aufpreis von ein oder zwei Francs zubereiten lassen oder gegen einen Teller *bœuf bourguignon* oder *pot-au-feu* eintauschen konnten. Und hier konnten die reichen Nachtschwärmer »einlaufen und auftanken«. Im Designerlook und mit teurem Schmuck betraten sie frühmorgens das »Parkett« aus Sägemehl, standen Ellbogen an Ellbogen mit dem Fischhändler, der gerade seine letzte Kiste Sardinen verkauft hatte, der *maraîchère,* die gleich einen Korb mit Brunnenkresse anliefern würde, oder dem Schlachter, der in seinem blutbespritzten Arbeitsmantel seinen vormittäglichen Calvados zu sich nahm. Aus dieser Zeit stammt der Ausspruch: »Les visons aiment la sciure« (Nerze lieben Sägemehl).

knallhart, und man musste auch in der Menschenmasse ständig auf der Hut sein.

Die Bistros und Cafés rund um Les Halles hatten Namen mit hohem Wiedererkennungswert: *Le Chien qui Fume* (Der rauchende Hund), Le *Cochon à l'Oreille* (Das Schwein, das am Ohr gepackt wird) oder *Au Pied de Cochon* (Zum Schweinefuß). Damit die vielen Analphabeten, die in Les Halles arbeiteten, wussten, in welchem Etablissement ihr Boss gerade an der Bar über einem Glas einen Handel beriet, hingen vor den Schänken entsprechende, ausdrucksstarke Aushängeschilder.

Doch die Cafés und Bistros waren nicht nur Geschäftskontore. Hier konnte Gesindel untertauchen, einsame Seelen in dunklen Stunden

Schon seit Jahrzehnten wurde jedoch eine Umsiedlung des Großmarktes an den Stadtrand diskutiert. Im Jahr 1968 kamen mehrere gewichtige, dafür sprechende Gründe zusammen. Die wunderschönen Riesenschirme aus Glas und Stahl, die Baltard einst entworfen hatte, galten zu seiner Zeit als äußerst innovativ. Doch den strengeren Gesundheitsauflagen um 1960 genügten sie längst nicht mehr. Die Kellerkühlräume waren völlig antiquiert im Vergleich mit modernen Kühlmethoden. Auch verstopfte das Zentrum von Paris durch den ständigen Verkehr immer mehr. Hunderttausende von Ratten stellten zudem eine ernst zu nehmende Gesundheitsgefährdung dar. Außerdem wollte die Regierung diesen wichtigen Industriesektor besser kontrollieren können. Durch die Umsiedlung an einen von Seiten der Regierung ausgesuchten Ort würde das möglich werden.

Die Pariser hingegen waren bestürzt, dass ihre geliebten Hallen plötzlich nicht mehr da sein sollten. Gegen starken Protest wurde der Großmarkt zwischen 1969 und 1970 in den Süden der Stadt umgesiedelt und auf den Namen Rungis getauft. Nur wenige Händler konnten es sich leisten, ihr Geschäft nach Rungis zu verlegen; die meisten gingen in den Ruhestand oder fanden anderswo Arbeit. Im Vergleich zu Les Halles ist Rungis eine zahme und klinisch reine Version des Marktes, der einst der Lebensnerv von Paris war.

Obwohl die heruntergekommenen Hallen abgerissen wurden, konnten einige der Geschäfte rund um den Markt überleben. Aber das Gesicht des 2. Arrondissements hat sich radikal verändert. Wo einst

mer eine gute Zwiebelsuppe, einen Berg frischer Austern oder eine *poule au pot*. Wer am frühen Morgen Appetit auf Kaffee und eine *tartine* verspürt, kann ihn im *Le Cochon à l'Oreille* stillen und dabei verschlafen auf die handgemalten Kacheln blinzeln, die das Leben dieses Viertels um 1900 darstellen.

Glücklicherweise werden der Geist, die Lebensart und die Leidenschaft von Les Halles auf den 62 Freiluft- und zwölf überdachten Märkten, die es in Paris gibt, lebendig erhalten. Sie sorgen heutzutage dafür, dass Paris, die »Fresshauptstadt« der Welt, diejenige Stadt ist, die die besten Lebensmittel auch am schnellsten vertreibt. Ihren Spuren zu folgen, erweist sich als wunderbare Möglichkeit, Paris und seine Viertel zu entdecken und seine vielfältigen kulinarischen Künste kennen und schätzen zu lernen.

Rinderhälften an Fleischerhaken hingen, werden nun trendige Kleider angeboten. Am frühen Morgen irren nur noch ein paar Tauben und wenige Nachtschwärmer durch die Straßen, denn die Cafés und Bistros haben ihre Öffnungszeiten eingeschränkt und in die Straßen ist gutbürgerliche Ruhe eingekehrt. Die Lücke, die durch den Abriss der Glashallen entstand, wurde durch eine unter der Erde gelegene Einkaufspassage, einen Stadtpark und einen Zugang zur größten Métro- und Vorortzug-Station geschlossen, von der Pendler im Expresstempo in ihre Wohnorte vor der Stadt transportiert werden.

Die rund um die Uhr geöffneten Bistros *Le Pied de Cochon* und *Le Tambour* gehören zu den Überlebenden. Hier bekommt man noch im-

Von links nach rechts: Ein typischer nächtlicher Menschenmix in einer der Brasserien von Les Halles (1960). Ein Junge wirft einen prüfenden Blick auf eine Prostituierte in der Rue St. Denis (1952). Die ganze Nacht wird durchgearbeitet (1950). Aufwärmen mit einem *ballon de rouge*, bevor es zurück an die Arbeit geht (um 1950). Les Halles im Morgengrauen (1950). Käseverkäufer bei einer Zigarettenpause haben es sich auf ihren Waren gemütlich gemacht (um 1950).

SAUCE MIGNONNETTE

Zu einem Tablett mit Austern wird in Frankreich immer eine Sauce Mignonnette gereicht.
Sie besteht aus fein gehackter Schalotte, Rotweinessig und zerstoßenem schwarzem Pfeffer.
Sauce Mignonnette wird in kleinen Schälchen
mit einem Löffelchen serviert, damit die Gäste
sich selbst bedienen können.

AUSTERN

Man kommt gar nicht umhin, Paris mit Austern zu assoziieren, mit ganzen
Tabletts voller geöffneter saftiger Meeresfrüchte, gebettet auf zerstoßenem Eis und Seetang. In dieser Stadt genießt man sie am liebsten mit
einem Spritzer Zitrone, einem Hauch von Sauce Mignonnette oder einigen Umdrehungen aus der Pfeffermühle – der Purist schlürft sie sogar *en
nature* (ohne alles).

Bereits Griechen und Römer priesen die Vorzüge der Auster und kul-
tivierten sie entlang der gallischen Küste. Im Mittelalter kam die Auster
aus der Mode, doch im 17. Jahrhundert war sie wieder da und wurde in
solchen Mengen verzehrt, dass sie beinahe ausgestorben wäre, hätte
nicht ein Dekret die Ernte von den Bänken zeitlich limitiert. Die Austern
kamen von der Küste der Bretagne und Normandie, entweder noch in
der Schale oder schon entnommen. Wegen der fehlenden Kühlung und
der langen Transportwege wurden Austern damals vorwiegend gekocht
gegessen; zusätzlich wurde im Jahr 1752 ein Gesetz erlassen, das ihren
Verkauf während der wärmsten Monate des Jahres untersagte. Daher
stammt die Regel, Austern nur in Monaten mit einem »R« zu essen.
Heute gilt diese Regel aufgrund moderner Kühlmethoden nicht mehr,
allerdings fällt der Reproduktionszyklus der Auster in die Sommermonate
und verleiht ihr einen milchigen, leicht säuerlichen Geschmack, den nicht
jeder mag. Aber wem es gefällt, für den gibt es nichts Schöneres an
einem warmen Sommertag als eine Terrasse, eine *douzaine* und eine
Flasche eisgekühlten Sancerre.

Allein in Frankreich werden jährlich 136 000 Tonnen dieses zwittrigen
100-Millionen-Jahre-alten Mollusken verzehrt – vorrangig während der an
Feiertagen reichen Monate Dezember und Januar. Über die Jahrhunderte
hinweg sind Austern kultiviert und gekreuzt worden. So entstand eine
große Sortenvielfalt, von denen Gillardeau, Belon und Marennes d'Oléron
zu den begehrtesten gehören. Allgemein unterteilt man Austern in zwei
Kategorien – die flachen *(plates)* und die länglichen mit tiefer Schale
(creuses). Ihre Größe wird in Unterkategorien eingeteilt; diese hängt
wiederum davon ab, wie lange sie in den *claires* (Austernbänken) gemästet werden. Die winzigen Larven müssen zwei bis drei Jahre wachsen.
Erst dann sind sie richtige Austern und werden in flache Meeresbecken
transportiert, wo sie unter ständiger Aufsicht in Plastiknetzen gemästet
werden. Die jeweiligen Umweltbedingungen bestimmen den Charakter
der Auster: Die Marenne-Austern ernähren sich beispielsweise von mi-
kroskopisch kleinem Plankton, das ihnen den berühmten klaren grünen
Schimmer verleiht. Neben geografischen Besonderheiten der unterschiedlichen Küsten tragen auch die ausgeklügelten Zuchtmethoden zu
den Charakteristika einer Austernernte bei.

Einige Austernfarmer *(ostreiculteurs)* gehen sogar so weit, ihren Austern
beizubringen, ihre Schalen fest »zusammenzukneifen«, bevor sie auf den
Markt kommen. Dazu heben sie die Austernnetze täglich mehrere Stunden aus dem Wasser. So lernen die Austern, sich fest zu schließen, um ihr
kostbares Wasser nicht zu verlieren. Auf diese Weise können sie dicht
gepackt in Holzkisten bis zu drei Wochen überleben! (Trotzdem müssen
sie ununterbrochen gekühlt werden!)

RUNGIS

1969 trat der neue Großmarkt Rungis an die Stelle von Les Halles. Er liegt im Süden von Paris in der Nähe vom Flughafen Orly, eine kurze Autofahrt vom Zentrum entfernt. Rungis erstreckt sich über 200 Hektar und ist damit schon ein eigenes Dorf: Das Fürstentum Monaco ist flächenmäßig genauso groß (hat allerdings mehr Casinos und Rolls-Royces vorzuweisen).

Ein gleich bleibender Strom von Lastwagen, Lieferwagen und Autos passiert am Eingang eine ganze Batterie orangefarbener Mautschranken. Im grellen Licht der Marktscheinwerfer brausen sie davon, entlang der breiten Straßen, die zu den einzelnen Markthallen führen. Obwohl Rungis ein sehr moderner und gut durchdachter Großmarkt ist, der auf die Tatsache stolz ist, der größte der Welt zu sein, müssen hier zu Spitzenzeiten die Lieferwagen dennoch Schlange stehen und versperren den Weg, während sich Gabelstapler durch diesen Stau fädeln und motorisierte Einkäufer die einzelnen Hallen umrunden. Jede Ware hat ihre eigene Halle, zu der sich die Tore nacheinander um drei Uhr morgens (Fisch und Krustentiere), fünf Uhr morgens (Fleisch, Geflügel, Innereien, Delikatesswaren), sechs Uhr morgens (Schnittblumen und Topfpflanzen) und sieben Uhr morgens (Käse, Milchprodukte, Obst, Gemüse und die Erzeugnisse der *maraîcher*) öffnen.

Sobald der Fisch- und Austernpavillon seine Tore öffnet, stürzen die Einkäufer in die hell erleuchtete Halle von der Größe eines Fußballfeldes,

um sich den besten Tagesfang zu sichern. 63 Großhändler sind vertreten, und die Kisten und Körbe mit Petersfisch, Meerbarbe, Lachs, Steinbutt, Stör, Kalmar, Riesenthunfisch, Hummer, Krebs, mit Miesmuscheln, Austern und Teppichmuscheln, um nur einige zu nennen, stehen dicht an dicht. Arbeitskleidung sind weiße Kittel und Gummistiefel; sie schützen die Lagen an Kleidung, die man hier gegen die beißende Kälte trägt. Hat der Einkäufer seine Waren ausgewählt, stellt er sich in einer Schlange an Einzelkassen an, während Hilfskräfte die Waren auf Wagen verladen. Dieses gleiche Szenario wiederholt sich auch in jeder anderen Großmarkthalle. Nach dem ersten Ansturm wird gerne eine kleine Ruhepause eingelegt. Man wärmt sich in einem der umliegenden Cafés auf, wo es zugeht wie an der Börse: Alle sind in ständiger Bewegung und rufen sich lauthals quer über die Theke etwas zu.

Die Atmosphäre des Großmarktes ist freundlich. Wir besuchen Monsieur Pêcheur, der mit Innereien handelt. Er erinnert sich als Oldtimer von Les Halles auch gerne an die Atmosphäre auf dem alten Großmarkt zurück. Aber sein Arbeitsplatz in Rungis ist beeindruckend: Zusammen mit seinem Sohn und einigen anderen *tripiers* zerteilt er riesige zuckende Lebern im Minutentakt, während über ihnen riesige blutleere Kalbsköpfe an Fleischerhaken aus Edelstahl baumeln. Ein Anblick, diese Mischung aus Blut und wackelnden Köpfen, der seine Wirkung nicht verfehlt. Aber, so versichert Monsieur, kein Vergleich mit Les Halles! Doch was an Faszination fehle, machen seiner Ansicht nach die guten Arbeitsbedingungen von Rungis wett. Und die Lage des neuen Großmarktes erleichtere auch das Geschäft.

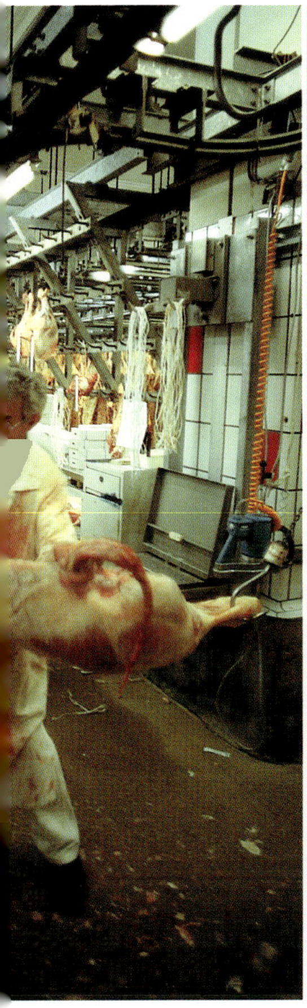

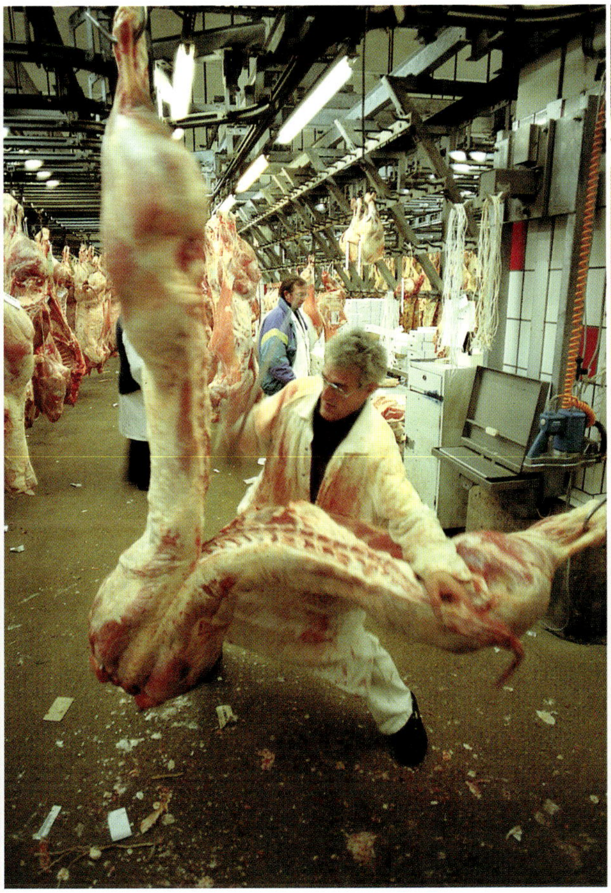

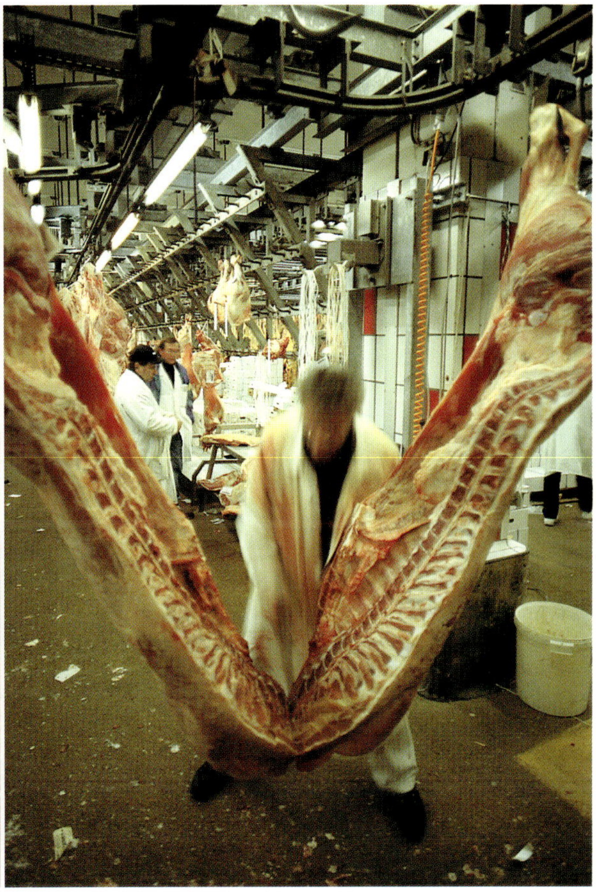

Rungis ist funktional. Das macht Sinn, wenn man sich einige Zahlen ansieht: 22 000 Einkäufer passieren täglich die Mautschranken und gaben
hier im Jahr 1997 390,3 Milliarden Francs aus. Die gleichen Schranken
passieren jährlich ca. 92 000 Tonnen Süßwasser- und Meeresfische und
Krustentiere, 372 000 Tonnen Fleisch (inklusive Wild und Geflügel),
1 Million Tonnen Obst und Gemüse, 125 500 Tonnen Delikatesswaren,
Gänseleber, Räucherlachs, ganze Schinken und Eingemachtes, 191 000
Tonnen Käse und Milchprodukte, 35 900 000 Bund Schnittblumen und
18 900 000 Topfpflanzen. Diese Waren machen ungefähr 50 % der Nahrungsmittel und Blumen aus, die in Paris und den Vorstädten verkauft
werden. Die hier getätigten Transaktionen sind bedeutend genug, dass
20 Banken direkt auf dem Gelände Filialen eröffnet haben, um Geschäfte
vor Ort abwickeln zu können. Sogar eine Verbrennungsanlage besitzt der
Großmarkt, die alle nicht wieder verwertbaren Verpackungen verbrennt
und als Nebeneffekt ganz Rungis mit warmem Wasser und Heizung versorgt. Abgerundet werden diese Einrichtungen durch 30 Cafés und Restaurants, die in und um die verschiedenen Hallen verteilt sind, ein zehn-
stöckiges Verwaltungsgebäude, einen Stand für Zeitschriften und eine
Erste-Hilfe-Einrichtung, die die Armee aus 12 000 Großhändlern, Angestellten und die Ströme von Einkäufern versorgt.

Oben: Nur wenige Minuten dauert das fachgerechte Zerteilen eines Schlacht-
körpers, der dann digital abgewogen wird, bevor er in Rungis in den Verkauf
gelangt. Rechts: Ein frühmorgendlicher Blick in die blitzblanke Halle für Innereien
mit zwei stolzen Metzgern.

MARCHANDS DES QUATRE-SAISONS

Gemüse- und Obsthändler zogen ihre Karren seit dem Mittelalter durch Paris. Ihre Waren bezogen sie frisch von den Bauernhöfen im Umland. Diese »Händler der vier Jahreszeiten« schlugen mit einem Holzhammer auf eine an ihrem Gürtel befestigte Scheibe, um auf sich und ihre Waren aufmerksam zu machen.

Ihre Arbeit war nicht nur anstrengend, sondern auch riskant, denn die Waren verdarben leicht. Um sich vor solchen Verlusten zu schützen, erfanden die *marchands* unterschiedliche Techniken der Haltbarmachung. Pfirsiche und Pflaumen lagerten auf getrocknetem Moos, Trauben wurden vorsichtig in Schichten von Asche vergraben und in Holzfässern versiegelt – eine Methode, die tatsächlich funktionierte, denn so blieben die Trauben einen ganzen Winter lang frisch und mussten zur Wiederbelebung nur in etwas Wein getaucht werden. Im Jahr 1638 wurde verfügt, dass diese Händler auch Eier, Butter und Frischkäse im Sortiment zu führen hatten. Die gleichen Methoden der Haltbarmachung wurden nun auf Milchprodukte angewendet – so mag der in Asche gerollte Ziegenkäse entstanden sein. Langsam ging man wieder dazu über, nur Obst und Gemüse zu verkaufen und es ist nicht noch gar nicht lange her, da konnte man von den wenigen Händlern, die auf dem Marché d'Aligre oder entlang der Marktstraße Rue Montorgueil noch einen Stand hatten, nur noch Salat oder einen Bund Kräuter erwerben.

Heute gibt es nur noch einen *marchand des quatre-saisons*: Marcel Viard verkauft seit 1952 jeden Abend auf dem Straßenmarkt von Seine-Buci im 6. Arrondissement Blumen (siehe Foto unten). Wenn sich die Gelegenheit ergibt, sollte man ihm einen Besuch abstatten, denn er erzählt gerne Geschichten von früher.

LE PILORI

Während der Regierungszeit von König Louis IX, dem Heiligen, wurde mitten auf dem Marktplatz von Les Halles eine achteckige Plattform errichtet, Le Pilori genannt. Ebenerdig residierte ein Schnellrichter. Über ihm waren unter einem spitzen Holzdach Gefangene untergebracht; Hals und Arme in Eisen gelegt. Diese mittelalterliche Bestrafungsmethode wurde bei Zuhältern, Gotteslästerern, Dieben und Händlern, die mit falschen Gewichten den Preis ihrer Waren manipuliert hatten, angewendet. Die Marktbesucher durften sie, während sich die Plattform den ganzen Tag lang drehte, mit Schlamm und verdorbenen Lebensmitteln bewerfen. Drei aufeinander folgende Tage mussten die Übeltäter diese Strafe erdulden, die nur durch ein Stück hartes Brot und einen Schluck Wasser bei Sonnenuntergang gemildert wurde.

RUE MONTORGEUIL

Der Straßenmarkt von Rue Montorgeuil stammt noch aus der Zeit, als das 2. Arrondissement der »Bauch von Paris« war und Les Halles beherbergte. Beginnend am Forum des Halles gibt es entlang der Rue Réamur in dieser Fußgängerzone viele Cafés und Lebensmittelläden, die ihre Waren auch auf dem Bürgersteig aufgebaut haben. Les Vergers St. Eustache (Rue Réamur Nr. 13) bietet eine große Auswahl der schönsten Obst- und Gemüsesorten an und gilt auch als Lieferant vieler berühmter Hotels, beispielsweise des *Ritz*. Hier findet man immer Körbchen mit Himbeeren, Mangos und Pfirsiche, Minizucchini und Auberginen und – jahreszeitlich unabhängig – seltene Pilzsorten.

Ein paar Türen weiter animiert eine exotische Auslage, das Innere eines Ladens zu betreten, der an einen *souk* (arabischer Basar) erinnert. Im Innern stehen Berge von duftenden Gewürzen, lagern in Rupfensäcken unterschiedlichste Körner und in Fässern Oliven. Auf der anderen Straßenseite, Hausnummer 38, liegt das *L'Escargot*, eines der ältesten Restaurants und Wahrzeichen von Paris. Es stammt aus dem Jahr 1875 und ist ein Schrein der Vergangenheit. Auch wenn es heute nicht mehr als Mekka der Schneckenliebhaber gilt, ist es immer noch einen Umweg wert.

Jenseits der Rue Etienne Marcel befindet sich der geschäftigere Teil. Hier haben sich viele Metzgereien und Bäckereien angesiedelt, darunter die Konditorei Strohrer, die 1730 der Konditormeister von König Louis XV gegründet hat. Man findet einen Fischhändler, dessen Angebot an Hummern und Krebsen in Aquarien schwimmt, mehrere Käse- und Weinläden und die Hauptgeschäftsstelle der Sozialistischen Partei!

ENFANTS ROUGES

Im Herzen der Stadt gibt es nur einen Markt. Er befindet sich im 3. Arrondissement an der Nordspitze des pittoresken Marais-Viertels. Nur einige Straßenzüge vom geschäftigen Place de la République auf der Rue de Bretagne findet sich der älteste überdachte Markt von Paris. Enfants Rouges erhielt seinen Namen, als sich einige Händler Mitte des 16. Jahrhunderts neben einem Krankenhaus mit angeschlossenem Waisenhaus niederließen. Die hier untergebrachten Kinder, die vorher auf der Straße gelebt hatten, waren von Kopf bis Fuß in Rot gekleidet und gaben als »rote Kinder« dem Markt seinen Namen.

Nach der Schließung der Mission 1777 wurde Enfants Rouges überdacht. 1994 wurde er für abbruchreif erklärt, doch dank der Bemühungen von Präsident Chirac und der örtlichen Anwohner wird Enfants Rouges jetzt vollständig restauriert.

Le Restaurateur

Das Café von André Camboulas gehört zu den Wahrzeichen von Paris. Es wurde um die Jahrhundertwende nahe Les Halles errichtet. Damals kamen zu jeder Tages- und Nachtzeit Händler, um sich bei einem Glas Rotwein oder einem Teller heißer Suppe aufzuwärmen. André Camboulas ist ein dynamischer Mann mit einem mächtigen Schnurrbart, der an den Enden hochgezwirbelt ist und beim Trinken in den Kaffee ragt. Seine ausgelassene Persönlichkeit und seine Stimme, die sich mühelos über das Geklapper der Weingläser erhebt, verdankt er 50 Jahren Lebenserfahrung im Café und am Markt.

Im Alter von acht Jahren kam André erstmals mit Les Halles in Berührung. Sein Vater hatte nach dem Krieg alle Ersparnisse zusammengekratzt und aus einem Kinderwagen einen Metzgerstand gebastelt. Eine Waage, ein paar Messer, ein Schneidebrett und ein Wachstuch, auf dem die verschiedenen Anschnitte ausgelegt waren – so ausgerüstet und begleitet von seinem Sohn, begann bei Morgengrauen jeder Arbeitstag auf dem Großmarkt. Dieser Einfallsreichtum liegt in der Familie: Andrés Vorfahren waren *chiffoniers* (Lumpensammler). Bald ging auch André Geschäften nach. Er half auf Ständen aus, passte auf Ware auf, übermittelte Nachrichten oder verlud Lebensmittelkisten. Als 18-Jähriger hatte er den Rhyth-

mus des Marktes und das anstrengende »Nachtleben« im Blut: Er nahm jeden Job an, der ihm angeboten wurde.

1975 wurde ein lang gehegter Wunsch wahr. André Camboulas konnte *Le Cochon à l'Oreille* kaufen, das kleine Bistro in der Rue Montmartre, berühmt für seine alten Kacheln, auf denen das Leben in Les Halles dargestellt wird. Obwohl der Großmarkt damals schon umgezogen war, wollte der neue Inhaber die Atmosphäre von Les Halles bewahren und ließ auf die Bistrowand schreiben:

Le ventre de Paris a pu emigré, mais son cœur reste la.
(Der Bauch von Paris ist nicht mehr hier, doch sein Herz ist geblieben.)

Zur Tradition gehört es auch, dass André Camboulas ausschließlich von den letzten überlebenden Händlern des *quartiers* beliefert wird, den Boden des Bistros wie früher mit Sägemehl bestreut, herzhafte Klassiker wie *Lentilles aux lardons* und *Pot-au-feu* anbietet und seine Türen bereits um vier Uhr morgens öffnet, damit sich Nachteulen und Frühaufsteher schon vergnügen können.

Zusammen mit seiner Frau Catherine führt André Camboulas die Bistros Le Cochon à l'Oreille und Le Tambour.

MARKTREZEPTE

POT-AU-FEU
Würziger Rindseintopf mit Brühe

Pot-au-feu wird häufig mit bœuf gros-sel verwechselt, da beide Gerichte mit denselben Zutaten und praktisch auf die gleiche Art zubereitet werden. Der einzige Unterschied ist, dass bei der Zubereitung von *pot-au-feu* das Fleisch mit kalter Brühe aufgestellt und es bei *bœuf gros-sel* in die kochende Brühe gegeben wird. Es folgt das Rezept für *pot-au-feu*, da man, wie von André Camboulas zu erfahren war, ein echtes *bœuf gros-sel* nur mit schlachtfrischem Fleisch, das direkt von der Schlachtbank kommt, zubereiten kann, was heutzutage fast nicht mehr möglich ist. Beide Gerichte werden mit verschiedenen Gemüsen in ihrer Brühe serviert und mit grobem Salz, das man darüber streut, einem Klecks Dijonsenf und knackigen Cornichons gegessen. *Pot-au-feu* wird traditionell in vier Gängen serviert: Zuerst wird das Mark aus den Markknochen auf einer warmen Scheibe getoastetem Landbrot angerichtet und mit Meersalz bestreut, dann wird eine Schüssel Bouillon gereicht, um den Appetit anzuregen, gefolgt von einer großen Terrine mit dem Fleisch und den Gemüsen, aus der sich jeder nach Herzenslust bedient, so viel und so oft er will und kann. Als letzter Gang wird wieder eine Schüssel mit klarer Bouillon aufgetischt, um den Gaumen zu reinigen. *Pot-au-feu* für nur zwei Personen zuzubereiten lohnt sich kaum – ein geselliger Tisch mit acht oder mehr Essern sollte es schon sein, wenn man dieses Festessen begeht. Und alles, was übrig bleibt, wird als köstliches Resteessen serviert oder für ein herzhaftes *hachis parmentier* verwendet.

🕐 30 Minuten   🍲 8 Stunden

Für die Brühe:
1 kg Rindsknochen, Kalbsfüße und Markknochen
2 Zwiebeln
4 Möhren
1 Knoblauchzehe
1 Lorbeerblatt
2 Lauchstangen (nur das Grüne)
2 Selleriestangen
einige Petersilienzweige
Salz (1 TL auf 1 l Wasser)

Für das Rindfleisch:
4 kg Schulterstück, Ochsenbrust (Schälrippe), Rinderhaxe (Hinterhesse), Tafelspitz oder von jedem etwas
4 Möhren
4 Lauchstangen (nur das Grüne)
1 *bouquet garni* (1 Lorbeerblatt, einige Petersilien- und Thymianzweige)
1/4 TL schwarze Pfefferkörner
4 Markknochen
3 Zwiebeln
2 Knoblauchzehen

Für die Gemüsegarnitur:
8 kleine weiße Rübchen (navets)
8 Möhren
8 Lauchstangen (nur das Weiße)
1 Wirsing (nach Belieben)

(Anmerkung: Am besten bereitet man die Brühe am Vortag zu, da sie mehrere Stunden köcheln und auskühlen muss.)
1. Für die Brühe Knochen und Zwiebeln in einen Bratentopf geben und bei 200 °C etwa 30 Minuten anbraten. Gut Farbe annehmen lassen, da die Brühe durch die entstehenden Röststoffe eine kräftige, dunkle Farbe bekommt und die Geschmacksstoffe der Knochen später besser in die Brühe übergehen. 2. Knochen, Möhren und Gewürze in einen großen Suppentopf füllen und mit kaltem Wasser aufgießen, bis alles vollständig bedeckt ist. Lauch waschen und mit Sellerie und Petersilie zusammenbinden und zufügen. 1 TL Salz pro Liter Wasser zugeben und alles zum Kochen bringen. Abschäumen, die Herdplatte oder die Gasflamme auf mittlere Hitze herunterschalten und 3–4 Stunden köcheln lassen, dabei öfters abschäumen. Kocht die Brühe zu sehr ein, gießt man etwas Wasser nach; die Zutaten sollten stets mit Flüssigkeit bedeckt sein. Auskühlen lassen und über Nacht kalt stellen.

1. Für das Rindfleisch das erstarrte Fett von der Oberfläche der kalten Brühe schöpfen und diese in einen großen Topf umfüllen. Die verschiedenen Fleischstücke mit Küchengarn binden, damit sie während des Garens ihre Form behalten. Möhren und Lauch waschen und Lauch zusammenbinden. *bouquet garni* mit den zerdrückten Pfefferkörnern in ein Stück Mulltuch einschlagen und zubinden. 2. Alle Zutaten in die Brühe geben. Reicht die Brühe nicht aus, um alles vollständig zu bedecken, gießt man entsprechend viel Wasser hinzu. 3. Bei mittlerer Hitze zum Sieden bringen. Etwa 3 Stunden bei gekipptem Deckel leicht köcheln lassen, dabei regelmäßig abschäumen.

1. Für die Gemüsegarnitur inzwischen das Gemüse waschen und schälen, weiße Rübchen halbieren oder vierteln und Lauch zu zwei Bündeln zusammenbinden. Möchte man Wirsing zufügen, den Kohl vierteln und zuvor blanchieren. 2. Etwa 60 Minuten vor Ende der Garzeit des *pot-au-feu* das Suppengemüse entfernen und die Gemüsegarnitur in die Brühe geben. Brühe abschmecken. Ist eines der Fleischstücke bereits gar, d. h. sehr weich, wenn man mit einer Fleischgabel hineinsticht, herausnehmen und kurz vor dem Servieren wieder in die heiße Brühe geben. Den *pot-au-feu* weitere 60 Minuten köcheln lassen.

Anrichten:
Das Küchengarn von Fleisch und Gemüse entfernen. Fleisch auf einer Servierplatte anrichten und mit den Gemüsen umlegen. Die Bouillon durch ein feines Sieb in eine große Suppenterrine abgießen und das Fett von der Oberfläche abschöpfen. Das Fleisch kann man auch bei Tisch tranchieren und mit einer Portion Gemüse und einem großen Suppenkelle Brühe in Tellern verteilen. **Für 6–8 Personen.**

🍾 Rustikale, herbe, körperreiche Rotweine: Minervois, Fronsac, Moulis

SOUPE À L'OIGNON ET AUX XÉRÈS
Zwiebelsuppe mit Sherry

Dieses einfache Gericht bringt einem Paris blitzartig wieder nahe. Auch heute noch kann man in den alten Bistros, die sich dort aneinander reihen, wo früher der Marktplatz von Les Halles war, eine schmackhafte, vor Käse triefende Zwiebelsuppe essen. Es scheint, als ob diese kräftigende Suppe für lange, kalte Nächte dem Großmarkt gefolgt ist, denn man bekommt sie auch in den Bistros von Rungis. Das Besondere an diesem Rezept ist die Brühe – eine Rinder- oder Hühnerbrühe – die man am besten im Voraus zubereitet – es lohnt sich! Fehlt einem die Zeit für die Zubereitung der Brühe, verwendet man gekaufte.

15 Minuten   45 Minuten

4 EL Butter
6–8 Zwiebeln, in dünne Scheiben geschnitten
2 l hausgemachte Rinder- oder Hühnerbrühe
4 große oder 8 kleine Scheiben Baguette
Salz und frisch gemahlener schwarzer Pfeffer
1 Schuss Sherry (nach Belieben)
250 g geriebener Emmentaler, Gruyère oder Comté

4 ofenfeste Suppentassen

1. Butter in einer großen Kasserolle zerlassen, Zwiebeln zufügen und bei geringer Hitze etwa 30 Minuten dünsten, dabei die Zwiebeln oft wenden. 2. Inzwischen die Brühe erhitzen, Brot toasten und die Suppentassen bereitstellen. 3. Sobald die Zwiebeln glasig sind und leicht Farbe angenommen haben, die Brühe zugießen und zugedeckt weitere 15 Minuten köcheln lassen. Mit Salz und Pfeffer abschmecken. Nach Geschmack vor dem Servieren Sherry zufügen. 4. Die Suppe rühren und mit einer Schöpfkelle auf vier Suppentassen verteilen. Ein bzw. zwei Stücke Baguette auf jede Suppe legen und großzügig mit Käse bestreuen. Vielleicht möchte man auch mehr Käse zufügen als im Rezept angegeben! 5. Die Suppen auf einem Backblech unter den vorgeheizten Grill des Ofens schieben und überbacken, bis der Käse geschmolzen ist, Blasen wirft und goldbraun wird. Aus dem Ofen nehmen, die Suppentassen auf kleine Teller stellen und sofort servieren. **Für 4 Personen.**

Lebhafte, trockene Weißweine: Sancerre, Pouilly Fumé

MOUSSE AU CHOCOLAT
Klassische Mousse au chocolat

Für dieses Rezept nimmt man ausschließlich allerfeinste Schokolade mit mindestens 60% Kakaoanteil. Mousse au chocolat wird meist in derselben Schüssel serviert, in der sie zubereitet wurde und am Tisch von Gast zu Gast herumgereicht, wobei sich jeder ein oder zwei Löffel davon nimmt.

20 Minuten   2 Stunden

140 g Zartbitterschokolade (mind. 60% Kakaogehalt)
5 EL Butter
3 Eigelb
3 EL Zucker
5 Eiweiß
1 Prise Salz
Schlagsahne zum Verzieren

1. Schokolade und Butter in einer kleinen Kasserolle im Wasserbad schmelzen. Herausnehmen und etwas abkühlen lassen. 2. Die geschmolzene Schokolade in eine große Schüssel gießen und beiseite stellen. In einer zweiten Schüssel Eigelb mit Zucker 5 Minuten schaumig schlagen und dann behutsam unter die Schokolade heben. 3. In einer dritten Schüssel Eiweiß mit 1 Prise Salz zu festem Eischnee schlagen. Dabei das Eiweiß nicht zu lange schlagen, da es sonst flockig werden kann. 4. Vorsichtig die Hälfte des Eischnees unter die Schokoladenmasse heben. Sobald alles gut vermengt ist, den restlichen Eischnee unterziehen, bis die Mousse glatt ist. Die Mousse nicht zu lange mischen, denn sie soll locker und schaumig bleiben. In eine große Servierschüssel füllen oder in Förmchen verteilen und mindestens 2 Stunden in den Kühlschrank stellen, damit die Mousse fest wird. **Für 6 Personen.**

Süße Weißweine: Maury, Banyuls

Je nachdem von welcher Seite man kommt, wird man an der Place Saint Michel von den Touristenmassen erdrückt oder kann zu Füßen des Panthéon in kleinen Buchantiquariaten ins Stöbern geraten. »Saint Michel«, wie das 5. Arrondissement meist genannt wird, gehört zu den ältesten Stadtteilen von Paris und ist gleichzeitig eine der größten Touristenattraktionen. Glücklicherweise konnte das *quartier* trotz des Touristenansturms seine Authentizität bewahren. Gleich hinter den touristischen Souvenirläden und Kiosken des Boulevard Saint Michel, liegt ein begehrtes innerstädtisches Wohnviertel und das größte Univiertel der Stadt. Das Wahrzeichen von Saint Michel ist die Sorbonne, die seit ihren Anfängen im 12. Jahrhundert unzählige berühmte Philosophen und Denker hervorgebracht hat.

Vᵉ ARRONDISSEMENT

Im ganzen Viertel verstreut finden sich Bibliotheken und andere der Universität angeschlossene Gebäude, entdeckt man Antiquariate, Schallplattenläden und Programmkinos. Auf den Straßen tummeln sich die unterschiedlichsten Menschen und beleben diesen sehr jungen Stadtteil. Dreimal in der Woche verleiht der Markt an der Place Maubert dem Viertel Saint Michel noch einen zusätzlichen Farbtupfer. Maubert ist ein Treffpunkt für Touristen und für Stammkunden, die hier schon seit Generationen ihre Einkäufe erledigen.

Im Hintergrund ist das Panthéon zu sehen. Hier liegen viele der berühmtesten französischen Persönlichkeiten begraben, darunter Victor Hugo, Antoine de Saint-Exupéry, Emile Zola und Voltaire.

LITERARISCHES GEMÜSE
Der Marché Maubert

Zu Füßen des Panthéon auf einem geschäftigen Platz mitten im 5. Arrondissement liegt einer der ältesten Märkte von Paris. Hier kaufen die Bewohner der Île de la Cité, die Akademiker von der Sorbonne und die vielen Touristen, die den Abstecher vom direkt nebenan gelegenen Boulevard Saint Germain machen und mit Vergnügen über diesen authentisch wirkenden Markt bummeln, der eine lange Tradition hat. Die Marktstände sind vor einer Reihe von Lebensmittelläden und Cafés aufgebaut und in diesem fröhlichen Durcheinander entdeckt man Käsestände und Holzkistchen mit eng geschichteten Austern, sieht man Würste verlockend über dampfend heißer *choucroute* baumeln, liegen Obst und knackigfrisches Gemüse neben Blumensträußen in leuchtenden Farben. Wenn der Markt an sonnigen Samstagvormittagen so richtig in Gang kommt, ähnelt er einer kleinen Schatzinsel.

Wer sich auf seinem Bummel durch das 5. Arrondissement, das auch »Quartier Latin« genannt wird, etwas verloren vorkommt zwischen Touristen auf dem Weg nach Notre-Dame, jungen Leuten,

die an der Place Saint Michel herumlungern, oder Kaufsüchtigen, die auf dem Boulevard Saint Germain einen Schaufensterbummel machen, kann sich kaum vorstellen, dass hier einst der Mittelpunkt des religiösen und weltlichen akademischen Lebens war. Die ersten Spuren moderner Zivilisation schufen die Römer, die sich an der Rive Gauche niederließen und auf den sanft verlaufenden Hängen, von denen sie den Blick über die Seine und die Île de la Cité genießen konnten, wunderschöne Wohnhäuser, Thermalbäder und ein Amphitheater errichteten. Ihnen folgten christliche Orden, die im 6. Jahrhundert n. Chr. Kirchen

und Abteien errichteten, darunter drei der größten außerhalb Roms: Sainte Geneviève, Saint Victor und Saint Germain. Sie bestimmten bald das Straßenbild des ganzen linken Seineufers, hier wurden große Bibliotheken gegründet. Das der Kirche gehörende fruchtbare Umland wurde mit Wein und Gemüse bebaut. Nach und nach begannen die Geistlichen, die Menschen, die rund um die belebte Place Maubert wohnten, in Theologie und Philosophie zu unterrichten. Das taten sie in der damaligen Wissenschaftssprache Latein – daher der Name »Quartier Latin«. Mitte des 13. Jahrhunderts wurden in diesem *quartier* die ersten Universitäten und Kollegs gegründet. Das Viertel wandelte sich zu einem Zentrum des Geistes und der Kultur und hat diesen Charakter bis heute beibehalten.

Nachdem der Platz ein Zentrum des Geistes gewesen war, wurde er im grausamen Mittelalter in einen populären Hinrichtungsort verwandelt. 1547 wurde dann Marché Maubert zur Belieferung des prosperierenden linken Seineufers gegründet, dem ein richtiger Markt fehlte. Nach dieser Vorgeschichte mag es eine Erleichterung gewesen sein, dass nun auf der Place Maubert die Standortwahl für den ältesten Markt von Paris, Marché Palu, fiel, der für die Île de la Cité zu groß geworden war. Dorthin wanderten jetzt die *maraîchers* mit ihrem im Morgengrauen gepflückten Gartengemüse und stellten ihre Stände auf, während die ersten Sonnenstrahlen durch die Türme von Notre-Dame blinzelten. Bewirtschaftet wurde der Markt von Großfamilien – ein Prinzip, das sich lange hielt und an das sich auch heute noch viele ältere Kunden, die im Viertel geboren sind, erinnern. Es war nicht ungewöhnlich, dass drei Mitglieder der gleichen Familie drei verschiedene Stände auf dem Markt hatten – einen für Käse und Milch, einen anderen mit selbst gebackenen Kuchen und Torten und einen dritten, der Hühner, Kanin-

Links: Der Marché Maubert gehört zwar zu den ältesten Märkten der Stadt, doch das tut seiner Popularität keinen Abbruch. Besonders am Wochenende drängen sich hier die Menschen.

chen und Eier verkaufte. Jeden zweiten Tag traf sich die Nachbarschaft beim Einkaufsbummel auf dem Markt und tauschte noch schnell ein bisschen Klatsch und Tratsch aus, bevor man wieder nach Hause ging und das Mittagessen zubereitete. Dieser Rhythmus hat sich überraschend wenig geändert. Auch heute noch kann man beobachten, wie sich die Anwohner rund um die Stände zu einem Plausch versammeln und dabei vorsichtig ihre Einkaufskörbe abstellen, wie die Verkäufer ihre Produkte auf die gleiche Weise anbieten wie schon ihre Eltern und Großeltern vor ihnen. Hier spürt man noch die nachbarschaftliche Atmosphäre, die andere Märkte schon längst verloren haben. »La Maube« ist ein kleiner Markt; dennoch ist die Mischung aus Touristen, die eifrig die vielen Spezialitäten probieren und etwas darüber wissen wollen, elegant gekleideten Frauen, die schwer an ihren Einkäufen tragen, Professoren, die gedankenverloren allein durch die schmalen Marktgassen schlendern, älteren Menschen, die sorgfältig ihr Wechselgeld nachzählen und Kindern, die kreuz und quer über den Markt hüpfen, einzigartig.

Wenn man sich dem Markt von der Rue Carmes nähert, wird man optisch gleich zweifach belohnt – zum einen durch die leuchtenden Farben der vielen Blumensorten, die der Blumenladen an der Ecke im Angebot hat, zum anderen durch den strahlend gelben Baldachin des *Le Soleil de Provence*, das provenzalische Erzeugerprodukte, darunter Oliven, Honig, Gewürze, Kräuter, Seifen und Öle, im Angebot hat. Der Inhaber, Monsieur Brocker, hat lange Jahre in der Provence gelebt und will daher die Erzeugnisse so unverfälscht wie möglich anbieten. Die meisten Oliven sind *nature* (ohne alles), nur einige Sorten sind mit etwas Kräutern der Provence, zerdrücktem Knoblauch, zerstoßenem Fenchelsamen oder Thymianzweiglein aromatisiert. Gerne lässt er den Unschlüssigen auch probieren. Die frischen *fougasses*, Baguettes, Olivenbrote und Quiches werden in der beliebten Biobäckerei *Kayser* direkt um die Ecke auf der Rue Monge unter Verwendung von Monsieur Brockers Kräutern, Oliven und Nüssen gebacken. Ein Biss in eine der Spezialitäten der *Boulangerie Kayser* genügt und man fühlt sich in den Süden Frankreichs mit seinen intensiven Aromen versetzt.

Die traditionellen *maraîchers* findet man nur noch selten auf dem Maubert-Markt, aber das Angebot an Obst und Gemüse ist immer noch sehr gut. Gleich in der ersten Reihe des Markts entdeckt man auf einem Tisch körbeweise frische, noch nach Erde duftende Pilze, feine *haricots verts* (grüne Bohnen), knubbelige Blumenkohl- und Brokkoliköpfe, hellgrüne Rosenkohlköpfchen, zarte Kräutersträußchen, gemischte Salate und Salatkräuter, pralle Kirschtomaten, Miniauberginen und Radicchio. Auf dem

nächsten Tisch liegen goldleuchtende Muskatellertrauben, frische gelbe Datteln, Babyananas, zu Pyramiden getürmte zuckersüße Pfirsiche, Feigen, Pflaumen und Körbchen mit Heidelbeeren, Himbeeren und Johannisbeeren. An diesem Stand ist immer Betrieb und die agile Bedienung nutzt die wenige Zeit, die Körbe und Berge ihrer Auslagen aufzufüllen, bis der nächste Käufer das Arrangement wieder durcheinander bringt. In Richtung Marktmitte steht der kleinste Stand. Er gehört Jeanine. Sie trägt einen wollenen Schal und wollene Hand-

Links und oben: Tabletts mit dampfender *choucroute garnie* findet man bei jeder *charcuterie* des Marktes. Die französische Variante des Sauerkrauts wird, unserer Zubereitung ähnlich, mit geräuchertem und gepökeltem Schweinefleisch und Würsten angeboten.
Folgende Doppelseite: Oft haben die Bauern regionale Spezialitäten im Angebot. Schinken und luftgetrocknete Würste aus der Auvergne locken auf der Rue Mouffetard Käufer an.

schuhe. Für ihre Lieblingskunden sucht sie unter ihrer kleinen Auswahl an Gemüse aus Eigenanbau die schönsten Exemplare aus. Jeanine fährt dreimal in der Woche mit ihrem Schwiegersohn Pierre nach Paris; er verkauft die Produkte am Markt von Port Royal und sie bezirzt ihre Kunden auf dem Markt von Maubert. Jedermann schwört, ihre selbst eingelegten Cornichons seien die besten der ganzen Stadt. Am Marktende stehen die Gebrüder Cronauer, die hier schon in dritter Generation verkaufen. Sie kommen aus der Region Seine-et-Marne und verkaufen hier nicht nur ihre eigenen Gemüseprodukte, sondern auch

die benachbarter Bauern. Wer schon so lange auf dem Markt ist wie die Gebrüder Cronauer, kennt und pflegt seine Stammkunden. Man kann durchaus erleben, dass sie vielleicht einem älteren Fräulein noch ein paar Kartoffeln extra in den Korb geben und ihr sagen, sie könne gerne auch erst beim nächsten Mal bezahlen.

Noch keine lange Tradition hat der Stand mit Waren aus biodynamischem Anbau, der die ganze gegenüberliegende Ecke des Marktes als Stellfläche benötigt. Die unterschiedlichen Salate, Kräuter und Gemüsesorten aus lokalem Anbau sind wie Kaskaden aufgebaut. Zwar kosten ein Salatkopf und ein Bund Brennnesseln hier schon einmal doppelt so viel wie anderswo, dennoch werden die angebotenen Produkte ebenso schnell verkauft wie auf dem beliebten Biomarkt von Raspail.

Ein anderes Kennzeichen von Marché Maubert ist, dass er eigentlich keinem logischen Weg folgt. Er ist zwischen zwei Metroeingänge gezwängt: Jeder verfügbare Zentimeter auf dem Gehweg wird ausgenutzt. Am meisten Spaß macht es daher, ziellos über den Markt zu schlendern und die saisonalen Spezialitäten zu entdecken. Besonders interessant ist *La Boutique Créole*, deren freundliche Betreiber immer zu einem

Schwätzchen aufgelegt sind und einen Hauch von Karibik nach Paris bringen. Sie bieten Delikatessen aus ihrer Heimat, den Französischen Antillen, an. Während sie lässig ihre nach Knoblauch duftenden Köstlichkeiten ausbreiten, sich dabei mit anderen Verkäufern über die neuesten Geschehnisse unterhalten oder ein bisschen Klatsch und Tratsch austauschen, wartet eine geduldige Schlange auf ihre Spezialitäten. Die heiß servierten *accras de morue*, frittierte Fischbällchen, für die traditionell Klippfisch verarbeitet wird, werden von Kennern den ganzen Morgen verlangt; hier gibt es sie als Eigenkreation auch mit Tomate oder

VOM LOS, EIN FROSCH ZU SEIN

Dass die Franzosen Froschschenkel in Knoblauch und Butter schwimmend lieben, weiß sicherlich jeder. Ihren Ursprung hat diese Delikatesse im Mittelalter; damals wurden die Frösche entlang des Seine-Ufers gefangen. Dazu verwendete man eine Angelrute mit Bindfaden und ein Stück roten Tuchs als Köder. Sprang der Frosch darauf an, bekam er eins auf den Kopf, wanderte in einen Rupfensack und wurde nach Les Halles transportiert. Hier riss man ihm bei lebendigem Leibe die Schenkel aus und überließ den Torso dem Jenseits.

Nur wenigen Fröschen war ein anderes Schicksal beschieden. Einige von ihnen starben im Namen der Wissenschaft an der Universität, seziert von ungelenken Studenten. Nur einige hatten Glück und endeten als Fliegenfänger auf dem Marché Maubert. Zwischen Fleischstücken und Fischen sitzend (angeblich mit einer dünnen Leine am Schenkel), lauerten sie jedem Insekt auf, das sich auf den Waren ihrer »Arbeitgeber« niederließ. Wie lange dieses Fangsystem praktiziert wurde und ob die arbeitende Froschbevölkerung hinterher ebenfalls in der Pfanne landete, darüber gibt es keine gesicherten Daten. Auf keinem der 62 Pariser Märkte wurden sie heutzutage noch gesichtet.

Huhn. Auf den Antillen bezeichnet das Wort *accras* Gerichte, die an Feiertagen – in diesem Fall Allerheiligen und Karfreitag – gegessen werden. In Paris gelten diese Vorschriften ganz offensichtlich nicht, denn hier werden sie zu Dutzenden verkauft und oft ist der Vorrat schon aufgeknabbert, bevor man den Marktbummel überhaupt beendet hat. Marktpersönlichkeiten wie Babou essen sie am liebsten *sur place* und stellen sich dann gleich wieder für Nachschub an. Als die Standbetreiber ihre Popularität erkannten, begannen sie, »Treuekarten« auszugeben. Wer auf seiner Karte zwölf Stempel gesammelt hat, bekommt eine Flasche hausgebrauten Schnaps geschenkt – eine Offerte, die reißenden Absatz findet!

Links: An der *Boutique Créole* verkauft Carole pikant gewürzte Klippfisch-Bällchen.
Oben: Die Limousins lassen ihren Käse in einem aus Stein gehauenen Keller im Untergeschoss ihres kleinen Ladens *La Crémerie des Carmes* reifen.

Die Läden, die den Marché Maubert säumen, stellen ihre Produkte ebenfalls draußen aus. Es gibt einen Fleischer, einen Fischhändler und eine Bäckerei, deren Inhaberin regelmäßig den halben Morgen damit verbringt, jedem Verkäufer auf dem Markt einen kleinen Besuch abzustatten, während die fleißige Bedienung Baguettes und Teilchen verkauft. Elegant wirken die Auslagen der *charcuterie*: ganze Schinken, appetitlich angerichtete Quiches und fein verzierte Terrinen. Den Wein bezieht man von *Le Cuvier*, der ihn vor dem Laden und drinnen in Körben lagert. Die *Crémerie des Carmes* gehört zu den ältesten Geschäften des Viertels. Sie gehört der Familie Limousin. Monsieur Limousin ist gut in Form und lässt auch seinem Schnurrbart eine sorgfältige Pflege angedeihen. Er ist Käsemacher in vierter Generation. Hier hat man sich auf frische *chèvres* spezialisiert, ist aber auch stolz auf seinen vierjährigen Comté und Beaufort. Samstags bedient seine Frau, wäh-

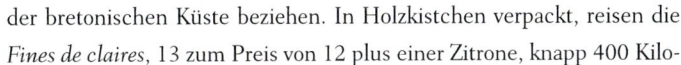

rend er mit seinem Sohn einen Stand direkt auf dem Markt betreibt, um das Wochenendgeschäft mitnehmen zu können. Nur ein zweites Käsegeschäft existiert noch, das *Chèvres de Saint Vrain*, dessen große Auswahl an Ziegenkäse, hartem Bergkäse im Rad und samtigem Frischkäse mit dem dreifachen Schuss Sahne sich daneben durchaus behaupten kann.

Der erste kühle Hauch des Herbstes ist gleichbedeutend mit Austern. Ab der zweiten Septemberwoche bieten die Inhaber des *L'Huître du Chouan* ihre zartgrünen Austern an, die sie direkt von ihren Austernbänken auf Noirmoutier südlich

der bretonischen Küste beziehen. In Holzkistchen verpackt, reisen die *Fines de claires*, 13 zum Preis von 12 plus einer Zitrone, knapp 400 Kilometer zum Marché Maubert. Für alle Neugierigen gibt es ein Brett mit Fotografien von ihrer Austernfarm. Da waten sie in Gummistiefeln im schwappenden Wasser oder verlegen die jungen Austern in ein neues Bett, wo sie in drei Jahren zu voller Reife auswachsen. Austern werden selten im Sommer angeboten, denn in diese Jahreszeit fällt der Reproduktionszyklus der Auster, der für eine milchige Konsistenz und einen leicht sauren Geschmack sorgt, an den man sich erst gewöhnen muss. Die Regel, Austern nur in Monaten mit einem »R« zu verzehren, bezieht sich auf diese geschmackliche Veränderung, natürlich auch auf die fehlenden Kühlmethoden früherer Tage, die zur Folge hatten, dass Austern in den Sommermonaten den langen

Links: In Frankreich wird Geflügel frisch ausgenommen und dressiert. Hier sengt Jean-Marie Loren die Federn eines Perlhuhns ab. Oben: Die traditionelle Kleidung der Metzger besteht aus einer Schürze, die über eine Schulter gebunden wird. Auf »La Maube« sind die Metzger ausgesprochen freundlich und hilfsbereit.

Transport nicht unbeschadet überstanden. Dank moderner Transport- und Lagerungstechniken gibt es diese Probleme nicht mehr. Wer sich am Geschmack nicht stört, kann sich in einem Bistro, das Austern ganzjährig auf der Speisekarte hat, ein Dutzend dieser Cholesterin senkenden Aphrodisiaka gönnen oder sie auf einer Terrasse mit einem oder zwei Gläsern gut gekühltem Weißwein genießen.

Direkt auf dem Markt verkaufen auch einige Schlachter, *charcutiers* und Geflügelhändler ihre Waren. Selbst wenn sie nicht verkaufen, sind sie ständig aktiv, entfernen hier einen Fettrand, hacken und zerteilen dort, bereiten Schüsseln mit *choucroute garnie* vor oder holen ein goldgelb gebratenes Hühnchen vom Spieß. Zu ihnen gehört ein freundlicher junger Geflügelbauer aus dem Perche, der seine frei laufenden Hühner, Enten, Perlhühner und Kaninchen meist an Stammkunden verkauft. Jean Maries immerwährend gute Laune zieht sogar den Marktpolizisten an, der hier seinen mittäglichen Imbiss mit Pâté von Jean-Maries Mut-

ter und einem Stück frischem Bauernbrot zu sich nimmt. Jean Marie diktierte den Autorinnen dieses Buches ein herrliches Rezept für Kaninchen, während er gleichzeitig einem Perlhuhn die Federn absengte und strahlend für ein Foto posierte. Vor acht Jahren beschloss er, sein Glück auf den Pariser Märkten zu versuchen und ist dabei äußerst erfolgreich. Seine vielen Kunden werden bestätigen, dass man hier immer *de la très, très bonne volaille* bekommt.

Ähnlich gut gelaunt ist Ibu Tall, der mittlerweile vom Markt nicht mehr wegzudenken ist. Hochgewachsen steht er neben seinen afrikanischen Statuen und Masken, die auf einem bunten Teppich ordentlich in Reih und Glied aufgestellt sind. Weil dieser Markt eine so unterschiedliche Kundschaft anzieht, eignet er sich auch für den Verkauf von Kunsthandwerk. Jedermann schätzt die höfliche Art des aus dem Senegal stammenden Kunsthändlers und man sieht Ibu Tall eigentlich nie ohne Kunden. Gerne zeigt und erklärt er seine Arbeiten, darunter einige

echte Fundstücke. Er kennt alle anderen Verkäufer und beginnt kurz nach 12 Uhr mittags mit seinem Rundgang, um Kleinigkeiten für den gemeinsamen Aperitif bei »Chez Ibu« zu besorgen.

Im 5. Arrondissement ist man mitten im Herzen von Paris. Mag der Beobachter sich an einigen Ecken angesichts der alten Bauten fühlen, als sei er in den engen Gassen von Athen gelandet, so wird es doch in Richtung Panthéon wieder sehr pariserisch: Straßencafés, Antiquitäten-läden und urige Restaurants stehen dicht an dicht mit den zahllosen Universitätsgebäuden, Schulen, Kirchen und Bibliotheken, die in den alten Gemäuern untergebracht sind. Überall sieht man Studenten, die Läden nach gebrauchten Büchern oder Schallplatten durchstöbern, findet man kleine Programmkinos, die ausschließlich Filmklassiker im Repertoire haben, und entdeckt man rauchverhangene Cafés und lär-mende Bars, die diesen Teil einer sehr alten Stadt zu einem sehr jungen Viertel machen.

Ein großer Vorteil des Einkaufens auf dem Marché Maubert ist auch der nahe gelegene Straßenmarkt auf der Rue Mouffetard, der täglich außer montags geöffnet hat. Vorausgesetzt, man schleppt noch nicht zu schwer an den Einkäufen, erklimmt man den Mont Sainte Geneviève, geht am Panthéon vorbei und erreicht den Place de la Contrescarpe. Hier ist immer etwas los – dafür sorgen die Straßencafés, Sandwich-läden und Crêperien sowie die Fahrräder und Autos, die immerwährend um den Brunnen in der Mitte des Platzes zu kreisen scheinen. Hier beginnt die Rue Mouffetard und schlängelt sich als enge Straße den Berg herab. Typisch pariserisch wirkt sie, obwohl sich dieses malerische Eckchen mit seinen wunderbaren Lebensmittelläden, Straßenverkäufern und Bars mittlerweile zu »der« Touristenattraktion entwickelt hat. Der

Unten: Austernzüchter kommen von den Küsten der Bretagne und Normandie nach Paris, um auf den Märkten ihre Ware im Dutzend (hier: 13) anzubieten.

Bioladen *Rendezvous de la Nature* (Hausnummer 96) ist einen Besuch wert, ebenso der Fischladen *Quoniam*, weiter die Straße herunter, der eine beeindruckende Auswahl an Meeresfrüchten und Krustentieren sowie Süßwasser- und Meeresfischen im Angebot hat. Danach lohnt sich ein Blick in die *fromagerie Quatre Hommes* und deren *affinage*, eine Kammer, in der der Käse reift. Hier konzentriert man sich auf Qualität anstelle von Quantität: die wenigen Käsesorten im Angebot sind ausgezeichnet, ob nun ein Saint Marcellin, der schon kurz vor dem Auslaufen ist, oder ein perfekt gereifter Camembert. Am Fuße des Hügels steht ein wunderschönes Haus mit Mosaikschmuck, das Wildschwein und Hirsch zeigt. Hier fertigen die Gebrüder Facchetti seit 1929 ihre Pasta und verkaufen andere italienische Delikatessen. Dieser kleine Fleck ist besonders ansprechend. Unweit einer aus dem 12. Jahrhundert stammenden Kirche und einem schön bepflanzten Kreisel weitet sich nun die Straße.

Nun hat man sich einen gut gekühlten Kir verdient, bevor man auch den Rest des Arrondissements noch erkundet. Am Flußufer, entlang des Quai de la Tournelle, haben die Bouquinisten ihre Bauchläden eröffnet, bauen ihr Sortiment aus Taschenbüchern und alten Büchern auf und lehnen die ebenfalls im Sortiment befindlichen Drucke, die sie in grünen Metallkoffern aufbewahren, an die steinernen Uferwände der Seine. Hier kann man sich durchstöbern bis zum *La Tour d'Argent*, dem berühmten, kostspieligen und ältesten Restaurant von Paris, dessen privilegierte Gäste ihr Essen mit Blick auf die Türme und Türmchen von Notre-Dame geniessen. Nebenan liegt *La Rôtisserie du Beaujolais*, die erschwinglichere Restaurant-Schwester. Hier geht es weniger edel zu, aber das Essen (Spießbratenspezialitäten und die klassische traditionelle Küche Frankreichs) ist ebenfalls sehr gut. Noch ein Stück weiter die Seine hinunter ist in einem Haus mit einer ungewöhnlichen Architektur das L'Institut du Monde Arabe untergebracht, das seinen Besuchern nicht nur eine Führung durch das Museum und die angeschlossenen Bibliotheken bietet, sondern auch eine Dachterrasse, wo man bei einem schmackhaften libanesischen Mittagessen den beeindruckenden Blick über Paris genießt. Der wunderschön gestaltete Jardin des Plantes eignet sich als Picknickplatz – dergestalt gestärkt kann man im Musée Nationale d'Histoire Naturelle, dem Traum eines jeden Präparators, ausgestorbene Tierarten betrachten, in dramatischer Pose erstarrt, lebendig ausgeleuchtet und von New-Age-Musik begleitet. Last but not least sei die elegante Moschee gleich hinter dem Naturkundemuseum genannt. Im Innenhof, der von Feigenbäumen bestanden ist, trinkt man gesüßten Pfefferminztee, verweilt am plätschernden Brunnen und genießt die an »Tausendundeine Nacht« erinnernde Atmosphäre des Cafés mit seinem Stimmengewirr und dem Tabakdunst.

Oben: Buchhändler, deren Stände entlang des Seine-Ufers aufgereiht sind, verkaufen neue und gebrauchte Grafiken, Bücher und Zeitschriften.

DIE URSPRÜNGE DES RESTAURANTS

Das Restaurant, wie wir es heute kennen, ist eine französische Erfindung des 18. Jahrhunderts. Während des Mittelalters aßen die Pariser in Schenken und Dorfkrügen, wo die Hauptgerichte einfach in die Mitte eines großen Tischs gestellt wurden und sich jeder selbst davon bediente. Die schnellsten Esser bekamen am meisten, während die langsamen sich mit den Resten zufrieden geben mussten – falls es überhaupt welche gab! Diese Technik war ein Freifahrtschein für Tisch-Rowdies. Zudem hatte nicht jeder Esser unbedingt Lust, Seite an Seite mit völlig Unbekannten um sein Essen zu kämpfen! Bald wurde es unter den Reichen Mode, sich Braten und Eintöpfe von einem *traiteur* nach Hause liefern zu lassen, wo das Abendessen nun in zivilisierterer Form stattfinden konnte.

Im Jahr 1765 kam ein gewisser Monsieur Boulanger auf die Idee, in seiner Schenke herzhafte Suppen zu servieren und die Gäste an Einzeltischen zu bedienen. Diese Suppen nannte er »restaurants«, abgeleitet vom Wort restaurer (wiederherstellen, stärken), denn seine Suppen sollten die Kräfte seiner Gäste wiederherstellen und stärken.

Damals waren die einzelnen Berufsgruppen sehr strikt unterteilt. Die *traiteurs* hatten ihre eigene Gewerkschaft und hielten das Monopol auf Eintöpfe, Saucen und kompliziertere Gerichte. Als Boulanger als nächsten Schritt beschloss, seine Speisekarte interessanter zu machen und *pieds de mouton en sauce blanche* (Lammfuß in weißer Sauce) anzubieten, sorgte er für reichlich Wirbel. Die *traiteurs* brachten die Sache vor Gericht, doch er gewann, denn das Parlament erklärte einstimmig, dass es sich bei seinem Lammfuß in weißer Sauce nicht um einen Eintopf handele!

Vom Skandal profitierte Boulangers kleiner Suppenladen, denn die Pariser wollten sein neues Gericht ausprobieren und vom berühmten Chef höchstpersönlich bedient werden. Das Konzept des »Restaurants« war geboren und bereits erfolgreich.

Le Marchand d'Art

Stolz steht Kunsthändler Ibu Tall neben seinen Ausstellungsstücken: afrikanische Statuen und Masken, einer zwar ungewöhnlichen, aber willkommenen Bereichung der Märkte unter freiem Himmel. Der höfliche und leise sprechende senegalesische Händler verwickelt jeden Passanten in ein Gespräch und scheint jeden auf dem Markt zu kennen.

1981 kam Ibu Tall nach Frankreich, ursprünglich mit dem Ziel, in Lyon Notariatswesen zu studieren. Aber er erkannte schnell, dass er in diesem Beruf keine Zukunft haben würde. Ibu Tall zog nach Paris, wurde Manager eines Supermarktes und hielt, was die beruflichen Perspektiven anbelangte, die Augen offen. Ein Freund hatte die Idee, gebrauchte Autoersatzteile an westafrikanische Länder zu verkaufen. Bald belud er Container mit Motoren, Türen und Chassis und verschiffte sie in den Senegal. Das Geschäft blühte, doch als die Währung eine Abwertung erfuhr, traf ihn das arg. Zum damaligen Zeitpunkt befand sich gerade ein Container auf dem Weg nach Dakar. Ibu Tall reiste ihm hinterher und versuchte, vor Ort wenigstens seine Kosten wieder hereinzuholen. Im Reisegepäck zurück nach Paris hatte er seine schmale Brieftasche und ein paar afrikanische Mitbringsel für Freunde. So begann seine Karriere als Kunsthändler.

Ibu Tall spezialisierte sich auf den Import von handgeschnitzten Stühlen und Masken und eröffnete damit einen Marktstand. Bald entwickelte sich das Geschäft. Anfangs verkaufte er einfaches Kunsthandwerk, wie man es überall in Dakar finden konnte. Mittlerweile handelt Ibu Tall mit Kunstgegenständen, die er in Togo und Benin, deren Handwerker für ihre Holz- und Schnitzarbeiten berühmt sind, in Auftrag gibt.

Dass man auf einem Pariser Markt über Dinge stolpert, die nicht direkt mit Essen zu tun haben, ist gar nicht so ungewöhnlich. Kleidung, Tischwäsche, Seifen, Kerzen, Wellness-Produkte, Wäsche, Schuhe, Kochgeschirr werden angeboten und manchmal eben auch Kunst. Verkauft werden solche Waren in der Mehrzahl von fliegenden Straßenhändlern, den *marchands volants* und zwar dort, wo gerade Platz ist. Ibu Tall hingegen ist eine feste Einrichtung. Fünf Jahre ist er schon in diesem Geschäftszweig tätig und es hat sich herumgesprochen, dass er gute Ware im Angebot hat.

Ibu Tall präsentiert seine Kunst auf dem Marché Maubert und dem Marché Richard Lenoir.

PORT ROYAL

Auf dem Markt von Port Royal einzukaufen, ist ein richtiges Vergnügen, auch wenn er am Rand des 5. Arrondissements und damit etwas abseits liegt. Einen gemütlichen Samstag kann man hier in der Gesellschaft von Fahrrädern, Kinderwagen, Einkaufswagen, Gehstöcken und Inlinern verbringen, die sich ebenfalls den Weg über den Markt bahnen. Über 40 Händler bieten unter alten Kastanien auf einer Seite des Boulevard de Port-Royal eine große Palette an Produkten an.

Jeder Stand überrascht mit anderen Dingen: ob frische Salate oder *rôtisserie*-Spezialitäten – saftige Rippchen, Shish Kebabs, deftige Würste und Grillhähnchen. Da fällt die Entscheidung schwer, aber die Qualität ist immer sehr gut, ob nun frischer Fisch, Oliven, knuspriges Brot, Pâté, Obst und Gemüse, auf den Punkt gereifter Käse oder frische Kastanien, die in Beuteln verkauft werden.

Wer hier immer noch keine Lust bekommt, selbst zu kochen, für den findet sich ein guter asiatischer *traiteur*, sind frische Buchweizencrêpes und die süßen und pikanten Törtchen von Bertrand Didier erhältlich. Ein schöner Vormittag endet nach mehrmaligem Schlendern über den Markt mit dem Kauf von Blumen, bevor man den Inhalt seines übervollen Einkaufskorbes bei einem späten Frühstück im Jardin de Luxembourg wieder leert.

MONGE

Der Marché Monge findet auf einem baumbestandenen Platz an der Ecke der Rue Monge statt, nur einen Block entfernt vom geschäftigen Markt der Rue Mouffetard. Ungefähr 40 Händler beliefern dieses reine Wohngebiet im 5. Arrondissement mit einer guten Auswahl an Produkten. Die Atmosphäre ist entspannt, wirkt beinahe ländlich. Bei einem Rundgang findet man bei den *maraîchers* eine solide Salatauswahl, ob nun die zarten *cornes de cerf* (Eichblattsalat) oder intensiv-herben wilden *roquette*. Beim Stand von Leo Zamba gibt es eine außergewöhnlich große Auswahl an Kartoffeln; dort werden Spezialitäten wie Trüffelkartoffeln oder die Sorte Monalisa Briard gleich kistenweise verkauft und die *charcuterie* von Michel Stunault bietet Schweinefleisch in verschiedenen Anschnitten, Schinken, Pâtés, verlockende *quiches feuilletés* und pikante Törtchen. Winzige Wurstringel, passenderweise *queue de cochon* (Schweineschwänzchen) genannt, gibt es beim Stand der *Produits Regionales des Alpes*. An anderen Ständen werden frisches Brot, köstlicher Honig, Wein direkt vom Erzeuger und sogar selbst gebackene amerikanische *chocolate-chip cookies* (Plätzchen mit Schokoladenstückchen) angeboten, außerdem leckerer Käse, Fleisch, Fisch und frische Blumen.

Wer für die Zubereitung dieser Köstlichkeiten eine Anregung sucht, wird fündig in der Spezialbuchhandlung *Librairie des Gourmets* auf der Rue Monge (Hausnummer 98), die Kochbücher und andere Bücher übers Essen führt.

Oben: Der Markt von Port Royal bietet eine große Auswahl an Fisch.

MARKTREZEPTE

HUÎTRES À LA NAGE
Austern in einer Brühe
aus Riesling und Crème fraîche

Wörtlich übersetzt bedeutet Huîtres à la nage »Schwimmende Austern«, was daher kommt, dass die Austern in einer Sauce aus Weißwein und dem Meerwasser gegart werden, das die Austern enthalten. Lediglich das Öffnen der Austern nimmt etwas Zeit in Anspruch, ansonsten lässt sich dieses Rezept relativ schnell zubereiten. Die Verkäufer von *L'Huître du Chouan* waren so freundlich, die Austern vorab zu öffnen, und achteten auch darauf, dass das Wasser der Austern dabei nicht verloren ging, und gossen es in einen kleinen Behälter. Dieses deliziöse Gericht eignet sich besonders für ein leichtes Abendessen oder als erster Gang.

◔ 20 Minuten   ◻ 8 Minuten

24 Austern
1 Bund Schnittlauch
1 große Schalotte
2 EL Butter
250 ml trockener Riesling
150 g Crème fraîche
frischer schwarzer Pfeffer aus der Mühle
einige lange Schnittlauchhalme zum Garnieren

1. Die Austern öffnen und das Austernwasser in eine extra Schüssel abtropfen lassen. Austern vorsichtig unter fließend kaltem Wasser reinigen, damit alle Schalenstücke weggespült werden, und kühl stellen. 2. Austernwasser durch ein feines Sieb, Mousselinetuch oder Küchenpapier abgießen und beiseite stellen. 3. Schnittlauch mit einer Schere in 3 cm lange Stifte schneiden und beiseite stellen. 4. Schalotte abziehen und fein hacken. In einer Kasserolle in Butter anschwitzen, bis sie glasig ist. Hitze reduzieren und Weißwein angießen. Etwa 1 Minute köcheln lassen. Dann die Austern vorsichtig zufügen und so viel Austernwasser zugießen, dass sie vollständig bedeckt sind. 5. Sobald die Flüssigkeit erneut zu kochen beginnt, Crème fraîche zugeben und vorsichtig unterrühren. Noch 1 Minute erhitzen und mit Pfeffer abschmecken. Vom Herd nehmen, Schnittlauch einstreuen und sofort servieren. **Für 4 Personen.**

🍾 Aromatische Weißweine aus dem Elsass: Riesling, Pinot Gris, Tokay

Huîtres à la nage

LAPIN AU CALVADOS
Geschmortes Kaninchen nach Art der Normandie

Jean-Marie Loren vom Marché Maubert rasselte dieses Rezept herunter, während er für einen seiner Kunden ein Perlhuhn vorbereitete. Das Kaninchen wird in schäumendem Cidre und Calvados geschmort, die beide aus der Normandie kommen, aus der Gegend von Perche, wo Jean-Marie seine Geflügelzucht hat.

⊘ 20 Minuten   ⊡ 45 Minuten

4 Schalotten, gehackt
2 EL Butter
1 Kaninchen, in Stücke geteilt
Salz und Pfeffer
80 ml Calvados
1 EL Mehl
500 ml Cidre
2 Möhren, geschält und in Stücke geschnitten
4 kleinere weiße Rübchen (Navets), geschält und in Stücke geschnitten
250 g Zuckerschoten (Kaiserschoten)
gehackte Petersilie zum Garnieren

1. In einer Kasserolle die Schalotten bei mittlerer Hitze in Butter anschwitzen, bis sie glasig sind. Kaninchenteile zufügen und von allen Seiten anbraten. Mit Salz und Pfeffer würzen. 2. Hitze erhöhen, Calvados zugießen und flambieren. 3. Mehl über das Fleisch streuen und gut verrühren. Dann Cidre angießen, Möhren und weiße Rübchen zufügen und zudecken. Bei mittlerer Hitze etwa 40 Minuten schmoren, dabei regelmäßig umrühren. 4. Inzwischen etwas Salzwasser in einer kleinen Kasserolle aufkochen und Zuckerschoten 1 Minute blanchieren, dann in eiskaltem Wasser abschrecken und beiseite stellen. 5. Sobald das Kaninchen gar ist, die blanchierten Zuckerschoten zugeben und weitere 5 Minuten schmoren. Erneut abschmecken, mit Petersilie bestreuen und sofort mit Salzkartoffeln oder Wildreis servieren. **Für 4 Personen.**

🍾 Füllige, körperreiche Weißweine oder delikate, runde Rotweine: Meursault, Chablis, Moulis

ARTICHAUDS À L'ANCHOÏADE
Artischocken mit Anchoïade

Dieses deliziöse Rezept wird mit kleinen Artischocken zubereitet, die als *poivrades* oder *violets* bekannt sind. Sie sind leicht violettfarben und besitzen einen nussigen Geschmack. Sie werden in der Provence angebaut, während der Sommermonate geerntet und normalerweise, wie in diesem Rezept, roh gegessen oder auch sautiert, mit etwas Knoblauch und Petersilie. Sie sind ein ausgezeichneter erster Gang an heißen Sommertagen. Die delikate Sauce zu den Artischocken ist denkbar einfach, weder salzig noch schwer: Anchovisfilets werden mit nativem Olivenöl püriert und die Artischocken damit mariniert. Ein Gericht so einfach wie raffiniert.

⊘ 15 Minuten

12 kleine Artischocken (vorzugsweise solche mit fest verschlossenen Blättern)
Saft von ¹/2 Zitrone
10 Anchovisfilets (oder 1 EL Anchovispaste)
125 ml natives Olivenöl extra
12 große, violette Nizza-Oliven

1. Die Artischocken abbrausen und Stiele wegschneiden. Die Blätter bis zu den gelben, zarten Blättern abzupfen und mit einem Teelöffel das »Heu« vorsichtig herausschaben. Artischockenböden sofort in eine Schüssel mit kaltem Wasser und Zitronensaft legen, damit sie nicht schwarz werden. 2. Bei Verwendung von Anchovisfilets diese mit einem Stößel in einem Mörser oder mit dem Rücken eines Löffels in einer Schüssel zu einer glatten Paste zerstoßen, anschließend in den Mixer füllen. Wird Anchovispaste verwendet, diese direkt in den Mixer geben. Olivenöl langsam in einem dünnen Strahl hineinlaufen lassen, bis alles Öl vollständig von der Sauce aufgenommen ist. Man kann das Öl auch auf einmal zufügen, nur wird die Sauce dann nicht so schön cremig. Beiseite stellen. 3. Artischockenböden nun trockentupfen und in sehr dünne Scheiben schneiden. Mit der Anchovissauce in eine Schüssel geben und vorsichtig wenden. 4. Kurz vor dem Servieren die marinierten Artischockenscheiben auf vier Tellern verteilen, dabei die Stücke wie eine Blume von der Mitte des Tellers nach außen anrichten. Die restliche Sauce über die »Artischockenblumen« träufeln und diese mit den Oliven garnieren. Mit frischer Baguette servieren. **Für 4 Personen.**

🍾 Delikate, spritzige Weißweine: Côtes de Provence, Vinho verde

Artichauds à l'anchoïade

Seit dem Mittelalter war das 6. Arrondissement das Zentrum von Literatur und Kunst in Paris. Damals waren die Benediktinermönche der Abtei Saint-Germain-des-Prés stolz auf ihre Bibliothek, die größte in ganz Gallien. In den 1950er- und 1960er-Jahren entwickelte sich Saint-Germain-des-Prés zur Heimstatt vieler berühmter Maler, Schriftsteller und Musiker. Hier wurde die Existentialistenbewegung geboren, die bereits vor 50 Jahren den heute weltweiten Trend kreierte, sich von Kopf bis Fuß in Schwarz zu kleiden, hier waren die Insidertreffs unter den Kunstgalerien, hier standen die angesagtesten Buchläden.

Heutzutage findet die Suche nach Schönheit eher in den vielen Modeboutiquen statt, die die Galerien und Buchläden abgelöst haben. Wer hier wohnt, ist üblicherweise wohlhabend und predigt in seinen großzügig geschnittenen, weitläufigen Stadtwohnungen auch gerne mal liberale Ideen – daher wohl der Spitzname *la gauche caviar* (die Kaviar essende »Linke«). Die berühmten Cafés und Restaurants haben

VIe ARRONDISSEMENT

aber nichts von ihrer Anziehungskraft verloren, auch wenn sie sich manchmal auf ihrem Ruhm ausruhen, den sie – bei gleichem Menü, gleicher Innenausstattung, gleichem Service – zu wesentlich höheren Preisen als früher anbieten.

So wie das *quartier*, in dem er beheimatet ist, ist auch der Biomarkt von Raspail ein In-Treffpunkt geworden. Schauspieler, Berühmtheiten und solche, die es gerne wären, genießen die gesellige Atmosphäre und den Rhythmus, der hier herrscht. Auf dem Markt von Raspail kauft die Pariser Variante der ernsthaften »Ökos« genauso ein wie die Menschen, die, wenn sich die Gelegenheit ergibt, gerne mal gesund essen. Sonntag vormittags kann man hier wunderbar bummeln gehen – durch Berge von herzhaftem Gemüse, Türme frischen Brots und vorbei an vielen außergewöhnlichen Spezialitäten.

Marie de Medicis hat Anfang des 17. Jahrhunderts die Anlage der Jardins du Luxembourg in Auftrag gegeben. Es ist ein herrliches Rückzugsgebiet mitten im Herzen von Paris.

DIE »ÖKOS« VON SAINT-GERMAIN
Der Marché Biologique von Raspail

Der Marché Biologique Raspail ist der größte Biomarkt von Paris. Hier gibt es eine riesige Auswahl an gesunden Produkten und: Hier gibt es etwas zu gucken. Viele Käufer kommen auch, um andere Käufer zu beobachten und dabei *galettes* zu knabbern (immerhin aus Vollkornmehl). Denn der Markt liegt im schicken Viertel Saint-Germain, für Pariser der Lieblingsort zum Ausgehen und das bereits seit den 1920er-Jahren. Schon seit Jahrhunderten ist Saint-Germain-des-Prés das Zentrum der Intellektuellen und Künstler von Paris – lange vor der Eröffnung des ersten Pariser Cafés. Das *Procope* wurde im Jahr 1686 auf der Rue des Fossés-Saint-Germain errichtet. Hier und später auch in den im ersten Stock gelegenen *salons* des *Aux Deux Magots* und *Café de Flore* verbrachten bedeutende Autoren, Philosophen und Maler lange Stunden, während spätere Jazzlegenden wie Duke Ellington und Charlie Parker die Jazzkeller des Viertels bevorzugten und vor einem enthusiastischen Publikum neue Rhythmen improvisierten oder testeten. Heute nehmen schicke Pariser und Touristen auf den Terrassen dieser berühmten Cafés Platz, schauen ein Weilchen dem Treiben der Menge zu und trinken dazu einen überteuerten Espresso oder Champagner. Hin und wieder entdeckt man auch jemanden, der in alten Zeiten lebt und schwelgt, seinen Rotweinkelch vor sich und hofft, der neue Hemingway, Miller oder die neue Simone de Beauvoir zu werden.

Das Etikett »Bio« hat sich in den letzten Jahren in Frankreich immer mehr zu einem Trend entwickelt. Neuerdings bieten selbst Supermärkte Produktlinien aus Bioanbau (frisch oder abgepackt) an. So überrascht es nicht, dass sich hier Prominente, Chefköche, Designer und Künstler

Links: Auf dem ältesten Pariser Biomarkt Marché Raspail verbringen alle trendigen Menschen den Sonntagmorgen.

mit den Touristen mischen und die langen Schlangen und höheren Preise für Biolebensmittel in Kauf nehmen.

Der Markt von Raspail liegt fast im Herzen von Saint-German-des-Prés und verläuft entlang der Hauptschlagader des Viertels, des Boulevard Raspail, zwischen Rue de Rennes und Rue du Cherche-Midi. Unter der Woche ist es hier sehr belebt, denn Pariser und Touristen hasten hin und her zwischen den trendigen Schuhläden auf der Cherche-Midi, den teuren Lampengeschäften auf Raspail, den schicken Modeboutiquen, die im ganzen *quartier* verstreut liegen und dem eleganten Kaufhaus *Le Bon Marché* mit seiner verlockenden Lebensmitteletage. Doch am Sonntag sind die Läden geschlossen und die Straßen leer. Dann ist der baumbestandene bunte Markisenreigen des Marktes Raspail der einzige Publikumsmagnet – einer mit ungeheurer Zugkraft! Aus ganz Paris kommt man hierher, um auf dem *bio* zu sehen und gesehen zu werden. Trendige Shopper bummeln zwischen dem leuchtenden Grün von Salaten und Kräutern, entdecken sahnige Milch und selbst gemachten Jogurt, »gesund« aussehendes Biobrot und Backwerk und körbeweise frisch gepflücktes Obst und Gemüse, auf dem man noch die Tautropfen des frühen Morgens zu sehen meint. Alle angebotenen Produkte und Zubereitungsarten unterliegen einer strengen biologischen Qualitätskontrolle.

Doch bevor man sich auf den Weg zum Marché Bio macht, möchte man den Morgen vielleicht mit einem kleinen Widerspruch beginnen – einem *café crème* und einem Croissant (nicht aus dem Bioladen) im Marktcafé *Le Raspail*, wo schon zu dieser Tageszeit eine Glocke aus Tabakrauch hängt, oder im eleganteren und besser belüfteten *Hôtel Lutetia*. Solcherart gestärkt, beginnt ein Bummel auf der Seite der Rue du Cherche-Midi bei einem Publikumsmagneten – den riesigen Körben

WAS IST BIODYNAMISCH?

Biodynamischer Anbau folgt den gleichen Prinzipien wie der biologische Anbau, richtet sich aber zusätzlich nach dem Lauf der Gestirne, der Auskunft über die günstigsten Tage für Aussaat und Ernte gibt. Rudolf Steiner entwickelte die »organische« Anbaumethode in den 1920er-Jahren. Sie soll die natürliche Harmonie der Erde respektieren. Die Biodynamik geht noch einen Schritt weiter und nutzt die vielen Kräfte des Kosmos, beginnend mit der Sonnenbahn und den Jahreszeiten. So ist der Morgen, der den Frühling symbolisiert, am besten für eine Aussaat oder Keimung geeignet, während der Abend, der den Herbst symbolisiert, sich am besten für Neupflanzungen eignet, da die Pflänzchen nun gut wurzeln. Das Land wird mit homöopathischen Pflanzenextrakten behandelt, die für Fruchtbarkeit sorgen und die vielen schädlichen Umwelteinflüsse, denen man heute ausgesetzt ist, abwehren sollen. Die komplexe und ausgefeilte Biodynamik ist eng mit der Konstellation der Sterne verbunden, folgt aber auch traditionellen landwirtschaftlichen Methoden wie dem Fruchtwechsel, der Kompostierung und der Pollenbefruchtung, wie sie in der biologischen Anbauweise eingesetzt werden. Der biodynamische Anbau ist mittlerweile international anerkannt.

Diese Doppelseite: Der Biomarkt bietet eine breite Palette an Produkten aus Frankreich und dem Ausland. Frisches Obst und Gemüse, Fisch und Krustentiere, eine große Auswahl an Milch- und Käseprodukten, frei laufendes Geflügel und Biofleisch werden auf dem Marché Raspail angeboten.
Folgende Doppelseite: Auf den Biomärkten findet man ungewöhnliche Brotsorten. Sie werden mit Mehlsorten gebacken, die heutzutage unüblich geworden sind.

am Stand von Claude Conard, drapiert und dekoriert mit knackig-frischen Salatkaskaden und aromatischen Kräuterbündeln. Bis zu 15 unterschiedliche Salatsorten und -kräuter sind hier im Angebot, darunter gemischte Salate, Brunnenkresse, Löwenzahn, Kerbel, Rucola, Frisée, Eichblatt, Endivien, Feldsalat und Escariol. Claude Conard hat sich auf biodynamischen Obst- und Gemüseanbau spezialisiert und bezieht seine Produkte unter dem auch in Deutschland bekannten Warenzeichen Demeter von überall her. Außerdem darf man an seinem Stand die Ware selbst aussuchen, eine Freiheit, die manch anderen Pariser Straßenhändler nervös machen würde. Auf der anderen Marktseite gibt es *galettes* mit Kartoffel-Zwiebel- oder Möhren-Weizen-Füllung, die für

haben, müssen dem Landwirtschaftsministerium jährlich eine einkommensabhängige Gebühr entrichten. Die Kontrolle bedeutet Verbraucherschutz, denn zuvor konnte man nur auf Vertrauensbasis Bioware erwerben und war nie wirklich sicher, dass es sich auch um entsprechende Produkte handelte. Zu den Auflagen gehören der Verzicht auf chemische Zusätze bei der Bestellung der Ackerflächen oder der Aufzucht von Tieren. Anstelle von anorganischer Düngung und Pestiziden werden Fruchtwechsel, Kompostierung und Bestäubung im Ackerbau eingesetzt – Verfahren, die arbeitsintensiver sind und sich in höheren Preisen niederschlagen. Auf dem Marché Raspail sind ausschließlich Waren aus *AB*-Anbau zugelassen.

jeden hungrigen Magen frisch auf der heißen Platte zubereitet werden. Am Stand *La Ferme de la Table au Roy* beenden glückliche Hühner und Kaninchen ihr frei laufendes Dasein als goldbraun gebratene Knuspereien am Spieß, während darunter Auberginen, Tomaten und Zwiebeln im Bratensaft köcheln.

Obwohl viele Bauern seit Generationen ihr Land auf biologische Weise bestellten, wurden erst im Jahr 1980 mit einer offiziellen Kennzeichnung, der *Agriculture Biologique (AB)*, klare Verhältnisse geschaffen. Selbst dann dauerte es noch neun Jahre, bis ein erster offizieller Biomarkt entstand – der Marché Raspail. Das Landwirtschaftsministerium ist zuständig für die Regulierung und Überwachung der Bioproduktion in Frankreich. Die Bauern, die die *AB*-Bescheinigung erhalten

Neben den vielen europäischen kommen auch amerikanische Touristen auf diesen Markt. Deren Heimatgefühle werden an einem Stand geweckt, der köstliche, selbst gemachte Brownies, Bananenmuffins und englische Muffins verkauft (die am Stand der nahe gelegenen *Fromagerie Saumière* offerierte Frischmilch passt gut dazu). Zwar werden auch diese Leckereien auf biologischer Basis hergestellt, aber im Vergleich zu all den knackigen Möhren und süßen Erbsen in den anderen Auslagen wirken sie wie eine kleine Sünde. Ein paar Schritte weiter stehen auf einem winzigen Tisch mit einer Tischdecke in typisch pro-

Es macht viel Spaß, einen Morgen mit der Suche nach den richtigen Lebensmitteln zu verbringen, aber es gibt auch Händler, die diese Arbeit selbst übernehmen und die Produkte nach Hause liefern.

SAINT-GERMAIN

Wenige Straßenblocks vom Marché Raspail entfernt liegt die Eglise Saint-Germain-des-Prés auf dem gleichnamigen Boulevard. Diese älteste Kirche von Paris wurde im 6. Jahrhundert nach den Vorgaben des Bischofs Germain von Paris gebaut, der dieses fruchtbare Land außerhalb der damaligen Stadtgrenzen als Bauland für seine Gemeinde ausgesucht hatte. Die Normannen (Wikinger) zerstörten die Kirche, die erst 1163 mit einer anliegenden Abtei wieder aufgebaut wurde.

Dort lebten und studierten über 100 Benediktinermönche, die die bedeutendste Bibliothek weit und breit zusammentrugen. Kirche und Abtei waren allerdings nicht nur ein Zentrum der Künste und Geisteswissenschaften, sondern auch ein wichtiger Wirtschaftsfaktor. Diese Macht verdankten sie ihrem Landbesitz, der einen Großteil des heutigen 5. und 6. Arrondissements umfasste. Es wurde beschlossen, jährlich die Handelsmesse *Foire de Saint-Germain* auf dem Gelände des heutigen Marché Couvert de Saint-Germain abzuhalten. Sie entwickelte sich bald zum bedeutendsten Kulturereignis des Landes und

zog Händler und Künstler von überall her an. Die Franzosen konnten hier den ersten Kaffee probieren und das erste Rhinozeros bestaunen. Die mehrtägige Messe war gleichzeitig ein Fest, im Beiprogramm unterhielten Artisten den Adel und die einfachen Leute. Die Messe wurde so beliebt, dass auch mehrmalige Versuche, sie zu verbieten, nichts fruchteten. Erst 1811 wurde sie zum letzten Mal abgehalten. Der Veranstaltungsort und die Fassade der Kirche sind die einzigen Überreste dieser Zeit – neben dem Ruf, den Saint-Germain-des-Prés als geistiges und kulturelles Zentrum noch heute genießt.

Oben: Eines der ältesten und berühmtesten Restaurants von Saint-Germain ist die *Brasserie Lipp*, gegründet 1922 (Foto) und heute nicht minder populär.
Rechts: Die sonnenbeschienene Terrasse des Cafés *Deux Magots* gibt den Blick frei auf die Eglise de Saint-Germain-des-Prés im Herzen des Viertels.

KAFFEE

Der Legende nach sorgte sich ein jemeni-
tischer Schäfer um seine Schafe, die nicht
genug schliefen, und suchte den Rat des
Abtes eines nahe gelegenen Klosters. Der
Mönch begleitete den Schäfer zu seiner
Herde. Ihm fiel auf, daß die Schafe eine
Vorliebe für einen Busch mit kleinen roten
Beeren hatten. Klug, wie er war, pflückte er
einige Beeren und warf sie in kochendes
Wasser. Dann trank er das Gebräu und konnte ebenfalls nicht mehr
schlafen, war aber auch nicht müde. Begeistert servierte er dieses
Wundergetränk seinen Mönchen, damit sie bei den Gebeten wach
bleiben würden.

Langsam verbreitete sich der Kaffee in Arabien. Im frühen 17. Jahrhundert erreichte er Istanbul und wurde dort unter dem Namen Cahué
sehr beliebt – als Medizin und Genussmittel gleichermaßen. Louis XIV
war der erste Franzose, der Kaffee probierte. Überbracht wurde das
Getränk im Jahr 1669 von Süleyman Aga Mustafa Raca, dem Gesandten
Mohammeds IV., des »Großen Türken«. Der Durchschnittsbürger lernte
den Kaffee erst zwei Jahre später kennen, als zwei Armenier dieses Getränk auf der *Foire de Saint-Germain* vorstellten. Da dem Kaffee auch
medizinische Eigenschaften zugesprochen wurden, waren die Pariser
anfangs skeptisch. 1686 eröffnete ein sizilianischer Edelmann namens
François Procope das erste Café der Stadt. Seine Vision und der Kaffee
traten einen Siegeszug an; sein Café bekam sogar ein eigenes Gesell-
schaftsmagazin (links). Die Cafés wurden beliebte Treffpunkte. Im Jahr
1716 gab es bereits 300 davon in Paris; daneben boten Straßenhändler
Kaffee im Becher an.

venzalischem Muster über 25 verschiedene Honigsorten, die man mit Holzlöffelchen probieren darf. Auf kleinen Zetteln werden die Eigenschaften jeder einzelnen Honigsorte (beispielsweise Akazien-, Lavendel- oder Kastanienhonig) aufgelistet. Kein Wunder, dass sich hier die Passanten wie die Bienen benehmen und den kleinen Stand aufgeregt umschwärmen.

Da der Markt sehr überlaufen ist, empfiehlt es sich, ihn morgens anzusteuern. Um elf Uhr vormittags stehen die Menschen schon dicht gedrängt vor allen Ständen. Dennoch liegt eine ruhige Atmosphäre über diesem Markt. Jedermann scheint einen unerschöpflichen Vorrat an Zeit zu besitzen und niemand verliert die Geduld, selbst wenn die Einkaufsliste des Vordermanns endlos zu sein scheint. Marché Raspail ist der einzige Biomarkt auf dem linken Seine-Ufer und wird auch nur einmal in der Woche abgehalten. Deshalb kauft man hier gleich in großen Mengen und vertreibt sich die Zeit in der Schlange mit einem Schwätzchen.

An zwei Stellen auf dem Markt finden sich kleine Bezirke, wo Spezialitätenstände allerlei Kurioses verkaufen. Algenbrot beispielsweise, Algensuppe, Algentartar, Algen *nature* (ohne alles) und Algensalz. Monsieur Courtois sammelt den Rohstoff dafür an der bretonischen Küste. Sein Algentartar mit Kapern, Zwiebeln und Essig wird als Brotaufstrich zum Apéritif gereicht und schmeckt köstlich, wenn man sich einmal an den Geschmack gewöhnt hat. Die unbehandelten Algen eignen sich für einen Salat, verfeinert mit Reisessig und Sesamöl. Während der Wintermonate ist auch die Trüffelverkäuferin Dominique Martino auf dem Markt. Sie verkauft, was ihre Hunde und Schweine in ihrer Heimat, dem Luberon im Südosten Frankreichs, aus dem Boden buddeln. Während sie Trüffelbutter auf dünne Baguette-Scheiben streicht und diese den Interessierten als Kaufanreiz zum Probieren anbietet, beschreibt sie die Techniken, die bei der Trüffelsuche angewendet werden. Wer das selbst ausprobieren möchte, dem bietet sie organisierte Touren ins »Trüffelland«. Alternativ kann man ihre Trüffel auch über einen Lieferservice beziehen.

Wenn sich plötzlich das Aroma schwarzer Vanilleschoten mit dem blumigen Duft chinesischer Tees mischt, steht man vor einem der beliebtesten *traiteurs* des Marktes. Geschützt hinter Glas liegen die appetitlichsten Gerichte in der Auslage: *taboulé*, Salate mit Gerstengraupen oder Linsen, Gemüseterrinen, Pâtés, köstliche Quiches, pikante Curries und Suppen sowie eine große Auswahl selbst gemachter Nachspeisen, die bereits am Vormittag ausverkauft sind. Eine kleine Auswahl solcher Salate, ein Laib frischen Brotes – ideale Voraussetzungen für ein Picknick im nahe gelegenen Jardin du Luxembourg.

In der Mitte des Marktes bieten zwei einander gegenüberliegende Händler Vollkornbrote an, eine Verkaufsstrategie, die an die früher konkurrierenden Dorfbäcker zu beiden Seiten des Dorfplatzes erinnert. Die angebotene Vielfalt ist beeindruckend: Körnerbrot, Brot mit Sesam-, Mohn- oder Sonnenblumenkruste oder Brote aus Sauerteig. Denn auch Franzosen wollen beim Brot mal Abwechslung. Entsprechend groß ist demnach die Formenvielfalt: klassische Baguettes, riesengroßes Bauernbrot in Radform (das nach Gewicht verkauft wird), viereckige Brote oder Brötchen. Man findet aber auch die traditionellen französischen Backwaren. Eclairs, Croissants, Törtchen mit Früchten der Saison, Gemüsetartes mit Lauch, Spinat, Möhren und Zwiebeln sind im Angebot, alle natürlich mit Vollkornmehl gebacken.

Biobrot und -backwerk unterscheidet sich übrigens nicht nur durch die gesunden Körner und das in Steinmahlwerken vermahlene Mehl, sondern auch durch eine größere Kompaktheit, verursacht durch einen geringeren Anteil natürlicher Treibmittel. Oft wird solches Biobackwerk direkt an Ort und Stelle verzehrt: Viele Marktbesucher sitzen mitsamt ihren Körben auf einer Parkbank und laden, wenn der Einkauf zur Hälfte geschafft ist, ihre Batterien wieder auf. Alternativ kann man sich an einem Biocrêpes-Stand mit einer *galette* mit Käsefüllung oder einer süßen Crêpe mit Rohrzucker, Kastanienpüree oder Marmelade stärken.

Natürlich gibt es auch Fleisch, Milchprodukte, frischen Fisch oder Kosmetikprodukte zu kaufen, doch hat sich dieser Markt auf Obst und Gemüse spezialisiert. Es finden sich Erzeugerstände, auf denen Bauern ihre selbst angebauten und geernteten Produkte verkaufen. Dort finden sich Berge dunkelgrünen Spinats neben weißen Rüben und knackigen grünen Bohnen, denen man die Gesundheit förmlich ansieht. Andere Stände wiederum haben sich auf Bioprodukte aus der ganzen Welt spezialisiert. Allen Waren gemein ist die Qualität, der intensive Geschmack und der hohe Nährwert. So überrascht es nicht, dass viele Marktbesucher junge Familien sind, denen die gesunde Ernährung ihrer Kinder am Herzen liegt und die bereit sind, für eine Biomöhre oder einen Bioapfel auch etwas mehr auszugeben.

Der Marktbummel führt an vielen kleinen Käseständen vorbei. Einige bieten Frischkäse in irdenen Töpfen an, andere herzhaften Bergkäse im Rad. Im Winter gesellt sich ein Austernstand dazu, dessen Bedienung den Kunden die Austern öffnet und auf mitgebrachten Tabletts garniert, während diese den restlichen Einkauf erledigen. Das ganze Jahr über steht ein Fischhändler auf dem Markt, der besonders stolz auf seine Lachse und Seezungen ist, ein Bäcker, der neben blättrigen Croissants und *pains au chocolat* ein Früchtebrot mit Feigen, Datteln, Korinthen, Haselnüssen, Walnüssen und Mandeln anbietet – ein teures, aber köstliches Vergnügen. Ein frischer, junger und fruchtiger Côtes-du-Rhône lässt sich am Stand *La Cuvée de la Coccinelle* erste-

Links und rechts oben: Frische Trüffeln und Algen von der bretonischen Küste sind nur einige der ungewöhnlichen Spezialitäten, die auf dem Marché Raspail angeboten werden. Links und rechts unten: Der Großteil der Obst- und Gemüseprodukte wird von den Erzeugern persönlich angeboten.

hen. Die stolzen Besitzer drängen einem Kostproben ihrer Tafelweine förmlich auf! Für eine Party zu Hause kann man den Wein auch im (wieder verwendbaren) 5-Liter-Container erstehen.

Hat man alles gesehen und richtig Appetit bekommen, dann stehen zum Mittagessen gleich mehrere Restaurants in Gehweite zur Auswahl; keines allerdings ist ein Biorestaurant. Man kann nach einem Apéritif im *Café de Flore* auf dem Boulevard Saint-Germain ein geruhsames Mittagessen in der berühmten *Brasserie Lipp* einnehmen. Oder eine Antipasti-Platte mit *prosciutto* und einer Karaffe Wein im *Cherche-Midi* in der gleichnamigen Straße, gleich um die Ecke vom Markt. Oder die Einkäufe auf einer Parkbank im Jardin du Luxembourg ausbreiten und beim Lunch den Miniaturbooten auf dem Teich zuschauen. Die letzten Krümel bekommen die Spatzen und der riesige Karpfen, der im Teich lebt, und dann trinkt man in einem der vielen Straßencafés einen

BIO-WEIN

Die Bezeichnung »biologisch« ist im Falle von Wein unter Umständen irreführend. Der Anbau der Weintrauben verläuft nach den entsprechenden Vorgaben; es dürfen keine anorganischen Dünger oder Pestizide verwendet werden. Aber der tatsächliche Vorgang der Weinherstellung geschieht nach traditionellem Muster. Es gibt also keine Garantie, dass nicht doch Sulfate und Konservierungsstoffe (die für den Kater sorgen) in die Flasche gelangen!

perfekten Espresso. Natürlich kann man in einem Straßencafé auch gleich zu Mittag essen – das Café in der Nähe der Tennisplätze hat gute Salate mit Bratkartoffeln, die schon zum Anbeißen lecker aussehen. Zwar haben die meisten Galerien und Geschäfte am Sonntag geschlossen, doch auch ein Schaufensterbummel durch die Straßen von Saint-Germain-des-Prés, verbunden mit einem Cafébesuch, birgt viele Reize.

Rechts: Selbst ein wenig erfahrener Koch wird aus den Salaten von Jean Conards biodynamischem Gemüsestand etwas Tolles zaubern.

Le Fermier Bio

Henri-Jean Giboulot ist Biobauer. Er baut unterschiedliche Getreidesorten an, presst sein eigenes Olivenöl extra vergine, ist Besitzer einer Charolais-Herde und beschenkt seine Kundinnen schon einmal mit einem Strauß Maiglöckchen: Er gehört zu einer neuen Bauerngeneration.

Sein Hof, die Domaine Giboulot, liegt im Dörfchen Combertault im Herzen von Burgund. Die ganze Region ist berühmt für ihren Wein, Weizen, die Kochkünste und die wunderschönen, schneeweißen Charolaisrinder.

Sein Vater Paul legte vor 30 Jahren den Grundstein zum Biohof. Bis dahin hatte er seinen Betrieb so geleitet, wie es das Nachkriegssystem vorsah – ausgerichtet auf hohen Ertrag und einen durch Überdüngung bestimmten Anbau. Als seine Herden ständig erkrankten und der Feldertrag gegen gewisse Behandlungsweisen immun wurde, suchte er nach alternativen Methoden der Bewirtschaftung und beschloss im Jahr 1970, den Hof komplett auf biologischen Anbau umzustellen. Mit äußerst zufriedenstellendem Ergebnis: der Ertrag blieb trotzdem hoch, und die Herden wurden wieder gesund. Seine beiden Söhne Henri-Jean und Emanuel betreiben den Hof heute auf die gleiche Weise und setzen so die Arbeit ihres Vaters fort. Schon frühzeitig hatten sich beide allerdings für ganz unterschiedliche Berufswege entschieden. Emanuel erlernte die Önologie, die Wissenschaft des Weins, und Henri-Jean verwirklichte seinen Traum, eine Charolaisherde zu besitzen. Mit dem Geld, das er zur Kommunion geschenkt bekam, kaufte er sein erstes Kalb. Heute ist Emanuel Giboulot zuständig für die im Familienbesitz befindlichen Weinberge und Henri-Jean Giboulot stolzer Besitzer einer 40-köpfigen Rinderherde. Dieser

Herde einen Besuch abzustatten, erfordert einen langen Marsch durch saftig-grünes Weideland, bestanden mit Butterblumen, Alfalfa, Klee und Gras. Ein sehr beeindruckender und selbstgefälliger Bulle ist der unangefochtene Boss der Herde. Zu dieser Jahreszeit führt jede Kuh ein Kalb, das sich dem Klicken und Surren der Kameras durch aufgeregtes Versteckspielen zu entziehen sucht. Diese wirklich glücklichen Kühe verbringen das Frühjahr und den Sommer draußen und werden im Winter mit ausschließlich aus biologischem Anbau stammendem Getreide, das direkt hinter dem Stall angebaut wird, gemästet.

Nicht weit entfernt liegt ein 35 Hektar großer Besitz, wo der Biobauer verschiedene Weizensorten anbaut, darunter auch die alte Sorte *épeautre* (Dinkel), Hafer, Linsen, Mais, Soja und Sonnenblumen. Der Gemüseanbau umfasst Salate, Zucchini, Erdbeeren, Kräuter, Radieschen, Lauch, Melonen, Erbsen und grüne Bohnen. Man kann sich gut vorstellen, wie ein Mittagessen auf einem solchen Anwesen aussieht – Biofleisch aus eigener Erzeugung, köstliche *pommes frites* aus eigenem Kartoffelanbau, ein frischer Salat aus dem Garten und eine Flasche Biowein vom eigenen Weingut.

Henri-Jean Giboulot verkauft seine Waren auf den Märkten Batignolles und Raspail.

RUE DE SEINE-BUCI

Dieser beliebte Straßenmarkt mitten im Herzen von Saint-Germain wird oft mit einem Markt unter freiem Himmel verwechselt – fälschlicherweise. Das Angebot der Händler und Lebensmittelläden, die Stände zur Straße haben, hält einem krititschen Blick nicht immer stand. Hierher kommt man, um Menschen zu beobachten und »das wahre Paris« zu entdecken.

Entlang der Rue de Buci liegt ein winziges Lädchen (Hausnummer 34) mit dem Namen *Aux Vrais Produits d'Auvergne*. Seit 1947 werden hier die Spezialitäten aus dieser Region Frankreichs verkauft: *cassoulet* von der Ente, frische und luftgetrocknete Würste in jeder Form und Größe, irdene Töpfchen mit *rillettes* und köstliche Koch- und Räucherschinken. Oliviers & Co. (Hausnummer 28) ist ein Neuzugang, der »Jahrgangs«-Olivenöle, die er von überall her bezieht, verkauft. Ein *traiteur* (Hausnummer 18) verkauft verzehrfertige Spezialitäten aus Italien: Cannelloni, Lasagne und *parmigiano*, mit Bresaola, Provolone und eingelegten Paprikaschoten oder auch mit *prosciutto*, Mozzarella und Tomate belegte Brötchen. An derselben Straße befindet sich ein chinesischer Schnellimbiss, einige Bäckereien und ein Lebensmittelgeschäft mit elsässischen Spezialitäten (Handkarren vor der Tür), das verschiedene Sandwiches anbietet.

Das Angebot an Obst und Gemüse ist hingegen nur eingeschränkt zu empfehlen. Die meisten Stände gehören zum Supermarkt und bieten Waren an, die einen gewissen Qualitätsstandard nicht überschreiten. Fleischer, Fischhändler, Käseladen und Weinhändler offerieren bessere Qualität, allerdings auch zu entsprechenden Preisen.

MARCHÉ COUVERT SAINT-GERMAIN

Der Marché Couvert Saint-Germain steht heute da, wo seit dem Mittelalter die *Foire de Saint-Germain* abgehalten wurde. Sie entwickelte sich zur bedeutenden kulturellen und wirtschaftlichen Großveranstaltung. Händler, Artisten und Künstler kamen von weit her, um hier ihre Waren oder Künste zu präsentieren. Hier wurde der Kaffee erstmals vorgestellt, hier unterhielten Akrobaten und Bänkelsänger ihr Publikum und zeigten Künstler ihre Arbeiten. Über drei Jahrhunderte hielt sich diese Messe, bis nach der französischen Revolution das Interesse langsam erlahmte. Napoléon I befahl den Bau einer Markthalle, die im Jahre 1813 errichtet wurde.

Anfang der 1990er-Jahre wurde der Markt komplett modernisiert. Nur die Fassade erinnert heute noch an frühere Zeiten. Den Händlern wurden nun bestimmte Plätze zugeteilt und der verbliebene freie Platz zu einer fast makellosen Einkaufsgalerie umgewandelt. Selbst ein Schwimmbad und ein Parkplatz wurden eine Etage tiefer errichtet. Diese Modernisierung hat den ursprünglichen Charakter des Marktes zerstört. Wo früher marktschreierisch Waren angepriesen wurden, erledigt man nun in einer verhaltenen und aseptisch wirkenden Atmosphäre seine Einkäufe. Immerhin sind 19 der ursprünglichen 40 Händler noch am Ort verblieben und bieten gute Qualität und ordentliche Auswahl. Es gibt zwei Fischhändler, einige Gemüse- und Obsthändler, zwei hervorragende Fleischer, einen Bäcker, einen Floristen, einen Bio-Stand, *traiteurs*, die sich auf chinesische, griechische und südamerikanische Küche spezialisiert haben, einen Weinhändler und einen Stand, mit frischer Pasta. Sogar eine Näherin und ein Schuster sind vertreten.

RASPAIL

Der im Jahre 1920 gegründete Marché Raspail gehört zu den ältesten offenen Märkten von Paris. Zwar findet er an derselben Stelle wie der Biomarkt statt, der nur Sonntags geöffnet ist, wendet sich jedoch an einen anderen Kundenkreis und ist auch kleiner. Ca. 30 Händler bieten hier sehr ordentliche Waren an. Besonders beliebt sind der Fischstand von Michel Gaigner, der Pilzstand von Catherine Faure und der Stand mit Spezialitäten aus der Ardèche, dessen breite Vielfalt an geschmacksintensiven Landschinken, Pâtés und Würsten kunstvoll neben Wein, Cidre und kleinen Körbchen mit Zwiebeln und Knoblauch dekoriert ist.

Mehrere Metzger und *fromagers*, Gemüsehändler, eine *triperie* und ein ansprechender *volailler*, der Brathähnchen und mitunter auch zarte Zicklein (*cabri*) im Angebot hat, vervollständigen das Marktangebot.

Wer nach etwas Besonderem sucht, ist allerdings mit einem Besuch der großen Lebensmittelhalle *La Grande Epicerie de Paris* direkt hinter dem Kaufhaus *Le Bon Marché* besser beraten. Hier findet man eine Auswahl an Fertiggerichten und internationalen Delikatessen, außerdem eine gute Weinauswahl und eine kundige Bedienung.

Oben: Eine Schlange vor Michel Gaigners Fischstand auf dem wochentags abgehaltenen Markt.

MARKTREZEPTE

SALADE DE MÂCHE ET DE BETTERAVE
Pariser Feldsalat mit Roter Bete

Dies ist einer der traditionellsten Brasserie-Salate, den man noch in vielen, guten Etablissements in ganz Paris findet. Einer der besten wird in der *Brasserie Lipp* serviert, wo seine Zubereitung bis zur Perfektion getrieben wird. Ein großartiges Entrée, denn die Kombination der Aromen ist perfekt. Rote Bete werden oft auf Märkten bereits gekocht angeboten, sind aber nur frische erhältlich, ist nichts einfacher, als sie selbst zu kochen.

🕐 30 Minuten   🍲 25 Minuten

1 rote Bete
500 g Feldsalat
2 Eier, hart gekocht und abgeschreckt
4 EL geschälte Walnüsse

Für die Vinaigrette:
3 EL Olivenöl
1 TL Walnussöl (nach Belieben)
1 EL Essig oder Himbeeressig
Salz und schwarzer Pfeffer aus der Mühle
1 TL Dijonsenf (nach Belieben)

1. Für die Rote Bete den Stiel wegschneiden und die Wurzel in kochendes Wasser geben. Hitze reduzieren und etwa 25 Minuten köcheln lassen, bis sie beim Einstechen mit einem Messer ohne Widerstand zurückgleitet. Abtropfen und auskühlen lassen, dann die Haut abziehen. Bereitet man eine größere Menge zu, als im Rezept angegeben, konserviert man die geschälte Rote Bete am besten in Essigwasser (kaltes Wasser mit 1 TL Essig) im Kühlschrank. So halten sie mehrere Tage. 2. Rote Bete halbieren und jede Hälfte in feine Scheiben schneiden. Beiseite stellen. Feldsalat mehrfach waschen und in einer Salatschleuder trocknen. Beiseite stellen. Eier schälen, vierteln und beiseite stellen. Walnüsse im Ganzen lassen. 3. Die Zutaten für die Vinaigrette zusammenrühren. Sie kann sehr einfach sein oder mit weiteren Zutaten verfeinert werden. Die Grundlage (Olivenöl und Essig) kann z. B. mit 1 TL Dijonsenf oder mit verschiedenen Ölen, z. B. Walnussöl, und verschiedenen Essigsorten, z. B. Himbeeressig, raffiniert werden. 4. Kurz vor dem Servieren Feldsalat und Rote Bete in eine große Schüssel geben und mit der Vinaigrette anmachen, dann mit Eivierteln und Walnüssen garniert servieren. **Für 4 Personen.**

🍾 Fruchtige, kühle Rotweine oder lebhafte, aromatische Weißweine: Brouilly, Côtes de Blaye, Graves

SOUFFLÉ AUX FLEURS DE COURGETTE
Zucchiniblüten-Soufflé

Zucchiniblüten zählen zu den schmackhaftesten, exzellentesten Sommergemüsen. Sobald man einen Verkäufer erblickt, der mit den schmackhaften gelb- und orangefarbenen Blüten seinen Stand verziert, sollte man schnell überlegen, was man daraus Leckeres zubereiten könnte. Das folgende Rezept stammt von Joseph Jacart, der seit 1959 einer der Pioniere des biodynamischen Anbaus in Frankreich ist. Die Zubereitung ist einfach und macht großen Spaß. Die Eier sollten zimmerwarm sein.

🕐 30 Minuten   🍲 30 Minuten

Für die Form:
1 EL Butter
3 TL Parmesan, gerieben

Für das Soufflé:
16 Zucchiniblüten mit Böden
1 EL Butter
3 TL Schalotten, geschnitten
Salz und frisch gemahlener schwarzer Pfeffer
2 EL Butter
250 ml Milch
3 EL Mehl
3 Eigelb
50 g Gruyère oder Emmentaler, gerieben
1 Prise Muskat
4 Eiweiß
1 Prise Salz

1. Eine große Souffléform mit 1,5 l Volumen oder 4 kleinere Förmchen mit Butter einstreichen und mit Parmesan ausstreuen. Den Ofen auf 200 °C vorheizen. 2. Den Blütenstempel der Zucchiniblüten entfernen, die Blütenblätter ablösen und in kleine Stücke zupfen. Die Blütenböden fein schneiden. Beiseite stellen. 3. 1 EL Butter bei mittlerer Hitze in einer Kasserolle zerlassen. Schalotten zufügen und anschwitzen, bis sie glasig werden. Blütenböden zugeben und kurz andünsten. Dann die Blütenblätter zufügen, alles mit Salz und Pfeffer würzen und kurz mitdünsten. Beiseite stellen und abkühlen lassen. 4. Milch erhitzen. 5. In einer kleinen Stielkasserolle 2 EL Butter zerlassen, Mehl zugeben und glatt rühren. Dann Milch zugießen und unter Rühren 5 Minuten erhitzen (nicht kochen). Abkühlen lassen. 6. Die Béchamel in eine große Schüssel umfüllen und ein Eigelb nach dem anderen unterrühren. Dann Käse, Blütenmasse und nach Geschmack Muskat zufügen. 7. Eiweiß mit Salz steif schlagen. Eischnee unter die Masse heben und glatt rühren, dabei die Masse so kurz wie möglich rühren. 8. Die Masse vorsichtig in die Form füllen und in 20–30 Minuten goldbraun backen. Sofort servieren. **Für 4 Personen.**

🍾 Delikate Rot- und Weißweine: Rousette de Savoie, Saumur, Chinon

ONGLET À L'ÉCHALOTE
Kurzgebratenes Steak mit Schalotten und Rotweinsauce

Normalerweise mag Henri-Jean Giboulot sein Charolaissteak am liebsten pur, aber zu diesem besonderen Stück Fleisch (Onglet = inneres Zwerchfellstück), das einen sehr intensiven Geschmack besitzt, bereitet er eine Sauce mit Wein und Schalotten. Onglet ist nicht leicht zu bekommen, in Deutschland ist es eher unbekannt, da sich der französische vom deutschen Fleischschnitt teilweise erheblich unterscheidet. Man kann aber genauso gut auf andere Stücke ausweichen. Wichtig ist, das man ein gut abgehangenes Stück vom Rücken oder dem Nierstück verwendet. Das Onglet ist ein eher dünnes Stück Fleisch, etwa 2,5 cm dick, also sollte man seinen Fleischer bitten, ein entsprechend dickes Steak zu schneiden.

🕙 10 Minuten   🥘 10 Minuten

4 Schalotten
4 Rindersteaks à 170 g
3 EL Butter
3 EL Sonnenblumenöl
Salz und frisch gemahlener schwarzer Pfeffer
125 ml Rotwein
60 ml Rinderbrühe

1. Schalotten abziehen, fein hacken und beiseite stellen. 2. Die Steaks mit Küchenpapier trockentupfen und eine große Bratpfanne bei mittlerer bis starker Hitze erhitzen. 3. 1 EL Butter und Öl in die Pfanne geben. Ist das Fett heiß, die Steaks in die Pfanne legen. 2–3 Minuten braten und wenden. Dann salzen und pfeffern und weitere 2–3 Minuten bis zum gewünschten Gargrad (saignant = blutig, à point = rosa oder bien cuit = durch) braten. Die Steaks auf eine vorgeheizte Platte legen, mit Alufolie abdecken und beiseite stellen. 4. 1 EL Butter in die Pfanne geben, dabei die Hitze reduzieren, Schalotten und etwas Salz zufügen und unter Rühren 3 Minuten leicht anbraten. Dann die Hitze erhöhen und mit Wein ablöschen. Die Flüssigkeit etwa 1 Minute einkochen, anschließend Brühe angießen und die Sauce um etwa ein Viertel einkochen. Mit einem Schneebesen die restliche Butter unter die Sauce schlagen. Mit Salz und Pfeffer abschmecken und die Sauce über die Steaks gießen. **Für 4 Personen.**

🍾 Entweder ein leichter, frischer oder ein herber, körperreicher Rotwein: Saumur Champigny, Côte Rôtie, Saint-Julien

SOUFFLÉ AUX FRAMBOISES
Himbeersoufflé

Dieses leichte, lockere Dessert ist der schöne Abschluss eines eleganten Abendessens und eine willkommene Abwechslung zu Eis oder Kuchen. Die Himbeermasse lässt sich gut im Voraus bereiten, sollte aber nach dem Kaltstellen wieder bei Zimmertemperatur weiterverwendet werden. Dann wird der Eischnee unter die Himbeermasse gezogen und gleich danach kommt das Soufflé für etwa 20 Minuten in den Ofen. Nach dem Backen muss es sofort serviert werden, da es schnell zusammenfällt.

🕙 30 Minuten   🥘 30 Minuten

Für die Förmchen:
1 EL Butter
4 EL Zucker

Für das Soufflé:
500 g Himbeeren
2 EL Zucker
1 EL Butter
4 EL Mehl
4 Eigelb
5 Eiweiß
1 Prise Salz
4 EL Zucker

Puderzucker und Himbeeren zum Garnieren

1. 4 Souffléförmchen buttern und sowohl die Böden als auch die Seitenwände mit Zucker ausstreuen. In den Kühlschrank stellen. Den Ofen auf 250 °C vorheizen. 2. Himbeeren – 8 schöne Beeren für die Garnitur beiseite legen – und 2 EL Zucker in eine kleinere Kasserolle geben. Bei geringer Hitze etwa 15 Minuten köcheln lassen, bis die Beeren die Konsistenz von Marmelade bekommen. Vom Herd nehmen, auskühlen lassen und durch ein Sieb streichen, um die Kernchen zu entfernen. 3. In einer weiteren kleineren Kasserolle Butter bei niedriger Hitze zerlassen, Mehl zugeben und mehrere Minuten rühren, bis eine glatte Mehlschwitze entsteht. Die Mehlschwitze kann gerinnen, was aber nichts ausmacht. Abkühlen lassen und dann die Himbeermasse zufügen und 1 Eigelb nach dem anderen unterrühren. 4. In einer sauberen Schüssel Eiweiß mit Salz steif schlagen. Bekommt das Eiweiß allmählich Volumen, nach und nach 4 EL Zucker zugeben und den Eischnee weiterschlagen, bis sich der Zucker vollständig aufgelöst hat. 5. Ein Drittel des Eischnees unter die Himbeermasse heben und vorsichtig glatt rühren. Dann den restlichen Eischnee vorsichtig unterziehen. 6. Soufflémasse auf die vorbereiteten Förmchen verteilen und 5 Minuten backen. Dann den Ofen auf 200 °C reduzieren und weitere 15–20 Minuten backen, bis das Soufflé gut aufgegangen und goldbraun, aber innen noch feucht ist. Mit Puderzucker bestäuben, jedes Soufflé auf einen Teller stellen, mit Himbeeren garnieren und sofort mit Vanillesauce servieren. **Für 4 Personen.**

🍾 Champagner

Hier steht das symbolträchtigste Wahrzeichen der Stadt Paris. Demnach müsste das 7. Arrondissement auch das am meisten besuchte *quartier* der Stadt sein. Doch das ist überraschenderweise nicht der Fall. Die meisten Touristen bewundern den Eiffelturm und machen danach wieder kehrt. Deshalb geht es hier ruhig und friedlich zu.

Seit dem 17. Jahrhundert ist das 7. Arrondissement ein begehrtes Wohnviertel. Damals errichteten wohlhabende Pariser palastähnliche Privathäuser, und noch heute wohnen hier einige der berühmtes-

VIIe ARRONDISSEMENT

ten Einwohner der Stadt. Das Viertel ist weniger dicht bevölkert als andere und strahlt eine gewisse Zurückhaltung aus; Diskretion ist überall. In ruhigen Straßen leben die Einwohner hinter riesigen Portalen und hohen Mauern, die über und über mit Grün bewachsen sind. Genauso überraschend ist, dass sich ausgerechnet in diesem hochpreisigen, zurückhaltenden Viertel einer der lebendigsten und fröhlichsten Märkte der ganzen Stadt befindet. Zudem hat Saxe-Breteuil den Charme eines ländlichen Marktes.

2,5 Millionen Menschen erklimmen jährlich den Eiffelturm, aber nur wenige erkunden das Viertel zu seinen Füßen.

IM SCHATTEN DES EIFFELTURMS
Der Marché Saxe-Breteuil

In dieser eleganten und sehr ruhigen Nachbarschaft, wo es wenige Läden und Cafés gibt, ist der Markt von Saxe-Breteuil eine Oase der anderen Art, deren bunte Markisen sich leuchtend vom vornehm-blassen Sandstein der umstehenden Häuserzeilen absetzen. In unmittelbarer Nähe finden sich zwei der wichtigsten Denkmäler von Paris: der Eiffelturm und der Invalidendom. Wenn man den atemberaubenden Blick von der Turmspitze und den Gang in die Gruft zum Grab von Napoléon absolviert hat, kann man diesem so prestigeträchtigen Viertel mit einem Marktbummel auch eine ganz persönliche Note entlocken.

Das 7. Arrondissement mit seinen großzügig geschnittenen Wohnungen und Esplanaden mit viel Grün ist eines der begehrtesten Wohnviertel der Stadt. Über die Jahrhunderte hinweg hat sich dieses Viertel eine elitäre Aura bewahrt. Als der König im Jahr 1682 aus dem Louvre nach Versailles umzog, wollten auch die Adligen das Viertel verlassen, das ihnen zu eng geworden war. Man entschloss sich, auf die andere Seite der Seine zu ziehen, wo Land in Richtung Versailles erhältlich war. 1689 wurde die Brücke Pont Royal errichtet, die eine direkte Verbindung mit den Tuilerien schuf. Damit entwickelte sich das 7. Arrondissement mit seinen wunderschönen Palästen und riesigen Gärten endgültig zum Zentrum aristokratischen Lebens. Im ausgehenden 19. Jahrhundert waren die Bauarbeiten zum großen Teil abgeschlossen. Baron Haussmann hatte die eleganten Apartmenthäuser, damals der Inbegriff aristokratischen Wohnens, auf weitläufigen Weideflächen gebaut. Heute sind die großen Anwesen zum größten Teil zerstückelt und die früheren Paläste zu Regierungsgebäuden umfunktioniert oder be-

herbergen ausländische Botschaften. Das in den 1950er-Jahren errichtete Gebäude der UNESCO, das auf der Verlängerung der Marktstraße steht, entspricht als eines der wenigen modernen Gebäude nicht dem optischen Gesamteindruck.

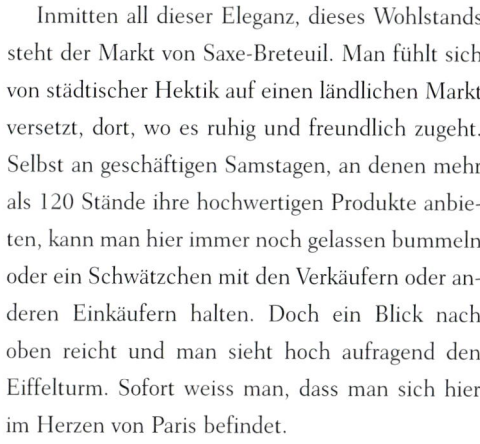

Inmitten all dieser Eleganz, dieses Wohlstands steht der Markt von Saxe-Breteuil. Man fühlt sich von städtischer Hektik auf einen ländlichen Markt versetzt, dort, wo es ruhig und freundlich zugeht. Selbst an geschäftigen Samstagen, an denen mehr als 120 Stände ihre hochwertigen Produkte anbieten, kann man hier immer noch gelassen bummeln oder ein Schwätzchen mit den Verkäufern oder anderen Einkäufern halten. Doch ein Blick nach oben reicht und man sieht hoch aufragend den Eiffelturm. Sofort weiss man, dass man sich hier im Herzen von Paris befindet.

Die Anwohner kommen, mit Körben und Einkaufswagen bewaffnet, nicht nur zum Einkaufen hierher. Sie genießen es auch, unter die Leute zu kommen und Kochtipps auszutauschen. Man kennt und nennt sich beim Namen und berichtet einander von den Ferien der Kinder, diskutiert den Ausgang der letzten Wahl oder warum der Schweinebraten dieses Mal ganz vorzüglich gelang. Die für Franzosen so typische distanziert-formale Art ist hier weniger auffällig. Eine der Verkäuferinnen ist sogar als »singende Salat-Lady« bekannt. Monique Quillet verkauft schon seit über 20 Jahren Blattsalat und verfolgt gleichzeitig ihre Karriere als Sängerin.

Einen Marktbummel beginnt man am besten am Place de Breteuil, wo an sonnigen Tagen ein Klavierspieler für die Passanten aufspielt. Auf der linken Seite kommt man an einem Stand vorbei, der selbst gemachte Marmeladen und Gelees, *Paris Brests*, Eclairs und andere traditionelle Kuchenstücke verkauft. Und während man sich seinen Weg zwischen farbenprächtigem Obst und Gemüse, verlockenden italie-

Versteckt hinter der Ecole Militaire erstreckt sich der Markt von Saxe-Breteuil entlang der breiten baumbestandenen Avenue de Saxe zwischen Place de Fontenoy und Place de Breteuil.

nischen Spezialitäten und hausgemachtem Früchtekuchen und Früchtebrot (alle lohnen das Probieren) bahnt, hört man vielleicht einen Gong schlagen, dessen Klang in die Himalajaregion passen würde.

Aber er stammt aus der Savoie. Jean Falconnet rührt an seinem Stand mit Spezialitäten aus Savoyen kräftig seine riesige Kuhglocke, die dort jede Kuh trägt, auch wenn sich der Laie kaum vorstellen kann, wie sie damit noch grasen kann. Der Käse, den diese Kühe liefern, ist ebenfalls kräftig: Riesige runde Laibe von Gruyère débâcle oder Tomme de Savoie, mit dicken Rinden, durchdringendem Aroma und erdigem Geschmack, stehen neben dem eleganteren Reblochon, dem Abondance und dem Beaufort. Monsieur Falconnet glaubt, der attraktivste Käsehändler des Marktes zu sein und unterhält die Kunden mit Mär-

liebtheit immer weiter zurückgegangen war. Jedem Markt wurde damals ein Marktmeister beigestellt, der sich um Gesetze und Regularien, die Verteilung der Standplätze, das korrekte Aufstellen der Markisen und die Parkmöglichkeiten für Karren und Wagen kümmerte. Solche Organisationsfreude spürt man noch heute: Saxe-Breteuil hat erst kürzlich als erster Markt einen offiziellen Händlerverband gegründet. Ein gewähltes Kommittee kümmert sich um die Belange der Händler und bemüht sich um das wirtschaftliche Wohlergehen und eine noch größere Popularität des Marktes.

Nach den Kostproben aus der Savoie kann man seine Geschmacksknospen mit Oliven, die auch für Kenner zu den besten gehören, auf den Hauptgang einstimmen. René Melet entschloss sich zum Oliven-

chen und Sagen über die Savoie, die Bergregion im Südosten Frankreichs an der Grenze zu Italien. Neben Käse und Wurst aus der Region verkauft er Pasta und Polenta, die beide in seiner Heimat als Beilage zu herzhaften Eintöpfen serviert werden. Im Gegensatz zu Italien bevorzugen die Savoyarden allerdings grobes Polentamehl, das sie in Hühnerbrühe quellen lassen, dann gedünstete Zwiebeln zufügen und mit Käse unter dem Grill überbacken. Nach dem Genuss einer solchen Mahlzeit, so empfiehlt es Monsieur Falconnet augenzwinkernd, sei ein Spaziergang angebracht – wenn die Kräfte dafür noch reichen.

Im Jahr 1873 wurde Saxe-Breteuil zusammen mit vielen anderen offenen Märkten als Ersatz für die Markthallen gegründet, deren Be-

handel, nachdem er dem Druck der französischen Bürokratie entronnen war. Er war zuvor Chef einer Wasseraufbereitungsanlage mit 150 Angestellten. Zusammen mit seinem Sohn Michel gründete er dieses kleine Unternehmen, das sich zum Ziel gesetzt hat, die unterschiedlichsten Oliven frisch und perfekt aromatisiert zu verkaufen. Zum Einlegen verwendet er geschmacksneutrale Öle, ob nun Sonnenblumen-, Traubenkern- oder Maiskeimöl (auf Nachfrage gab er nicht preis, welches Öl er selber verwendet), denn geschmacksintensives Olivenöl kann den

Rechts: Auf Schritt und Tritt darf man probieren. Hier bietet Monsieur Falconnet eine Kostprobe seines herzhaften Tomme de Savoie.

Eigengeschmack bestimmter Olivensorten überlagern. Eine wirkliche Entdeckung ist die nur saisonal erhältliche Olivensorte Salonenque, die zerstoßen und mit wildem Fenchel mariniert wird. Ihr Geschmack ist herrlich nussig und erinnert an das Aroma von Rinde. Diese Olive hält sich nur sehr begrenzt; schon einige Tage nach dem Kauf oxidiert sie und verliert die grüne Farbe und den frischen Geschmack. Es empfiehlt sich, sie in kleinen Mengen zu kaufen. Über 40 verschiedene Olivensorten hat Monsieur Melet im Angebot, in Schüsseln mit Lorbeerblättern und eingelegten Zitronen garniert. Die Zitronen, die fünf bis sechs Wochen in der Olivenlake marinieren, schätzen seine Kunde als natürliche Weichmacher und Geschmacksverstärker bei der Zubereitung von Geflügel.

Geschmacksintensivere Sorten wie mit Anchovis gefüllte Oliven passen gut zu Wein. Mit etwas Glück kann man diese Erfahrung gleich vor Ort machen, denn manchmal kommen *viticulteurs* wie Emmanuel Bodet, Besitzer des Weinguts Château de Souché, mit ihren jungen Weinen auf den Markt, um sie an der Kundschaft auszutesten. Seinen Sauvignon Blanc du Pays du Retz ließ er auf ungewöhnliche Weise verkosten: Er öffnete für jeden Probierwilligen eine Auster und goss einen Schluck des Weins auf die letzten Reste der Auster. Diese Art der Weinprobe nennt er *chabrot* – ein Ausdruck, der auf dem Land verwendet wurde und beschreibt, wie die Bauern die Neige ihrer Suppentasse, verdünnt mit etwas Wein, auslöffelten.

Während man an Metzgern, Käseständen und einem Küchenbasar vorbeidefiliert, entdeckt man plötzlich einen exotischen Stand. Obwohl sich auf diesem Markt wie auf anderen Märkten auch, mehrere italienische, portugiesische und afrikanische Stände finden und ebenso regionale französische Spezialitäten aus der Auvergne, der Normandie oder Korsika angeboten werden, sind Spezialitäten aus Armenien jedoch auch hier eine Seltenheit. *La Table d'Arménie* bietet leichte armenische Küche voller Geschmack, ob *dolma*, mit einer süß-pikanten Reismischung gefüllte Auberginen, *beurek*, Filoteig-Dreiecke, mit einer Farce aus lecker gewürztem Fleisch, Ricotta oder Spinat, gegrillte Auberginen mit viel Tomaten, Knoblauch und Minze, gefüllte Wein- oder Kohlblätter und als Beilage selbst gemachtes *tarama*, sahniger Joghurt und frisch gebackenes Fladenbrot. Auch das Backwerk, darunter *baklava* und *burma*, ist sündhaft lecker und weniger süß und schwer als üblich.

Am Ende der langen Marktreihe stehen Jacky Lorenzos Fischstand und *Grain de Vie*, ein Stand, der Biobrot im Angebot hat. Gerade in den letzten fünf Jahren ist ein Zustrom von Nachwuchsbäckern zu verzeich-

Links: Bei *épiciers* kann man unter vielen Olivensorten, Nüssen, Trockenobst und Delikatessen wie diesen in Salz eingelegten portugiesischen Sardinen wählen. Nächste Seite: Der *viticulteur* Emmanuel Bodet probiert ein Schlückchen seines eigenen Weins aus einer Austernschale.

OLIVEN

Grüne und schwarze Oliven stammen vom gleichen Baum, werden aber in unterschiedlichen Reifegraden gepflückt. Grüne Oliven sind unreif und werden meist im Sommer gepflückt; schwarze Oliven sind reif und werden im Winter gepflückt; schwarze Oliven mit schrumpeliger Haut sind überreif und werden zu Beginn der nächsten Saison gepflückt.

Frische Oliven direkt vom Baum sind extrem bitter und ungenießbar. Sie werden in zwei Schritten präpariert. Um den bitteren Geschmack zu entfernen, werden beide Sorten ungefähr zehn Tage in Wasser eingelegt. Das Wasser wird täglich gewechselt; die Länge des Bades hängt von der Olivensorte ab. Manchmal werden dem Bad Asche oder Chemikalien beigefügt, um den Vorgang zu beschleunigen. Sobald das Wasser die Bitterstoffe entzogen hat, werden die Oliven zwei Wochen in Lake mariniert. Dieser Vorgang unterstreicht den Eigengeschmack. Außerdem lassen sich die Oliven in Lake gut transportieren. Die Oliven sind nun verzehrfertig und die Geschmacksunterschiede zwischen den einzelnen Sorten treten nun deutlich hervor. Jetzt werden die Oliven aromatisiert. Diese Würzmittel richten sich nach den Traditionen der unterschiedlichen Regionen, drücken aber auch das Können und die Kreativität der Olivenhändler aus.

René Melet verkauft seine Oliven auf den Märkten von Saxe-Breteuil und Edgar Quinet. Er bezieht sie von überall her. Oliven mit zarterem Geschmack wie die Caillater und die Picholine verkauft er ohne Zusätze. Mit etwas Kräutern der Provence gewürzt, werden sie zu *Noire Douce de Provence* (Milde schwarze aus der Provence), mit etwas Fenchelsamen zur Salonenque. Robustere Sorten, wie sie aus Marokko oder Tunesien kommen, vertragen auch intensivere Zusätze – Knoblauch, Chili, Zitrone – bis sie zu Délices D'Izmir, La Mexicaine oder mit Anchovis gefüllt zu *Farcie Aux Anchois* werden. Auch Füllungen mit Mandeln oder Paprika hat er im Angebot. Für die Präsentation auf dem Markt werden die einzelnen Olivensorten mit etwas Öl gemischt; später werden sie mitsamt den Zutaten wieder in Lake umgefüllt, denn darin sind sie gut haltbar.

Kaufen Sie trotzdem einmal Oliven ohne Zusätze: Zerstossene Korianderkörner, geröstete Fenchelsamen, Kreuzkümmel, Wacholderbeeren, Lorbeerblätter, Knoblauch, Chillies oder frische Kräuter wie Petersilie, Dill, Koriander und Minze eignen sich gut zum Aromatisieren.

TAPENADE
Olivenkaviar

Diese *tapenade* lässt sich ähnlich wie eine Pestosauce als Beilage zu Pasta verwenden. Das Rezept ist einfach und sehr wohlschmeckend.

Für 4 Personen 250 g schwarze Oliven ohne Stein mit einer halben Knoblauchzehe, einem Esslöffel Kapern, einer Anchovi und drei Esslöffeln Olivenöl in der Küchenmaschine einige Sekunden zu einer nicht zu glatten Masse pürieren. Wenn die Pasta al dente ist, etwas vom Kochwasser auffangen und mit der *tapenade* zu einer Nudelsauce verschlagen. Mit gehackter frischer Petersilie, geriebenem Parmesankäse und frisch gemahlenem schwarzem Pfeffer bestreuen. Bei der Herstellung der Olivenpaste kann man mit unterschiedlichen Olivensorten experimentieren; dabei muss gegebenenfalls der Salzgehalt korrigiert werden.

nen, die als Jungunternehmer auf Wochenmärkten ihre Waren anbieten. Früher musste man das Brot auf dem Weg vom Markt nach Hause in einer Bäckerei besorgen. Das klassische *Poilâne*-Landbrot hatten nur einige Käseläden im Angebot. Anfang des 18. Jahrhunderts verkauften über 1500 Bäcker ihre Brote auf speziellen offenen Märkten, den *marchés aux pains* (Brotmärkten). Ende des 18. Jahrhunderts hatten die meisten von ihnen jedoch ihre eigenen Geschäfte erworben und die Tradition des Brotmarktes starb aus. Erst heute, zwei Jahrhunderte später, ist der Trend zurück zu alten Traditionen zu verzeichnen. Denn nicht nur der Verkauf von Brot auf Märkten lebt wieder auf, auch die Brotherstellung nach alter Art. Rezepte werden wieder entdeckt und adaptiert, und daraus entstehen neue Sorten. Heute findet man Vollkornbaguettes, Rosinen-Nuss-Brote, Fünfkornbrote, *fougasses* (nach provenzalischem Rezept mit Olivenöl gebackenes Fladenbrot) und eine riesige Auswahl an Landbroten mit Weizen auf fast allen Märkten. Eine andere Tradition besteht weiter: morgens Buttercroissants und ofenwarmes Baguette beim Bäcker um die Ecke zu erstehen. Eine besonders beeindruckende Bäckerei steht an der Avenue de Suffren Nr. 166, unweit des Marktes. Die wunderschöne und altmodisch wirkende Bäckerei *Le Moulin de la Vierge* wurde bereits 1906 erbaut.

An diesem Ende des Marktes hat man einen Blick auf die Ecole Militaire, die auf Anregung von Madame de Pompadour, der offiziellen Mätresse König Louis XV, gebaut wurde. Sie wollte mit dem Bau dieser Institution jungen Männern aus einfachen Verhältnissen die Möglichkeit geben, eine Offizierslaufbahn einzuschlagen. Die Vollendung des Bauwerks erlebte sie nicht mehr; sie starb 1773. Der spätere Kaiser Napoléon I machte hier seinen Studienabschluß als Artillerieleutnant. Auch heute werden an der Militärakademie noch Soldaten für die gehobene Laufbahn ausgebildet; mit etwas Glück kann man den Kadetten auf ihren perfekt gestriegelten und herausgeputzten Pferden beim Ausritt auf der Anlage zuschauen. Die Größe des Gebäudekomplexes erschließt sich erst richtig, wenn man die Anlage umrundet, um zum Marsfeld und dem dahinter gelegenen Eiffelturm zu gelangen. Zum Zeitpunkt des Baus der Militärakademie war dieser Teil von Paris noch Marschland. Die Geist-

lichkeit baute dort Gemüse an, das auf den Märkten verkauft wurde. Um Platz für bis zu 10000 exerzierende Kadetten zu schaffen, wurde dieses Land zum Marsfeld umgewandelt. Ende des 19. Jahrhunderts wurde daraus ein öffentlicher Park. 1889 fand hier die Weltausstellung statt – aus dieser Zeit stammt auch der Eiffelturm.

Bei einem Gang durch die zweite Marktreihe entdeckt man zwei Bauern aus der Normandie, die ihre frischen Eier von glücklichen Hühnern körbeweise darbieten und auch frei laufende Hühner sowie Enten und Kaninchen verkaufen. Hier findet man eine außergewöhnliche Delikatesse – frischen Camembert, der doppelt so hoch ist wie der gereifte Camembert. Er wird entweder süß mit Zucker oder Honig oder pikant mit gehackten Kräutern und zerstossenen schwarzen Pfefferkörnern verzehrt. Ein wenig später folgt der Stand von Signore Daga aus Sardinien. Er verkauft frische Ravioli, die äußerst appetitlich aussehen und mit Lachs, Spinat, Waldpilzen oder traditionell mit Ricotta gefüllt sind. Gleich an Ort und Stelle bereitet Signore Daga auch Nudelnester aus Tagliatelle zu, die besonders gut zur *tapenade* schmecken.

Auf der gleichen Marktseite finden sich weitere Obst- und Gemüsestände, die heiße Rote Bete oder knackige Salate aus heimischem Anbau anbieten oder Exotisches wie Lychees und Mangos. Glücklicherweise werden Obst und Gemüse nach wie vor saisonal angeboten. Man kann sich im Sommer also auf die duftenden Cavaillonmelonen und Erdbeeren aus dem Périgord freuen und im Herbst und Winter auf riesige dicke Artischocken aus der Bretagne, Quitten aus der Normandie und Trüffeln aus dem Dordognetal.

Weiter entlang der linken Seite des Marktes trifft man bald auf den Stand *Aux Délicieuses Cochonnailles*, wo immer Betrieb ist, denn hier gibt es eine beeindruckende Auswahl an Produkten von frei laufenden Schweinen. Bedient wird man von drei hinreißenden Originalen, deren

Oben und rechts: Bei dem verlockenden Angebot frisch gebackenen Brotes, wie es der Markt und die nahe gelegene Bäckerei *Au Moulin de la Vierge* bereithält, kann man sich kaum entscheiden.

DER EIFFELTURM

Der Eiffelturm wurde für die Weltausstellung im Jahr 1889 errichtet. Im gleichen Jahr wurde auch der 100. Jahrestag der Französischen Revolution begangen. Nur zwei Ingenieure waren neben Gustave Eiffel am Entwurf dieses Turms beteiligt, der ursprünglich nach Ende der Weltausstellung wieder abgerissen werden und deshalb einfach auf- und abzubauen sein sollte. 12 000 Einzelstücke wurden für den Turm gegossen und mit 2,5 Millionen speziell gefertigter Bolzen an Ort und Stelle zusammengefügt. Die Ausstellung wurde enthusiastisch aufgenommen; die ganze Stadt war sich über die Bedeutung dieser internationalen Veranstaltung einig. Als der 318 Meter hohe Eiffelturm errichtet war, schockierte und begeisterte er die Pariser zu gleichen Teilen. Vielen galt er als zweckloses Gebäude und damit als Störung der ästhetischen Homogenität ihrer Stadt – sie forderten den Abriss per Unterschriftenaktion. Andere fanden ihn großartig – auch deswegen, weil er das höchste Gebäude der Welt war (erst 40 Jahre später sollte ihn das Chrysler-Gebäude in New York übertreffen). Sogar Mediziner suchten nach Möglichkeiten, dem Turm einen echten Nutzen zu geben: sie führten Experimente bezüglich der Belastbarkeit des Menschen in solchen Höhen durch.

Doch es war das Kurzwellenradio, das den Turm schlussendlich rettete. La Tour Eiffel erwies sich als bester Platz für die Antennen der Stadt. Dem stimmten auch die Ästhetiker zu. Der Eiffelturm wurde zum Wahrzeichen der Stadt Paris und muss heute mit jährlich 125 Millionen Besuchern seine Existenz nicht mehr rechtfertigen.

Alle paar Jahre kommen Freiwillige aus ganz Europa, um als Gegenleistung für den schönsten Blick über Paris die Konstruktion neu zu streichen. 40 Tonnen Farbe werden verarbeitet, damit die Grande Dame wieder in neuem Glanz erstrahlt.

Bewegungen perfekt choreographiert wirken. Sie verkaufen verschiedene Pâtés, die man mit einem Stück frischer Baguette und ein paar knackigen Cornichons verzehren kann, oder hausgemachte Würste, Speck oder Schinken. Traditionell haben sich französische Metzger auf ein einziges Schlachttier spezialisiert, und gerade auf dem Stand eines *artisanal* wird man keine Supermarktpalette aus Rind-, Lamm-, Schweine- und Hühnerfleisch finden.

Ein weiteres Highlight des Marktes ist das Familienunternehmen *Trouville* an der Place de Breteuil. Vater und Sohn tragen gelbe Öljacken und gelbe Gummistiefel und bieten Fisch und Meeresfrüchte fangfrisch aus der Normandie an. Monsieur Auguet war früher selbst Fischer. Jetzt wählt er jeden Morgen im malerischen Hafen von Trou-

nell wird dieser Eintopf mit weißen Bohnen, Enten-*confit* und anderen Fleischstücken und Würsten zubereitet und gilt als eines der besten Gerichte Frankreichs. Mehrere Restaurants finden sich auf der Avenue de la Motte-Piquet. Ein Essen dort lässt sich, wenn die Markteinkäufe nicht zu schwer wiegen, mit einem Bummel zum nahe gelegenen Musée Rodin auf der Rue de Varenne verbinden. Dieses Museum beherbergt viele Arbeiten, die Rodin dem Staat überließ. Es liegt in einem der wenigen Palais, die sich noch im Originalzustand (18. Jahrhundert) befinden, verfügt über einen Garten aus der damaligen Zeit und ist eines der beeindruckendsten Beispiele für die Baukunst der damaligen Zeit. Auguste Rodin selbst lebte und arbeitete hier zwischen 1904 bis zu seinem Tod im Jahr 1917.

ville unter den kleinen Fischerbooten den besten Fang aus und verkauft ihn auf Pariser Märkten. Trouville ist das Nachbarstädtchen des bekannten Deauville, einem beliebten Wochenendziel der Pariser. Die erfrischende Meeresluft und die fangfrischen Fische und Meeresfrüchte sind für die Städter gleich zwei Gründe für einen Wochenendausflug – und mögen erklären, warum dieser Stand mit seinem Angebot an köstlichen Seezungen, Jakobsmuscheln und Steinbutt immer umlagert ist.

Nach einem so langen Marktbummel ist man nicht nur erschöpft, sondern auch hungrig. Das Restaurant *D'Chez Eux* auf der Avenue Lowendaal hat sich auf die Küche des französischen Südwestens spezialisiert und bietet ein wunderbares *cassoulet* aus Toulouse an. Traditio-

In entgegengesetzter Richtung liegt der Park Champs de Mars, dessen Grünflächen zu einem Picknick einladen. Das Karussell stammt von der Jahrhundertwende und lädt vielleicht auch zu einer Runde ein. Unterhalb des Eiffelturms legen die Bateaux Parisiens an. Mit ihnen lässt sich Paris per Boot erkunden.

Die Sprüche der Verkäufer vom Stand *Aux Délicieuses Cochonnailles* machen den Marktbummel immer unterhaltsam.

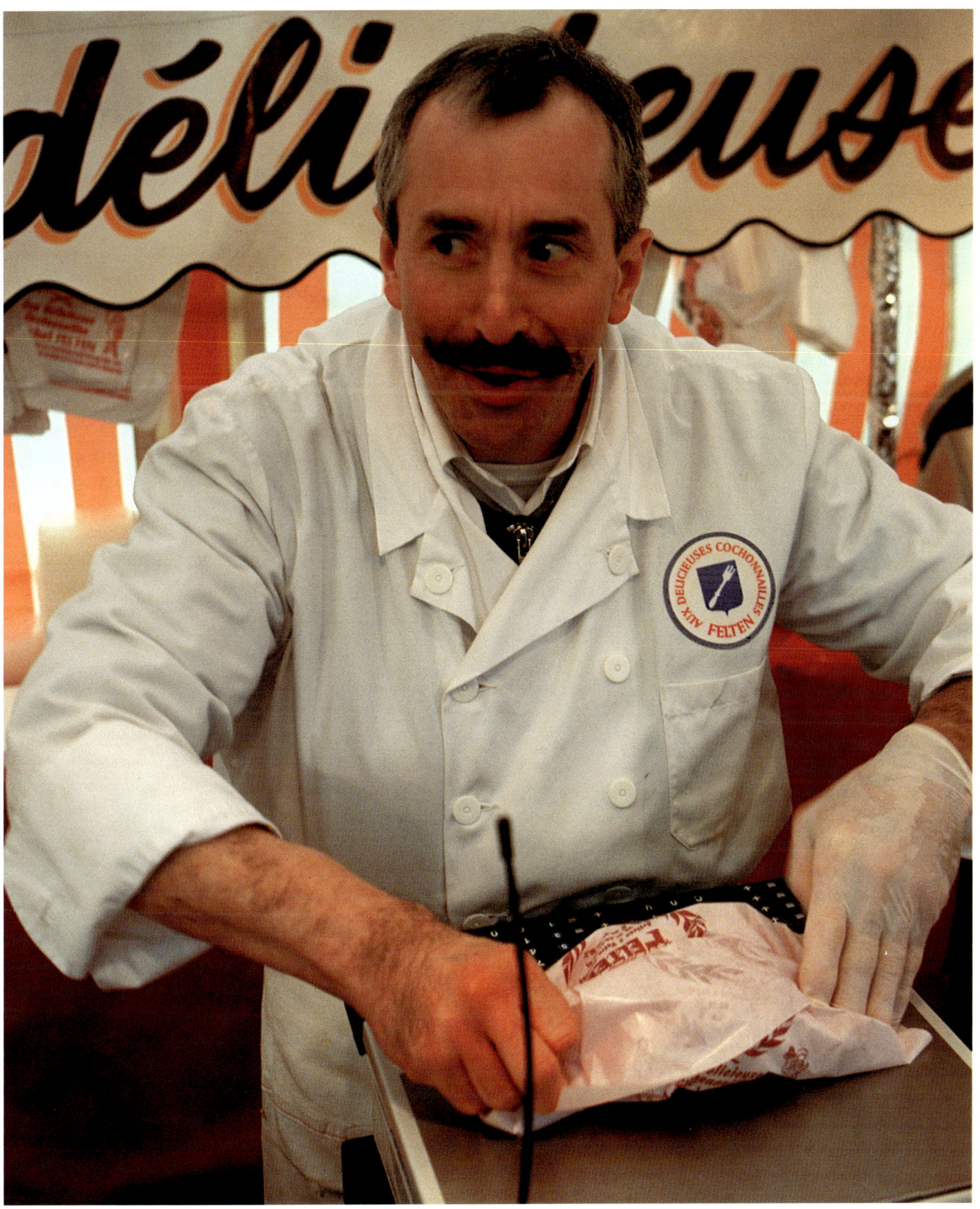

RUE CLER

Neben dem Markt von Saxe-Breteuil und einigen verstreut liegenden Supermärkten, ist die beliebte Marktstraße Rue Cler in diesem ruhigen Stadtteil die einzige Einkaufsmöglichkeit. Hier gibt es Blumenläden, Metzger, Bäcker, Weinläden, *traiteurs,* Obst- und Gemüsestände, sogar ein Reformhaus – alles, was man täglich braucht und zu Fuß besorgen kann.

Einige sehr beliebte Geschäfte stehen in dieser Straße, darunter das hervorragend sortierte italienische Delikatessgeschäft *Davoli,* dessen Kunden an zwei Tresen bis nach draußen Schlange stehen. Wer Fernweh nach Italien hat, orientiert sich rechter Hand an Parmaschinken, Salami, Bresaola und echtem Parmesan (in Frankreich eine Seltenheit). Wer es französisch mag, wird auf der linken Seite des Geschäftes gut bedient, mit einer Auswahl an Terrinen, frischen Salaten und Räucherlachs. Auch Fertiggerichte wie Osso buco sind im Angebot; draußen vor der Tür wird manchmal sogar ein köstliches Spanferkel gebraten. Wem der Sinn eher nach Austern oder Hummer steht, der ist im Fischgeschäft *La Sablaise* gut aufgehoben, wer Steaks sucht, findet sie im *Aux Gourmets* und für die Käseplatte orientiert man sich an der anerkannt guten Qualität des Käsegeschäfts *Marie Cantin* auf der Rue Champs-de-Mars. Dieses Geschäft beliefert einige der besten Restaurants der Stadt, deshalb sind die Preise hoch, aber der Käse ist die Ausgabe wert.

Links: Das Land kommt in die Stadt – Eier frisch vom Bauernhof.
Rechts und unten: Trotz der großen Auswahl auf dem Markt Saxe-Breteuil kaufen die Bewohner des *quartiers* auch im Delikatessengeschäft *Davoli* auf der Rue Cler.

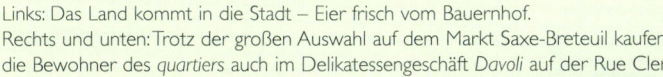

Le Fromager

Im Winter trägt er eine übergroße Baskenmütze. Das restliche Jahr über einen breitkrempigen Filzhut aus Savoyen – Philippe Perette einer der beliebtesten Käsehändler auf den Wochenmärkten. Sein beeindruckendes Angebot wird von riesigen, runden Bergkäselaiben beherrscht, die auf hölzernen Melkschemeln thronen. Eine Mischung aus Ziegen-, Schafs- und Kuhmilchkäse ist in Strohkörbchen und Holzkisten liebevoll arrangiert. Unterstützt von ein paar Studenten, fährt Philippe Perette von seinem Bauernhof in der Essonne, wo er und sein Mitarbeiter Claude alle Ziegenmilchkäse selbst herstellen, zu den Märkten der Stadt.

Philippe Perette stammt ursprünglich aus Perpignan. Er ging nach Paris, um dort zu studieren, folgte aber der 1970er-Jahre-Welle zurück aufs Land. Eine halbe Autostunde von der Stadt entfernt kaufte er sich einen kleinen Bauernhof, wo er sich heute um seine 60 Ziegen kümmert. Diese haarigen Freunde haben die Kontrolle über seinen Hof und die sechs Hektar baumbestandener Weiden übernommen: Getreu seinem Motto: »Nur glückliche Ziegen geben die richtige Milch, und ohne die richtige Milch gibt es keinen perfekten *chèvre*.« Nach einigen Jahren Ausbildung hatte Philippe Perette als Käsemacher seinen eigenen Stil gefunden; er ist der Überzeugung, dass der Charakter des jeweiligen Käsemachers und *affineurs* sich im fertigen Produkt niederschlägt.

Obwohl die frischen Ziegenkäse sein ganzer Stolz sind, ist er auch bei anderen Käsesorten außergewöhnlich gut sortiert. Diese Sorten bezieht er von Käsemachern und Bauernhöfen aus ganz Frankreich, die bei der Käserei ähnliche Prinzipien verfolgen wie er. Sein fruchtiger Saint Félicien, der immer den richtigen Reifegrad hat, sein Tomme crayeuse aus Hochsavoyen, dessen cremige Beschaffenheit und milder Geschmack ganz anders schmecken als die einfacheren Tommes, die eher herzhaft sind, und sein Roquefort, der eine perfekte Blauschimmelmaserung zeigt, gehören zu den besten Sorten, die man finden kann. Selbstverständlich kann man probieren und sich von Philippe Perette an ungewohnte Geschmackserlebnisse heranführen lassen.

Philippe Perette und seine Mannschaft vom Les Chèvres de Saint Vrain verkaufen auf den Märkten Président Wilson, Maubert, Grenelle und Saint Charles.

MARKTREZEPTE

TARTE AU CHÈVRE
Zucchinitarte mit Ziegenfrischkäse

Diese leichte Alternative zu einer klassischen Quiche stammt von Philippe Perette von *Les Chèvres de Saint-Vrain* und die verschiedenen Aromen harmonieren ausgezeichnet miteinander. Obwohl in dem Rezept Zucchini verlangt werden, kann man die Tarte ebenso gut mit 250 g blanchiertem Spinat zubereiten (verbliebene Flüssigkeit gut aus dem Spinat auspressen) und mit Muskat würzen. Man kann die Tarte auch mit Spargel, Brokkoli, gelben Zucchini oder einem anderen Gemüse nach Wahl zubereiten. Der Teig wird selbst zubereitet, fehlt einem die nötige Zeit, kann man aber auch gekauften verwenden.

⏱ 15 Minuten   🍲 30 Minuten

Für den Teig:
250 g Mehl
1 Prise Salz
125 g kalte Butter, in Würfel geschnitten (man kann auch
    30 g Butter durch Schmalz ersetzen)

Für die Füllung:
3 Eier
500 g Ziegenfrischkäse
1 TL Kräuter der Provence
Salz und frisch gemahlener schwarzer Pfeffer
1 Zwiebel, fein gehackt
2 EL Olivenöl
3 Zucchini, dick geschnitten
2 EL Basilikum, fein geschnitten
50 g Gruyère oder Emmentaler, gerieben

1. Für den Teig Mehl in eine Schüssel sieben und Salz zufügen. Butter zugeben und alles mit den Fingerspitzen fein zermürben. Anschließend 50 ml Wasser zugießen und alles schnell zu einer glatten Kugel kneten und schlagen. Falls nötig, etwas mehr Wasser zufügen. **2.** Auf eine leicht mit Mehl bestäubte Arbeitsfläche geben und den Teig mit den Handballen in kleineren Portionen kneten. Dabei darauf achten, dass der Teig so kurz wie möglich geknetet wird, da sich durch die Wärme der Hände die Butter erwärmt und der Teig sonst brandig wird. **3.** Den Teig zu einer Kugel formen, mit Mehl bestäuben und in Klarsichtfolie wickeln. Mindestens 2 Stunden oder über Nacht kalt stellen. **4.** Aus dem Kühlschrank nehmen und auf einer bemehlten Arbeitsfläche ausrollen und eine gebutterte und leicht bemehlte Springform damit auskleiden, den Teig dabei fest an die Ränder andrücken. Den Teigboden mit einer Gabel mehrfach einstechen und mit einem Stück Backpapier auslegen. Mit Trockenfrüchten (Linsen, Erbsen oder Bohnenkerne) beschweren. **5.** 8–10 Minuten im vorgeheizten Ofen (200 °C) backen.

1. Für die Füllung Eier, Ziegenfrischkäse, Kräuter sowie Salz und Pfeffer vermischen. **2.** In einer Kasserolle die Zwiebeln etwa 3 Minuten in Olivenöl anschwitzen, bis sie glasig sind. Dann Zucchinischeiben, Basilikum, Salz und

Pfeffer zufügen und weitere 8 Minuten dünsten, bis sie weich sind. Vom Herd nehmen, alle Flüssigkeit abgießen und das Gemüse beiseite stellen. **3.** Die Ofenhitze auf 180 °C reduzieren. Die Hälfte der Ei-Käse-Masse auf den vorgebackenen Teig gießen, dann das Zucchinigemüse darauf verteilen und die restliche Ei-Käse-Masse darüber geben. Mit Käse bestreuen und etwa 35 Minuten backen. Während des Backens geht die Füllung auf, setzt sich aber wieder, nachdem man die Tarte aus dem Ofen genommen hat. **Für 6–8 Personen.**

🍾 Leichte, kühle Rotweine: Sancerre, Beaujolais, Anjou, Pinot noir

PALETTE DE PORC FERMIER AU FOUR
Gebratene Schweineschulter mit Thymian

Monsieur Michel Felten vom *Aux Délicieuses Cochonnailles* am Markt Saxe Breteuil gab uns sein Familienrezept für diesen Schweinebraten, der einfach zuzubereiten ist.

⏱ 15 Minuten   🍲 2 Stunden

1 Schweineschulter (etwa 1,5–2 kg)
5 Knoblauchzehen, geschält
80 ml Olivenöl
Salz und frisch gemahlener schwarzer Pfeffer
2 Lorbeerblätter
einige Thymianzweige
125 ml trockener Weißwein
2 große Zwiebeln, gehackt
1 kg fest kochende Kartoffeln, geschält und geviertelt

1. Bitten Sie ihren Metzger, die Schweineschulter zu entbeinen und zu binden. Die Knochen mitnehmen. **2.** Knoblauchzehen längs halbieren und das Fleisch damit spicken. Den Braten mit Olivenöl einstreichen, mit Salz und Pfeffer einreiben und in eine Auflaufform auf die Knochen, Lorbeerblätter und einige Thymianzweige legen. **3.** Restliche Thymianzweige und Zwiebeln um den Braten legen und Weißwein angießen. **4.** Die Auflaufform in den kalten Ofen schieben und dann auf 180 °C erhitzen. 1¼ Stunden braten, dabei öfters mit dem Bratensaft begießen. Falls nötig, Brühe oder Wasser nachgießen **5.** Kartoffeln zufügen und weitere 45 Minuten braten, bis Braten und Kartoffeln gar sind. Den Braten herausnehmen und unter einem Stück Alufolie etwa 5 Minuten ruhen lassen, damit sich das Fleisch »entspannt«. In Scheiben schneiden und mit den Kartoffeln auf einer Servierplatte anrichten. Den Bratensaft über das Fleisch gießen. **Für 6–8 Personen.**

🍾 Trockene, körperreiche, würzige Rotweine: Hermitage, Corbières, Saint-Estèphe

DOLMA

Dolma sind Gemüse, die entweder vegetarisch oder mit Fleisch gefüllt werden. Man isst sie warm oder kalt, träufelt Olivenöl darüber und gibt gehackte Minze dazu. Das Rezept stammt von Edouard Boghossian vom *La Table d'Arménie*. Man kann es sowohl mit Auberginen als auch mit Zucchini, Kürbis, Kohl oder Paprikas zubereiten.

◔ 40 Minuten   ▭ 60 Minuten

2 große, gleichförmige Auberginen
Für die vegetarische Füllung:
80 ml Olivenöl
1 kleine Zwiebel, gehackt
1 Knoblauchzehe, gehackt
1 Zimtstange
1 Sternanis
40 g Pinienkerne, grob gehackt
1/4 TL gemahlener Koriander
1/4 TL Anissamen
3 EL frische Petersilie, gehackt
3 EL frisches Koriandergrün, gehackt
3 EL frische Minze, gehackt
40 g Korinthen
250 g ungekochten Reis
250 g entkernte Tomaten, gehackt
1 TL Salz
1/2 TL Pfeffer aus der Mühle
Für eine Fleischfüllung: 250 g Wurstbrät (nach Belieben)
500 ml leichte Gemüse- oder Rinderbrühe
1 EL frische Minze zum Garnieren

1. Auberginen von beiden Seiten so in Scheiben schneiden, so dass zwei gleich große Mittelstücke übrig bleiben, die wiederum in 4 gleich große, zylinderförmige Stücke geteilt werden. Die 4 Stücke mit einem Löffel aushöhlen, so dass sich 4 »Reifen« bilden, die etwa 1/2 cm dick sind. Das Fruchtfleisch und die Scheiben grob hacken und beiseite stellen. 2. Öl erhitzen, Zwiebel, Knoblauch, Zimtstange und Sternanis zufügen und glasig dünsten. Dann Pinienkerne, Koriander und Anissamen zugeben und alles 5 Minuten leicht Farbe nehmen lassen. Kräuter, Korinthen, Reis, Tomaten, gehacktes Auberginenfleisch, Salz und Pfeffer und evtl. Wurstbrät zufügen. Unter Rühren weitere 5 Minuten leicht Farbe annehmen lassen. 3. Die ausgehöhlten Auberginenstücke von beiden Seiten damit füllen und nebeneinander in eine Kasserolle stellen. Mit ausreichend Brühe auffüllen, so dass die Auberginen vollständig mit Flüssigkeit bedeckt sind. 4. Etwa 1 Stunde bei niedriger Hitze zugedeckt köcheln lassen, bis sie gar sind. Ab und zu etwas Brühe über jede Aubergine gießen und darauf achten, dass die Flüssigkeit nicht vollständig verdampft und die Auberginen nicht am Topfboden festkleben. Falls nötig, etwas Flüssigkeit nachgießen. 5. Ist das Gemüse gar, die Kasserolle vom Herd nehmen. Kurz abkühlen lassen und servieren oder vollständig auskühlen lassen. Jedes Auberginenstück auf einen Teller legen, mit Olivenöl beträufeln und mit Minze garnieren. Serviert man die Gemüse kalt, kann man auch eine Schüssel ungewürzten Joghurt als Dipp dazu reichen. **Für 4 Personen.**

🍾 Ein fruchtiger Rosé oder lebhafte, duftige Weißweine: Pouilly Fumé, Sancerre

GÂTEAU AUX AMANDES ET AU CHOCOLAT
Mandel-Schokoladen-Kuchen

Dieser Schokoladenkuchen, bei dem das Mehl durch geriebene Mandeln ersetzt wird, ist eine leichte Alternative zu traditionellem Schokoladenkuchen und besitzt einen angenehm nussigen Geschmack. Mit einem Klecks Crème fraîche, einem Himbeer-Coulis oder einfach so serviert, ist er ein deliziöses Dessert.

◔ 20 Minuten   ▭ 30 Minuten

150 g Bitterschokolade oder 6 EL Kakao
225 g Zucker
5 Eier, getrennt
200 g weiche Butter
300 g gemahlene Mandeln
3 EL Mehl
1 TL Backpulver
1 Prise Salz

1. Den Ofen auf 190 °C vorheizen. Eine Springform (20 cm Ø) buttern und mit Mehl ausstreuen. 2. Schokolade reiben. Mit Zucker, Eigelb und Butter mixen, bis alles glatt ist. 3. Mandeln und Mehl zufügen und gut vermischen. 4. Eiweiß mit Salz steif schlagen und das Backpulver zugeben, wenn das Eiweiß an Volumen gewinnt. Die Schokoladenmasse behutsam unterheben, dabei die Masse so kurz wie möglich mischen. Die Kuchenmasse in die vorbereitete Form füllen und mit einem Teigschaber gleichmäßig verteilen. In den vorgeheizten Ofen schieben. Etwa 30 Minuten backen oder bis beim Herausziehen einer Küchennadel oder eines Holzstäbchens aus der Mitte des Kuchens kein Teig mehr daran haften bleibt. 5. Abkühlen lassen und aus der Form stürzen. Mit Puderzucker bestäuben und mit einem großen Löffel Crème fraîche oder einem Himbeer-Coulis servieren. **Für 6–8 Personen.**

Anmerkung: Für den Coulis ein Schälchen frische oder gefrorene Himbeeren in einen Mixer füllen. Nach Geschmack Zucker zufügen und glatt mixen. Durch ein feinmaschiges Sieb in eine Schüssel passieren. Separat reichen.

🍾 Liebliche Weißweine: Beaumes-de-Venise, Muscat

Links: Dolma

Viele Touristen glauben, die Champs-Elysées seien repräsentativ für das ganze 8. Arrondissement. Aber diese Promenade mit ihren unzähligen Kinos, Luxuseinkaufstempeln, Fast-Food-Restaurants und überteuerten Cafés stellt nur eine winzige Facette des Stadtteils dar. Das 8. Arrondissement verkörpert die Eleganz und den Glamour von Paris. Seine atemberaubenden Blicke und weiten Perspektiven, seine Denkmäler und die wunderschönen öffentlichen Plätze und Avenuen, die in perfekter Symmetrie angelegt sind, machen ihn zu einem der beeindruckendsten Stadtteile.

VIIIe ARRONDISSEMENT

Malerisch, idyllisch oder gar urig geht es in diesem Teil der »Stadt des Lichts« nicht zu. Hier ist das königliche Paris zu Hause, hier herrscht der Luxus, ob nun in elegant gestalteten Schaufenstern oder hinter blank polierten Drehtüren der Grand Hôtels und Restaurants, die man entlang der repräsentativen Avenues findet. Jeder Besucher ist geblendet von der Ausstrahlung dieses Viertels und genießt französische Spitzenklasse – in jedem Bereich. So ist der Marché Aguesseau an der Madeleine, mag er auch der kleinste offene Markt der Stadt sein, zusammen mit den vielen Delikatessgeschäften rund um die Place de la Madeleine, für die große Tradition der französischen Küche ein zentraler Ort.

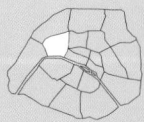

Die Place de la Concorde ist einer der beeindruckendsten Plätze der ganzen Welt.

À LA MADELEINE
Der Marché Aguesseau

Auf den ersten Blick scheint der Markt von Aguesseau hier nicht hinzugehören: Er stammt noch aus einer Zeit, als Kutschen die eleganten Bewohner dieses Viertels spazieren fuhren. Nun steht dieser einzige offene Markt des 8. Arrondissements, etwas erdrückt von den hohen Säulen der Kirche La Madeleine, mitten im Verkehrsgetümmel. Einst war diese Gegend ein äußerst begehrtes Wohnviertel, doch mittlerweile sind die großbürgerlichen Bauten, die dem Viertel sein Gesicht geben, vorrangig an Banken, Großunternehmen, Juweliere und die Haute Couture vermietet. Auch viele hochpreisige Restaurants bzw. verlockende Gourmettempel finden sich hier. Die wenigen Bewohner, die noch hartnäckig in ihren – allerdings großzügigen – Wohnungen ausharren, genießen den Luxus, auf diesem kleinen Markt, den die meisten Besucher von auswärts wohl übersehen, einkaufen zu können.

Einst lag das 8. Arrondissement am Stadtrand. Es war größtenteils Marschland, durchsetzt mit Feldern, auf denen Gemüse angebaut wurde. In kleinen Dörfern machten die Adligen auf dem Weg zu ihren Landsitzen in Longchamps Rast. Marie de Médicis, die Ehefrau Henri IV von Navarra, wollte diese Ausflüge optisch reizvoller gestalten und ließ im Jahr 1616 eine baumbestandene Allee vom äußeren Rand ihres Gartens im Louvre, wo die Königsfamilie damals wohnte, anlegen. Dieser Weg wurde Cours-la-Reine (Straße der Königin) getauft. Die Landschaftsgärtner des Königs nahmen diese Anregung auf und vergrößerten die Hauptader durch die Tuilerien, die nun bis zum Hügel von Chaillot reichte, pflanzten entlang des gesamten Weges Bäume und legten am unteren Teil des Abhangs einen englischen Garten an. Dank dieser Verschönerungen genoss der westliche Teil von Paris nun ein gewisses Ansehen. Mitte des 18. Jahrhunderts ließ Louis XV am Eingang zu den Tuilerien einen Platz errichten, wo er sich mit

fließender Toga und in Stein gehauen als Herrscher römischer Prägung glorifizierte. Zur gleichen Zeit errichtete der Adel prunkvolle *hôtels particuliers* entlang der nahe gelegenen Rue du Faubourg-Saint-Honoré, darunter den späteren Präsidentenpalast Palais de l'Elysée, der mit seinen sanfthügeligen Gärten und eleganten Brunnen den beeindruckenden Baustil jener Zeit widerspiegelt.

Diese Bauwerke legten den Grundstein für das spätere Arrondissement, das sich im nächsten Jahrhundert nach allen Seiten ausdehnen sollte. Der Cours-la-Reine wurde zur wichtigsten Durchgangsstraße in Flussrichtung. Die erweiterte Promenade wurde zur Champs-Elysées. Und der Platz, den Louis XV errichten ließ, zum Place de la Concorde. Mitte des 19. Jahrhunderts erlebte das Viertel unter der Ägide von Baron Haussmann seine nachhaltigste Umstrukturierung. Haussmann entwarf nicht nur die breiten Boulevards und Avenues, die kreuzweise durch das Viertel verlaufen, sondern auch die großen Apartmenthäuser und Esplanaden, die sie säumen. Der Standort und die prestigeträchtige Stadtplanung des Gebiets zogen wohlhabende Mieter an. Ihnen folgten hochpreisige Restaurants, teure Hotels, die Haute Couture, Theater und Spezialitätengeschäfte. Um die Jahrhundertwende war aus dem 8. Arrondissement das reichste und glitzerndste Viertel der Stadt geworden, und diesen Ruf hat es sich bis heute bewahrt.

Der Markt von Aguesseau wurde nach dem Stadtrat Antoine Aguesseau benannt und im Jahr 1723, als sich dieser Stadtteil langsam zu einem Wohnviertel entwickelte, gegründet. Heute wirkt der Markt trotz des Engagements der sieben Händler, die hier jeden Dienstag und Frei-

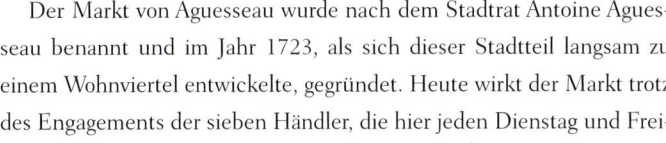

Ein Winzling unter Pariser Märkten: Dennoch thront der Marché Aguesseau, umgeben von zahlreichen Delikatessgeschäften, stolz auf einer Seite der monumentalen Kirche La Madeleine.

tag ihre Stände aufbauen, im Meer der Gourmettempel und Restaurants, für die die Place de la Madeleine bekannt ist, etwas verloren. Hier befindet sich das Zentrum der gehobenen Gastronomie, seitdem *Hédiard*, *Fauchon*, *Caviar Kaspia*, *Ladurée* und *Maxim's* ihre Häuser auf dem Platz oder in den umliegenden Straßen eröffneten. Damals wie heute bieten sie die vielen Spezialitäten an, für die Frankreich berühmt geworden ist: *foie gras*, Trüffel, Champagner, Kaviar, Räucherlachs, feine Brände, Pralinen und Gebäck.

Von der Place de la Concorde kommend, empfiehlt es sich sehr, vor dem Marktgang bei *Ladurée* eine kleine Verschnaufpause einzulegen. Es ist Café, Teehaus und Bäckerei in einem und zu jeder Tageszeit voll. Man nimmt seinen *café* an runden Marmortischchen ein und kann dabei noch einen Blick in die Zeitung werfen. Beim Verlassen des Platzes lohnt sich ein anderer Blick – die Rue Royale hinunter. Auf der einen Seite sieht man die Place de la Madeleine mit der Kirche, auf der anderen Seite die Place de la Concorde, die Seine und die Nationalversammlung. Mit den Bauarbeiten für die Église de la Madeleine wurde im Jahr 1764 begonnen. Sie sollte das Endstück der Rue Royale bilden und besitzt aus diesem Grund auch eine Südfassade und nicht, wie traditionellerweise üblich, eine Ost-West-Ausrichtung. Optisch erinnert sie dank ihrer griechisch-römischen Fassade und den 52 Säulen wenig an eine Kirche. Wechselweise sollte die Madeleine die Börse beherbergen, als Gerichtsgebäude dienen, war für die Bank von Frankreich vorgesehen und als Theater. Kaiser Napoléon weihte sie im Gedenken an seine Armee als Ruhmestempel. Erst 1817 wurde sie dann zur Kirche geweiht, und obwohl sie weder Glockenspiel noch Turm hat, ist sie heute eine der bevorzugten Stätten für prestigeträchtige Hochzeiten und Beerdigungen.

Der Marché Aguesseau liegt so versteckt auf der nach Westen ausgerichteten Seite des Platzes, dass man ihn unter einer Baumreihe leicht übersehen kann. Ein Bauer aus der Picardie bietet eine große Auswahl von wohlgenährten frei laufenden Enten und Hühnern an, außerdem Camembert und Pont l'Évêque, gesalzene und ungesalzene Butterberge, auf Tabletts schön arrangierte frische und gereifte Ziegenkäse, kleine Kübel mit frischer dicker Sahne und große Drahtkörbe, in denen braune Eier sanft auf Stroh ruhen – alles vom eigenen Bauernhof. Nur zwei Gemüsestände, ein *charcutier*, ein Fischhändler, ein Bäcker und ein Blumenladen beschicken diesen kleinen, aber feinen Markt.

Aguesseau bedient die wenigen und vorrangig älteren Menschen, die hier noch wohnen. Vor elf Jahren drohte deshalb zum ersten Mal das Aus. Die Standbetreiber gründeten einen Verbund und kämpften für

Mag er auch einer der kleinsten Märkte von Paris sein: Auf dem Markt von Aguesseau werden viele Spezialitäten angeboten.

SAUCISSON AUb AMANDES
FAB. AATISANALE
LE KG. 146F/00

SAUCISSON AU BEAUFORT
FAB. AATISANALE
LE KG.

SAUCISSON b'ANE
FAB. AATISANALE
LE KG 137F/00

AUCISSON
ONGLIER
ATISANALE

paru da..s
France-S.

M. Swierz, lui,
de son Chamonix
installé son chal
savoyard il y a
avenue Gamb
des produits
il propose u
encyclopédi
de la mon
jambon, d
foin, di
chou, s
de 20
chan
me
blo
re
l

Beluga

Sevruga

Osietra

KAVIAR

Der klassische Kaviar besteht aus den Fischeiern des Störs, einer urzeit-
lichen Fischart, die vorrangig im Kaspischen Meer, aber auch in den
Flüssen Sibiriens und entlang der asiatischen Pazifikküste vorkommt. Die
Stadt Astrahan an der Mündung der Wolga gilt als Zentrum des russi-
schen Kaviars, denn hier schwimmen die weiblichen Störe während der
Frühlingszeit den Strom flussaufwärts, um in der durch die Frühjahrs-
schmelze angeschwollenen Wolga ihre Eier zu legen. Die männlichen
Störe begleiten sie auf dieser Reise, befruchten die Eier und schwimmen dann wieder zurück ins offene Meer. Zur Zarenzeit waren es
Kosaken, die die ersten Störweibchen der Saison per Harpune fingen
und den Zaren diese »goldenen Eier« präsentierten.

Kaviar ist allerdings nicht nur eine begehrte Delikatesse, sondern enthält auch fast alle Vitamine, Mineralstoffe, Proteine und essentiellen
Fettsäuren, die der menschliche Körper benötigt. Ein perfektes Nahrungsmittel also – wäre da nicht der Preis! Die Qualität des Kaviars
wird durch die Art der Verarbeitung bestimmt. Die Fischeier müssen
gleich nach dem Fang gereinigt und mit hochwertigem Meersalz konserviert werden. Dieser Vorgang erfordert Eile, aber auch große Kennt-
nis, denn eine erfahrene Hand ist beim Bestimmen der Salzmenge für

die Konservierung erforderlich. Das Einsalzen erfolgt noch auf den
Schiffen; dort wird der Kaviar auch in Dosen abgepackt und bis zum
nächsten Hafen im Schiffsrumpf bei exakt 0 °C gelagert.

Es gibt drei Kaviarsorten: Beluga, Osietra und Sevruga. Belugakaviar ent-
stammt dem größten Stör dieser Fischfamilie. Erst im Alter von 20 Jahren beginnt dieser Fisch mit dem Eierlegen und produziert 10–15 kg
Rogen. Beluga ist der grobkörnigste unter den Rogen und besitzt die
höchste Qualität. In der Farbe rangiert er zwischen hellgrau und stahl-
grau. Der Osietrastör wird zwischen acht und zehn Jahren geschlechts-
reif und liefert bis zu 10 kg goldbraunen Kaviar mit einem haselnuss-
artigen Geschmack. Die kleinsten Eier produziert der Sevrugastör, der
bereits mit sechs Jahren Eier legt und zwischen 2 und 5 kg Rogen produziert. Die schwarzen bis dunkelgrauen Eier haben einen feinen Geschmack. Alle Sorten müssen nach dem Öffnen der Dose bald verzehrt
werden, denn die köstlichen kleinen Perlen oxidieren rasch. Aber wer
würde ein solches »Opfer« nicht gerne bringen ... eine warme, leicht
gebutterte Scheibe Toast oder warme Blinis mit einem Löffel Kaviar,
serviert mit etwas Crème fraîche, einem Schluck eiskalten Wodkas
oder einem Glas Champagner!

das Überleben ihres Marktes. Zu den hartnäckigsten unter ihnen gehört die Floristin Lucie Langiano, deren Familie seit vier Generationen einen Stand auf diesem Markt hat. Für sie wäre es undenkbar, auf einem anderen Markt zu arbeiten. Seit 20 Jahren verzaubert sie ihre Kunden mit wunderbaren Gestecken aus exotischer und heimischer Blütenpracht und stellt für den kleinen Blumenmarkt auf der anderen Seite der Kirche eine ernst zu nehmende Konkurrenz dar. Diese reinen Blumenmärkte sind seit den 1950er-Jahren, als der Verkauf von Schnittblumen auf Märkten zugelassen wurde, immer seltener geworden. Nur auf der Place de la Madeleine, Place des Ternes, Place de la République und auf der Île de la Cité haben Blumenmärkte überlebt. Doch der besondere Reiz, der früher den Charme dieser Märkte ausmachte, ist verloren gegangen. Im Vergleich zu den Wochenmärkten und den prachtvollen Blumenläden, die man überall in der Stadt findet, ist das Angebot der Blumenmärkte tatsächlich mager. Dabei ist für Pariser der Kauf eines Blumenstraußes so normal wie der Kauf eines frischen Salates oder einer Baguette; aus jedem Einkaufskorb schauen bunte, frische Schnittblumen heraus.

Trotz seiner geringen Größe macht Aguesseau Freude. Zur Abrundung dieser Markterfahrung sollte man sich allerdings die signalroten Fenster, Erkennungszeichen des Hauses *Baccarat*, nicht entgehen lassen. Das edle Glas- und Juwelierhaus befindet sich auf der Straßenseite des Platzes an der Ecke zum Boulevard Malesherbes. Gleich nebenan liegt das winzige Geschäft *Caviar Kaspia*, wo man sich mit einem Löffel Osietra oder einem Döschen Beluga und ein paar Scheiben Räucherlachs mit selbst gemachten Blinis und Sahne verwöhnen lassen kann. *Caviar Kaspia* ist ein Überbleibsel der goldenen (oder wilden) 1920er-Jahre, gegründet von Exilrussen, die ihr Land nach der Revolution verließen und den vielen berühmten Ballett-Tänzern, Künstlern und Schriftstellern folgten, die Frankreich bereits im Sturm erobert hatten. Natürlich brauchten diese Exilrussen für die richtige Ernährung ihren Wodka, *champanski* und ihren Kaviar. *Caviar Kaspia* wurde zum beliebten Treffpunkt nach dem abendlichen Theaterbesuch.

Oben: Blumenhändler, die *bouquetières*, verkaufen schon seit Jahrhunderten auf den Straßen von Paris ihre Blumen. Hier bindet Madame Langiano gerade einen prächtigen Blumenstrauß für eine Kundin.

Für eine Duftprobe erdigen Trüffelgeruchs setzt man den Spaziergang zum *Maison de la Truffe* fort. Nebenan residiert *Hédiard*, der Lebensmittelhändler der gehobenen Klasse. Schon im zarten Alter von 22 Jahren hatten es Ferdinand Hédiard die Exoten aus den Kolonien angetan und er beschloss, die Pariser mit den Pflanzen, Kräutern, Früchten und Blumen der Kolonien bekannt zu machen. Im Jahr 1854 eröffnete er sein Geschäft. Die rot lackierte Schaufensterfassade erinnerte an Ali Baba: Palmwedel, Girlanden aus leuchtend roten Chillies, Flaschenkürbisse, Körbe und Masken – so etwas hatte man noch nicht gesehen. Ebenso neu war die Idee, seine illustre Klientel von charmanten Frauen aus Martinique bedienen zu lassen. Das gab dem Ganzen noch mehr Exotik. Obwohl Ferdinand Hédiard selbst Frankreich nie verlassen sollte, galt er doch als Kenner von Waren aus aller Welt, dem es gelang, Produkte von hervorragender Qualität für sein Geschäft zu finden. Daraus entwickelte sich ein bekannter Markenname, leicht identifizierbar an der rotschwarzen Verpackung und den achteckigen Gläsern. Hédiard wurde fast so berühmt wie seine Kunden aus der High Society und Gourmets vom Kaliber eines Alexandre Dumas kamen in seinen Laden, um seine wirklich einzigartigen Spezialitäten zu probieren.

Ferdinand Hédiard war einer der ersten Kaufleute, die an die Place de la Madeleine zogen; er hatte bereits früh das Potential des 8. Arrondissements erkannt. Seit jener Zeit hat Hédiard expandiert und besitzt nun in Paris fünf Niederlassungen, die alle eine große Produktpalette anbieten – Wein, Fertiggerichte, kandierte Früchte, Marzipan, Marmeladen und verschiedene Kaffees und Tees. Das Hauptgeschäft von Hédiard ist in vielerlei Hinsicht verführerisch. Aromen und Düfte unterschiedlicher Herkunft mischen sich aufs Appetitlichste, exotische Früchte und Gemüse sind am Eingang des Ladens in großzügigen Arrangements präsentiert, Warentische sind mit Kräutern und Gewürzen beladen, Gläser und Flaschen wie mit dem Lineal in die

Regale eingepasst. Kaffeebohnen lagern in Holzfässern, Tee in chinesischen oder indischen Teekisten, Weinflaschen in Holzkisten und köstliche Fertiggerichte und Backwerk in Vitrinen. Besonders hübsch sind auch die Strohkörbe, die für den Einkauf bereitstehen.

Die Zeit der Belle Epoque, während der Kunst und Kultur am Ende des 19. Jahrhunderts eine Blütezeit erlebten, ist eng mit den Grands Boulevards östlich der Place de la Madeleine verknüpft. *Tout Paris* machte seinen Spaziergang entlang dieser großen Straßen, um zu sehen und gesehen zu werden. Cafés und Restaurants hatten sich auf die eleganten Theaterbesucher eingestellt, die sich vom Glanz der neuen Opéra Garnier (oder den wunderschönen langbeinigen Damen der *Folies Bergères*) blenden ließen. Nach den Vorführungen nahm man ein elegantes *souper* ein, trank Champagner im *Café Riche* oder genoss ein Sorbet im *Café Tortoni*, das an warmen Sommernächten bis zu 1000 Kugeln Eis verkaufte! Dass die guten Couturiers, Juweliere und andere Betriebe für den gehobenen Bedarf sich in diesem aufstrebenden Viertel niederließen, war nur eine Frage der Zeit. Als sich dann aber auch der durchschnittliche Pariser hier niederließ, angezogen vom Glamour des Luxusviertels, zogen die, die es sich leisten konnten, Ende des 19. Jahrhunderts gen Westen und gaben dem neuen 8. Arrondissement rund um Madeleine, Rue Royale und Rue Faubourg-Saint-Honoré mit seinen Restaurants und Läden der Spitzenklasse den Vorzug.

Das nächste Geschäft auf dem Zug durch das 8. Arrondissement ist *Nicolas*, ein äußerst ansprechendes Weingeschäft, das 1822 von Etienne Nicolas gegründet wurde. Er war der erste, der Wein in Flaschen verkaufte und überall in Paris auslieferte. Seine Lieferjungen

Ganz oben: *Hédiards* exotisches Schaufenster (um 1854). Oben: Feine Herrschaften lassen sich im *Café de la Paix* bewundern (um 1910).

SENF – PIKANTES PRICKELN

Ein kleines Glas oder ein kleiner Topf mit Senf steht in Frankreich wohl auf jedem Restauranttisch und jedem heimischen Esstisch. Diese Tradition geht auf die Antike zurück, als man die Eigenschaften des *sinapi* genannten Würzmittels bereits zu würdigen wusste. Diese vielseitig einsetzbare Würze wird aus zerstossenen Senfkörnern gewonnen, die mit Essig, Wasser, Wein oder Weinmost vermischt werden. Sie verstärkt den Geschmack von gebratenem Fleisch. Auch ganze Senfkörner werden in der Küche verarbeitet.

Doch Senf hat nicht nur würzende, sondern auch heilende Wirkung. Wunden oder Bronchitis, Rheuma oder andere Schmerzen werden mit Senfwickeln behandelt; die Einnahme von Senfkörnern gilt als verdauungsfördernd, sollte dem Skorbut vorbeugen und die Sinne schärfen. Frankreichs Apotheken führen noch heute Senfmehl, *sinapisme* genannt, das ebenfalls zur Wundheilung eingesetzt wird.

Schon 1390 war die Stadt Dijon in Burgund die Senfhauptstadt. Diese Bedeutung verdankte sie den reichlichen Vorräten an Wein und *moût* (Weinmost) in dieser Gegend, die den Körnern den feurigen Geschmack entlockten. Im 17. Jahrhundert gab es mehr als 600 *marchands de vinaigre et de moutarde* (Essig- und Senfhändler), die ihre begehrten Waren in Paris absetzten. Der berühmteste unter ihnen war Monsieur Maille, dessen Ruhm sich über die Landesgrenzen verbreitete. Bald wurde er auch offizieller Lieferant der anderen Höfe Europas. Heute findet man seinen Namen in jedem Supermarktregal.

69 000 Tonnen Senf werden jährlich allein in Frankreich konsumiert. Die Bezeichnung »Dijon-Senf«, die strengen Kriterien unterliegt, ist allerdings im Laufe der Jahre etwas aufgeweicht worden. Die meisten Senfsorten, die *Dijon* im Namen tragen, sind nur »nach Dijon-Art«.

Die klassische französische Vinaigrette wird aus einem guten Teelöffel Dijon-Senf, einem Esslöffel Rotweinessig und drei Esslöffeln mildem Speiseöl (Traubenkern- oder Erdnussöl) gemixt, mit einigen Umdrehungen aus der Pfeffermühle und einer Prise Salz abgeschmeckt – et voilà! Cremig geschlagen eignet sie sich vorzüglich zu allen Salaten, aber auch über warmem Lauch. Wer wenig Zeit hat, kann das Rezept in größeren Mengen zubereiten und im Kühlschrank aufbewahren.

Senf sollte übrigens nach dem Öffnen an einem kühlen Ort aufbewahrt werden, sonst verliert er schnell seine prickelnde Schärfe.

Oben: Das Senfgeschäft *Maille* an der Place de la Madeleine

trugen burgunderfarbene, lange Schürzen und Kappen und zogen die Weine auf hölzernen Karren durch die Stadt. Das Unternehmen wuchs rasch – heute gibt es in Frankreich 337 Geschäfte, 114 davon allein in Paris. Mit ihren goldgeletterten und burgunderfarben gestrichenen Fassaden sind die *Nicolas*-Filialen kaum zu übersehen. Sie bieten eine breite Auswahl an Weinen und Spirituosen aus ganz Frankreich an, mit anderen Worten, sie haben für jeden Geschmack und jeden Geldbeutel etwas im Angebot. Die Niederlassung an der Place de la Madeleine ist die größte und am besten sortierte und damit eine gute Konkurrenz zu den Weinkellern von *Fauchon* und *Hédiard*.

Auf der gleichen Route erreicht man Rue Tronchet, die zum Gare Saint Lazare und den berühmten Warenhäusern *Printemps* und *Galeries Lafayette* führt. Während des Winters hat man dort den besten Alpenblick – auf die Schlitten, Knusperhäuschen und schneebedeckten Berge in den Schaufenstern von *Fauchon*, dem Spezialitätengeschäft auf der anderen Straßenseite. Im Jahr 1886 eröffnete hier das Delikatessengeschäft von Auguste Fauchon. Er wollte seiner qualitätsbewussten, edlen Kundschaft die besten Leckerbissen bieten, spezialisierte sich auf die französische Spitzenküche und traditionelle Gerichte. Schon von aussen läuft Touristen bei der Pracht seiner drei Gourmettempel das Wasser im Mund zusammen. Und tatsächlich bietet *Fauchon* eine überragende Vielfalt: 119 Marmeladensorten, 44 Senfsorten, 56 Essigsorten, 90 Teesorten – das ist nur ein Teil des Sortiments. *Foie gras*, Kaninchenpâté, Gemüseterrinen, Hummer in Aspik, *quenelles*, *escargots de Bourgogne*, Räucherlachs und Kaviar, kunstvoll arrangierte Hors d'œuvres, eine große Auswahl an Backwerk, Schokoladen, kandierten Früchten, Brot und Kuchen. *Fauchon* ist ein Muss für jeden Gourmet, der nach Paris kommt.

Auch hier gilt, dass sich für jeden Geldbeutel eine Kleinigkeit finden lässt, die mit größter Sorgfalt in die klassische schwarz-weiße Fauchontüte gepackt wird.

Und noch eine internationale Marke hat hier ihren Stammsitz: *Maison Maille*, das Senflädchen, dessen Gründer bereits 1747 die Höfe Europas mit Senf und Essig belieferte. Auch heute wird das traditionelle Zapfen des frisch gemahlenen Senfs aus großen in kleine irdene Töpfe gepflegt. Gerade die ungewöhnlichen, ob schärferen oder fruchtigen Geschmacksrichtungen, sind eine Kostprobe wert. Viele verschiedene Sorten, die in wunderschönen, handbemalten Porzellanbehältern die Regale zieren, stehen zur Auswahl.

Nach diesem Bummel bietet sich ein Mittagsimbiss an. In *Hédiards* diskretem Speiseraum auf dem Mezzanin serviert man traditionelle und exotische Gerichte. *Fauchon* bietet einen *tea room* (Teestube) oder ein edles Restaurant. Wer etwas Handfestes mag, kann bei *Caviar Kaspia* den Nachmittag mit dem Verkosten von Kaviar und verschiedenen Wodkasorten verbringen. Ganz andere Dinge kann man in den Haute Couture-Boutiquen der führenden Modehäuser auf der Rue de Faubourg-Saint-Honoré oder der Avenue Montaigne probieren. Aber es lässt sich auch wunderbar in den Tuilerien schlendern. Das Museum Jeu de Paume stellt interessante moderne Kunst aus, die Orangerie beherbergt einige Klassiker des Impressionismus, darunter Monets »Seerosen«. Die Champs-Elysées sind auch nicht allzu weit entfernt; unterwegs kann man in den liebevoll auf Parkbänken und Klapptischen dargebotenen Briefmarken- und Telefonkartensammlungen von Privatsammlern stöbern und damit eine Tradition fortsetzen, die sich seit 1939 jeden Donnerstag, Samstag und Sonntag auf der Avenue Matignon wiederholt.

EUROPA

Die Europa-Markthalle liegt in einem etwas herabgewirtschafteten Teil des 8. Arrondissements. Obwohl die Händler – es sind nur eine Hand voll – gute Qualität anbieten, machen Neonlicht und die sterile Atmosphäre den Einkauf in dieser kleinen Markthalle nicht gerade zu einem schönen Erlebnis. Gebaut wurde die Markthalle im Jahr 1972, als Ersatz für eine im Baltard'schen Stil in Glas und Eisen errichtete Halle. Außer Funktionalität hat sie architektonisch nicht viel zu bieten. Im Inneren finden sich ein Obst- und Gemüsestand, ein Blumenstand, ein Metzger, ein Fischhändler und ein *charcutier*, der vorrangig an die Leute aus den umliegenden Büros und die unmittelbaren Anwohner verkauft.

Les Volaillers de Luxe

Die Miolanes gehören der jüngeren Generation von Markt-verkäufern an. Was allerdings nicht bedeutet, dass sie keine Erfahrung mit dem Geschäft des Gourmetgeflügels haben. Ihr langer Tisch biegt sich unter der schön präsentierten Vielfalt von Geflügel und Wild allerhöchster Qualität. Laurence hat die Schwanzfedern eines *poulet de Loué* sorgfältig auseinander gebogen und den schneeweißen Halsflaum eines Kapauns vorsichtig aufgeplustert, während ihr Mann Pascal sich Kaninchen mit gestutztem Schwanz widmet, die aufgereiht über einem wohlgenährten Spanferkel baumeln. Daneben stehen Terrinen mit selbst gemachtem *foie gras*. Ein Augenschmaus!

Laurence Miolane ist in dieses Geschäft hineingeboren worden. Schon als Kind hat sie ihren Eltern beim Verkauf oder bei der Zubereitung von herzhaften Eintöpfen, Braten und *pâtés* geholfen. Wenn man sie auf ihrem frühmorgend-lichen Einkauf auf dem Großmarkt von Rungis begleitet, wird sie mit dem typisch französischen freundschaftlichen Kuss begrüßt. Die meisten Geflügelhändler kennen Laurence Miolane schon ihr ganzes Leben. Sie präsentieren ihr das jeweilige Angebot: pralle Täubchen, Wachteln, Perlhühner, die begehrten Bressehühner, Fasanen oder Rebhühner. Auch Kapaune, frische Gänseleber und *magret* von der Ente sind erhältlich, zu hohen Preisen zwar, aber von einer Qualität, die die Kunden schätzen und bezahlen werden.

Ihr Mann Pascal Miolane hat einen anderen beruflichen Werdegang. Als kleiner Junge wollte er Koch werden, be-warb sich aber später nicht nur bei der Pariser Kochschule, sondern auch als Metzgerlehrling. Metzger wurde sein Beruf, Kochen blieb bis heute seine Leidenschaft. Seit er Laurence kennt, betreibt das Ehepaar den Stand mit großem Erfolg.

Nach zehn Jahren Markterfahrung haben sie sich als Stand-betreiber gut etabliert. Ihre Kundschaft vertraut ihnen bei der Auswahl der Produkte. Pascal Miolane scheint ständig mit dem Messer zu hantieren und Geflügel zu entbeinen und zu zerteilen. Kapaune werden auf Wunsch getrüffelt und Fasanen gespickt. Auch eine Bandbreite feiner verzehr-fertiger Gerichte haben sich die Miolanes ausgedacht; Köst-lichkeiten wie Wildschwein- oder Hirschragout, Estragon-hühnchen in Aspik oder Flugente *aux deux fruits* werden verpackt und können zu Hause verzehrt werden.

Die Miolanes sind ein perfektes Team, und ihr Enthusiasmus und Engagement sind ein Erbe von vielen Generationen, die schon auf die gleiche Weise ihre Stände geführt haben.

Die Miolanes sind auf den Märkten von Grenelle, Président Wilson und Convention vertreten.

MARKTREZEPTE

SALADE DE COQUILLES ST. JACQUES AU MONBAZILLAC
Salat mit Jakobsmuscheln und Monbazillac-Vinaigrette

Frische Jakobsmuscheln werden mit feinen grünen Bohnen vom Markt Aguesseau, »chinesischen Trüffeln« von *Hédiard* und einer guten Flasche Monbazillac von *Nicolas* kombiniert. Chinesische Trüffeln sind kleine Kartoffeln von tief violetter Farbe und einem Geschmack nach Maronen. Ist diese Sorte nicht zu bekommen, weicht man auf andere fest kochende Kartoffeln aus – je kleiner desto feiner. Dieses Rezept ist ein großartiges Entrée, aber auch ein vollwertiger Hauptgang, man muss nur die Mengen entsprechend abändern. Für ein Entrée rechnet man 2–3 Jakobsmuscheln pro Person, für einen Hauptgang 4–5 Stück.

⊘ 30 Minuten   ⬚ 5 Minuten

Für die Vinaigrette:
500 ml Monbazillac oder ein anderer Dessertwein
1 TL Dijonsenf
1 Prise Salz
Pfeffer aus der Mühle
180 ml Sonnenblumenöl
2 TL Zitronensaft

Für den Salat:
2 neue Kartoffeln
2 »chinesische Trüffeln« (ersatzweise neue Kartoffeln)
500 g *haricots verts* (frische grüne Bohnen)
2 Tomaten
1 kleiner Bund Kerbel
12 vorbereitete, große Jakobsmuscheln, wenn möglich mit Rogensack
2 EL Butter
gehobelte schwarze Trüffeln für die Garnitur (nach Belieben)

1. Für die Vinaigrette den Wein bei mittlerer Hitze auf die Hälfte einkochen. Die Farbe des Weines ändert sich durch das Einkochen und wird honiggelb. **2.** Senf mit Salz, Pfeffer und reduziertem Wein in einer Schüssel verrühren. Öl und Zitronensaft zufügen und die Vinaigrette mit einem Schneebesen glatt rühren. Beiseite stellen.

1. Für den Salat neue Kartoffeln und »chinesische Trüffeln« gar kochen. Abgießen, abkühlen lassen, schälen und in feine Stäbe schneiden. **2.** Bohnen putzen und 3–5 Minuten in Salzwasser kochen. Sofort in eiskaltem Wasser abschrecken. **3.** Den Stielansatz aus den Tomaten herausschneiden und die Haut an der Unterseite kreuzweise einritzen. In kochendem Wasser 30 Sekunden blanchieren, sofort in eiskaltem Wasser abschrecken und enthäuten. Halbieren und in feine Spalten schneiden. **4.** Kerbel waschen, trockenschütteln und abzupfen. Mit Bohnen, Tomaten und Vinaigrette in einer Schüssel anmachen. Dann die Kartoffeln behutsam unterheben. Beiseite stellen. **5.** Jakobsmuscheln in kaltem Wasser waschen, abtropfen lassen und trockentupfen. Butter bei mittlerer Hitze in einer Pfanne aufschäumen lassen und die Jakobsmuscheln darin von jeder Seite

2 Minuten braten. Salzen, pfeffern und vom Herd nehmen. **6.** Auf jedem Teller ein Salatbett anrichten und die heißen Jakobsmuscheln gleichmäßig darauf verteilen. Sofort servieren. **Für 4–6 Personen.**

🍾 Trockene, körperreiche, aromatische Weißweine: Meursault, Condrieu, Pinot noir

CHEVREUIL AUX PRUNEAUX
Rehmedaillons mit Backpflaumen und Cognacsauce

In der Weihnachtszeit wird viel Reh auf den Märkten angeboten. Obwohl die schönen Auslagen in Versuchung führen, bringt man Wild häufig mit langem Marinieren und langen Garzeiten in Verbindung. Das Rezept stammt von den Miolanes vom Markt Président Wilson und erfordert zarte Rehmedaillons, die in der heißen Pfanne wie ein Steak kurz gebraten werden. Das magere Fleisch isst man am besten rosa, zusammen mit frischen Tagliatelle. Wildschweinsteaks werden ebenso zubereitet.

⊘ 10 Minuten   ⬚ 25 Minuten

20 entkernte Backpflaumen
80 ml Armagnac (oder Cognac)
80 ml Wasser oder Brühe
Salz und Pfeffer aus der Mühle
12 kleinere Rehmedaillons
1 EL Crème double

1. Pflaumen mehrere Stunden oder über Nacht in einer Schüssel mit kaltem Wasser einweichen. **2.** Abtropfen lassen und ohne Deckel im Armagnac 15 Minuten köcheln lassen. Vom Herd nehmen und abkühlen lassen. **3.** Eine Bratpfanne auf mittlere Temperatur erhitzen. Medaillons pfeffern und von jeder Seite je nach Dicke 1–2 Minuten braten. Nicht zu lange garen, lieber ein klein wenig zu kurz, da sie noch weiter garen, während die Sauce zubereitet wird. **4.** Rehmedaillons auf einen warmen Teller legen. Die Pfanne mit der Garflüssigkeit der Pflaumen ablöschen, Pflaumen zugeben, Crème double angießen und die Sauce 1 Minute kochen. Mit Salz und Pfeffer abschmecken. **5.** Die Sauce über die Medaillons gießen und sofort servieren. **Für 4 Personen.**

🍾 Feine, körperreiche Rotweine: St. Julien, Pauillac, Gevrey-Chambertin

Links: Salade de coquilles St. Jacques au Monbazillac

TERRINE DE FOIE GRAS
Stopfleberpastete

Foie gras hat ein derartiges Renommee, dass man glauben könnte, er sei vom Himmel gefallen. Es scheint schwer vorstellbar, dass man eine Stopfleberterrine auch selbst zubereiten kann. Sowohl die Criés als auch die Miolanes lüfteten bereitwillig das Geheimnis der Zubereitung einer *foiegras*-Terrine. Das folgende Rezept wird mit frischer Entenstopfleber zubereitet. Man kann auch Gänsestopfleber verwenden. Das erfordert jedoch sehr viel Fingerspitzengefühl beim Erhitzen und man sollte dies besser einem erfahrenen Koch überlassen.

3–4 Stunden   35–55 Minuten

1 frische Entenstopfleber (550–850 g)
125 ml Milch
125 ml Sauternes (Dessertwein)
2–3 TL Salz (je nach Größe der Leber)
1/2– 3/4 TL gemahlener weißer Pfeffer (je nach Größe der Leber)

Terrinenform
Fleischthermometer

1. Leber aus dem Kühlschrank nehmen und bei Zimmertemperatur 1–2 Stunden stehen lassen. 2. Vorsichtig die beiden Lappen der Leber leicht auseinander ziehen. Alle sichtbaren Adern und die Galle mit der Spitze eines Messers vorsichtig herauslösen. 3. Dann die Leber in einer großen Schüssel in Milch und Wein etwa 2 Stunden marinieren. 4. Flüssigkeit abgießen und die Leber etwa 1 Stunde auf einem Küchentuch abtropfen lassen. 5. Stopfleber mit Salz und Pfeffer einreiben und die ganze Leber behutsam in die Terrinenform setzen. 6. Inzwischen ein Backblech auf die untere Einschubleiste schieben und etwas Wasser hineingießen. Den Ofen auf 80–90 °C vorheizen. 7. Mit dem Fleischthermometer die Wassertemperatur messen. Sobald das Wasser 80 °C erreicht hat, die Terrine auf das Backblech stellen und etwa 35–45 Minuten bei rund 500 g Gewicht der Stopfleber oder 55 Minuten bei rund 800 g garen. Während des Garens sollte man immer ein Auge auf die Terrine werfen – das Wasser darf nicht heißer als 80 °C werden, denn sonst beginnt die Leber zu schmilzen. 8. Sobald der *foie gras* gar ist, aus dem Ofen nehmen und auskühlen lassen. Am besten schmeckt die Pastete, wenn man sie mindestens 2 Tage im Kühlschrank durchziehen lässt. 9. 15 Minuten vor dem Servieren aus dem Kühlschrank nehmen. Serviert man die Terrine portioniert auf Tellern, schneidet man etwa 1,25 cm dicke Scheiben und reicht getoastetes Weißbrot dazu. Im Ganzen serviert wird die Terrinenform einige Sekunden in heißes Wasser getaucht und dann auf eine Servierplatte gestürzt. Häufig wird auch grobes Meersalz und frisch gemahlener Pfeffer dazu gereicht. Im Kühlschrank ist die Stopfleberpastete etwa 10 Tage haltbar. **Für 10–12 Personen.**

Champagner, Jahrgangsportwein oder runde, körperreiche liebliche Weißweine: Sauternes, Beaumes-de-Venise, Vouvray

MADELEINES

Madeleines sind die Quintessenz französischen Teegebäcks. Für das traditionelle Rezept benötigt man ein wenig Honig, kann aber auch etwas geriebene Zitronen- oder Orangenschale nehmen, wodurch die Madeleines noch duftiger werden. Der Teig sollte mindestens 2 Stunden vor dem Backen im Kühlschrank stehen und kann auch am Vortag zubereitet werden.

15 Minuten   15–18 Minuten

100 g Mehl
100 g Mandeln, gemahlen
250 g Puderzucker
250 g Butter
1 EL Honig
7–8 Eiweiß

Madeleine-Backförmchen

1. Den Ofen auf 180 °C vorheizen. 2. Mehl mit Mandeln und Puderzucker in einer großen Schüssel mischen. 3. Butter mit Honig in einer kleinen Stielkasserolle zerlassen. Abkühlen lassen. 4. Mit einer Gabel Butter, Honig und Eiweiß miteinander vermengen, dann die trockenen Zutaten zufügen und den Teig rühren, bis er glatt ist. Der Teig sollte so fest sein, dass er sich gerade noch rühren lässt. Für mindestens 2 Stunden in den Kühlschrank stellen. 5. Madeleineförmchen buttern und mit je 2 EL Teig füllen. In 15–18 Minuten goldbraun backen. Der Teig geht beim Backen ein wenig auf und bildet eine leichte Wölbung mit einem länglichen Riss in der Mitte. Aus dem Ofen holen, die Madeleines aus der Form nehmen und auf einem Kuchengitter abkühlen lassen, während die nächste Portion gebacken wird. **Für 16 Personen.**

Schaumweine

Einige Touristen kennen dieses Viertel nur flüchtig –
aus dem Fenster eines Taxis, das sie vom Hotel zum
Bahnhof Gare du Nord bringt. Andere verbinden
diesen sehr urbanen Teil der Stadt mit Einkaufsbum-
meln bis zur völligen Erschöpfung in den berühmten
Kaufhäusern *Galeries Lafayette* und *Printemps*. Wenige jedoch dringen bis ins Herz dieses *quartiers* vor.
Die offensichtlichen Attraktionen des 9. und 10. Ar-

IXᵉ-Xᵉ ARRONDISSEMENT

rondissements mögen selten sein – die großen Boulevards und die Opéra Garnier wären zu nennen –
aber überall findet man inmitten der großstädtischen
Hektik kleine Inseln, wo es ruhig zugeht, wo man
einen Blick auf das Paris von früher werfen kann,
auf familienbetriebene Restaurants, Kuriositäten-
läden, verlockende Bäckereien, ruhige Gässchen,
versteckte Innenhöfe, Spielplätze voller Leben und
den überdachten Markt von Paris, Saint Quentin.

22 Statuen zieren die Fassade des Gare du Nord. Jede steht für eine Stadt im Norden,
die von diesem Bahnhof aus zu erreichen ist.

MAGERE ERNTE
Der Marché Saint Quentin

Das 9. und das 10. Arrondissement sind die urbansten der ganzen Stadt. Hauptverkehrsschlagadern, die den westlichen mit dem östlichen Stadtrand verbinden, durchkreuzen diese Viertel. Drei der großen Bahnhöfe liegen hier, zwei der größten Warenhäuser, die alte Oper, viele Theater, große Brasserien, Bürogebäude und Läden. Die Märkte Saint Quentin, der nahe gelegene Saint Martin und der neu gegründete Alibert sind deshalb nicht nur für die hier wohnenden Pariser gedacht, sondern auch für die unzähligen Pendler, die hier arbeiten. Die Bedeutung der Märkte hat zwar abgenommen, nicht aber die Qualität der Produkte, die angeboten werden.

Einst ein idyllisches Fleckchen Land, wurde dieses Gebiet Teil der Stadt Paris, als der Schutzwall rund um die Stadt auf Weisung Louis XIV niedergerissen und durch die Alleen Boulevard des Capucines und Boulevard des Italiens ersetzt wurde. Bis Ende des 18. Jahrhunderts befand sich der größte Teil dieses nördlich der Stadtmauern liegenden Gebietes in den Händen der Kirche – als diese jedoch auf die andere Seite der Seine zog,

konnten sich die Adligen hier niederlassen und großzügige *hôtels particuliers* errichten. Die Besiedlung ging anfangs nur schleppend voran. Erst Mitte des 19. Jahrhunderts wurde im Zuge der Modernisierung von Paris durch Baron Haussmann, der für seine Vision des neuen Paris viele alte Palais und Privathäuser niederreißen ließ, auch dieses Viertel urbanisiert. Er ließ die breiten Boulevards anlegen, die noch weiter reichten als die bestehenden Alleen König Louis XIV. Große Bahnhöfe und Apartmenthäuser wurden errichtet, die über sanitäre Einrichtungen und Fahrstühle verfügten, die Pariser Métro wurde gebaut und es gab die ersten Lampen mit elektrischem Licht, die die

Place de l'Opéra erhellten. Nun symbolisierte dieses *quartier* das neue, moderne Paris.

Das 9. Arrondissement entwickelte sich zum Zentrum der gehobenen Unterhaltung. Restaurants, Bars und Brasserien schossen an jeder Straßenecke aus dem Boden, Theater und Clubs beeindruckten ihre vielen Gäste. Zu Zeiten der Belle Epoque floss hier der Champagner in Strömen. Allabendlich flanierte man entlang der großen Boulevards oder genoss nach dem Theater noch ein *souper* im *Café de Paris*, dem damaligen In-Treff.

Auf das 10. Arrondissement wirkten sich diese Entwicklungen anders aus. Die Existenz der großen Bahnhöfe und der Métro bedeutete, dass hier viel mehr Bewegung und Beweglichkeit herrschte. Gleichzeitig fehlte diesem Viertel die Pracht des 9. Arrondissements. Die vielen Bars, Clubs und Restaurants sprachen die einfacheren Leute an, während die Elite der Stadt sich vom typisch schmuddeligen Umfeld des großen Bahnhofs eher abgestoßen fühlte. Heute ist das 9. Arrondissement das ruhigere Viertel von beiden. Hier kann man sogar noch in kleinen Gässchen und Bereichen wohnen, die einen dörflichen Charakter haben. Im südlichen Zipfel finden sich zwar die vom Verkehrsinfarkt bedrohten großen Boulevards, die überfüllten Kaufhäuser, die Hotels, Läden, Cafés und der stark frequentierter Bahnhof Saint Lazare. Aber in der Nordspitze des Arrondissements ist es wesent-

Links: Die Markthalle von Saint-Quentin wurde 1865 erbaut und 1982 restauriert.
Oben: Ein ruhiger Zufluchtsort ist der Kanal Saint-Martin im 10. Arrondissement.

lich ruhiger. Ein paar Clubs und Restaurants haben sich ihren Weg aus dem benachbarten Rotlichtviertel Pigalle hierher gebahnt, doch die meisten Menschen, die hier wohnen, sind entweder alt und leben schon lange hier oder jung und trendbewusst und aus dem 18. Arrondissement hierher gezogen. Da es keinen Wochenmarkt gibt, kauft man auf den benachbarten Straßen Rue des Martyrs und Rue Lepic ein, wo verlockend ausgestattete Lebensmittelgeschäfte zum Kauf einladen. Dann schlendert man immer höher ins pittoreske Montmartre.

Die Rue des Martyrs windet sich von der Place Pigalle den Berg hinunter ins Herz des 9. Arrondissements. Einige sehr empfehlenswerte Geschäfte wie die *fromagerie Maison Molard* (Hausnummer 48), ein kleines, altmodisches Geschäft mit wunderbaren Spezialitäten aus der Savoie und verlockenden handgemachten Ziegenkäsesorten, die auf den Verkaufsflächen aus Marmor liegen, ist schon seit Generationen im Besitz einer Familie. Jetzt ist es Jean Molard, auf den das Geschäft übergegangen ist. Während seine Frau Josiane und sein Sohn Arnaud die Spezialitäten des Hauses auf verschiedenen Wochenmärkten verkaufen, bedient er die Kundschaft im Stammhaus. Für die Verkostung seiner *chèvres* empfiehlt Jean Molard sogar eine gewisse Reihenfolge, damit der spezielle Charakter jeder einzelnen Sorte wirklich zur Geltung kommt. Besonders zu empfehlen ist der im Munde zergehende Bouton d'Oc, nicht größer als ein Häppchen, aber mit einem feinen, milden Aroma.

Auch die *Charcuterie Lyonnaise* (Hausnummer 58) beliefert das Viertel mit herausragender Qualität. Sie gilt als beste Adresse für Produkte aus Lyon, wie die klassische luftgetrocknete *rosette de Lyon*, den hauseigenen *jambon persillé*, einen Kochschinken in Aspik, der wie eine Pâté serviert wird und *quenelles de brochet*, ein anderes französisches Lieblingsgericht, Hechtklößchen, ebenfalls frisch zubereitet.

Beim Schlendern in Richtung der Opéra Garnier endet man irgendwann im Strudel der Einkaufswütigen, die die immer vollen Kaufhäuser *Printemps* und *Galeries Lafayette* belagern. Im ersten Stock der *Galeries Lafayette* kann man der Hektik des edlen Warenhauses zwischen prachtvollen Auslagen und hochpreisigen internationalen Spezialitäten entkommen. Neben der hohen Qualität und der großen Auswahl ist es auch das angenehme Flair, das diese Lebensmittelabteilung auszeichnet – überall finden sich Stehtische oder Tresen, wo man bei einem Glas Wein, einem halben Dutzend Austern, einem Salat oder einer frisch zubereiteten Bouillabaisse etwas abschalten und sich erholen kann.

Trotz der beiden Markthallen, die nur wenige Straßen von einander entfernt sind, ist das 10. Arrondissement keine ausgeprägte Wohngegend, und auch wegen der beiden großen Bahnhöfe ist das Shoppen auf

Links: Die köstlichen Würste, Käse und Pâtés aus dem Hause *Maison Molard*.
Rechts: Mit 2400 Quadratmetern Fläche ist Saint-Quentin die größte Markthalle der Stadt.

DIE ALTE OPER PALAIS GARNIER

Zu Zeiten der Belle Epoque war das Opernhaus Palais Garnier der Ort, um zu sehen und gesehen zu werden. Hier spielte das Publikum, das sich aus Angehörigen der Oberschicht zusammensetzte, die Hauptrolle. Hier konnte man die neueste Mode vorzeigen, am zarten schneeweißen Hals seine Diamantencolliers ausführen und den Kavalieren verstohlene Blicke zuwerfen. Der Architekt Charles Garnier entwarf ein für damalige Verhältnisse modernes Auditorium, das 2156 Zuschauern Platz bot, mit einer Bühne, die sich für monumentale Bühnenbilder eignete. Das 1875 eröffnete Haus gilt als klassisches Beispiel des Neubarock. Später malte Marc Chagall die Decke in Pastelltönen aus. Nun konnte sich das Publikum schon inspirieren lassen, bevor sich der Vorhang hob.

Aber das Palais Garnier hat auch eine dunkle Seite. 1896 stürzte während einer Aufführung des »Faust« der überdimensionale Kristallleuchter von der Decke. Er verletzte viele Zuschauer und tötete sogar eine Besucherin. Dies diente als Vorlage für das »Phantom der Oper«.

den Märkten nur eine eingeschränkt entspannte Angelegenheit. Aber wenn man sich in der Nähe des Gare du Nord oder Gare de l'Est befindet, lohnt ein Besuch des Marché Saint Quentin, eines riesigen Bauwerks, das direkt auf dem verkehrsreichen Boulevard Magenta steht. Ein Bauwerk solcher Art mit hohen Decken, Verglasung und Stahlkorsett findet man heute nur noch selten. Es besitzt viel Potential, dem leider bei der Renovierung im Jahr 1982 wenig Rechnung getragen wurde. Statt einer lichtdurchfluteten Halle betritt man ein Labyrinth. Die engen Gassen lassen die Schönheit des Gebäudes nicht vermuten, führen eher zu Anfällen von Klaustrophobie. Produkte exzellenter Qualität, ob nun Fleisch, Käse, Fisch, Obst und Gemüse, sind zwar liebevoll präsentiert; dennoch strahlt dieser Markt wenig Wärme und Atmosphäre aus. Unter der Woche sind es meist die Pendler, die hier während der Mittagspause oder vor dem Heimweg ihre Besorgungen tätigen; erst am Wochenende, wenn die Bewohner des Viertels hierher kommen, wird die Atmosphäre lebendiger.

Monsieur Picciotto ist Besitzer eines ansprechenden Standes mit Wild, Kaninchen und frei laufenden Hühnern. Auch wenn er gerade ein Moorhuhn rupft, ist er noch zu einem Schwätzchen aufgelegt. Und für die Zubereitung solcher Vögel hat er einen besonderen Tipp: das Brustfleisch schmeckt am besten, wenn es in einer gusseisernen Pfanne oder einer Pfanne mit Stahlboden bei großer Hitze ähnlich wie ein Steak von allen Seiten angebraten wird, während die anderen Schlachtteile mari-

niert und dann als Stew verarbeitet werden sollten, da ihr Fleisch zu trocken ist.

Die große Vielfalt an Gemüsesorten, die die angenehm zurückhaltende, aber gleichzeitig freigiebige Yolande Vallais an ihrem Stand anbietet, ist unter den Käufern schon bekannt. In Körbchen werden *Truffes de Chine, cèpes,* frische Haselnüsse, Passionsfrüchte, Kumquats, Lychees, Spargel, *girolles* und Feigen angeboten, und die Kunden stehen geduldig nach diesen Köstlichkeiten an. In der Hallenmitte befindet sich ein kleines Café-Restaurant, an dessen Bar man zur Stärkung einen Espresso bestellen kann. Wer etwas Zeit hat, kann sich auf der anderen Seite bei einem *plat du jour* von ordentlicher Qualität stärken und den Barmann bei der Arbeit in diesem sehr beengten Umfeld bewundern.

Nach dem Marktbesuch lässt sich der Bummel entlang der Rue du Faubourg-Saint-Denis fortsetzen. Nach einigen ansprechenden, traditionellen Lebensmittelläden folgt die Einkaufspassage *Passage Brady,* auch bekannt als »Klein Indien«. Sie ist ein bisschen heruntergewirtschaftet, besitzt aber eine interessante Atmosphäre. Winzige Restaurants offerieren Currys, kleine Läden bieten Henna, Basmatireis oder höllisch scharfe, getrocknete Chilischoten an und wer eine Wette verloren hat, kann sich hier bei einem der vielen Friseure auch den Kopf kahl scheren lassen. Hier ist immer etwas los, besonders mittags und abends, und man fühlt sich in ein anderes Land versetzt, sobald man den Fuß in die Halle setzt. Hat man sie durchquert, erwartet einen am anderen Ende, nachdem man in die Passage du Marché eingebogen ist, leider eine Enttäuschung, denn die Markthalle Marché Saint Martin ist kein Glanzlicht der Pariser Märkte. Im Jahr 1850 gehörte dieser Markt

Links: Saftige Früchte, sogar frische Lychees am Zweig, sind in der Markthalle von Saint Quentin erhältlich.

zu den wichtigsten überdachten Märkten der Stadt; bis zu 100 Händler boten hier ihre Waren an. 1989 wurde der Markt neu aufgebaut. Dabei verschwand das ursprüngliche Gebäude und machte einem großen Apartmenthaus Platz, in dessen Erdgeschoss der Markt untergebracht wurde und damit sämtlichen Charme verlor. Heute erinnert er an einen Supermarkt, inklusive der Neonbeleuchtung und musikalischen Dauerberieselung. Die zehn ansässigen Händler verschwinden fast in der riesigen Halle. Ihr Angebot hat Qualität, doch bei den wenigen Kunden wirkt es eher wie eine Verschwendung.

Das Viertel rund um den Canal Saint-Martin ist das einzige wirklich malerische Fleckchen im 10. Arrondissement. Das mag der Grund sein, warum vor zwei Jahren der jüngste aller Wochenmärkte, der Marché Alibert, hier etabliert wurde. Auf diesem Miniaturmarkt bieten eine Hand voll mutiger Händler ein zwar kleines, aber vollständiges Angebot: Blumen, Käse, Fleisch, Früchte, Gemüse. Einmal in der Woche findet man sie in einer ruhigen Straße neben dem großen Krankenhaus Saint Louis. Man kann ihnen nur viel Glück und Stehvermögen wünschen!

Der Kanal ist einen Abstecher wert. Selbst für viele Pariser ist er noch ein Geheimnis, während die hier Ansässigen gerne schon mal Karpfen darin angeln. Ab und an tuckert ein Frachtkahn vorbei, den die Kinder und Hunde am Ufer begeistert den Kai entlangjagen. Vielleicht inspiriert den Betrachter die Szenerie zum Bleiben und er stärkt sich mit etwas Schinken und Käse vom Markt. Oder er wandert zurück in die Rue du Faubourg-Saint-Denis und genießt einen Lunch in der Jugendstilbrasserie *Julien* oder eine *choucroute garnie* in der elsässischen Brasserie *Flo* einige Straßen weiter.

Links: Lingot-Bohnen und andere Hülsenfrüchte sind Grundnahrungsmittel in der französischen Küche und werden für Gerichte wie *agneau aux haricots blancs* oder *petit salé aux lentilles* verwendet.

Le Tripier

Der Beruf des *tripier* ist außerhalb von Frankreich nicht sehr verbreitet. Auf Pariser Märkten ist es nicht ungewöhnlich, an einem Stand mit Kalbsköpfen, Ohren, Füßen, Bries, Leber, Nieren und anderen Innereien vorbeizukommen. Raymond Neveux ist ein wahrer *tripier* – immerhin nimmt er seit einem halben Jahrhundert Schlachttiere aus und verarbeitet die Schlachtteile.

In Frankreich gab es diesen Beruf schon im Mittelalter, als die *tripiers* im Gegenzug für das Säubern und Häuten der Schlachttiere von den Metzgern die Innereien und Hufe erhielten. Erst im Jahre 1643 wurde der Berufsstand von König Louis XIV offiziell anerkannt, der die Bestimmung erließ, dass *tripiers* ausschließlich das *cinquième quart* (fünfte Viertel) des Schlachttieres verkaufen durften: der Teil, der übrig blieb, nachdem das Tier in vier gleiche Teile geteilt war, nämlich Kopf, Haut, Blut, Füße und Innereien. Ursprünglich galt das »fünfte Schlachtteil« als minderwertig – Fleischersatz für arme Leute. Doch längst haben diese Produkte Eingang in die gehobene französische Küche gefunden.

Raymond Neveux trat 1945 in die Fußstapfen seines Großvaters und absolvierte die zweijährige Metzgerausbildung an der berühmten Schule in Paris. Nach der Ausbildung im *abattoir* von La Villette trat er dem Familienunternehmen bei. Bis auf eine kurze Unterbrechung zum Wehrdienst ist er in diesem Beruf tätig gewesen. Raymond Neveux weiß, wovon er spricht. Er kann jeden Muskel und jedes innere Organ bestimmen und Tipps für deren perfekte Zubereitung liefern. Obwohl Innereien zur Zeit nicht die Hochkonjunktur früherer Tage genießen, glaubt er fest daran, dass sie wieder in Mode kommen. Seit 20 Jahren ist er auch Präsident der Gewerkschaft der *tripiers* und hat sein Wissen an seine Kinder weitergegeben, um so den Fortbestand des Berufes zu gewährleisten. Murielle und Christian haben sich wie ihr Vater mit Ständen auf mehreren Pariser Wochenmärkten selbstständig gemacht und obwohl Raymond offiziell im Ruhestand ist, lässt er es sich nicht nehmen, seinem Sohn auf dem Markt Président Wilson zu helfen, wo er die Lieblingsstücke seiner Stammkunden hinter seinem riesigen Holzbrett perfekt zerlegt und vorbereitet.

Die Familie Neveux hat Stände auf den Märkten Président Wilson, Bobillot, Raspail und Edgar Quinet.

MARKTREZEPTE

COQ AU VIN
Hahn (Huhn) in Rotwein

Dieses Gericht wird traditionell mit einem Hahn zubereitet, aber ein Huhn ist wesentlich einfacher zu bekommen und muss auch nicht stundenlang köcheln. Am besten nimmt man einen guten, herzhaften roten Burgunder für die Sauce. Für das *bouquet garni* kann man die Thymian- und Petersilienzweige mit Küchengarn zusammenbinden und die restlichen Gewürze in ein Gewürzsäckchen einschlagen und zubinden.

🕐 30 Minuten   🍲 1¹/2 Stunden

1 Huhn (1,5–2 kg)
2 dicke Stücke Speck
Salz, Pfeffer aus der Mühle
500 ml roter Burgunder
60 ml Cognac
2 EL Mehl
125 ml Hühnerbrühe
1 *bouquet garni* (2 Thymianzweige, 1 Zweig Petersilie,
    1 Lorbeerblatt, 2 Nelken und 5 Pfefferkörner)
2 Knoblauchzehen, abgezogen und zerdrückt
375 g kleine weiße Champignons, entstielt und gesäubert
2 EL Butter
gehackte Petersilie zum Garnieren

1. Huhn in Keulen und Bruststücke teilen, diese vier Teile wiederum halbieren. Die übrigen Knochen aufbewahren und eine Brühe daraus kochen. Speck würfeln und in einer großen Pfanne bei niedriger Hitze auslassen, bis er braun wird. Herausnehmen und beiseite stellen. Nun die Hühnerteile rundum 10–15 Minuten im ausgelassenen Fett anbraten. Salzen und pfeffern. 2. Inzwischen den Rotwein um ¹/4 einkochen. 3. Cognac zu den Hühnerteilen gießen, einen Schritt zurücktreten und den Cognac mit einem Streichholz anzünden. Die Pfanne schütteln, bis alle Flammen erloschen sind. Hühnerteile auf einen Teller legen. Mehl bei mittlerer Hitze in die Pfanne streuen und mit heißem Bratenfett glatt rühren, dabei den Bratensatz mit dem Kochlöffel lösen. Nach und nach ¹/4 des reduzierten Weines unter ständigem Rühren zugießen. 4. Die Hühnerteile in einen Schmortopf legen und die Sauce durch ein Sieb darüber passieren. Mehl, das im Sieb hängen bleibt, nicht durchdrucken. Den restlichen Wein und die Brühe zugießen. 5. Aufkochen, *bouquet garni* und Knoblauch zufügen und den Topf teilweise abdecken. Die Hitze reduzieren und 1¹/2 Stunden köcheln lassen. Kocht die Sauce zu sehr ein, etwas Wein und Brühe zugießen. 6. 15 Minuten vor Ende der Garzeit Speck zugeben, Champignons etwa 10 Minuten in Butter dünsten, abtropfen lassen und zum Huhn geben. Mit Salz und Pfeffer abschmecken und das *bouquet garni* herausnehmen. Mit Petersilie garnieren und mit Salzkartoffeln servieren.
Für 6 Personen.

🍾 Herbe und robuste Rotweine: Nuits-Saint-Georges, Chambolle-Musigny

ROGNONS DE VEAU À LA CRÈME
Kalbsnieren mit Cognac-Sahne-Sauce

Nieren sind, man mag es glauben oder nicht, sehr mager, und so sollte man nicht zögern, Butter und Sahne großzügig einzusetzen. Da man Nieren rosa isst, ist die Garzeit entsprechend kurz. Ein sehr schmackhaftes und originelles Rezept, das von dem Innereien-Metzger Raymond Neveux stammt:

🕐 10 Minuten   🍲 12 Minuten

500 g gesäuberte Kalbsnieren (120–150 g pro Person)
2 EL Sonnenblumenöl
3 mittelgroße Schalotten, gehackt
2 EL Butter
1 Prise Zucker
Salz, Pfeffer aus der Mühle
60 ml Cognac (nach Geschmack)
1 EL grobkörniger Senf (Moutarde de Meaux) oder Dijonsenf
4 EL Crème double
gehackte Petersilie zum Garnieren

1. Nieren in ¹/2 cm dicke Stücke schneiden. 1 EL Öl in einer großen Pfanne erhitzen und geschnittene Nieren etwa 1 Minute darin anbraten, aber nicht bräunen. Vom Herd nehmen und zum Abtropfen in ein Sieb geben. 2. Schalotten bei mittlerer Hitze mit 1 EL Butter und 1 EL Öl anschwitzen. Zucker zugeben (damit die Schalotten nicht verbrennen) und 5 Minuten dünsten, bis sie glasig sind. 3. Die Nieren kurz abbrausen und mit einem Stück Küchenpapier trockentupfen. Restliche Butter zu den Schalotten geben, dann die Nieren zufügen und die Hitze erhöhen (mittlere bis starke Hitze). Salzen, pfeffern und 4–5 Minuten garen, dabei öfters wenden. Nach Geschmack nun den Cognac angießen und flambieren. 4. Senf und Crème double hineingeben, verrühren und alles mit Salz und Pfeffer abschmecken. Die Nieren sollten jetzt innen rosa sein. Vom Herd nehmen, mit Petersilie bestreuen und sofort mit Salzkartoffeln oder gekochtem Reis servieren. **Für 4 Personen.**

🍾 Körperreiche, herbe, würzige Rotweine: Côte de Nuits, St. Emilion, Pomerol

SARDINES FRAÎCHES PRINTANIÈRES
Marinierte Sardinen mit Frühlingsgemüsen

Dieses sehr schmackhafte Gericht sieht aus wie ein besonders ausgeklügeltes und exotisches Entrée, das speziell für einen besonderen Anlass kreiert wurde. In Wirklichkeit ist es sehr einfach zuzubereiten. Besonders elegant sieht es aus, wenn man die Sardinen vorsichtig entgrätet, die Gemüse in feine Streifen (Juliennes) schneidet und ein gutes Olivenöl verwendet. Die Sardinen lassen sich gut im Voraus zubereiten und ziehen im Kühlschrank durch, wodurch sie an Geschmack und Aroma gewinnen.

◔ 30 Minuten

8 frische, mittelgroße Sardinen
1 grüner Zucchino
1 gelber Zucchino
1 Möhre
1 grüne Paprikaschote
1 rote oder orangefarbene Paprikaschote
3 EL Olivenöl
1/2 Zitrone
2 EL rote Pfefferkörner
Salz, Pfeffer aus der Mühle

1. Sardinen behutsam waschen, schuppen und ausnehmen, dann auf einen Teller legen. Köpfe abtrennen und die Sardinen vorsichtig von der Hauptgräte befreien, den Schwanz aber nicht entfernen. Beiseite stellen. 2. Grünen und gelben Zucchino sowie die Möhre in 2,5 cm lange Juliennes (feine Stäbchen) schneiden. In kochendem Wasser 1 Minute blanchieren und in eiskaltem Wasser abschrecken. Beiseite stellen. 3. Paprikaschoten ebenfalls in feine Streifen schneiden und mit den blanchierten Gemüsestreifen mischen. Olivenöl, Zitronensaft, Pfefferkörner, Salz und Pfeffer zufügen und gut durchmengen. 4. Etwas Olivenöl in einen tiefen Teller gießen, salzen und die Sardinen darin wenden, auch die Innenseiten der Sardinen mit dem Olivenöl marinieren. Die Sardinen sofort servieren oder, mit Frischhaltefolie zugedeckt, mehrere Stunden in den Kühlschrank stellen. 5. Unmittelbar vor dem Servieren zwei Sardinen auf jeden Teller legen und mit Gemüse und einer Zitronenspalte garnieren. Grobes Meersalz separat dazu reichen. **Für 4 Personen.**

🍾 Lebhafte, leichte Weißweine mit Zitrusaroma: Muscadet de Sèvres-et-Maine sur Lie, Pouilly Fuissé, Vinho verde

SORBET DE KIWI
Kiwisorbet

Ein Sorbet ist ein erfrischender und leichter Abschluss nach jedem Essen. Die jadegrünen Sorbetkugeln sehen mit frischer Minze und Beeren garniert sehr appetitlich aus. Das fruchtige Sorbet lässt sich einfach zubereiten und muss nicht unbedingt in einer Eismaschine gerührt werden. In einer Schüssel aus rostfreiem Edelstahl lässt sich das Sorbet mit wenigen Rührbewegungen mit einer Gabel in wenigen Stunden zubereiten. Dieses Sorbet sollte man herstellen, wenn man einen ganzen Tag zu Hause ist. Das Sorbet hält sich mehrere Wochen im Tiefkühlfach.

🕒 15 Minuten   🍲 4–5 Stunden

325 g Zucker
500 g Kiwis (etwa 8 Stück) oder andere Früchte,
    wie Erdbeeren, geschälte Pfirsiche, Bananen oder Aprikosen
Saft von 1 Zitrone
Minzeblätter, fein geschnitten, und frische Beeren zum Garnieren

1. 250 ml Wasser und Zucker in einer Kasserolle aufkochen; dabei rühren, bis sich der Zucker aufgelöst hat. Vom Herd nehmen und auskühlen lassen. 2. Kiwis schälen und pürieren. Zitronensaft unterrühren und das Püree durch ein feines Sieb streichen, so dass die schwarzen Kerne entfernt werden. 3. Kiwipüree in den Sirup gießen und glatt rühren. In eine Edelstahlschüssel füllen und ins Eisfach stellen. Dabei eine Gabel in der Schüssel belassen. 4. Nach etwa 1 Stunde umrühren und die entstandenen Eiskristalle unter das Sorbet heben. Diesen Schritt alle 1–2 Stunden wiederholen, bis das Sorbet fest ist. Je nach Tiefkühlgerät kann dieser Vorgang 4–5 Stunden dauern. Wird das Sorbet nicht in regelmäßigen Abständen kräftig durchgerührt, entsteht ein fester Eisblock. Beim Anrichten taucht man zwei Esslöffel in heißes Wasser und formt damit längliche Kugeln. 2–3 Kugeln auf eiskalte Teller oder in gekühlte Schälchen geben und mit Minze und Beeren garnieren. Sofort servieren, denn Sorbet schmilzt sehr schnell. **Für 6–8 Personen.**

Im Bastille-Viertel, das sich mittlerweile zum angesagten *quartier* von Paris entwickelt, leben die Trendsetter. Das Aschenputteldasein, das es lange führte, ist längst vorbei: Heute ist das 11. Arrondissement ein begehrter Wohnort.

Das 11. Arrondissement war früher ein Arbeiterviertel und viele Handwerker hatten sich mit ihren kleinen Betrieben hier niedergelassen. Das Gesicht des Viertels veränderte sich bis zum Jahr 1980 wenig. Dann beschloss Präsident François Mitterand den Bau der Pariser Oper auf der Place de la Bastille. Über Nacht begann das große Geld zu fließen. Werkstätten wurden zu trendigen Loftwohnungen und Kunstgalerien umgebaut, frühere Eckkneipen über Nacht durch hippe Cafés ersetzt, angesagte Restau-

XIe ARRONDISSEMENT

rants hielten Einzug. Ganz besonders am Wochenende ist das Viertel beliebt. Eine kunterbunte Menge nimmt dann in den großzügigen Terrassencafés Platz, bahnt sich den Weg durch die belebten Straßen, stöbert in Modeboutiquen und nimmt sich für den Verzehr daheim Take-away-Sushi mit.

Von der neuen Popularität des Bastille-Viertels profitierte auch der sehr lebendige Marché Richard Lenoir. Dieser hat sich zu einem der beliebtesten Wochenmärkte der ganzen Stadt gemausert. Er beginnt unter der geflügelten Figur auf der Freiheitssäule der Bastille. Jeden Sonntag trifft sich hier Jung und Alt und erledigt zu den Klängen von Musikern und den Späßen und Tricks von Straßenkünstlern an den zahlreichen Ständen seine Einkäufe.

Jüdisches Challahbrot bekommt man in einer der jüdischen Bäckereien auf der Rue des Rosiers im Marais.

DER STURM AUF DIE BASTILLE
Der Marché Richard Lenoir

In der Regel sind die am Wochenende abgehaltenen Straßenmärkte wesentlich lebendiger als die Märkte, die unter der Woche geöffnet haben. Und was die Atmosphäre anbelangt, so ist der Sonntagsmarkt Richard Lenoir die *crème de la crème*. Die baumgesäumte Promenade des gleichnamigen Boulevards trennt zwei Stadtteile mit ganz unterschiedlicher Geschichte. Auf der einen Seite liegt das frühere Herrschafts- und spätere Bürgerviertel Marais, auf der anderen Seite das Proletarierviertel Bastille. Obwohl es die strikte demographische Trennung nicht mehr gibt, hat jeder sein eigenständiges Flair bewahrt. Die Architektur des Marais repräsentiert die traditionelle, aristokratische Epoche Frankreichs. Die schmucklosere und einfachere Architektur des Bastille-Viertels wiederum steht für die Arbeiterklasse und die Symbole der Revolution von 1789. Gemein ist beiden Stadtteilen heute, dass man hier sowohl wohnt und arbeitet als auch abends sein Vergnügen findet.

In Marais kann man das alte Paris wieder entdecken: Es beherbergt viele Bibliotheken und Museen und lädt mit seinen Promenaden zum Bummel durch schicke Geschäfte und Galerien ein. Das Viertel Bastille hingegen ist das Paris von heute und erst recht das Paris von morgen. Hier findet man, was gerade »in« ist und was die Zukunft bringen wird, beispielsweise in der internationalen Küche, in der Mode und in den angesagtesten Clubs. Die Bewohner beider Stadtteile lieben den Markt, der sich von der Place de la Bastille den Boulevard entlang erstreckt. Die Besucher des Markts kommen hierher, um einzukaufen, Freunde zu treffen oder sich die Zeit zu vertreiben. Überall sieht man Menschen gesellig beieinander

Schon Ende des 19. Jahrhunderts gab es auf dem Boulevard Richard Lenoir einen Wochenmarkt.

stehen oder mit den Verkäufern scherzen. Jeder genießt die Annehmlichkeiten eines Sonntagvormittags.

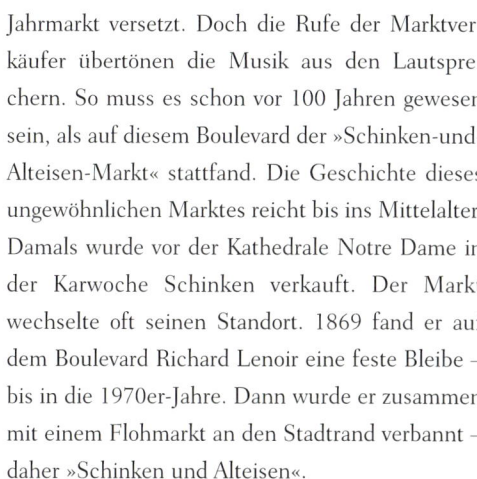

Am Eingang zum Boulevard Richard Lenoir von der Seite der Place de la Bastille aus steht ein Karussell; man fühlt sich auf einen kleinen Jahrmarkt versetzt. Doch die Rufe der Marktverkäufer übertönen die Musik aus den Lautsprechern. So muss es schon vor 100 Jahren gewesen sein, als auf diesem Boulevard der »Schinken-und-Alteisen-Markt« stattfand. Die Geschichte dieses ungewöhnlichen Marktes reicht bis ins Mittelalter. Damals wurde vor der Kathedrale Notre Dame in der Karwoche Schinken verkauft. Der Markt wechselte oft seinen Standort. 1869 fand er auf dem Boulevard Richard Lenoir eine feste Bleibe – bis in die 1970er-Jahre. Dann wurde er zusammen mit einem Flohmarkt an den Stadtrand verbannt – daher »Schinken und Alteisen«.

Dort, wo es auf dem Marché Richard Lenoir am geschäftigsten ist, kann man sich in die Jahrhundertwende zurückversetzt fühlen. Heute bietet der Markt mehr als nur Schinken und Alteisen: Mehr als 200 Stände offerieren eine große Auswahl an Nahrungsmitteln und anderen Produkten. Es gibt Stände, wo hausgemachter Brie angepriesen wird, eine afrikanische Lady, die traditionelle Landesküche anbietet, Biobauern, an deren Möhren noch Erde klebt, portugiesische und italienische Spezialitäten von *bacalao* bis zu *prosciutto*. Es gibt *viticulteurs*, die ihre eigenen Weine anbieten und Metzger, die spezielle Anschnitte für das klassische *steak frites* zubereiten, prächtige Fisch- und Meeresfrüchtestände, die ihre *langoustines* zu pinkfarbenen Pyramiden getürmt haben, einen kleinen Küchenbasar, der Körbe und Kochutensilien im Programm hat, Bäcker, die Landbrot, knusprige Baguette und das provenzalische *fougasse* offerieren, sowie Obststände, an denen Heimisches und Exotisches zu finden ist. Die Angebotspalette scheint

endlos. Ein Neuling wird sich kaum entscheiden können, was er bei welchem Händler erwirbt. Am besten, man lässt sich einfach treiben ...

Im ersten Abschnitt des Marché Richard Lenoir haben sich Stände konzentriert, die spezielle Kräuter, Gemüse und Obst für die nordafrikanischen Landesküchen verkaufen. Dann ist wieder eine Entscheidung zu treffen: Welche der drei Reihen läuft man zuerst ab? Beginnt man rechts, fällt dem hungrigen Besucher sofort der riesige Käsestand auf. Die Atmosphäre an diesem Stand ist immer freundlich und entspannt – kein Wunder, denn die Betreiber beschäftigen Studenten und angehende Künstler als Wochenendaushilfen. Das und die preisgünstigen Produkte machen es schwer, sich zu beherrschen und den Käse als Mitbringsel für Freunde daheim nicht gleich kiloweise zu kaufen. Wer eine raffiniertere Auswahl bevorzugt, besucht den Stand von Michel Lucien. Hier werden *artisanal*-Käseprodukte, natürlich gereift, angeboten. Brie und Ziegenkäse stammen aus eigener Produktion, ebenso *fromage blanc* und *Fontainebleau* (ein luftiger, sahnig-frischer Dessertkäse, der meist mit frischen Beeren und etwas Zucker serviert wird). Ein Konkurrent im Mittelgang ist Arnaud Molard vom Stand *La Ferme de Megève*. Er berät gerne bei der Auswahl seiner Ziegenkäsesorten und anderer Spezialitäten aus der Savoie.

Auf die Käsestände folgen Stände mit Fleisch, Gemüse und Blumen. Danach erreicht man Jacky Lorenzos Fischstand, der kaum zu übersehen ist. Krustentiere, Krebse, Seeigel und tagesfrischer Fang, der noch keine glasigen Augen hat, sind kunstvoll arrangiert. Am Wochenende steht Jacky Lorenzo eine ganze Armee enthusiastischer »Blaumänner« zur Seite, die die vielen Kunden bedienen, die sich am Stand drängen. In der Mitte des riesigen Stands nehmen Helfer die verkauften Fische aus und entschuppen sie; gleich daneben sitzt die Kassiererin. Auch wenn man Jacky vorher nicht kennt, glaubt man gleich zu erkennen, wer es sein muss. Er ist voller Energie, gut gelaunt, präsentiert stolz die neueste Ware und fordert jeden potentiellen Kunden nachdrücklich zum Kauf auf. Wochentags verkauft er auf drei verschiedenen Märkten der Stadt und rühmt sich des größten Standes mit den größten Fischen und der höchsten Qualität zum besten Preis. Wenn er Stammkunden entdeckt, greift er nach dem größten Fischexemplar, einer Handvoll Riesenkrebsen oder Muscheln und preist diese mit Hinweisen auf die unglaubliche Frische und den günstigen Preis des Produktes an. Fotografieren lässt er sich übrigens auch gerne.

Am Ende des Markts steht die Métrostation Bréguet Sabin. Hier kann man wenden und in eine der verbleibenden zwei Marktreihen einbiegen. Direkt neben dem Métro-Eingang (reinstes Art déco) befindet

Links: Cavaillon-Melonen haben im Frühsommer ihren ersten Marktauftritt.
Rechts oben: provenzalische *fougasse*.
Rechts unten: Michel Lucien und sein locker-flockiger Fontainebleau.

DIE PLACE DE LA BASTILLE

Die Place de la Bastille, wie man sie heute kennt, wurde erst in den 1830er-Jahren angelegt. Vorher stand hier die Festung Bastille, die im Jahr 1370–82 zur Sicherung der Expansion von Paris gen Osten errichtet wurde. Im 18. Jahrhundert wurde sie zum berüchtigten Gefängnis – hier ließ der König unliebsame Gegner oder Querdenker verschwinden. Unter den reichen Insassen litten nicht alle Not; Wein, Delikatessen und selbst Gespielinnen wurden eingeschmuggelt. Auch Voltaire und der Marquis de Sade saßen einst in der Bastille ein. Heute ist von der ehemaligen Bastion nichts erhalten geblieben; doch die Umrisse der nach der Revolution abgerissenen Festung finden sich noch in den pinkfarbenen Pflastersteinen vor der Hausnummer 3 der Place de la Bastille. Die goldgeflügelte Freiheitsstatue wurde als Symbol für den Freiheitskampf, für den dieses Viertel steht, im Jahr 1840 auf die Spitze der Julisäule gehoben.

Céteaux

sich ein kleiner Stand, auf dem ein Imker diverse Honigsorten, frische Honigwaben sowie Seifen, Kerzen und Süßwaren aus Honig anbietet. Daneben sitzt wahrscheinlich Monsieur Lory und nimmt selbst mitten im Winter ungerührt ein Fußbad. Kaufinteressierte klärt er dabei über die Wirkstoffe seines grünen Fußbads *Sel au Pin des Landes* auf, das magische Kräfte hat. Es macht die weichsten Füße von ganz Paris. Auch andere Wehwehchen heilt der kluge alte Mann mit seinem klassischen französischen Barett – er verkauft nämlich Tigerbalsam in winzigen

Stand für Exotenfrüchte Produkte aus der ganzen Welt im Angebot: Apfelbananen von der Elfenbeinküste, Sternfrüchte aus Malaysia, Baby-ananas aus Thailand, Avocados aus Mexiko und Papayas aus Brasilien.

Ein weiterer Stand fällt ins Auge, weil sein Betreiber, ein junger Bauer, hinter seinen riesigen Körben mit frischen Eiern kaum noch zu sehen ist. Wer hier Eier erwirbt, wundert sich nicht über die scheinbare Neugier des Verkäufers: In Frankreich gelten noch strikte Regeln zum Verzehr von Eiern. Die frischesten werden für weiche Eier (*œuf à la*

Tiegeln, ebenso wundersame Wurzeln und verschiedene Pülverchen. Wer mag, kann ihn über seine Zaubermittel befragen – ein stundenlanger Vortrag folgt und die Heilung stellt sich unmittelbar ein.

In der mittleren Marktreihe gibt es viele Obst- und Gemüsestände, darunter auch einer der wenigen Bioständen. *Vergers du Bois Veneaux* verkauft Birnen und Äpfel aus dem eigenen Garten. Nebenan hat ein

coque) verwendet. Sind sie eine Woche alt, eignen sie sich für Ome-lettes. Nach zwei Wochen werden sie verbacken. Und sind sie älter als drei Wochen, wirft man sie kurzerhand weg. Im Winter kann man hier

An Jacky Lorenzos Stand: Bestellungen werden vorbereitet und Muscheln werden (per Liter) abgewogen.

SEL AU PIN DES LANDES
ACTIVE
ELIMINE
REGULARISE
CALME
PREVIENT
SEL AU PIN DES LANDES
ACTIVE
ELIMINE
REGULARISE
CALME
PREVIENT
50F LE PAQUET

neben Hühner- und Wachteleiern auch Gänseeier bekommen. Sie sind drei Mal so groß wie Hühnereier und von gelatineartiger Konsistenz. Ihr Eigelb ist heller und sie gelten als sehr nahrhaft. Ob man sie auch mag ist allerdings eine Geschmacksfrage.

Ein Stückchen weiter lassen sich die Kauflustigen von den wunderbaren Stimmen der Geschwister Zalkalyne verzaubern. Sie tragen schwarze Kleider und rote Federboas im Stil der Jahrhundertwende und singen klassische französische Chansons, begleitet von der *Barbarie*-Drehorgel. Jeder Marktbesucher, der an ihnen vorbeigeht, erinnert sich plötzlich wieder an den Text und singt leise mit. Die Zalkalynes gehören zu den vielen Unterhaltungskünstlern, die in den Cabarets und Kleinkunstbühnen der Stadt zu Hause sind, sich aber auch die Wochenmärkte als Forum ausgewählt haben. Damit setzen sie eine französische Tradition fort, die aus dem 14. Jahrhundert stammt. Schon damals besangen die beliebten *chanteurs des rues* die Sorgen, Hoffnungen und die Liebe.

Nur wenige Schritte weiter hat Madame Henia stolz ihre Schnecken

aufgebaut. Sie sind mit Knoblauch und Petersilienbutter gefüllt und müssen vor dem Verzehr nur noch kurz in den Ofen. Diese Schnecken sind eine echte Delikatesse, denn Madame bezieht sie lebend von Höfen in der Provence und in Burgund und bereitet sie selbst für den Verkauf vor. Erst kommen die Schnecken für zwei bis drei Tage in Leinensäcke; auf diese Weise werden alle Verunreinigungen ausgeschwemmt. Dann wird jede Schnecke einzeln aus ihrem Gehäuse gelöst, zurechtgeschnitten und einen Moment in *court bouillon* gekocht. Die Gehäuse werden gereinigt und gebleicht. Zum Schluss kommen die Schnecken mit den restlichen Zutaten wieder zurück in ihre Gehäuse. Diese Art der Produktion von Hand ist selten geworden: 95% der in Frankreich angebotenen Schnecken stammen mittlerweile aus dem Ausland und die Zubereitung ist in der Regel reine Massenproduktion. Wer sich noch nie an Schnecken gewagt hat, kann hier einen Versuch unternehmen – ein Dutzend Schnecken, eine Flasche Wein und frische Baguette zum Aufsaugen der Kräuterbutter sind ein köstliches Mahl.

An zwei Stellen auf dem Marché Richard Lenoir kann man mitten im Gedränge tatsächlich auch etwas Luft holen. Hier unterhalten Komödianten das Publikum, hier bekommt man Flugblätter von Parteien oder Bürgerforen in die Hand gedrückt, hier kann man sich am Brunnen etwas ausruhen und manche Einkäufe schon einmal probieren,

Links: Straßenkünstler und Marktbetreiber sind zu ziemlich allen Dingen bereit, um das Publikum zum Kauf zu animieren. Oben: Die Geschwister Zalkalyne singen zu Drehorgelmusik. Unten: Monsieur Lory weicht seine Füße in Badesalz ein.

AUF SCHNECKENJAGD

Ende des 19. Jahrhunderts gab es noch den Berufszweig des Schneckenhausverkäufers. Diese »Schneckenhäusler« durchsuchten den Abfall und die Essensreste der edleren Restaurants entlang den Champs-Elysées nach leeren Schneckenhäusern. Die Funde wurden sorgfältig abgewischt, allerdings nicht gewaschen, denn die Butterreste im Innern waren quasi der Schlüssel zu ihrem Erfolg. Einfachere Bistros, die sich keine Butter leisten konnten, waren die Abnehmer der Schneckenhäuser; der Buttergeschmack sollte die billige Margarine übertünchen, mit der die Schnecken verarbeitet wurde. Die Kunden ahnten wohl nichts von diesem reichlich unhygienischen Betrug.

Oben: Schnecken werden essfertig angeboten, mit Petersilienbutter und Knoblauch verfeinert. Unten: Die Köche des afrikanischen *traiteur Taranga* geben gerne Auskunft über ihre landestypischen Gerichte. Rechts: Ob Wachtelei, Hühnerei oder Entenei – Monsieur Brocker hat alle im Angebot.

dabei vielleicht ein Flugblatt lesen oder die Marktszenerie beobachten. Bevor diese Straße zum Boulevard Richard Lenoir wurde, floss hier der Canal Saint-Martin, der im Jahr 1859 überbaut wurde. Die Brunnen und kleinen Grünflächen kaschieren die Verbindungen zum darunter liegenden Kanal, der immer noch benutzt wird. Am nahe gelegenen Stadthafen Bassin de l'Arsenal auf der anderen Seite der Place de la Bastille starten Bootstouren durch den Kanal.

Weiter entlang der Mittelreihe des Marktes entdeckt man als nächstes die wahre Pilzpracht am Stand von *Meyer Champi*. Berge von *girolles*, *cèpes*, *chanterelles* und Seltenheiten wie der kultivierte *amanite des Césars* (nicht zu verwechseln mit seinem tödlichen Verwandten, dem *amanite Phalloïde*) mit seinem orangefarbenen Hut sind erhältlich. Den *amanite des Césars* kann man auch roh genießen – am besten hauchdünn aufgeschnitten, mit ein paar Tropfen Olivenöl und etwas Petersilie, Salz und Pfeffer. Auf der anderen Seite hängen die goldgelben Hähnchen von Michel Chamillard; neben Geflügel verkauft er auch Kaninchen. Seine gefüllten und gegrillten Kapaune, Perlhühner, Wachteln und Enten sind verzehrfertig und lassen einem das Wasser im Mund zusammenlaufen. Gleich nebenan betritt man Afrika. Bei *Taran-*

ga gibt es afrikanische Küche wie den senegalesischen Klassiker *yassa* mit Hühnerfleisch oder *moyo*, ein aus Benin stammender Grillfisch, der mit *ablo*, eine Art Polenta, gereicht wird. Auch Hibiskustee und ein erfrischendes Getränk aus frischem Ingwer (in Flaschen) sind erhältlich.

Gegen 13 Uhr werden die Stände langsam abgebaut. Für die Käufer und Marktbesucher gibt es jetzt die Möglichkeit, zum Picknick entlang der Promenade du Bassin de l'Arsenal in Richtung der am Kanal liegenden Gärten zu wandern oder in Richtung Marais zu steuern, um dort in einem der Cafés unter den Bogenanlagen der Place des Vosges einen Apéritif einzunehmen. Andere möchten ihre Einkäufe vielleicht bei einem Besuch der Rue des Rosiers vervollständigen. Dort gibt es viele Bäckereien und Geschäfte mit jüdischen Lebensmitteln und man kann auch ein Mittagessen einnehmen. Oder Sie besuchen im Bastille-Viertel eins der Restaurants rund um die Place de la Bastille, beispielsweise die Brasserie *Bofinger*, die für ihre Austern berühmt ist.

Vorhergehende Doppelseite. Mit mehr als 200 Ständen gehört der Marché Richard Lenoir zu den größten und belebtesten Märkten der Stadt. Unten: Die Place des Vosges – früher Place Royale – links um 1740, rechts heute. Rechts: Eine fröhliche *charcutière* auf dem »Schinken-und-Alteisen-Markt« (1930er-Jahre).

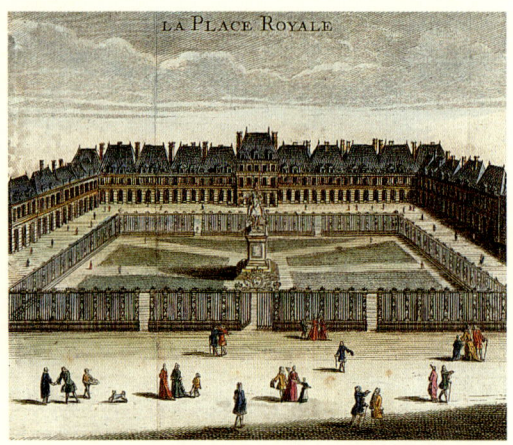

DIE PLACE DES VOSGES

König Henri IV de Navarre et de France ließ die Place des Vosges als öffentlichen Ort für Festlichkeiten und Zerstreuungen der Aristokratie anlegen. Zum Zeitpunkt ihrer Errichtung im Jahr 1612 verkörperte diese Anlage den Stil des Viertels. Bei seiner Einweihung wurde dieser Platz »Place Royale« getauft – zu Ehren der königlichen Doppelhochzeit (König Louis XII/Anna von Österreich und Prinzessin Elisabeth de France/Philippe IV. von Spanien).

Nach der französischen Revolution bemühte man sich lange Jahre weder um die Erhaltung des Platzes noch um das Bastille-Viertel. Erst 1965 wurde es von der Regierung unter Denkmalschutz gestellt; in der Folgezeit wurden die vielen Herrenhäuser und Grünflächen restauriert und erstrahlen nun in ihrem ursprünglichen Glanz. Vielleicht wird die Place des Vosges mit ihren vielen Besuchern heute so genutzt, wie es sich König Henri IV ursprünglich vorgestellt hatte – mit dem kleinen Unterschied, dass heute jedermann Zutritt hat und man sogar auf den Rasenflächen sitzen darf, was bis vor kurzem in Pariser Parks strengstens untersagt war.

CHARONNE

Direkt vor dem Ausgang der Métrostation Alexandre Dumas liegt entlang beider Seiten des baumbestandenen Boulevard de Charonne ein weitläufiger Markt gleichen Namens. Er verkörpert den typischen Charakter der Arbeiterklasse, die diesen Teil des 11. Arrondissements noch immer prägt. Die Atmosphäre ist heiter und gelassen, die Kundschaft ist gemischt, die Händler ebenso – eben *la vieille France*.

Die Auswahl an Produkten ist eher einfach, bodenständig und typisch französisch. Viel Wert wird auf Fleisch und frisches Gemüse gelegt. Es gibt viele unterschiedliche Fleischstände: einige *charcuteries*, gut sortierte Geflügelstände, klassische Fleischerstände und auch ein paar Stände für Innereien und Pferdefleisch. Auch die *maraîchers* sind gut vertreten und ihr Angebot an Gemüse und Schnittblumen ist verlockend. Exotisches oder Ausgefallenes wird man hier allerdings nicht finden. Zu einer typischen Produktpalette gehören Kopfsalat, Batavia, Eskariol (glatte Endivie), *Rougette de Montpellier* und Friséesalat, ebenso wie gekochte Rote Bete, Möhren, Lauch, Steckrüben.

Nach einem Blick auf das Angebot an Käse, Fisch, Oliven und Blumen beendet man den Marktbummel am besten mit einem Apéritif und dem Kauf eines Lottoscheins im *café-tabac* an der Ecke.

POPINCOURT

Der Markt von Popincourt liegt nur einige Straßenzüge nördlich vom Markt Richard Lenoir – sogar an der gleichen Allee. Der wochentags abgehaltene Markt strahlt eine gelassenere Atmosphäre aus als der belebte Sonntagsmarkt Richard Lenoir. Um die 65 Händler bieten eine beachtliche Bandbreite an Obst und Gemüse, Fisch, Fleisch, Huhn, Käse, regionalen Spezialitäten, Blumen, Brot und sogar Wein an.

Qualität und Preise der angebotenen Produkte sind von Stand zu Stand unterschiedlich, so dass man sich zuerst einen Überblick verschaffen sollte. Besonders zu empfehlen ist der kleine Stand eines Bauern, der kultivierte und wild wachsende Pilze aus seiner Heimatregion Saint-Germain-en-Laye nordwestlich von Paris anbietet. Besuchen Sie auch den Spezialitätenstand *Alpage* (kaum zu übersehen), der Produkte aus Savoyen anbietet, und den gut sortierten Gemüsestand *Les Délices du Jardin* auf der anderen Straßenseite, geführt von einer freundlichen, ruhigen Marktfrau, die ihre Qualitätsprodukte bei *maraîchers* in ganz Frankreich erwirbt.

Oben: Hier findet man immer etwas Leckeres: Der Stand *Alpage* auf dem Popincourt Markt. Rechts: Berge von Waren auf dem Markt von Belleville.

BELLEVILLE

Der Markt von Belleville liegt direkt auf der Grenze zweier ganz unterschiedlicher *quartiers* – dem traditionellen Arbeiterbezirk des 11. Arrondissements und dem Multikulti-Viertel des 20. Arrondissement. Der Unterschied zwischen der Beschaulichkeit des Marktes Père Lachaise (er liegt nur einen Straßenzug weiter südlich) und dem liebenswerten Chaos auf Belleville ist erstaunlich. Von einer Sekunde zur nächsten fühlt man sich in eine nordafrikanische Stadt versetzt. Hier heißt es, sich durch diesen einen Kilometer langen Wirbel aus Menschenmassen zu kämpfen. Aber der Kampf lohnt sich, zumindest für markterfahrene Käufer. Hier wird zu äußerst günstigen Preisen gute Qualität angeboten, es kann allerdings auch passieren, dass man nach einem vermeintlich günstigen Kauf zu Hause feststellen muss, dass die ganze Tüte voller Tomaten nur noch zum Wegwerfen taugt. Es empfiehlt sich, genau zu schauen, was der Händler in die Tüten packt; am besten sucht man die Waren sogar selber aus, falls es gestattet ist.

Der Marché Belleville beginnt an der Métrostation Ménilmontant und erstreckt sich über die ganze Länge des Boulevard de Belleville. Mehr als 150 Stände mit frischen Produkten gibt es, Exotisches ist seltener zu finden. Es gibt nur drei Stände, die Trockenfrüchte, Nüsse, Gewürze und Oliven anbieten, zwei mit portugiesischen Spezialitäten, ein Stand, der sich auf Honig spezialisiert hat, nur ein einziger Fleischer und einige Fischhändler. Alle anderen verkaufen ausschließlich Obst und Gemüse.

PÈRE LACHAISE

Der Marché Père Lachaise ist ein klassischer, lokal orientierter Markt, der nur ein kleines Viertel versorgt. Auf dem breiten Boulevard wirkt er deshalb etwas verloren. Selbst an guten Tagen stehen hier nicht mehr als 15 Händler, und oft ist es so ruhig, dass sie Zeit haben, sich gegenseitig zu besuchen und nebenbei ein Auge auf den eigenen Stand werfen. Der Markt bietet eine gute Auswahl an Produkten für das tägliche Leben: Brot, Fisch, Käse, gutes Gemüse, Fleisch, verzehrfertige Gerichte vom *charcutier* und Blumen.

Le Poissonnier

Wie ein Maestro dirigiert er das riesige Orchester verschiedenster Fische. Jacky Lorenzo ist untersetzt und lebhaft, lächelt oft und gern und der Schalk sitzt ihm im Nacken. Ständig ist er in Bewegung – ordnet Langustino-Pyramiden neu, häufelt Krebse auf, ruft den Passanten zu, instruiert die Angestellten und verteilt Küsschen an die Stammkunden. 1977 begann er sein Geschäft und hat sich seither einen guten Ruf erarbeitet: großzügige Warenauslagen, vernünftige Preise. Seine tragende Stimme schallt über den ganzen Markt.

Jacky Lorenzo ist italienischer Herkunft. Er kam nach Paris, um Profifußballer zu werden. Um seinen Traum zu finanzieren, arbeitete er in einem Fischgeschäft, das dem Präsidenten der Vereinigung der Fischhändler gehörte. Der beeindruckte ihn zutiefst (»Ein eleganter Mann, der Zigarren rauchte und einen teuren Wagen fuhr.«) und Jacky Lorenzo beschloss, ihm nachzueifern. Er zog sich aus dem Profifußball zurück und wagte den Schritt in die Selbstständigkeit. Nur: Für die Eröffnung eines eigenen Geschäfts reichte das Geld nicht. So mietete Jacky Lorenzo einen Stand auf dem Wochenmarkt. Von Beginn an hatte er sich auf außerge-

wöhnlich große Fische spezialisiert, die vorher nur bei wenigen Fischhändlern erhältlich waren. Mit einem gebrauchten Lastwagen fuhr er am ersten Tag nach Rungis und kaufte auf dem riesigen Großmarkt alle Wolfsbarsche auf. Kurz danach zog ein Sturm an der Atlantikküste auf und sorgte für einen Engpass bei Wolfsbarschen. So stellte sich der Erfolg schon am ersten Tag ein. Jacky Lorenzo wurde sofort zum beliebtesten Fischhändler der Stadt, denn nicht nur die Käufer standen nun Schlange an seinem Stand, auch andere Fischhändler und Restaurantköche.

20 Jahre später ist Jacky Lorenzo auf drei der besten offenen Märkte von Paris vertreten. Unterstützt wird er von seiner Frau Christelle, seiner Tochter Aurélie, seinen beiden Söhnen Fabrice und Giovanni und einem Stab von 15 Mitarbeitern, der am Wochenende auf 25 Mitarbeiter aufgestockt wird. Pro Woche setzt er bis zu drei Tonnen Fisch und Meeresfrüchte um!

Jacky Lorenzo betreibt Stände auf den Märkten Richard Lenoir, Saxe Breteuil und Popincourt.

MARKTREZEPTE

SALADE DE POULPE ET DE POMMES DE TERRE
Mediterraner Oktopus-Kartoffel-Salat

Nicht wenige scheuen sich davor, einen Kraken (Oktopus) zu kochen, da er leicht zäh wird und seinen Eigengeschmack verliert. Mit einem speziellen Trick, der uns von mehreren Fischhändlern genannt wurde, kriegt man diese Probleme in den Griff. Am besten kauft man auf dem Markt einen frischen, ganzen Oktopus, säubert ihn und friert ihn über Nacht ein. Dadurch wird das Fleisch zarter. Am Tag der Zubereitung lässt man ihn auftauen und gibt ihn in einen leicht siedenden *court bouillon*. Er wird dann zart und aromatisch.

◁ 30 Minuten   🍲 45–60 Minuten

Für den *court bouillon*:
1 Lorbeerblatt
4 Pfefferkörner
einige Petersilienzweige
1 kleine Zwiebel
1 Möhre
1 EL Meersalz

Für den Salat:
1 Oktopus (1–1,5 kg)
6 größere neue Kartoffeln
60 ml Olivenöl
1 EL Zitronensaft
1 EL *court bouillon*
125 g glatte Petersilie, grob gehackt
Salz, Pfeffer aus der Mühle
einige rote Pfefferkörner

1. Die Zutaten für den *court bouillon* in einen großen Topf mit 2 l Wasser geben, aufkochen und etwa 30 Minuten köcheln lassen. 2. Oktopus säubern (kann auch der Fischhändler machen): Augen, Kauwerkzeug und Innereien entfernen und anschließend kalt abbrausen. 3. *Court bouillon* aufkochen. Oktopus vorsichtig am Kopf hochheben und zuerst nur die Tentakeln mehrfach in die Brühe tauchen. Die Tentakeln rollen sich dann ein. Erst dann den ganzen Oktopus in die Brühe geben. Bei mittlerer Hitze 45–60 Minuten ohne Deckel köcheln lassen, bis sich das Fleisch leicht einstechen lässt. Im *court bouillon* auskühlen lassen. 4. Inzwischen die Kartoffeln mit Schale kochen, bis sie gar aber noch fest sind. Auskühlen lassen. 5. Oktopus aus der Brühe nehmen und schräg in 2,5 cm dicke Stücke schneiden. In eine Schüssel geben, Olivenöl, Zitronensaft, 2–3 EL Brühe und Petersilie zufügen, dann mit Salz und Pfeffer abschmecken. 6. Die Kartoffeln schälen und (mit einem Eierschneider) in dünne Scheiben schneiden. Diese dachziegelartig auf Tellern anrichten. Oktopussalat in die Mitte geben und mit einigen roten Pfefferkörnern garnieren. **Für 6 Personen.**

🍾 Feine, delikate Weißweine: Côtes de Provence, Bandol

YASSA DE POULET
Würziges Limetten-Yassa-Huhn

Von Madame Ndongo, der Besitzerin des *Taranga*, stammt dieses einfache Rezept, das mit Huhn und Limetten zubereitet wird. Das Besondere, so sagt sie, liegt in der Qualität des Huhns. Sie bevorzugt Hühner aus Freilandhaltung und nimmt nur die Schenkel: Die sind am saftigsten. Im Rezept ist eine Marinierzeit von nur 1 Stunde angegeben. Man kann die Hühnerteile aber auch über Nacht einlegen, wenn das Huhn besonders würzig werden soll. Zu diesem Gericht wird traditionell gekochter Reis gereicht.

◁ 75 Minuten   🍲 30 Minuten

4 Hühnerschenkel (oder -brüste)
2 TL Salz
1 TL schwarzer Pfeffer
6 mittelgroße Zwiebeln, in dünne Scheiben geschnitten
4 Knoblauchzehen, zerdrückt
2 EL Dijonsenf
2 Möhren, in Scheiben
6 Thai-Chillies (kleine, scharfe rote Chilischoten)
3 EL Sonnenblumenöl
Saft von 6 Limetten oder 4 Zitronen
1 EL frisch geriebener Ingwer (nach Geschmack)

1. Hühnerteile salzen und pfeffern und mit den restlichen Zutaten in eine Schüssel legen. Mindestens 1 Stunde (nach Geschmack länger) marinieren. 2. Den Grill des Backofens oder einen Holzkohlegrill anheizen. Die Hühnerteile aus der Marinade nehmen, abtropfen lassen und von jeder Seite etwa 5 Minuten grillen, bis sie gut gebräunt sind, dabei einmal wenden. 3. Die Marinade durch ein Sieb in eine Schüssel gießen. 4. Die Zutaten aus dem Sieb mit etwas Öl in einer Kasserolle bei mittlerer Hitze andünsten, bis die Zwiebeln glasig sind. 5. Hühnerteile, Marinierflüssigkeit und etwa 250 ml Wasser zufügen. Zugedeckt bei mittlerer Hitze 20 Minuten köcheln lassen. Mit Salz und Pfeffer abschmecken und servieren. **Für 4 Personen.**

🍾 Kühle, fruchtige Rotweine und aromatische Rosés: Saumur Champigny, Tavel

Links: Salade de poulpe et de pommes de terre

DORADE AU FENOUIL
Goldbrasse mit Fenchel gebacken

Dieser schmackhafte Fisch harmoniert wunderbar mit den geschmorten Fenchelherzen und der Kräutersauce, die separat gereicht wird. Sobald der Fisch aus dem Ofen kommt, so empfiehlt Jacky Lorenzo, flambiere man ihn mit einem Schuss Pastis.

◁ 15 Minuten   ⊓ 35–45 Minuten

Für den Fisch:
6 Fenchelknollen, mit Stielen
Saft von 1 Zitrone
1 große *dorade royale* (Goldbrasse), 1,5–2,25 kg,
    geschuppt, ausgenommen und gesäubert
Salz, Pfeffer aus der Mühle
je 60 ml Olivenöl und Weißwein
1 Schuss Pastis (nach Belieben)

Für die Fenchelherzen:
2 EL Butter
die vorbereiteten Fenchelherzen
1 TL Zucker
Salz, Pfeffer aus der Mühle

Für die Sauce:
das Grün der Fenchelknollen
120 ml Olivenöl
Saft von 1/2 Zitrone
Salz, Pfeffer aus der Mühle

1. Den Ofen auf 200 °C vorheizen. 2. Die groben Blätter von den Fenchelknollen abziehen und beiseite legen. Stiele abschneiden, Fenchelgrün vollständig abzupfen und beiseite legen. Die Knollen waschen und halbieren. Die beiden obersten Schichten einer jeden Knolle entfernen, grob hacken und mit den Stielen in eine ofenfeste Bratenform legen. Die Herzen in eine mit kaltem Wasser und Zitronensaft gefüllte Schüssel geben und beiseite stellen. 3. Fisch innen und außen mit Salz und Pfeffer einreiben. Auf den geschnittenen Fenchel legen, die Bauchhöhle mit Fenchelstücken füllen und die restlichen Stücke auf den Fisch legen. Olivenöl über den Fisch träufeln, Wein in die Bratenform gießen. 4. In den Ofen schieben und ab und zu begießen. Nach 20 Minuten den Fisch wenden und weitere 20 Minuten backen. 5. In der Zwischenzeit Butter in einer Kasserolle zerlassen und die Fenchelherzen mit der Schnittfläche nach unten hineinlegen. Zucker darüber streuen, salzen, pfeffern und zugedeckt bei mittlerer Hitze dünsten. Die Herzen nach 10 Minuten wenden und zugedeckt weitere 10 Minuten dünsten. Warm stellen und später zum Fisch servieren. 6. Für die Sauce das Fenchelgrün fein hacken und mit Olivenöl und Zitronensaft in eine Schüssel geben. Mit Salz und Pfeffer abschmecken und separat reichen. Den fertigen Fisch aus dem Ofen nehmen, das Gemüse entfernen und den Fisch – falls gewünscht – auf dem Backblech mit Pastis übergießen und anzünden. Auf einer Servierplatte mit dem Fenchel und der Sauce reichen. **Für 4–6 Personen.**

🍾 Trockene, fruchtige, aromatische Weißweine: Sancerre, Meursault, Côtes de Provence

GÂTEAU AU FROMAGE BLANC
Bauern-Frischkäsekuchen

Dieses leichte und leckere Käsekuchenrezept, das mit Michel Luciens *fromage blanc*, dem französischen Quark und mit Orangenschale zubereitet wird, eignet sich wunderbar für einen kleinen Imbiss am Nachmittag.

◁ 30 Minuten   ⊓ 75 Minuten

Butter für die Form
250 g TK-Blätterteig
500 g Quark, 40 % Fett i. Tr.
100 g Zucker
3 EL Speisestärke
3 Eier
2 Eigelb
abgeriebene Schale von 1 unbehandelten Orange
Mark von 1 Vanilleschote (ersatzweise 1 Tütchen Vanillinzucker)
1 Prise Salz

Springform oder Tarteform (20 cm Ø)

1. Den Ofen auf 180 °C vorheizen. Die Form buttern, den Blätterteig ausrollen, die Form damit auskleiden und mit einer Gabel mehrmals einstechen. Den Teig mit Backpapier oder Alufolie bedecken und mit getrockneten Hülsenfrüchten beschweren, dann 15 Minuten blindbacken. 2. In einer großen Schüssel Quark, Zucker und Stärke verrühren, dann Eier und Eigelb eines nach dem anderen zufügen und gut mischen. Zuletzt Orangenschale, Vanillemark und Salz zugeben. 3. Die Masse auf den vorgebackenen Teig geben und mit einem Teigschaber gleichmäßig verteilen. Bei 180 °C 1 1/4 Stunden backen oder bis beim Herausziehen eines Messers aus der Mitte des Kuchens die Klinge sauber bleibt. Inzwischen hat sich eine goldbraune Kruste gebildet. Die Füllung geht beim Backen sehr auf, sinkt aber nach dem Herausnehmen aus dem Ofen wieder in sich zusammen. 4. Abkühlen lassen und servieren.
Für 6–8 Personen.

Gâteau au fromage blanc

Die meisten Franzosen kennen dieses Arrondissement nur von der Durchfahrt – auf dem Weg in den Bois de Vincennes beispielsweise oder zum Bahnhof Gare de Lyon. Es wird für ein ruhiges Wohnviertel gehalten, das mit dem aufregenden Cityleben wenig gemein hat. Dabei ist dieses *quartier* gerade in den letzten Jahren sehr aufgeblüht. Seit dem Bau der neuen Oper an der Bastille wurden auf Regierungsbeschluss hin weite Züge des 12. Arrondissements renoviert. Große Apartmenthäuser wurden hochgezogen, das neue Finanzministerium entstand. Die Begrünung eines ehemaligen Viadukts und Weinlagers setzte im Viertel neue Akzente. Die Straßen am Rand des 12. Arrondissements haben sich dem

XIIe ARRONDISSEMENT

Stil des trendigen Bastille-Viertels schon angepasst: viele Bars, Restaurants und Boutiquen wurden eröffnet. Sie sitzen hinter den alten Ladenfronten, wo einst Metzger, Schuster und Gemischtwarenhändler ansässig waren. Dennoch ist das 12. Arrondissement vorwiegend noch eine friedliche Enklave des Mittelstands, wo Kinder zu Fuß zur Schule gehen, ältere Leute beim Ausführen ihrer Hunde schnell noch eine Baguette erwerben und wo man nicht allzu viel von der Hektik der Großstadt merkt. Die Märkte, die über dieses großflächige Arrondissement verteilt sind, werden von der Bevölkerung sehr geschätzt. Einer von ihnen, der Marché d'Aligre, ist sogar der älteste und berühmteste offene Markt der Stadt.

Man findet nur noch eine Hand voll Métrostationen, die im Jugendstil erbaut sind. Dazu gehört diese an der Place Daumesnil.

DIE NOTRE DAME DER MÄRKTE
Der Marché d'Aligre

Man hat den Markt noch nicht einmal erreicht und wird schon von den Menschenwogen getragen, die ihn bevölkern. Die für das 12. Arrondissement charakteristische Mischung aus Menschen unterschiedlicher Nationalität, Herkunft und Alter trifft sich auf diesem Markt. Die jungen trendigen Leute tragen ihre neuesten Flohmarkterwerbungen spazieren, kaufen Sträußchen mit Gartenwicke und frischen Salat. Sie reihen sich vor den Ständen neben typischen französischen Großmüttern ein, die hier schon immer ihre Einkäufe erledigt haben. Bettler bahnen sich ihren Weg durch die Käufermengen und hoffen auf ein paar Centimes. Eine Gruppe Araber nimmt im traditionellen *fez* ein Sonnenbad und Nachtschwärmer kämpfen im Café an der Ecke gegen den Kater der letzten Nacht an. Der Marché d'Aligre liegt unweit der geschäftigen Verkehrsader Rue du Faubourg Saint-Antoine, die die Place de la Bastille mit der Place de la Nation verbindet. Von der zentral gelegenen Place d'Aligre erstreckt sich der Markt über zwei Straßen. Als einziger Markt der Stadt vereinigt er eigentlich drei verschiedene

Märkte, nämlich eine Markthalle, einen offenen Markt und einen Flohmarkt. Auch ist er der einzige Markt der Stadt, der jeden Tag außer montags (der den Franzosen heilig ist) geöffnet hat.

Das 12. Arrondissement lag ursprünglich vor dem östlichen Stadtrand von Paris. Zwischen Nutzgärten und Jagdgründen stand die wohlhabende Abtei Saint-Antoine-des-Champs. Sie wurde im Jahr 1198 gegründet und beherbergte Frauen, die vom Pfad der Tugend abgekommen waren und nun mit wohltätigen Werken Buße tun wollten. Die Abtei besaß ausgedehnte Ländereien, die sich über das 12. Arrondisse-

ment in Teile des 11. und 20. Arrondissements erstreckten. Dank ihrer guten Beziehungen zum Königshaus konnte die Abtei in ihrem Wirkungskreis uneingeschränkt schalten und walten. Die breite Allee Faubourg-Saint-Antoine, an der Kirche und Abtei standen, verband als wichtigste Straße die Stadt mit den weitläufigen Wäldern und dem Schloss von Vincennes. Entlang dieser Allee, auf der Höhe der Place de la Bastille, hatten die bekanntesten französischen Kunsttischler ihre Werkstätten und fertigten das Mobiliar für die Königspaläste in ganz Europa an. Der Bereich entlang des Seineufers wurde Bercy genannt und erlangte Anfang des 19. Jahrhunderts Berühmtheit als größtes Weinlager der Welt. Bercy lag strategisch günstig, außerhalb der Stadtmauern nämlich und damit auch außerhalb des Zugriffs des Fiskus. Um den kleinen Seinehafen herum siedelte sich ein Dorf mit baumbestandenen Straßen an, die die Namen berühmter Weine trugen wie Sauternes, Chablis, Pommard. Entlang dieser Straßen wurden in Steinhäusern mit roten Ziegeldächern riesige Mengen an Alkohol gelagert.

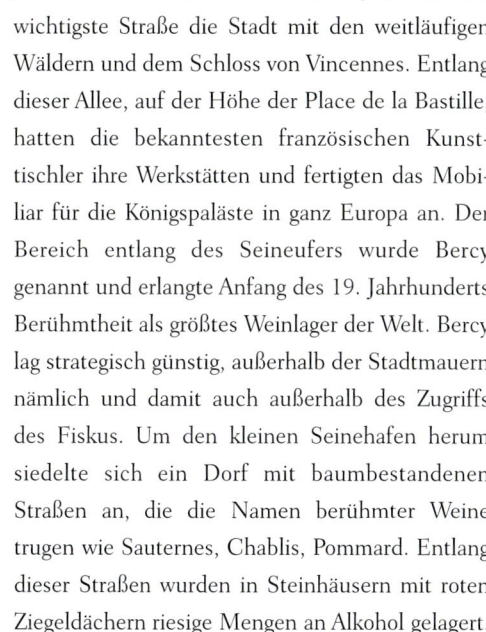

Gleich nebenan hatten sich die Kneipen angesiedelt. Diese *guinguettes* erfreuten sich regen Zulaufs aus der Großstadt Paris: Hier konnte man tanzen und sich vergnügen, unbesteuerten Wein trinken und von den bevölkerten Terrassen aus den Seineblick genießen.

Im Laufe der Zeit hat das 12. Arrondissement viele Veränderungen erlebt. Besonders nachhaltig haben sie seit den 1960er-Jahren das Viertel geprägt. Damals wurde ein staatliches Bauprogramm angekurbelt, das gute, umstrittene und schlechte Gebäude hervorbrachte. An die Stelle des fröhlichen Weinlagers von Bercy ist nun ein Labyrinth moderner Gebäude und Plätze getreten, das nur noch ein Quentchen von Bercys früherer Ausstrahlung besitzt. An der Place de la Bastille konkurrieren das moderne Opernhaus mit seiner an Kistchen und Kästchen

Der beliebte Marché d'Aligre ist für jeden, der typische Pariser Atmosphäre sucht, ein Muss. Touristen findet man hier nur selten.

erinnernden Optik, das restaurierte Viadukt »La Coulée Verte« (»Das wogende Grün«) und der pittoreske Hafen Bassin de l'Arsenal miteinander. Restaurierungsbedürftige alte Apartmenthäuser wurden durch funktionale Neubauten mit Spielplätzen, Supermärkten und unterirdischen Parkplätzen ersetzt. Dennoch hat der Charme des alten Viertels teilweise überleben können. Man findet auch heute noch Tischlereien, versteckt in kleinen Hinterhöfen, trifft auf liebenswerte Plätze und Boulevards und den alles überdauernden Marché d'Aligre.

Am Ausgang der Métrostation Ledru-Rollin schlendert man die Rue de Faubourg Saint-Antoine bis zur Kreuzung Rue d'Aligre, wo sich schon Menschentrauben am Eingang zum Markt stauen. Hier verkaufen um die 40 Obst- und Gemüsehändler. Potentielle Käufer werden lautstark und mit Kostproben zum Kauf animiert. Es empfiehlt sich, genau zu prüfen, was aus den kunstvoll aufgetürmten Pyramiden aus Tomaten, Kirschen, Feigen und Orangen tatsächlich in den Einkaufskorb wandert. Wenn man nicht aufpasst, bekommt man schon einmal weniger frische Ware eingepackt. Auf dem Marché d'Aligre sind manche Stände auf spezielle Produkte beschränkt, beispielsweise Knoblauch und Zitronen oder Kartoffeln und Zwiebeln. Die meisten verkaufen jedoch eine vergleichbare Bandbreite an Obst und Gemüse – alles sehr preisgünstig. Es empfiehlt sich ein erster Rundgang über den Markt, bevor man beim zweiten Gang seine Einkäufe erledigt.

Interessant ist es auch in der zweiten Reihe, in den Geschäften, vor denen die Marktstände aufgebaut sind. Das *Café Aouba* ist eine empfehlenswerte kleine Kaffeerösterei, wo sich ein Espresso und ein Plausch mit dem Inhaber geradezu anbieten. Der traditionsreiche Käseladen *Priet* ist nicht weit entfernt. Der betagte Monsieur Priet hat sein Geschäft kürzlich verkauft, aber auch die neuen Inhaber bemühen sich, es in seinem Sinne fortzuführen. Dazu gehört auch das im Käsekeller gereifte Käseangebot, das noch unter seinem Namen verkauft wird. *Priet* steht Tür an Tür mit einem Geschäft für griechische Hors d'œuvres,

dargeboten von Sofia und Petrit. Sofia bereitet die Köstlichkeiten in der rückseitig gelegenen Küche, während ihr Lebenspartner Petrit die Kunden bei der großen Auswahl an Oliven, gefüllten Filoteigröllchen, pikanten Dips, gefüllten Weinblättern und marinierten Anchovis berät. Die thailändische *rôtisserie* ist ein Neuzugang. Hier bekommt man scharfes Huhn, Wachteln und perfekt gebratenes Kaninchen, serviert mit pfannengerührtem Reis, Nudeln und asiatischem Gemüse.

Auch ein paar Kräuter- und Gewürzläden gibt es, deren exotische Produkte alle erdenklichen Gerichte aromatisieren können. Hier macht das Stöbern Spaß. In den Regalen entdeckt man wahre Schätze – Gewürze, ausgemahlen oder im Ganzen, getrocknete und frische Kräuter, Reis, Linsen, Couscous, Bohnen, aromatisiertes Wasser, Seifen, Öle, Honig, getrocknete Rosenblüten und Früchte. Ungewöhnlich wie das Angebot sind auch die Preise – sehr niedrig nämlich. Auf dieser Hälfte der Rue d'Aligre befinden sich auch mehrere Halal-Schlachter, die nach moslemischen Ritus schlachten, daneben traditionelle französische Schlachter, ein Bäcker und einige Fischhändler. Sie runden das riesige Obst- und Gemüseangebot des Marktes ab.

In der Marktmitte steht eine Blumenwand, gelehnt an einen Holzkarren. Daneben ist der Eingang zur Markthalle Beauvau. Genau gegenüber bietet ein charmantes Mutter-Tochter-Gespann in einem u-förmigen Stand Salate, Artischocken, Radieschen und Zwiebeln aus der Region Fontainebleau an. Beide sind immer gut gelaunt und haben einen flotten Spruch auf den Lippen. Das wissen die Kunden zu schätzen. Der Stand ist sehr stark frequentiert; oft reicht die Zeit nicht einmal zum sorgfältigen Verpacken der Ware. Es sind traditionelle Obst- und Gemüsehändler wie dieses Team, denen es zu verdanken ist, dass die Tradition der *maraîchers* auf dem Marché d'Aligre erhalten bleibt.

Links: Die Obst- und Gemüsestände entlang der Rue d'Aligre sind überreich bestückt. Oben und rechts: Metzger, Bäcker und Imbisse umstehen den Markt.

Zwischen dem Flohmarkt und der Markthalle ist der offene Markt am belebtesten. Hier gibt es das beste Obst und Gemüse. Rund um die pittoreske Wachstube mit dem kleinen Türmchen und der Uhr, »Notre Dame d'Aligre« genannt, sammeln sich die Käufer. Eine Blumenfrau baut ein Tischchen mit wassergefüllten Eimern auf, in denen sie schon seit 50 Jahren ihre frischen Schnittblumen darbietet. Hinter zarten Gänseblümchen, Veilchen und anderen farbenprächtigeren Blumen, lächelt sie zahnlos und friedlich der Menschenmenge zu und erinnert sich gerne an vergangene Zeiten.

Urkundlich erwähnt wird der Marché d'Aligre erstmals im Jahr 1643. Damals hatten sich acht Metzger in einer kleinen Markthalle vor der Abtei Saint-Antoine-des-Champs, nur wenige Straßen östlich der Rue de Faubourg Saint-Antoine, zusammengeschlossen. *Maraîchers* und Heuverkäufer verliehen dem Markt wachsende Beliebtheit. Bald war er zu groß für die Markthalle geworden und hatte die Straße erobert, allerdings auch den Zugang zur Abtei blockiert. Mit Zustimmung von König Louis XVI ließ die Äbtissin Madame Craon-Beauvau im Jahr 1777 die Umsiedlung des Marktes auf ein dem Kloster gehörendes Stück Land verfügen. Das war die Place d'Aligre, auf der nun eine Markthalle errichtet wurde. Die Nonnen aus der Abtei, die die Gemüsefelder bestellten, begleiteten die *maraîchers* aus dem Umland auf dem Weg zum Marché Beauvau, um dort die pflückfrische Ernte zu verkaufen. Fleisch, Fisch und Käse wurden ebenfalls angeboten. So entwickelte sich die Place d'Aligre bald zu einem belebten Zentrum.

Während der ersten 150 Jahre seiner Geschichte boomte der Markt. Zu Spitzenzeiten war er kaum weniger bedeutend für die Belieferung

der Stadt als Les Halles. Bis zu 1000 Händler hielten jedes freie Fleckchen mit einem Stand besetzt – und ob nun vor der Markthalle, auf dem Platz oder entlang der Verbindungsstraßen: Immer tummelten sich hier Menschen aus allen Gesellschaftsschichten. Nicht wenige von ihnen lebten in schlimmster Armut. Die Nonnen brachten ihnen gebrauchte Kleidung und gaben damit dem Platz noch einen zweiten Namen, Square des Vieux Habits (Platz der Altkleider). Auch das Königshaus gab hier an die Bedürftigen die Reste seiner festlichen Gelage aus.

Aus der Tradition des Spendens gebrauchter Kleidung entwickelte sich ein Flohmarkt. Auf dem Marché d'Aligre kann man auch heute durchaus ein Schnäppchen machen. Um die 30 *brocanteurs* und Second-Hand-Stände sind rund um »Notre Dame« zu finden. Manche haben ihre Waren auf Tapeziertischen ausgebreitet, andere auf Decken auf dem Boden. Gerahmte Aquarelle, alte Töpfe und Pfannen, Teller

Diese Seite, oben: Auch im Jahr 1905 war der Marché d'Aligre beliebt und bevölkert. Mitte und unten: Ein *maraîchers*-Stand. Rechte Seite: Seit 1950 verkauft sie ihre Blumen. Einige Kunden sind mit ihr alt geworden.

164

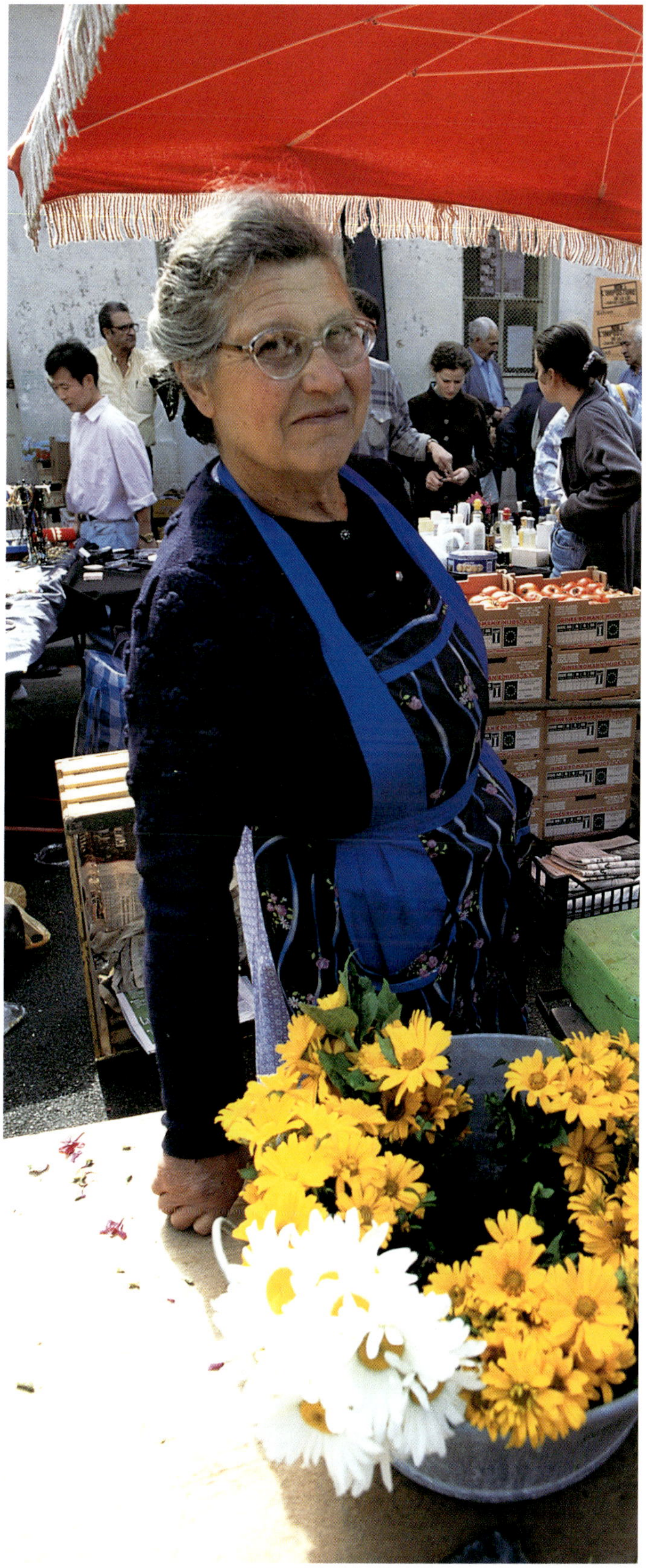

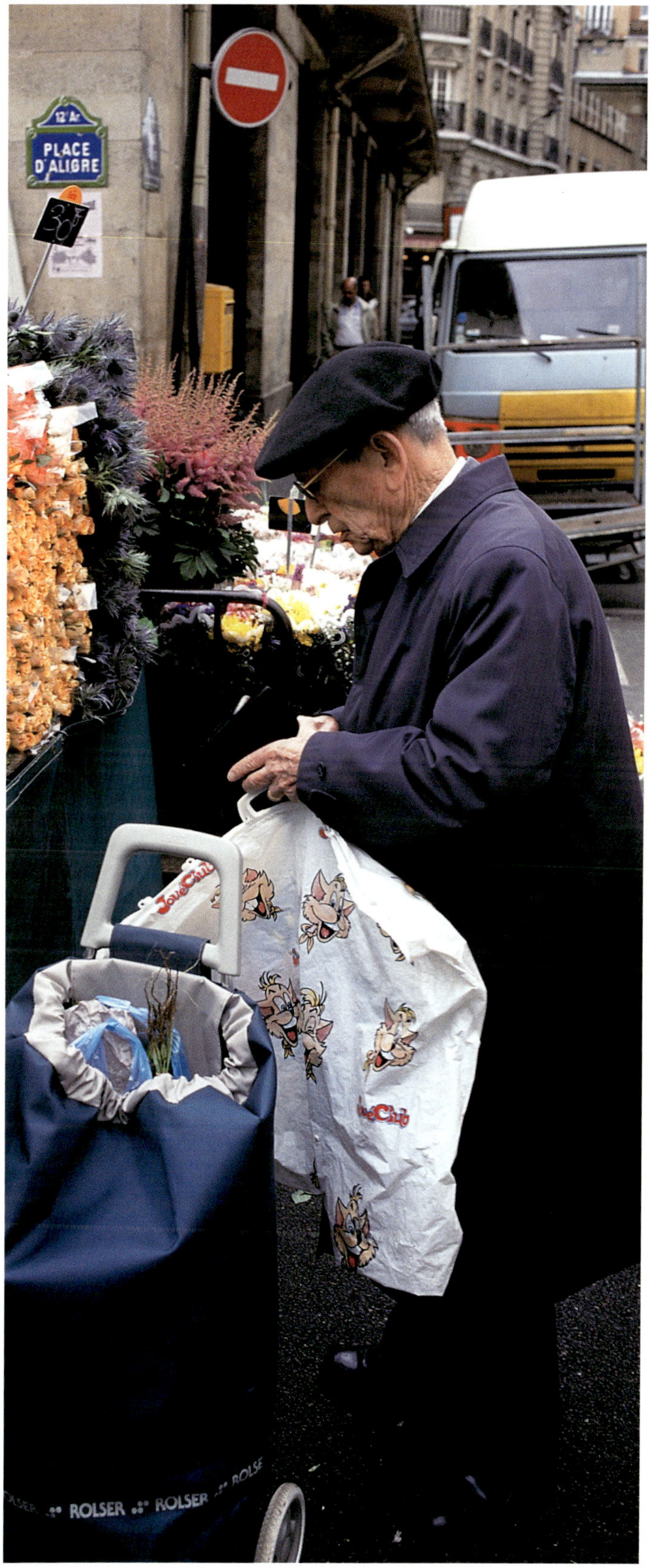
12e Ar
PLACE
D'ALIGRE
ROLSER ROLSER

DIE LUMPENSAMMLER – LES CHIFFONNIERS

Mit Laternen und mit langen Holzstäben, an deren Ende Haken befestigt waren, ausgestattet und große Weidenkörbe auf dem Rücken tragend – so machten sich die *chiffonniers* von Paris einst auf die Jagd. In dunklen Straßen und Gassen suchten sie im Müll der Stadt nach verwertbaren Dingen. Die Lumpensammler trugen Abzeichen mit ihrem Namen und ihrer Berufsbezeichnung. In der zweiten Hälfte des 19. Jahrhunderts gab es mehr als 30000 Lumpensammler, die die Abfälle derjenigen recycelten, die mehr Glück im Leben hatten.

Viele *chiffonniers* waren stolz auf ihr Metier. Ein Vagabund zu sein, der sich von nichts einengen lassen musste, und davon lebte, Dinge zu finden und wieder zu verkaufen, das war der Lebensstil, der ihnen zusagte. Ganze Familien ernährten sich vom Beruf des *chiffonniers*. Die Lumpensammler hatten untereinander eine strenge Hierarchie. Die *pokers* waren die ärmsten unter ihnen: Sie suchten mit Haken nach Abfall aller Art, ob nun Brotrinde, abgeknabberte Knochen, alte Schuhen, Lumpen, Metall, Kohle, alles was auf irgendeine Weise instand gesetzt oder wieder verwertet werden konnte. Über ihnen standen die *chiffonniers*, die einen Karren und ein bestimmtes Gebiet ihr Eigen nennen konnten. Sie profitierten vom Wohlwollen von Restaurants

und Concierges. An der Spitze standen die *chef chiffonniers*. Sie besaßen Lagerräume, in denen sie die Fundstücke der anderen Lumpensammler aufbewahrten und nach einer Instandsetzung dann auf den Flohmärkten wieder verkauften.

Mit dem »Abfalleimer-Erlass« des damaligen Pariser Präfekten, der sich damit den Spitznamen »Monsieur Poubelle« (Herr Mülleimer) einhandelte, wurde im Jahr 1884 die berufliche Existenz dieser Randgruppe beendet. Der Präfekt ließ überall Abfalleimer aufstellen und untersagte es den Lumpensammlern, diese der leichteren Sammlung wegen einfach auf die Straße auszuleeren. Der Berufszweig des *chiffonniers* existiert zwar nicht mehr, begründete aber die Existenz der *brocanteurs*, die mit alten Möbeln und Nippesdingen handeln und ihre Fundstücke auf den beliebten Pariser Flohmärkten verkaufen.

Oben: Ein *chef chiffonnier* Ende des 19. Jahrhunderts. Auf seine Tafel hat er geschrieben: »Viele Hüte und Pelze im Angebot – BILLIG!«. Rechts: Schon seit einigen Jahrhunderten wird mitten auf dem Marché d'Aligre ein Flohmarkt veranstaltet.

aus verschiedenen Geschirrserien, Schuhe, alte und neue Kleidung und Ballen um Ballen kunstvoll bestickten Stoffs, wie ihn die arabischen Frauen für Schleier und Kleider schätzen – das ist typisch für das Angebot. Auch wer Schallplatten von Claude Brassens, Statuen und Ketten aus Afrika, Modeschmuck oder einen spottbilligen blauen Maoanzug sucht wird durchaus fündig!

Anfang des 20. Jahrhunderts hatten sich an der Place des Vieux Habits viele kleine Bistros angesiedelt. Hier traf das Arbeiterviertel auf Stars und Prominente: Ali Khan, Cary Grant, Rita Hayworth und Präsident Eisenhower kamen beispielsweise gerne in das beliebte Restaurant *La Boule d'Or*, angezogen von der einfachen Atmosphäre und der herausragenden Küche. Die Glücklichen, die sich noch an diese Zeiten in den 1930er- und 1940er-Jahren erinnern können, erzählen von kostbaren Abendkleidern, die die Kneipenböden fegten, von langen Holztischen, an denen die »beautiful people« ganze Nächte verbrachten. In den 1960er-Jahren kam man allerdings überein, dass die Gebäude nicht mehr modernen hygienischen Anforderungen entsprachen und ersetzte sie durch Neubauten. *La Boule d'Or* und die anderen Kneipen gaben auf; an ihrer Stelle steht nun ein Supermarkt. Mit etwas Fantasie kann man sich allerdings dennoch vorstellen, wie damals die schwarzen Oberklasse-Citroëns und -Peugeots die Straße zuparkten, wie die Chauffeure vor ihren Wagen standen und sich mit einer Zigarette die Zeit vertrieben, während die Gäste in den umliegenden Kneipen durch die rauchgeschwängerten Fenster der Bistros kaum noch auszumachen waren. Einen vergleichbaren Blick hat man heute, mit den modernen Häusern im Rücken, auf Marché Beauvau, die Wachstube und das geschäftige Treiben rund herum.

Nach den Einkäufen auf dem offenen Markt kann man nun die Markthalle betreten. Plötzlich wird es ruhig. Der Lärm der Straße bleibt draußen. Unter dem hohen Dach aus sich kreuzenden Holzbalken hat jeder Händler sein eigenes kleines Häuschen mit Lagerraum und Küche, wo sich in Ruhe Gerichte zubereiten lassen. Marie d'Antan bietet in ihrem gleichnamigen Geschäft *pâtés*, Schinken, *rillettes, foie gras* und frische, geräucherte oder luftgetrocknete Würste an, die sie in der Region Aveyron direkt bei den Erzeugern kauft. Eine ihrer Spezialitäten sind rillons, dicke Speckstücke, goldbraun ausgebraten, die bei Zimmertemperatur dünn aufgeschnitten mit säuerlichen Cornichons und Cocktailzwiebeln gereicht werden. Einige Schritte weiter sieht man den Wurstmacher Patrick Hayée beim Fertigen von *Chipolatas* (frischen Schweinswürsten mit Kräuteraroma, die sich wunderbar zum Grillen eignen). Besonders interessant wird es, wenn man ihm beim Herstellen

seiner Spezialitäten zusieht: Hauchdünner Naturdarm wird mit einer Spezialmischung gefüllt, dann in gleich lange Abschnitte eingeteilt und abgebunden.

Früher stand hier ein Stall, dem der Markt seine Holzstruktur verdankt. Der Brunnen in der Hallenmitte war die Pferdetränke. Doch nicht nur die Optik der Halle ist ansprechend, auch das große Angebot. Vor dem Brunnen steht ein riesiger Geflügelstand, auch gibt es köstliche italienische und portugiesische Spezialitäten, einen Biostand und ein paar Fisch- und Käsehändler. Die Preise liegen teilweise etwas höher als auf dem offenen Markt vor der Tür; die Qualität der angebotenen Waren ist die Investition allerdings wert.

Hat man den Markthallenbummel beendet, empfiehlt es sich, die Halle durch den Ausgang an der Rue Théophile-Roussel zu verlassen. Gleich gegenüber liegt die Bäckerei *Mosan*, die seit kurzem ihre leckeren Biobrote verkauft. Nicht weit entfernt befindet sich die berühmte Weinbar *Le Baron Rouge*. Bestellen Sie hier einen Apéritif und eine  *tartine*, großzügig mit Pâté bestrichen. Hinter der tiefroten Fassade verbergen sich riesige Holzfässer, die auf einer Seite des Geschäfts aneinander gereiht sind. Jedes Fass trägt eine kleine Tafel, auf der vermerkt ist, woher der Wein stammt. Es sind gute Tafelweine, die auf Literflaschen gezogen und günstig verkauft werden. Edlere Jahrgänge gibt es auf der anderen Seite des Geschäfts. In den gusseisernen Weinständern kann man immer wieder eine Entdeckung machen. Schon zur Mittagszeit füllt sich das frühere Hutgeschäft schnell. Jedermann verstaut, so gut es geht, seine Einkäufe und nimmt sich dann Zeit für ein Glas und ein Schwätzchen mit anderen Stammgästen. Während der Winterzeit hat draußen ein Austernverkäufer seinen Stand aufgeschlagen. Er verkauft frisch geöffnete Belonaustern und *fines de claires*, die man mit einem Glas eisgekühltem Vouvray hinunterspült. Oft wird es so voll, dass die Gäste drinnen keinen Platz mehr finden und mit ihren Getränken vor die Tür gehen. Die Gläser stehen auf Autohauben, Weinfässern, Abfalleimern und Fensterbrettern, und die Jazzklänge der Band des Wirts erhöhen die Geräuschkulisse noch um einige Dezibel.

Einige kleine Restaurants liegen im *quartier* verstreut. Nur einige Straßen »die Faubourg« hinunter bietet *L'Ebauchoir* auf der Rue des Citeaux Nr. 45 ein preiswertes Mittagessen in netter Atmosphäre. Nicht weit entfernt liegt die Place Trousseau mit Blick auf den gleichnamigen,

Rechts: In der Markthalle Beauvau herrscht eine geruhsame Atmosphäre. Hier gibt es die unterschiedlichsten Spezialitäten. Alle werden frisch zubereitet.

baumbestandenen Platz. Die Dekoration des Restaurants stammt noch von der Jahrhundertwende. Die Qualität der Gerichte ist nicht nur gut, sondern der Inhaber beweist auch ein gutes Händchen bei der Entdeckung von Weinen kleiner *viticulteurs*. Wer lieber draußen sitzen möchte, schlendert hinüber zur Avenue Daumesnil, wo sich das *Viaduc Café* für einen Imbiss anbietet. So gestärkt lässt sich die neu eröffnete Ladenzeile unter den Kolonnaden erkunden. Das restaurierte Viadukt wurde in »La Coulée Verte« (»Das wogende Grün«) umgetauft und bietet jungen Kunsthandwerkern die Möglichkeit, sich zu präsentieren. Eigenes Möbeldesign, mundgeblasenes Glas, Töpferwaren und Arbeiten aus Kupferblech sind schöne Geschenkartikel. Danach lässt es sich weiter entlang der baumbestandenen Promenade bummeln, die auf dem Viadukt über der Ladenzeile liegt und an deren Ende man den Wald von Vincennes erreicht. Hier gibt es zahllose Wanderwege, einen See und den für seine Schwäne berühmten Pariser Zoo.

APERITIF

Das Wort *apéritif* stammt aus dem Lateinischen. »Aperire« heißt öffnen. Man öffnet den Magen für das nachfolgende Mahl. Früher tat man das in Frankreich mit einer Tasse Zichorienkaffee oder besonderen Mineralwässern.

Das Ritual, einen Aperitif zu nehmen, hat nichts von seiner Popularität eingebüßt. Aber heute genießt man eher den Schluck aus einer Champagnerflöte. Auch ein Weißwein-Kir ist ein klassischer Aperitif. So wird nicht nur der Magen geöffnet, sondern es werden auch andere Sinne angeregt.

Oben: In der Markthalle bieten mehrere Metzger Fleisch von hervorragender Qualität. Rechte Seite: Vor der Weinbar *Le Baron Rouge* werden die Austern direkt für die hungrige Kundschaft geöffnet.

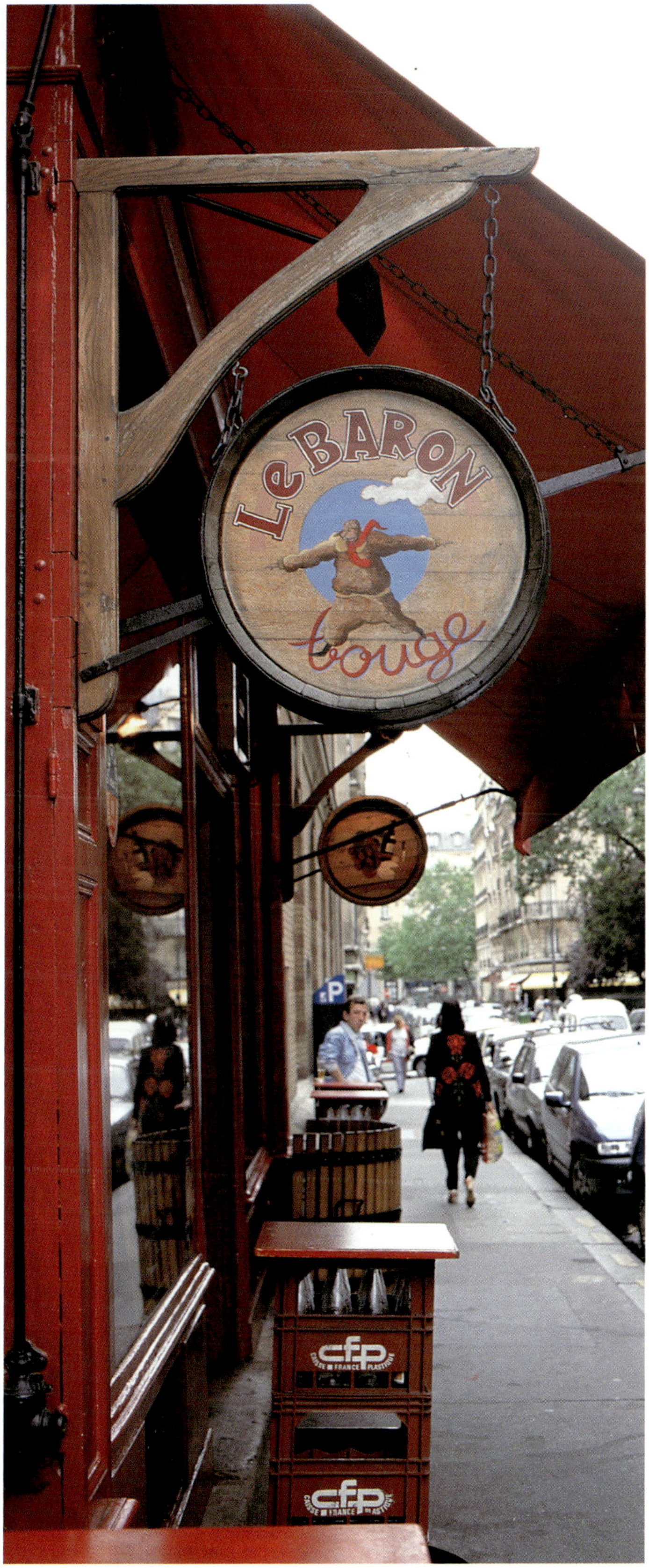
Le BARON
rouge
cfp
cfp
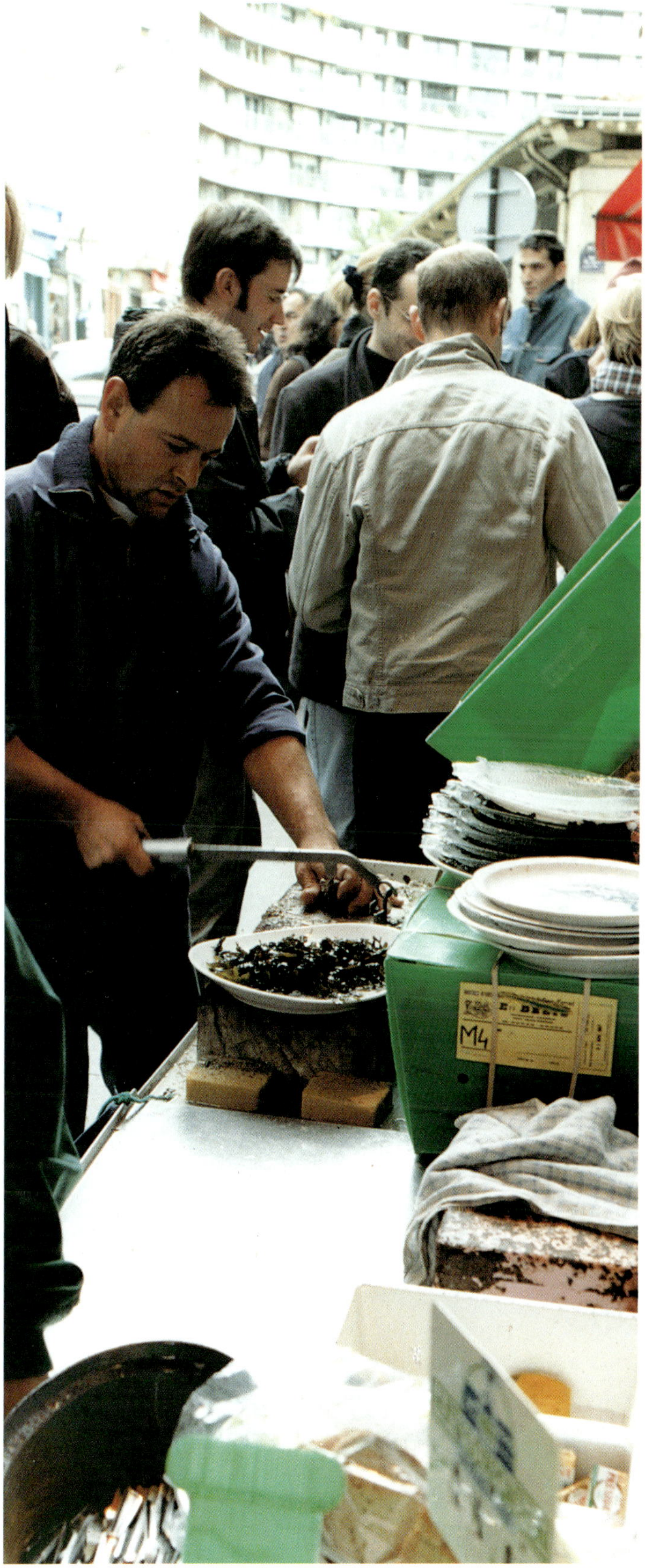
M4

SAINT-ELOI

Der kleine Markt von Saint-Eloi wird im Hof eines modernen Gebäudes abgehalten. Die Atmosphäre ist dementsprechend wenig urig, aber die Händler bieten den Anwohnern eine gute Auswahl an Produkten. Einige der von asiatischen Händlern betreuten Gemüsestände haben gute Qualität im Überfluss. Mehrere *maraîchers* bieten erntefrisches Obst und Gemüse von Bauernhöfen aus dem Umland. Eine Käseverkäuferin offeriert Bries und Camemberts, denen man kaum widerstehen kann, dazu braun gefleckte Eier und Eimerchen mit Crème fraîche. Ein Blumenstand bringt Farbe ins Hinterhofleben. Auch Metzger, Fischhändler und *charcutiers* gibt es hier. Mag dieser Teil des 12. Arrondissements nicht unbedingt zu einem Stadtbummel einladen und der Markt allein keinen Abstecher wert sein, so ist er als nachbarschaftlicher Markt gut ausgestattet.

COURS DE VINCENNES

Der riesige Markt Cours de Vincennes beginnt an der Place de la Nation und verläuft ungefähr fünf Straßenzüge auf einer Seite des breiten Boule-vards. Auf diesem großzügig angelegten Markt macht ein erster Schnupperbummel ohne Kauf bereits Spaß. Dann kann man aber mit dem Einkauf beginnen – bei vielen *maraîchers*, die köstliche und frische Waren zu äußerst günstigen Preisen anbieten. Charmant bringen sie die Kunden dazu, sich die Einkaufskörbe mit Kräutersträußchen, Beerenkörben, pfeffriger Brunnenkresse, knolliger essfertiger roter Bete, krausem Endiviensalat, saisonalem Obst und Babyzucchini mit Blüten voll zu packen. Gleich bleibend gut ist die breite Palette an Geflügel und Wild, ebenso wie die Ragouts und Braten bei Nathalie Crié; herausragend sind Fisch und Krustentiere auf dem Stand von Michelle Doyen. Preisgünstige Qualitätsware von großer Bandbreite – wer große Märkte mag, der geht auf dem Cours de Vincennes gerne einkaufen. Leider liegt er am Stadtrand und damit abseits der bekannten Pfade von Paris.

DAUMESNIL

Bronzefarbene Wasser speiende Löwen begrüßen hier die Kunden: Dieser Markt ist einer der Lieblingswochenmärkte der beiden Autorinnen. Er verläuft auf beiden Seiten des baumbestandenen Boulevard

Reuilly. Mehr als 80 Händler bedienen hinter den schön gestalteten Ständen mit ihrem großzügigen Angebot. Daumesnil liegt im feineren Teil des 12. Arrondissements. Dennoch merkt man das den Preisen nicht unbedingt an. Die Auswahl ist riesig und von sehr guter Qualität. Große Fischauslagen, Metzger, saisonales Obst und Gemüse, exotische Gerichte und Gewürze, regionale Spezialitäten und Biogeflügel ziehen die Kunden an. Die Atmosphäre, die über dem Marché Daumesnil liegt, ist wunderbar.

LEDRU-ROLLIN

Nur einige Straßenzüge vom geschäftigen Marché d'Aligre entfernt hat sich auf der Avenue Ledru-Rollin der gleichnamige Markt etabliert. Er ist klein, hat aber ein großes Angebot. Es gibt ca. 15 Stände, *maraîchers*, *rôtisseries*, Fischhändler, Metzger und Bäcker. Erwähnenswert sind der Käsestand von Josianne Molard (pikante Ziegenkäse, Hartkäse und köstliche luftgetrocknete Würste) und der Stand von Monsieur Labarthe, der zweimal im Monat aus der Region Landes hierher kommt, um seine getreue Kundschaft mit wohlgenährten glücklichen Hühnern und Eiern zu beliefern. Im Winter hat er auch Kapaune und *foie gras* im Angebot. Vor-

bestellungen zum Weihnachtsfest nimmt er gerne entgegen; dann sind seine Produkte ganz besonders gefragt.

PONIATOWSKI

Angrenzend an den weitläufigen Bois de Vincennes liegt der Marché Poniatowski. Auf einer Seite des Boulevards stellen die Händler ihre Waren unter farbig leuchtenden Markisen aus. Unter der Woche ist das Angebot etwas mager, aber am Sonntag bekommen die Händler Verstärkung – Bauernblumen, Verlockendes aus der *charcuterie*, Obst, Gemüse, Fisch, Käse, Brot, Oliven, Getreide, Fleisch und Geflügel. Die Nähe zum Park legt die Idee für ein Picknick nahe – den Korb mit Brathähnchen, Pfirsichen oder anderem Saisonobst, *pâté*, einer Baguette und einem Camembert kann man sich auf dem Markt zusammenstellen.

Oben: Ehemann und Ehefrau – ein Team auf dem Marché Saint-Eloi.

Le Boucher

Boeuf à braiser
59,90

Côte de bœuf
99,90 F

Hinter ihrem langen Glastresen halten die Metzger Jean und Lucette Allain Schwätzchen mit ihren Kunden, während sie die gewünschten Fleischanschnitte zubereiten. Ob perfekt marmoriertes *faux filet* und *côtes de bœuf*, Lammkeule und zartes Kotelett, sorgfältig aufgebundener Kalbsrollbraten und pinkfarbene *escalopes*, superdünn geschnitten – alles ist appetitlich frisch dekoriert. Jean Allain ist allerdings auch schon 45 Jahre im Geschäft und mittlerweile Experte. Den Enthusiasmus seiner Lehrjahre und seinen freundlichen Umgangston hat er sich bewahren können.

Eigentlich hätte Jean Allain den väterlichen Hof in der Provence übernehmen sollen, auf dem Weizen, Kohl und Rüben angebaut wurden. Doch er hörte auf den Rat seiner Großmutter: »Werde Metzger, das ist ein ordentlicher Beruf und du hast immer was zu essen.« Einen Tag nach seinem 14. Geburtstag begann er die Ausbildung. Im Alter von 17 Jahren verließ er die sonnige Provence: Er wollte sein Glück in der Großstadt versuchen und wurde Kopfschlachter. Mit der neu gewonnenen Berufserfahrung beschloss der 26-Jährige, sich selbstständig zu machen. Frisch verheiratet, wurde er Händler auf den offenen Märkten in den Pariser Vorstädten und brachte seiner Ehefrau Lucette alles bei, was ein Metzger wissen muss. Später siedelte das Ehepaar dann auf die Märkte innerhalb der Stadtgrenzen um. Das Fleisch stammt aus der dafür berühmten Region Limousin; es wird wöchentlich direkt vom *abattoir* angeliefert. Ihren Stand betreuen die Allains heute immer noch gemeinsam wie am ersten Tag; die drei Kinder haben sich allesamt andere Berufe ausgesucht.

Die Allains trifft man auf den Märkten Président Wilson und Jeanne d'Arc.

MARKTREZEPTE

AGNEAU AUX HARICOTS BLANCS
Lammragout mit weißen Bohnen

Dieses würzige Gericht stammt von Jean Allain und bringt Glanz in jeden grauen Wintertag. Am besten nimmt man getrocknete weiße Lingot-Bohnen und weicht sie über Nacht in kaltem Wasser ein. Am nächsten Tag werden die Bohnenkerne abgegossen und weiter, wie im Rezept beschrieben, verwendet. Nimmt man Bohnen aus der Dose anstelle der eingeweichten Bohnenkerne (schmeckt nicht ganz so gut), fügt man sie 45 Minuten vor Ende der Garzeit dem Ragout zu, damit sie nicht zu weich werden.

🕐 20 Minuten   🍲 2 Stunden

1 Möhre
1 kleine Zwiebel
2 Knoblauchzehen
1 kg Lammschulter, in grobe Würfel geschnitten
3 EL Pflanzenöl
2 EL Tomatenmark
2 EL Mehl
60 ml Weißwein
500 g Tomaten, geschält und zerdrückt (evtl. aus der Dose)
1 *bouquet garni* (1 Lorbeerblatt, einige Petersilien- und Thymianzweige)
350 g weiße Bohnenkerne, eingeweicht, oder 800 g gekochte
750 ml Hühner- oder Rinderbrühe
Salz, Pfeffer aus der Mühle
gehackte Petersilie zum Garnieren

1. Möhre, Zwiebel und Knoblauch in feinste Würfel schneiden und beiseite stellen. 2. Lammfleisch mit 2 EL Öl in einer großen Kasserolle anbraten, bis es gleichmäßig braun ist. Aus der Kasserolle nehmen, 1 EL Öl zufügen und das Gemüse darin kurz anbraten. Nach 3–5 Minuten Fleisch und Tomatenmark zugeben, gut mischen, alles mit Mehl bestäuben und weitere 3 Minuten bei mittlerer Hitze Farbe annehmen lassen. 3. Den Wein angießen, Tomaten, *bouquet garni*, abgetropfte Bohnenkerne sowie Brühe zufügen und salzen. 4. Aufkochen, die Hitze reduzieren und zugedeckt etwa 2 Stunden köcheln lassen oder bis das Lammfleisch zart und die Bohnen weich sind. Zum Schluss noch mit Salz und Pfeffer abschmecken. Mit Petersilie bestreut servieren. **Für 4–6 Personen.**

🍾 Delikate, körperreiche Rotweine: Graves, Haut Médoc, Côte de Beaune

MAGRET DE CANARD AU PORTO
Kurz gebratene Entenbrust mit Portweinsauce

Was nach aufwendigem, kompliziertem Braten und Begießen von Ente aussieht, entpuppt sich, folgt man den Versicherungen von Dominique Loi, als einfaches Braten der Entenbrust in einer Pfanne, ähnlich der Zubereitung eines Steaks. Da Entenbrust zu den am meisten verkauften Pretiosen seines Geschäftes *Comptoir de la Gastronomie* gehört, muss er es wissen. Dank seiner Tipps wird die Entenbrust perfekt und ist in weniger als 10 Minuten fertig. Hier ist das Rezept.

🕐 20 Minuten   🍲 10 Minuten

40 g Sultaninen
250 ml Portwein
2 Entenbrüste
Salz, Pfeffer aus der Mühle
1 süßer Apfel, in 8 Ringe geschnitten

1. Sultaninen in einem Viertel des Portweines etwa 10 Minuten köcheln lassen. Stehen lassen. 2. Eine große gusseiserne Pfanne stark erhitzen. 3. Entenbrüste trockentupfen und die Fettseite mit einem scharfen Messer mehrfach parallel einschneiden. 4. Brüste mit der Fettseite nach unten in die heiße Pfanne legen und 8 Minuten braten. Öfters mit dem austretenden Fett begießen, damit sie an der Oberseite schneller garen. Das überschüssige Fett abschöpfen und in einer Schüssel auffangen. 5. Dann die Entenbrüste umdrehen und noch 1 Minute braten. Vom Herd nehmen und mit Salz und Pfeffer würzen. Auf einen Teller legen, mit Alufolie abdecken und warm stellen. 6. In der gleichen Pfanne vorsichtig die Apfelringe in einem Esslöffel Entenfett kurz von jeder Seite braten. Äpfel herausnehmen, einen weiteren Esslöffel Fett in die Pfanne geben und mit dem restlichen Portwein ablöschen. Bei starker Hitze aufkochen, dann die Rosinen mit der Garflüssigkeit zufügen. Hitze reduzieren und die Sauce einige Minuten köcheln lassen. Vom Herd nehmen. 7. Entenbrüste in 1/2 cm dicke Scheiben schneiden, auf die Apfelringe legen und mit der Rosinen-Portwein-Sauce übergießen. Sofort mit Kartoffelpüree oder Polenta servieren. **Für 4 Personen.**

🍾 Robuste Rotweine: Mercurey, St. Estèphe, Côtes de Languedoc

RAIE À LA VINAIGRETTE TIÈDE
Rochen mit warmer Kapern-Oliven-Vinaigrette

Rochen ist ein sehr schmackhafter Fisch, der in der französischen Küche traditionell in Butter schwimmend mit Kapern serviert wird. Madame Diget vom Biomarkt Raspail hat ein leichteres Rezept, das ebenso Biss besitzt und den wunderbaren Geschmack des Rochens betont.

🕐 30 Minuten   🍲 20 Minuten

Für den *court bouillon*:
1 l Wasser
125 ml Weißwein
1 Knoblauchzehe
1 Sellereistange
1 Möhre, geschält
1/2 Zwiebel
1 Lorbeerblatt
1 TL Pfefferkörner
einige Petersilienzweige
Salz

Für den Fisch:
4 Rochenflügel (à 250–300 g)
500 g gekochte Salzkartoffeln
gehackte Petersilie zum Garnieren
2 mittelgroße Tomaten
60 ml Olivenöl
75 g schwarze Oliven, entsteint und in Scheiben geschnitten
1 EL Kapern
1 EL Essig
Salz, Pfeffer aus der Mühle

1. Die Zutaten für den *court bouillon* in eine Kasserolle geben. Aufkochen und 30 Minuten köcheln lassen. Vom Herd nehmen, durch ein Sieb abgießen und abkühlen lassen. 2. *Court bouillon* zurück in die Kasserolle gießen, die Rochenflügel hineinlegen, eventuell mit Wasser und Weißwein auffüllen; die Rochenstücke müssen mit Flüssigkeit bedeckt sein. Bei mittlerer Hitze etwa 15 Minuten unterhalb des Siedepunktes gar ziehen lassen, nicht kochen. 3. Sobald der Fisch gar ist, sofort aus dem Garfond nehmen und die Haut abziehen. Auf eine vorgewärmte Platte legen, mit Alufolie abdecken und warm stellen. Etwas Garfond beiseite stellen, den Rest wegschütten. 4. Warme Teller, heiße Salzkartoffeln und etwa 3 EL gehackte Petersilie bereitstellen. 5. Die Tomaten enthäuten, halbieren, entkernen und in kleine Würfel schneiden. Beiseite stellen. 6. 1 EL Olivenöl in einer Kasserolle bei mittlerer Temperatur erhitzen, Oliven und Kapern zufügen, einige Minuten sautieren, vom Herd nehmen und in eine Schüssel gießen. In der gleichen Pfanne (nicht spülen!) das restliche Olivenöl, Essig und 1–2 EL des Garfonds zum Kochen bringen. Salzen und pfeffern und die Hitze reduzieren. Dann Tomatenwürfel, Oliven und Kapern zufügen, kurz erhitzen, vom Herd nehmen und mit den Rochenflügeln und den Salzkartoffeln servieren. 7. Man kann die Rochenflügel mit der Gräte servieren oder vorher filetieren. Dann die Filets auf vorgewärmten Tellern verteilen und mit der Sauce begießen. Mit gehackter Petersilie bestreuen und mit den heißen Salzkartoffeln servieren. **Für 4 Personen.**

🍾 Frische, lebhafte Weißweine: Pouilly Fumé, Sancerre

TARTE AUX MIRABELLES
Mirabellentarte

Für dieses Rezept nimmt man französische Mirabellen, kleine, gelbe bis gelb-grüne saftige, süße Früchte. Genauso gut kann man natürlich auch andere Früchte wie Pflaumen, Kirschen, Aprikosen oder Pfirsiche nehmen. Der Mürbeteig wird mit Zimt, Muskatnuss und Vanille aromatisiert, Gewürzen, die perfekt mit süßen Spätsommerfrüchten harmonieren.

🕐 45 Minuten   🍲 60 Minuten

Für den Teig:
360 g Mehl
Mark von 1/2 Vanilleschote (ersatzweise 1 Tütchen Vanillinzucker)
6 EL Zucker
1 1/2 TL Zimt
je 1 Prise Salz und Muskatnuss
250 g kalte Butter
2 Eigelb, verquirlt
2 EL Milch
1 kg Mirabellen oder andere Früchte, entkernt
je 2 EL Zucker und Aprikosenkonfitüre

Springform oder Tarteform (22 cm Ø)

1. Form buttern, mit Mehl ausstreuen und beiseite stellen. Vanillemark mit etwas Zucker gründlich mischen. Mehl in eine Schüssel sieben und Zimt, Zucker, Vanillemark, Salz und Muskatnuss zufügen. 2. Butter in Würfel schneiden und in die Mehlmischung geben. Mit den Fingern so lange zermürben, bis die Butter vollständig in das Mehl eingearbeitet ist. Dabei darf die Butter nicht zu weich werden. Dann Eigelb und Milch zufügen und alles zügig zu einem Teig verarbeiten, wenn nötig, noch etwas Flüssigkeit zufügen. Den Teig zu einer Kugel formen, in Frischhaltefolie einwickeln und 30 Minuten in den Kühlschrank legen. 3. Den Ofen auf 200 °C vorheizen. 4. Den Teig nicht ausrollen, sondern in die Form drücken, dabei darauf achten, dass er überall gleich dick ist. 5. Früchte darüber verteilen und mit Zucker bestreuen. In den Ofen schieben und 60 Minuten backen. Aus dem Ofen nehmen, etwas abkühlen lassen und dann aus der Form nehmen. Auf einem Kuchengitter etwas auskühlen lassen. 6. Konfitüre bei mittlerer Temperatur mit 1/2 EL Wasser erhitzen. Die Früchte mit der Konfitüre überglänzen. Warm oder bei Zimmertemperatur nach Geschmack mit geschlagener Sahne servieren.

🍾 Halbtrockene Weißweine: Muscat, Maury

Hier ist das größte Chinatown der Stadt ansässig. Deshalb denkt man beim 13. Arrondissement gerne an Pekingente, Wantansuppe und Bratreis. Die Aussicht auf ein köstliches achtgängiges Essen in einem der zahlreichen chinesischen Restaurants oder auf die Einkaufsmöglichkeiten bei einem der beliebten asiatischen Lebensmittelhändler ist deshalb für viele Pariser der einzige Grund, quer durch die ganze Stadt bis an die Peripherie zu fahren. Die neue Bibliothek und das Multiplex-Kino an der Place d'Italie dagegen sind für die meisten Bewohner der Stadt kein Anlass, dieses Viertel genauer zu erkunden. Das 13. Arrondissement ist ein Wohnviertel, dominiert

XIIIe ARRONDISSEMENT

von moderner gesichtsloser Architektur, zerschnitten durch breite Avenuen. Die kleinen Gassen und Hinterhöfe, über die man stolpert, mit Häusern, die in ein Puppenhaus passen würden, die blühenden Gärten, das Kopfsteinpflaster in La Butte aux Cailles, wo sich viele gemütliche Restaurants und Bars angesiedelt haben, und ganz besonders der fröhliche und ausufernde Markt Auguste Blanqui wirken in diesem Umfeld überraschend. Großzügige Auslagen, gut gelaunte Verkäufer und eine schier unendliche Zahl von Produkten machen den Marché Auguste Blanqui zu einem der angenehmsten Markterlebnisse der Stadt.

Das Chinatown von Paris liegt nur einige Straßenzüge vom Marché Auguste Blanqui entfernt.

EIN TAG AUF DEM LANDE
Der Marché Auguste Blanqui

Dieser Markt gehört zu den charmantesten und »üppigsten« der ganzen Stadt. Üppig sind die Auslagen, charmant die Gesichter. Liegt er auch in einem Viertel, das wahrlich nichts vom Pariser Glamour hat und deshalb gerne links liegen gelassen wird, so macht die Begrünung durch riesige Kastanienbäume aus dem Großstadtpflaster doch eine ländliche Allee. Wer hier einkauft, der dreht den modernen Wohnhäusern einfach den Rücken zu, lässt die Hektik der Stadt hinter sich und will einmal einen ganzen Morgen entspannt vertrödeln. Buggys und Einkaufswagen werden geschoben, Kinder und Hunde beim Einkauf hinter sich her gezogen. Jeder genießt den Markt.

Die Atmosphäre des Marché Auguste Blanqui erinnert an die Zeiten, als das 13. Arrondissement noch ein kleiner Marktflecken jenseits der Stadtgrenzen von Paris war. Windmühlen durchsetzten die Landschaft, das Flüsschen Bièvre mäanderte durch weite pastorale Weiden. Diese bedeutende Wasserquelle bestimmte die Zukunft des Dorfes. Mitte des 15. Jahrhunderts ließ sich hier der flämische Färber Jehan de Gobelin nieder, denn er hatte entdeckt, dass das Wasser der Bièvre seinen Farben außerordentlich gut bekam. Er gründete eine Werkstatt für Wandteppiche – und der Rest ist Geschichte. Auch heute existiert seine Gobelin-Werkstatt noch.

Ein Jahrhundert später verfügte König Charles IX aufgrund des Platzmangels ein Ansiedlungsverbot für Kleinindustrien innerhalb der Stadtgrenzen; die Ufer der Bièvre erwiesen sich als ideale Alternative.

Im Jahr 1860 wurde das Gebiet als 13. Arrondissement der Stadt Paris angeschlossen. Mittlerweile hatten sich auf den zwei Kilometern zwischen Bièvre und Seine mehr als 100 Gerbereien, Stoffläden, Wäschereien, Webereien und Brauereien niedergelassen. Die Wasserqualität war aufgrund der giftigen Ableitungen völlig verpestet; weder Frösche noch Rohrkolbenschilf konnten an den Ufern überleben. Dem Viertel selbst ging es auch nicht viel besser. Entlang des Flusses war alles heruntergekommen, dunkel und verdreckt – so wie Victor Hugo es in seinem Meisterwerk »Die Elenden« beschrieben hatte. Gen Norden wurde La Pitié Salpêtrière gegründet, ein riesiger Baukomplex, der ein Krankenhaus, ein Hospiz und ein Gefängnis umfasste. Dort wurde die ständig wachsende Anzahl von mittellosen und geistig verwirrten Frauen untergebracht, die auf den Straßen von Paris vegetierten. Gegen Ende des 19. Jahrhunderts waren hinter diesen Mauern mehr als 8000 Menschen eingekerkert.

Das 13. Arrondissement hatte sich zu einem verrufenen Viertel entwickelt. Auch die Stadt kümmerte sich erst Anfang des 20. Jahrhunderts darum, aus diesem Gebiet ein echtes Arrondissement zu machen. Eine völlige Umgestaltung wurde in Gang gesetzt. Zwar trifft man noch heute hier und da auf Überreste aus der früheren Zeit, doch im Jahr 1910 wurde beispielsweise der Flusslauf unterirdisch umgeleitet, wurden neue Straßen gepflastert und heruntergekommene Gebäude abgerissen. Zwei Weltkriege verzögerten das Modernisierungsprogramm, doch seit den 1950er-Jahren wurde das Arrondissement grundlegend modernisiert. In den 1970er- und 1980er-Jahren erreichte der Bauboom seinen Höhepunkt. Neben den charakteristischen Sandsteinfassaden und Stadthäusern wurden riesige Wohnblocks hochgezogen. Optisch dominierten sie das Viertel. Während die Straßenzüge mit alter Bausubstanz vorrangig von Angehörigen der Mittelklasse bewohnt wurden, entwickelten sich die Neubauten zu einer attraktiven

Links: Von der geschäftigen Place d'Italie strömen Käufer auf den Markt August Blanqui. Diesen strategisch günstigen Punkt haben sich die *marchands volants* für ihre Verkaufsstände ausgesucht.

Wohngegend für den Strom von Einwanderern. Während der 1970er-Jahre kamen diese vorwiegend aus dem südostasiatischen Raum. So entwickelte sich die Südspitze des 13. Arrondissements zum größten Chinatown von Paris. Das 13. ist ein Wohngebiet mit internationalem, modernem und ungewöhnlichem Charakter. Es erinnert wenig an das typische Paris, hat keine Denkmäler, Museen, Parks, schöne Ausblicke und berühmte Restaurants, verfügt aber über nachhaltigen Charme und einige interessante Orte.

Der Marché Auguste Blanqui wird seit 100 Jahren auf einer Straßenseite des gleichnamigen Boulevards abgehalten. Die Baumkronen über den Ständen geben dem Markt eine zarte gelbe Note. Über 80 Verkäufer wenden sich mit ihrem Warenangebot an die sehr heterogene Bevölkerung dieses großen Arrondissements. Ein Marktbummel lässt sich gut mit einem *café au lait* und einem *pain au chocolat* im *Café de France* beginnen. Hier herrscht eine friedliche Atmosphäre, und der Blick nach draußen fällt auf die sonnenbeschienene Place d'Italie. Wer sich lieber unter Einheimische mischt, steht Schulter an Schulter mit ihnen in der Bar *Le Celtique* an der Ecke zur Rue du Moulin des Prés, wo sich viele Markthändler bei einem Glas Rosé aufwärmen.

Am Markteingang verkaufen *marchands volants* Kleidung, Decken, Schmuck und anderen Kleinkram. Daneben stehen erste Stände, die preiswertes Obst und Gemüse im Überfluss anbieten. Der Markt verläuft den Hügel hinab. Unten stehen die Käufer vor ihren Lieblingsständen in langen Schlangen an. Eine erste lange Schlange führt zu einer roten Markise mit dem Namenszug *Cabanes*. Hier werden *dorades royales*, mit fangfrischen klaren Augen, Lachs, *rougets*, Makrele und Seezunge angeboten, in Reih und Glied auf zerstoßenem Eis drapiert, neben Körben mit Taschenkrebsen, Seeigeln, Austern und Muscheln. Zwischen September und Oktober kann man hier auch *éperlans* finden. Diese Stinte werden im Ganzen ausgebraten und mit Zitronensaft und einer Prise Salz als *friture* serviert. Sie sind kaum mehr als einen Finger lang und werden in der Baie de la Somme am Ärmelkanal, wo in der Mündung Süß- auf Seewasser trifft und für mildes Gewässer sorgt, mit viereckigen Netzen gefangen.

Optisch kann der Ton in Ton gehaltene Pilzstand etwas weiter den Markt hinunter durchaus mit der Opulenz des Fischverkäufers mithalten. Große braune *cèpes* liegen neben lilafarbenen *mousserons*, blauschwarze *trompettes-des-morts* neben orangefarbenen *girolles*, gelbe *chanterelles* neben graurosafarbenen *rosés*, hellgraue Shiitake neben weißen *champignons de Paris*. Liebevoll schaufelt Monsieur Bouclet sie

in Papiertüten, liefert noch Hinweise zur Verarbeitung und Zubereitung mit und empfiehlt frische Kräuter, Brunnenkresse oder Spargel als mögliche Begleiter. Gegenüber hat Jacqueline André ihren Austernstand aufgebaut. Gekleidet in eine marineblaue lange Schürze, bietet sie in Dutzenden von Austernkörben *claires* und *speciales* von der eigenen Austernfarm in der Vendée direkt vor der Atlantikküste an. Die »claires« sind zarter im Geschmack, schmecken nach Jod und sind grünlich; die »speciales« sind dicker und intensiver im Geschmack. Potentielle Käufer können die Qualität der Ware begutachten, denn sie hat immer einige frisch geöffnete Austern, auf Algen gebettet, an ihrem Stand dekoriert. Wenn man höflich fragt, wird sie einem den Wunsch, eine Auster zu probieren, nicht abschlagen.

Bald folgt der Stand von Jean Claude Vincainnes. Äpfel und Birnen liefert er tonnenweise von seiner 1,2 Quadratkilometer großen Obstplantage in der Picardie. Gleich daneben hat die Familie Loiseau ihren Honig auf einer leuchtend gelben Tischdecke sorgfältig Glas an Glas gereiht. Auch Honigwaben, Töpfchen mit belebendem *Gelée Royale* (Königinnenhonig) und frisch gebackenes *pain d'épices*, französischer Honigkuchen, werden angeboten. Die Loiseaus repräsentieren eine Kooperative, in der sich Imker aus ganz Frankreich zusammengeschlossen haben. Entsprechend breit ist das Angebot an Honigsorten: Bergpinien aus den Vogesen, Lavendel aus der Provence, Sonnenblumen und Traubenkern aus der Île de France, Limettenblüte aus Loiret und Rosmarin aus dem Languedoc. Auch das Wundermittel Propolis wird angepriesen – es soll, so glauben es die Käufer, über heilende Kräfte verfügen, die einem Antibiotikum in nichts nachstehen. Die Loiseaus bieten es entweder im Naturzustand oder mit Alkohol versetzt an. Eine kleine Menge soll genügen, um Kratzer und Schnittwunden zu heilen oder eine drohende Erkältung abzuwenden.

Am Ende des ersten Marktabschnitts, an der Kreuzung zur Rue du Moulin des Prés, bietet Maurice Carpentier, der *fromager*, hinter seinem verglasten Stand handgemachte Käse an, die er auf dem Großmarkt Rungis einkauft. Seine Auswahl variiert – sowohl in der Qualität als auch im Preis. Sonderangebote führt er jedoch immer: Sie sind mit leuchtend orangefarbenen und gelben Schildern ausgezeichnet. Bietet er »Deux pour dix francs!« (zwei für zehn Francs) vom *crottin de chèvre*

Oben: Die Austernfarmerin Jacqueline André präsentiert stolz ihre *fines de claires*.
Rechts: Der *fromager* Maurice Carpentier und sein Tagesangebot.

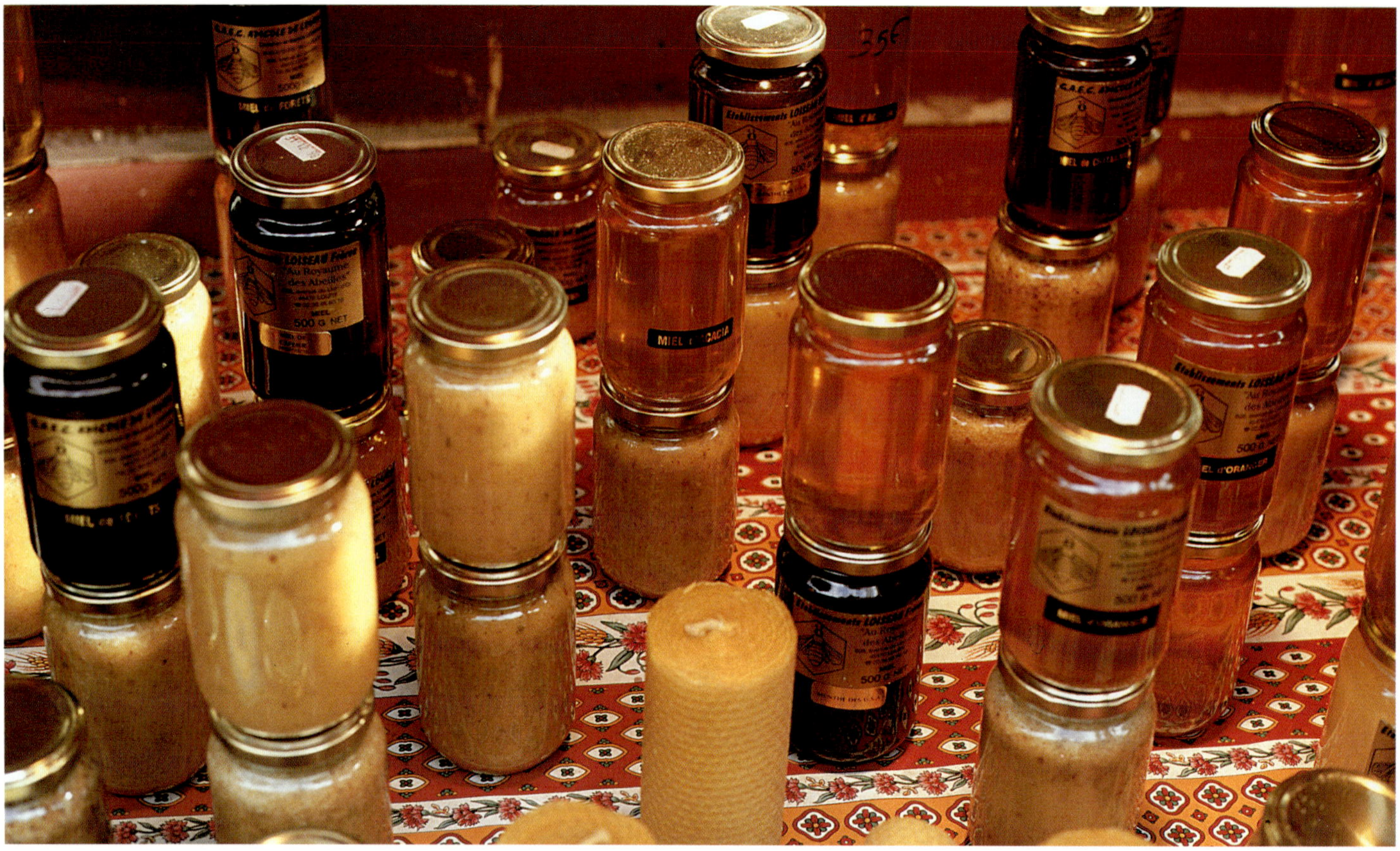
LOISEAU Frères
"Au Royaume
des Abeilles"
MIEL
500 G NET

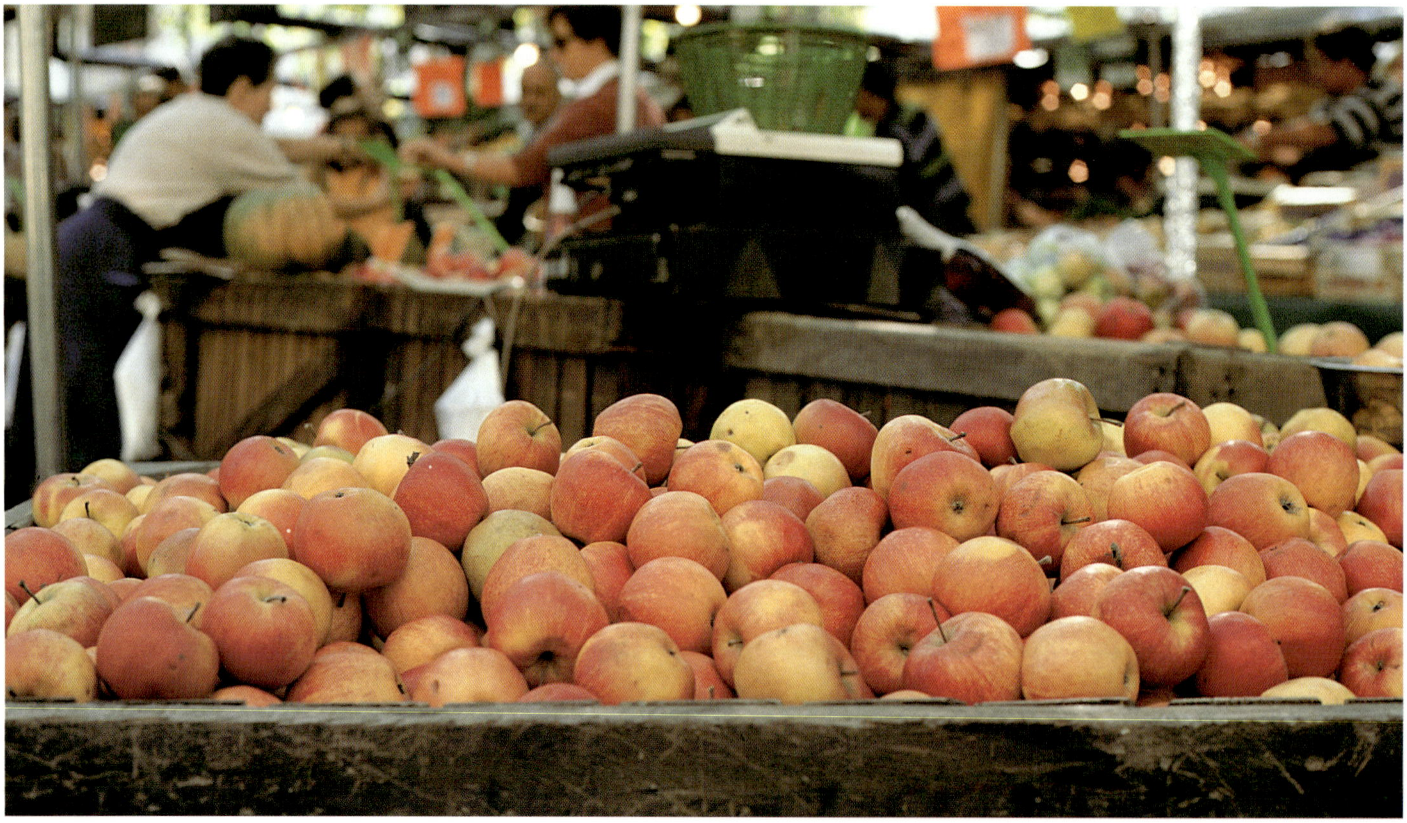

oder vom sahnigen *Saint-Marcellin* an, ist das Kontingent schon am späten Vormittag ausverkauft.

Am Wochenende unterhält eine Musikkapelle den Markt. »La Planche à Dixie« und ähnliche Rhythmen, die man mit dem Finger mitschnippen kann, werden auf dem Skiffleboard vorgegeben, während die anderen Musiker in die Saiten greifen und ins Horn blasen.

Entlang der Rue des Cinq Diamants bietet sich ein kleiner Abstecher ins pittoreske Winzigviertel La Butte aux Cailles an, für das man den Hügel wieder erklimmen muss. Früher konnte man hier einen der schönsten Blicke über die ganze Stadt, den Fluss und die umliegenden Weiden und Felder genießen. Im Jahr 1783 war es den Bewohnern dieses Viertels vergönnt, den Jungfernflug der »Montgolfière« zu verfolgen. Dieser Heißluftballon schwebte an den Schaulustigen vorbei und landete weiter unten auf einer grünen Wiese. Die Bewohner waren von dem Spektakel derart beeindruckt, dass sie hinunterrannten und den Ballon vor Begeisterung beinahe in Stücke rissen.

Ganz oben in La Butte ist ein Schwimmbad, das sich aus einem 500 Meter tiefen Brunnen speist, der Mitte des 9. Jahrhunderts zur

Oben: Unter einer Reihe von Bäumen und Markisen fühlt man sich weit entfernt vom hektischen Treiben der Großstadt.

Ausschwemmung und Reinigung der Bièvre gegraben wurde. Große Mengen an warmem, schwefelhaltigem und heilkräftigem Wasser wurden in den Fluss geleitet, der später zugebaut und als Abwasserkanal verwendet wurde. Heutzutage kann man den schönen Blick auf Paris nicht mehr genießen, aber der Charme dieses kleinen, versteckt liegenden Flecks konnte bewahrt werden. Er hat mit den riesigen Betonburgen, die darunter liegen, wenig zu tun und wird seit neuestem von jungen Künstlern entdeckt.

Der zweite Marktabschnitt ist immer voller Menschen. Vor der *charcuterie Teodoro* warten die vielen Käufer geduldig auf ihre *choucroute garnie* und ihr *cassoulet*. Auf der anderen Marktseite bietet Nacer Kendel ein herausragendes Angebot an Obst und Gemüse von gleich bleibender Qualität. Während der Wintermonate sind es Mangos, Miniauberginen und Rosenkohl. Im Frühling frische Kräuter, Zuckererbsen und dicke Kirschen. Im Sommer saftige Pfirsiche, Melonen, die wie gemalt aussehen und zart errötete Aprikosen. Im Herbst süße Clementinen, riesige Artischocken und körbeweise verlockend aussehende Esskastanien. Auch ihr Umgang mit den Kunden ist sehr angenehm: Sie widmet sich jedem einzeln, spricht Käuferinnen mit dem vertraulichen »ma chérie« an und steckt immer noch eine kleine Dreingabe in den Korb. Ihr Nachbar Jean Louis Grimaldi betreibt den Stand *La Graine de*

MARRONS GLACÉS

Marrons glacés sind begehrte Leckerbissen, die zwischen Weihnachten und Neujahr auf allen Tafeln und Märkten Frankreichs zu finden sind. Die Regionen Rhône und Provence sind die anerkannten Führer in der Produktion dieser kandierten Delikatesse.

Die Maronen werden zuerst sorgfältig geschält. Das Innere wird dann in etwas Wasser und Mehl gedämpft; oft kommt noch eine Vanilleschote zur Aromatisierung dazu. In Zuckersirup, der langsam erwärmt wird und dabei an Süße zunimmt, werden die Maronen geschwenkt, bis sie durch und durch mit dem süßen Saft getränkt sind. Dann lässt man sie abkühlen und überdeckt sie noch mit einer Glasur aus Zucker – daher auch der Name *marrons glacés*. Die *châtaigne* ist die Schwester der Marone. Sie wird für einfachere Gerichte verwendet, denn durch ihre zwei Hälften eignet sie sich nicht zum Kandieren.

Um die Nachfrage zu befriedigen, werden *marrons glacés* mittlerweile in großem Umfang hergestellt. Es empfiehlt sich, nach Produktion von Hand Ausschau zu halten – sie ist zwar etwas kostspieliger, aber es lohnt sich. Einen *marron glacé* aus seinem goldenen Einwickelpapier zu lösen und dann die cremige Konsistenz und den süss-nussigen Geschmack langsam auf der Zunge zergehen zu lassen ... das ist ein unvergleichliches Erlebnis.

WIE SCHÄLT MAN KASTANIEN?

Kastanien haben eine sehr harte Schale. Am leichtesten lassen sie sich schälen, wenn man sie auf der flachen Seite mit einem Messer einritzt und sie dann in kochendem Wasser, dem ein Esslöffel Öl beigegeben wurde, 15 Minuten kocht. Dann werden sie mit einem Schaumlöffel einzeln herausgehoben und nacheinander geschält. Wichtig ist, beim Schälvorgang auch die innere Haut abzulösen, die sonst Bitterstoffe entwickelt. Gekochte Kastanien eignen sich als Beilage für Fasan oder Perlhuhn (30 Minuten vor Garende zum Geflügel in die Pfanne geben). Als Beilage werden sie mit etwas Butter sautiert und dann wie Kartoffeln mit Butter und Sahne zu Püree verarbeitet. Auch als Suppengrundlage eignen sie sich sehr gut (siehe Rezept Seite 196).

Vie. Auch er weiss mit seinen Kunden umzugehen. Da wählt man gerne unter selbst gebackenem Backwerk und Kuchen und mehr als 30 Sorten Biobrot, die jedes vorstellbare Korn, Trockenobst und verschiedene Nuss-Sorten enthalten, aus.

Dieser Markt hat viel Atmosphäre. Da nimmt es nicht Wunder, dass auch Jean Claude Cordonnier hier gerne einkauft. Sein klassisches Barett, bekrönt von einem Wollpuschel, begleitet jedes Nicken und Kopfschütteln auf anschauliche Weise, während er von seinem Großonkel, dem Schmied, erzählt. Der wurde im Jahr 1860 von den Behörden mit dem Entwurf eines Markstands betraut, der Ruhe und Ordnung in das Gewirr von Körben, Kisten und Handkarren bringen sollte. So entstanden die ersten Konstruktionen aus Gusseisen, die in Vertiefungen in das Gehpflaster eingerastet werden konnten. Auf diesen vorgefertigten Gerüsten konnten die Marktverkäufer nun auf Borden ihre Waren ausstellen und waren gleichzeitig durch Leinenmarkisen vor Regen und Sonne geschützt. Der Bausatz erfreute sich so großer Beliebtheit, dass eine Armee von Hilfskräften einge-

stellt werden musste und der Entwurf zum Patent angemeldet wurde. Verständlich: Noch heute wird seine Konstruktion auf allen offenen Wochenmärkten der Stadt verwendet. Später wurde die Familie von Jean Claude Cordonnier dann zu Marktaufsehern, *gestionnaires* genannt. Nach 50 Jahren und der Betreuung von 27 Märkten hat Monsieur Cordonnier nun gerade seinen Abschied genommen und ist in den

Ruhestand getreten. Aber zum Einkaufen und einem Schwätzchen mit alten Kollegen kommt er immer noch auf diesen Markt.

Besonders heiter ist die Atmosphäre an sonnigen Sonntagvormittagen. Die Verkäufer freuen sich auf ihr spätes Sonntagsessen und den arbeitsfreien Montag. Man hält ein Schwätzchen, auch mit dem Ehepartner, denn oft werden die Stände von Ehepaaren gemeinsam geführt und das durchaus sechs Tage die Woche. Manche Marktbetreiber sind schon seit 40 Jahren hier, darunter der Fischhändler Lacroix und der Käsestand Bouvet. Das Ehepaar Crié gehört ebenfalls zu den Oldtimern auf dem Markt. Seit mehr als 30 Jahren betreiben sie ihren Wild- und Geflügelstand, den sie sich jetzt allerdings aufgeteilt haben, damit am gleichen Tag zwei verschiedene Märkte versorgt werden können. Claude Crié verkauft nun auf dem Marché Jeanne d'Arc und es gelingt ihrem Ehemann Jean Claude auch ohne das prüfende Auge der Expertengattin, auf diesem Marché ein beeindruckendes Angebot an Wild

und Geflügel zu präsentieren. Während der Jagdzeit ist die Optik des Stands beeindruckend: Fasan, Feldhase, Keiler und Wildenten hängen aufgereiht, darunter stehen Töpfchen mit köstlichem *foie gras, magret de canard*, Rehfleisch und ganze Enten- und Gänsestopflebern.

Auch wenn man Frühaufsteher sein muss und körperliche Arbeit nicht scheuen darf, so werden alle Händler dem Neugierigen versichern, dass der Umgang mit Menschen und die Unabhängigkeit, die dieses Leben bedeutet, viel Freude und Befriedigung bringt. Gleichzeitig sind die Händler stolz darauf, eine Tradition fortzuführen, die so tief in der französischen Kultur verankert ist.

Weiter auf dem Weg ins Tal kommt man an Ständen mit portugiesischen und italienischen Spezialitäten vorbei. Die Auswahl ist außergewöhnlich: *bacalao* und selbst gemachte Gnocchi, Oliven, mit süßer Creme gefüllte *natas, prosciutto, chorizo*, Pesto, Lasagne und sogar selbst gebackenes Maisbrot. Auch der Nordosten Frankreichs hat ein großes Angebot an Delikatessen, selbst wenn hier die Sonne nicht so oft scheint. *La Corbeille de Normandie* bringt die Spezialitäten dieser Region in die Großstadt. Das Ehepaar Danny und Blondine Jacqueline wählt vor Ort das beste Angebot von 35 Herstellern aus: Buchweizencrêpes, Marmelade, überreifer Camembert, frische *chèvres*, Steingutbehälter mit sahnigem Frischkäse und Butter (gesalzene und ungesalzene), Körbe voll Eier von glücklichen Hühnern und eine Auswahl an Hühnern, Enten und

Kaninchen. Das klassische, altmodische Dessert der Normandie bieten sie auch an – der *teurgoul* ist ein Reispudding, der bei äußerst niedriger Temperatur in einem holzbefeuerten Ofen fünf Stunden backen muss (energiebewusste Bäcker schieben ihn nach dem Brotbacken in den Ofen, um die Resthitze auszunutzen). Wenn sich eine köstliche, braune Kruste auf dem leicht karamelisierten Pudding gebildet hat, ist er fertig – und der Name des Gerichts heißt im Dialekt der Normandie nichts anderes als »seinen Mund verbrennen«. Nur wenige konnten wohl der Versuchung widerstehen, die noch dampfend heiße Nachspeise sofort zu probieren, nachdem sie aus dem Ofen gekommen war, anstatt sie abzukühlen. Man stiess den Löffel hinein und den Fluch aus: »Autsch! *Teurgoul!*

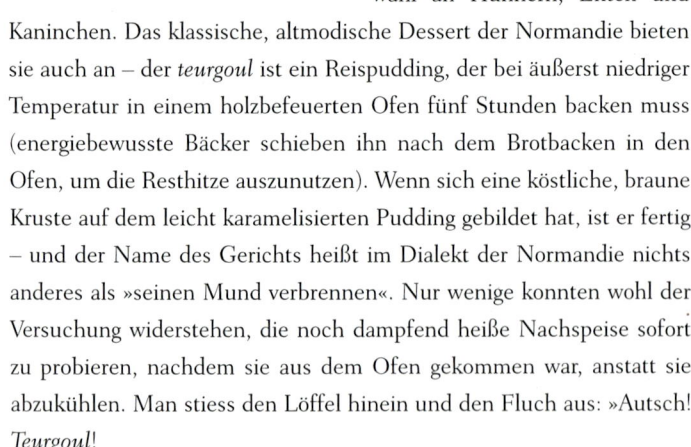

Auf Schritt und Tritt stimulieren frisch zubereitete Delikatessen die Sinne.

189

Auch der letzte Marktabschnitt hat viele Köstlichkeiten zu bieten. Am Stand der Benkritlys gibt es, fein einsortiert, Körner, Hülsenfrüchte, Gewürze, Trockenobst, Nüsse, Oliven, Würzpasten aus der Küche Nordafrikas und kandierte Früchte. Die *fromagerie Lovenian* bietet eine verlockende Auswahl an Käsesorten, die alle den richtigen Reifegrad erreicht haben, hat Milchprodukte frisch vom Hof und köstliches Biobrot aus der beliebten Bäckerei *Moisan* im Angebot. *Produits des Alpes* bietet Herzhaftes aus der Alpenregion: Bauernkäse und würzige *saucissons secs*. Die Familie Brouard reichert eine solche Ernährung mit Vitaminstößen an: Obst und Gemüse vom eigenen Bauernhof in der Region Maine, außerdem schöne Bauernsträuße. Zwei *charcuteries* – die eine gehört dem eleganten, freundlichen Michel Flao, die andere dem eher rustikalen, lustigen Alexi Nougaro – bieten beide eine Auswahl an Schinken, Wurst, *choucroute*, bestem Schweinefleisch, Pâtés und Pökelfleisch, die sich sehen lassen kann. Abgerundet wird das Marktangebot durch einen Stand mit Schnittblumen. Dahlien, Rosen, Lilien, Chrysanthemen, Gladiolen, Tulpen und Sonnenblumen verwandeln den Marktausgang in ein duftendes Farbenmeer.

Wem die ländliche Atmosphäre gefällt, der kann linker Hand wieder den Hügel erklimmen und im *Les Oiseaux de Passage* an der Straßenecke Rue Berrault und Passage Berrault einen kleinen Aperitif zu sich nehmen, begleitet von einer Scheibe Landbrot mit Rillettes. Hier herrscht eine ungezwungene Atmosphäre. Derart gestärkt, lässt sich der letzte Teil des Hügels erklimmen. Nun ist man mitten im Herzen von La Butte aux Cailles und wandelt wie im Traum, denn dieses liebenswerte Gässchen mit seinen hübschen Vorgärten und efeubewachsenen Häusern ist wie aus einer anderen Welt. Ganz oben in La Butte wohnt eine junge Künstlergemeinschaft. Hier finden sich auch einige interessante Lädchen, Galerien und Restaurants. Empfehlenswert ist das *Chez Gladines*, das köstliche baskische Spezialitäten auf engstem Raum mit altmodischem Dekor bietet. Nach einem Salat mit knusprigem Speck, einem herzhaften Eintopf und einer selbst gemachten *tarte* ist ein Nachmittagsspaziergang unerlässlich. Vielleicht schlendert man wieder den Berg hinunter, stöbert bei einem Buchantiquar oder einem Flohmarkt für *brocantes*. Man kann sich auch im Kinokomplex an der Place d'Italie einen Film ansehen oder Chinatown erkunden. Die Galerien auf der Rue Louise Weiss bereichern seit neuestem die Pariser Kunstszene und die erst kürzlich errichtete und kontrovers diskutierte Bibliothèque Nationale de France ist ein (beliebtes) Muss für Akademiker. Auf den langen Korridoren lässt es sich gut auf und ab wandern, in Büchern blättern, Ausstellungen besichtigen oder an einem der modernen Computerplätze einen ganz und gar altmodischen und sehr französischen Film anschauen: »Der Tag bricht an« mit Jean Gabin.

Pariser lieben Schinken und Wurstwaren, und *charcutiers* wie Monsieur Flao (links) haben sich mit ihrem großen Angebot an regionalen und importierten Spezialitäten darauf eingestellt. Geräucherte, luftgetrocknete oder gekochte Wurstwaren und Schinken sind erhältlich.

JEANNE D'ARC

Der Marché Jeanne d'Arc windet sich malerisch um eine Kirche, inmitten eines modernen Neùbaugebiets. Die Qualität der angebotenen Produkte ist sehr gut, die Atmosphäre anheimelnd. Die *maraîchers* bieten körbeweise frische Waren günstig an, die Obstplantagenbesitzer haben knackige Äpfel und saftige Birnen und Händler wie Balmisse und Kendel offerieren Miniaturgemüse, frische Salate, aromatische Kräuter und reifes Obst. Claudine Crié bietet neben einer hervorragenden Auswahl an Geflügel und verzehrfertigen Gerichten auch einen *foie gras* aus heimischer Produktion an. Bratspezialitäten gibt es bei *Les Trois Coqs*. *Charcutiers* sorgen mit ihren leckeren Auslagen für Appetit. Metzger, Fischhändler und am Wochenende auch ab und an Austernstände runden das Angebot ab. Ein Lieblingsgeschäft der Autorinnen ist der hinreißende Käsestand des nicht minder beeindruckenden Philippe Radenac. Die große Käseauswahl altert unter seiner Aufsicht und er empfiehlt gerne seine persönlichen Favoriten. Auch das Angebot an Blumen, Brot, Oliven, Backwaren, Ölen und Süßigkeiten lockt den Besucher dieses gut sortierten Marktes einmal rund um die Kirche, bis er wieder an seinem Ausgangspunkt angelangt ist.

Der äußerst ansprechende Obst- und Gemüsestand der Balmisses auf dem Marché Jeanne d'Arc.

SALPÊTRIÈRE

Ein bisschen verloren wirkt der Marché Salpêtrière unter den oberirdisch verlegten Gleisen, die die Métro auf ihrem Weg in die Einfahrt zur Gare d'Austerlitz entlangfährt. Nur eine Hand voll Händler bieten, geschützt vom Verkehr auf dem belebten Boulevard de l'Hôpital, den Ortsansässigen im Nordosten des 13. Arrondissements Waren an. Die Auswahl auch an regionalen Spezialitäten ist sehr passabel, doch die rechte Marktstimmung will nicht aufkommen.

BOBILLOT

Der Marché Bobillot liegt in einem ruhigen Wohngebiet. Ein Dutzend Händler haben entlang der belebten Avenue an der Südspitze der Stadt ihre Stände aufgeschlagen und ihr Angebot lässt sich sehen. Weil der Markt klein ist, achtet jeder Händler auf eine größtmögliche Warenvielfalt. Monsieur Lecleu verkauft eine große Bandbreite an Käsespezialitäten, die Familie Vacca offeriert saisonale Produkte vom eigenen Hof, der Metzger, der Stand für Innereien und der Pferdemetzger haben eine große Auswahl und die Obst- und Gemüsehändler können sich sehen lassen. Auf der anderen Straßenseite befinden sich ein Metzger, eine Bäckerei, ein Friseur und ein chinesischer *traiteur*. Alles in allem hat der Marché Bobillot eine angenehme familiäre Ausstrahlung.

VINCENT AURIOL

Direkt unter den hoch aufragenden stählernen Eingeweiden der Métro, die auf dem Mittelstreifen des Boulevard Vincent Auriol verläuft, liegt der gleichnamige Markt. Vor Wind und Wetter geschützt können die Käufer aus dem Angebot von ca. 30 Händlern auswählen. Ein besonders großer Stand bietet den vielen Ortsansässigen, die in den Apartmenthäusern direkt am Boulevard wohnen, nicht nur Obst und Gemüse, sondern auch Käse, Fisch, Honig, Blumen und Fleischwaren, die in den mitgebrachten Einkaufswagen und Körben verstaut werden.

Der Metzger Pierre Vasseur schneidet für seine Kunden leckeres *faux filet* und *entrecôte*, und etwas weiter werden bei der *Poissonerie Evelyne et Gerard* bergeweise Miesmuscheln und kleine runde Herzmuscheln für das anstehende Mittagessen verkauft. Die Käseauswahl von Philippe Radenac gehört zu den besten der Stadt. Appetitlich hinter einer Glasscheibe arrangiert, gewinnt man den Eindruck, dass er tatsächlich alle der 350 für Frankreich verbrieften Käsesorten im Angebot hat. Neben vielen *maraîchers* hat sich auch ein Biostand für Obst- und Gemüse etabliert, man findet einen Pferdemetzger, einen Brotstand und eine Hand voll *marchands volants*.

MAISON BLANCHE

Die Avenue d'Italie ist eine immer verstopfte Verbindungsstraße in die Vororte von Paris. Ihre Seitenstraßen sind jedoch reine Wohngebiete. Auf der einen Seite liegt Chinatown, auf der anderen das altmodische La Butte aux Cailles und beide Nachbarschaften werden vom Marché Maison Blanche beliefert. Vor einer Reihe von Läden und Boutiquen bauen auf einer Seite der Straße um die 40 Händler ihre Produkte auf. Das Umfeld ist nicht unbedingt einladend, aber der Markt bietet ein bisschen von allem und das in anständiger Qualität. Am Stand der Chassels werden Äpfel und Birnen aus der eigenen Obstplantage in der Ardèche in Weidenkörben präsentiert. Daniel Brocker hat Hunderte von Eiern glücklicher Hühner an seinem Verkaufsstand. Pierre Vasseur bietet Fleisch von sehr guter Qualität; Rindfleisch bezieht er aus dem Limousin, Kalbfleisch aus Corrèze. Die *charcuterie Felz* hat ihre vielen Wurstwaren und Schinken und die Fertiggerichte und Terrinen äußerst appetitlich arrangiert. Und beim Käsestand *La Ferme d'Antan* findet man immer einen guten Coulommiers oder ein überreifes Stück Saint Félicien.

Unten links: Philippe Radenacs große Käseauswahl auf dem Marché Vincent Auriol.
Unten rechts: Herzmuscheln werden mit Schalotten, Butter und einem Spritzer Weißwein sautiert.

La Charcutière

Makellos in rein weiße Spitze gekleidet –
das ist die Metzgerin Ginette Leconte.
Behende bewegt sie sich zwischen dem
verlockenden Angebot an hausgeräucher-
ten Schinken, Würsten, Specksorten und
vielen anderen Gerichten, bei deren Anblick einem das Wasser im Munde zusam-
menläuft. Auswahl, Anschnitt, Abwiegen –
alle diese Vorgänge gehen perfekt inein-
ander über, während sie sich freundlich
mit den Kunden unterhält. Die Ware der
Lecontes entspricht den Anforderungen
der qualitätsverwöhnten Pariser Klientel,
die große Vielfalt gewohnt ist.

Mit 13 Jahren begann Ginette Leconte
ihre Lehre. In der *Charcuterie Leconte*
lernte sie die Rezepte, die von einer
Generation an die nächste weitergegeben
werden. Und sie verliebte sich in den
Sohn der Lecontes, Daniel. 43 Jahre später
sind sie *charcutiers* in fünfter Generation,
ihr Sohn Patrick ist auch dabei.

Alle Schinken werden nach traditionellem
Familienrezept selbst zubereitet. Nach
einer Einsalz- und Entsalzphase von jeweils
48 Stunden werden sie in Bouillon
geköchelt, bis der Schinken genau den
richtigen Gargrad hat. Dann kühlt das
Fleisch im Saft ab. Zwei Tage später wird
es bereits auf dem Markt verkauft. Dank
der großen Nachfrage können die Schinken ohne Konservierungsstoffe hergestellt
werden. Auch die Pâtés sind *fait maison*, in
diesem Fall von Vater und Sohn. Sie probieren gerne neue Rezepte aus oder
lassen sich von ihren kulinarischen Reisen
inspirieren. Ihre *forestier* (Försterart) mit
Pilzen und grünen Pfefferkörnern, die *Le
courlay* mit Cognac und die *délice maison*
mit geheimen Zutaten sind sehr empfehlenswert. Dazu passen knackig-säuerliche
Cornichons und frische Baguette.

*Die Lecontes findet man auf den Märkten
Pont du Jour, Grenelle, Saxe Breteuil und
Président Wilson.*

MARKTREZEPTE

TERRINE DE LAPIN ET CONFITURE D'OIGNONS
Kaninchenterrine mit Zwiebelchutney

Diese Pastete ist leichter als die meisten Land-Pâtés. Das Rezept stammt von Ginette Leconte und wird von ihrer Familie seit Generationen so zubereitet. Anstelle des traditionellen Senfs und der Cornichons wird die Pastete hier von einem süßsauren Zwiebelchutney perfekt begleitet. Man kann auch eine größere Menge davon zubereiten: Das Zwiebelchutney ist im Kühlschrank mindestens 7 Tage haltbar.

🕐 30 Minuten   🍲 1³/4 Stunden

Für die Pastete:
500 g Kaninchenfleisch, ohne Knochen, mit Leber
500 g Schweinenacken oder magerer -bauch (ohne Schwarte), in Stücke geschnitten
4 EL Weißwein
2 EL Cognac
2 Zweige Thymian
1 Lorbeerblatt
1 Zwiebel, in Scheiben geschnitten
1 Möhre, in Scheiben geschnitten
4 TL Salz
1 EL frisch gemahlener Pfeffer
frisch geriebene Muskatnuss
4 Eier
1 EL Mehl
60 g Haselnüsse
fetter Speck, in dünnen Scheiben, zum Auskleiden der Terrine
6 Blatt Gelatine

Terrinenform aus Gusseisen oder Keramik (ca. 1,2 l Inhalt)

Für das Zwiebelchutney:
6 Zwiebeln
1 EL Butter
6 EL Olivenöl
1 EL Pfefferkörner
2 TL Zucker
1 Lorbeerblatt
1 TL frisch gemahlener Pfeffer
¹/2 TL Salz
2 EL Rotweinessig
1 EL Sherry

1. Für die Pastete Kaninchenfleisch in Stücke schneiden und mit Schweinefleisch, Weißwein, Cognac, Thymian, Lorbeerblatt, Zwiebel, Möhre, Salz, Pfeffer und Muskatnuss in einer Schüssel vermengen. Mindestens 12 Stunden im Kühlschrank durchziehen lassen. **2.** Mischung in einem Sieb abtropfen lassen und in eine andere Schüssel legen. Die Marinade auffangen. Kaninchenfleisch in kleine Würfel schneiden. Schweinefleisch und Leber durch die grobe Scheibe des Fleischwolfes drehen. Beide Fleischsorten mit Eiern, Mehl, Haselnüssen und der Marinade mischen. **3.** Den Ofen auf 200 °C vorheizen. Boden und Seitenwände der Terrinenform mit Speckscheiben auskleiden – Speckscheiben großzügig über den Rand hängen lassen. Dann die Kaninchenfarce einfüllen und mit einem Teigschaber gleichmäßig verteilen, dabei die Form mehrmals auf der Arbeitsfläche aufschlagen, damit Luftblasen entweichen. Die überstehenden Speckscheiben über der Farce einschlagen, eventuell vor dem Einschlagen noch eine oder mehrere Speckscheiben auf die Farce legen, damit die Oberfläche vollständig abgedeckt ist. Die Terrine ohne Deckel in ein Wasserbad stellen und in den Ofen schieben. 15 Minuten erhitzen, dann die Ofentemperatur auf 150 °C herunterschalten, die Terrine mit einer Lage Alufolie zudecken und darauf den Deckel der Terrine legen. 2¹/2 Stunden im Ofen garen. Den Wasserstand öfters prüfen, eventuell etwas Wasser nachgießen. **4.** Gelatine in kaltem Wasser einweichen. Mariniertes Gemüse und Kräuter in 250 ml Wasser 10 Minuten kochen. Durch ein Sieb in eine Schüssel abgießen, die eingeweichte Gelatine zufügen und vorsichtig mit einem Kochlöffel verrühren. Sobald die Pastete gar ist (dies lässt sich gut mithilfe eines Fleischthermometers feststellen: Die Kerntemperatur sollte 75 °C betragen, dann ist sie perfekt gar), aus dem Ofen nehmen und allen Fleischsaft abgießen. Dann die Terrine mit dem vorbereiteten Gelatinefond füllen. Anschließend die Pastete mit einem Schneidebrett oder einem ähnlichen Gegenstand beschweren und auskühlen lassen. Mindestens 48 Stunden im Kühlschrank durchziehen lassen. Vor dem Servieren die Terrinenform einige Sekunden in heißes Wasser tauchen und auf eine Platte stürzen. Dann in 1,5 cm dicke Tranchen aufschneiden.

1. Für das Zwiebelchutney Zwiebeln abziehen, vierteln und in dünne Scheiben schneiden. Butter und Öl in einer Bratpfanne erhitzen, Zwiebeln, Pfefferkörner, Zucker und Lorbeerblatt zufügen. Mit Salz und Pfeffer abschmecken. 45 Minuten bei geringer Hitze dünsten, dabei häufig rühren. **2.** Sind die Zwiebeln schön weich, Essig und Sherry angießen und weitere 10 Minuten köcheln lassen. Vom Herd nehmen, abkühlen lassen und kalt stellen. **Für 8–10 Personen.**

🍾 Runde, elegante, körperreiche Weißweine und Rotweine: Meursault, Lalande de Pomerol, Givry

SOUPE AUX MARRONS
Maronencremesuppe

Während der Wintermonate findet man auf den Märkten die glänzenden, dunkelbraunen Esskastanien (Maronen), aus denen sich eine exzellente Cremesuppe als Entrée vor einem Hauptgang mit Wild zubereiten lässt. Nacer Kendels Holzkisten, die bis über den Rand mit Maronen gefüllt sind, inspirierten zu diesem Rezept.

15 Minuten   40 Minuten

500 g (etwa 25 Stück) Maronen, geschält und grob gehackt
2 EL Butter
1/2 Zwiebel, gehackt
das Weiße von 1 Lauchstange, gewaschen und geschnitten
1 Selleriestange, gewaschen und geschnitten
1 Knoblauchzehe, zerdrückt
1 l Hühner- oder Rinderbrühe
Salz, Pfeffer aus der Mühle
50 g Crème fraîche

Für die Crôutons:
2 Scheiben Weiß- oder Toastbrot, ohne Rinde
1 EL Butter
1 Schalotte, fein gehackt
1 Prise Zucker
Salz, Pfeffer aus der Mühle

Anmerkung: Anstelle der frischen Maronen kann man auch Maronen oder ungesüßtes Maronenpüree aus der Dose nehmen. Frische Maronen werden zuerst 15 Minuten in Wasser mit 1 EL Öl gekocht. Dann nimmt man den Topf vom Herd, lässt die Maronen im Wasser und schält eine nach der anderen. Die Marone vor dem Schälen mit einem Küchentuch abtupfen. Die braune innere Haut muss ebenfalls entfernt werden, denn sie ist meist sehr bitter.

1. In einer großen Kasserolle Butter zerlassen, dann Zwiebel, Lauch, Sellerie und Knoblauch zugeben. Etwa 5 Minuten dünsten. 2. Maronen zugeben und 10 Minuten bei geringer Hitze dünsten. 3. Dann Brühe zugießen, salzen, pfeffern, umrühren und zugedeckt weitere 30 Minuten köcheln lassen. 4. Vom Herd nehmen und pürieren. 5. Wieder in die Kasserolle gießen und kurz aufkochen. Die Crème fraîche hineinrühren und die Cremesuppe noch einmal mit Salz und Pfeffer abschmecken. 6. Für die Crôutons das Brot in kleine Würfel schneiden. Die Würfel im heißen Ofen goldbraun backen, dann beiseite stellen. In einer kleinen Bratpfanne Butter zerlassen und Schalotte bei mittlerer Hitze darin goldbraun braten. Zucker darüber streuen, damit die Schalotte nicht verbrennt. Dann die Brotwürfel zufügen und alles behutsam wenden, mit Salz und Pfeffer würzen und vom Herd nehmen. Die Crôutons über die in vorgewärmten, tiefen Tellern verteilte Suppe streuen. **Für 6 Personen.**

Körperreiche, blumige Weißweine: Chassagne-Montrachet, Chablis, Macon

PINTADE AU CHOU
Perlhuhn mit Wirsing

Perlhühner zählen zu den am wenigsten nach Federwild schmeckenden Geflügelsorten, die auf Märkten angeboten werden. Dieses traditionelle Rezept, das mit Wirsing und Bier zubereitet wird, stammt von Madame Crié vom Marché Jeanne d'Arc. Es ist einfach zuzubereiten und ergibt ein vorzügliches, herzhaftes Wintermahl.

20 Minuten   45 Minuten

1 Perlhuhn
Salz, Pfeffer aus der Mühle
2 dicke Scheiben (etwa 100 g) roh geräucherter Speck, in Streifen geschnitten
1 mittelgroße Zwiebel, gehackt
250 ml Bier
1 TL Meersalz
1 mittelgroßer Wirsing, fein geschnitten

1. Das Perlhuhn gründlich waschen, trockentupfen und innen wie außen mit Salz und Pfeffer einreiben. 2. Speck und Zwiebel in einer großen Kasserolle etwa 5 Minuten bräunen. Das Perlhuhn hineinlegen und von allen Seiten etwa 10 Minuten bräunen. 3. Bier zugießen und zudecken. Etwa 60 Minuten schmoren, dabei das Perlhuhn öfters wenden. 4. Inzwischen Wasser in einem großen Topf zum Kochen bringen, Salz hineingeben und den Kohl etwa 10 Minuten darin kochen. Abgießen und beiseite stellen. 5. Den Kohl etwa 15 Minuten vor Ende der Garzeit zum Huhn geben. 6. Nochmals mit Salz und Pfeffer abschmecken. **Für 4 Personen.**

Leichte, trockene oder auch herbe, rustikale Rotweine: Chinon, Côte de Bourg, Côtes du Rhône, Corbières

POMMES DE TERRE AU CANTAL
Mit Cantal überbackene Kartoffeln

Das Rezept stammt von Marinette vom Käsestand *Bouvet*, am Marché Auguste Blanqui. Es ist ein ausgezeichnetes, einfaches Mittagsgericht, zu dem man am besten einen Blattsalat reicht. Man kann es auch als Beilage zu einem saftigen Braten, Lammrücken oder gegrilltem Steak reichen.

⊘ 10 Minuten   ⬓ 40 Minuten

8 mittelgroße Kartoffeln, vorwiegend festkochend
2 Zwiebeln
6 EL Butter
Salz, Pfeffer aus der Mühle
100 g Cantalkäse (ersatzweise Gruyère), gerieben

1. Kartoffeln schälen und Zwiebeln abziehen. Beides in dünne Scheiben schneiden. **2.** Butter in einer beschichteten Pfanne zerlassen, Zwiebeln zufügen und in etwa 5 Minuten glasig dünsten. **3.** Kartoffeln zugeben und unter häufigem Wenden 10–15 Minuten braten. Mit Salz und Pfeffer würzen. **4.** Käse darüber streuen und die Pfanne zudecken, bis die Kartoffeln gar sind (etwa 10 Minuten). Sofort servieren. **Für 4 Personen.**

🍾 Frische, fruchtige Rotweine: Beaujolais, Chiroubles

Oben: Compote de fruits secs

COMPOTE DE FRUITS SECS
Kompott aus Trockenfrüchten mit Weißwein

Dieses schmackhafte Kompott ist ein wunderbares Dessert für einen kalten Wintertag. Es bleibt etwa 8 Tage im Kühlschrank frisch. Laurence Benkritly vom Marché Auguste Blanqui bereitet es mit Weißwein zu, man kann aber auch Rotwein oder Orangensaft nehmen.

⊘ 10 Minuten   ⬓ 1 1/2 Stunden

125 g Zucker
je 750 ml Weißwein und Wasser
1 Zimtstange
200 g Backpflaumen
200 g getrocknete Aprikosen
250 g getrocknete Mischfrüchte (Pfirsiche, Birnen und Äpfel)
150 g getrocknete Feigen
abgeriebene Schale von 1 Orange
100 g geschälte Mandeln

1. Zucker, Wein, Wasser und Zimtstange zusammen aufkochen und unter Rühren kochen lassen, bis sich der Zucker aufgelöst hat. Restliche Zutaten zufügen, den Topf zudecken, Hitze reduzieren und 1 1/2 Stunden ziehen lassen. Eventuell etwas Flüssigkeit nachgießen. **2.** Vom Herd nehmen und auskühlen lassen. Bei Zimmertemperatur mit etwas Crème fraîche servieren. **Für 4–6 Personen.**

🍾 Fruchtige Weißweine: Condrieu

Die meisten Parisbesucher schließen am Montparnasse Bekanntschaft mit dem 14. Arrondissement. Vielleicht wartet man in einer Riesenschlange vor einem der zahlreichen Kinos oder auf einen Platz in einem der Tex-Mex-Restaurants oder man sucht einen Platz auf einer der Caféterrassen zu ergattern, die den größten Teil des Trottoirs belegen. Einst war der Boulevard Montparnasse das nächtliche Jagdrevier von berühmten Künstlern – die sich in den durch sie berühmt gewordenen Brasserien die Nächte um die Ohren schlugen. So wurde der Boulevard Montparnasse eine Ikone der Nachkriegszeit. Heute sind die meisten Nachtlokale Multiplexkinos, Fastfood-Restaurants und lauten Cafés gewichen. Die wenigen Lokale, die von früher übrig geblieben sind, werden nun von Touristen belagert, die dort auf den authentischen Kick hoffen, der sich aber nicht ein-

XIVᵉ ARRONDISSEMENT

stellt. Charisma oder etwas vom Flair des alten Paris findet man hier nicht mehr. Doch sobald man die hektische Straßenkreuzung, die vom ausgesprochen unansehnlichen Tour Montparnasse überschattet wird, hinter sich gelassen hat, entdeckt man einen Straßenzug weiter in jeder Richtung ruhige Wohnviertel, die unverändert geblieben sind. Das berühmte Kunstmuseum der Fondation Cartier ist der einzige bedeutende Neubau im 14. Arrondissement. Gleich nebenan führen schmale kopfsteingepflasterte Straßen auf versteckte, urgemütliche Hinterhöfe oder Kirchen mit hübschen Vorplätzen. Hier gehen die ganz normalen Einwohner des 14. Arrondissements ihrem täglichen Leben nach. Die Ruhe und Gelassenheit, die das Viertel in sich birgt, drückt sich in dem winzigen und einladenden Markt Montrouge aus, dessen Händler familiär freundlich sind.

In seiner Glanzzeit war das 14. Arrondissement die Heimat vieler berühmter Künstler. Noch heute entdeckt man im ganzen Viertel verstreut ihre Ateliers.

EIN VERBORGENES JUWEL
Der Marché Montrouge

Mitten im Herzen des 14. Arrondissements hat sich unweit der belebten Straßen der Marché Montrouge auf einem baumbestandenen Platz neben einer Schule und einem Spielplatz eingenistet. Mehr als 30 Stände haben es sich zwischen den Bäumen recht beengt gemütlich gemacht und bieten den Anwohnern Qualitätsware. Die danken mit Treue und dem Austausch von Klatsch und Tratsch. Besonders schön ist der Markt von Montrouge, wenn man gerade die gruseligen Katakomben an der Place Denfert-Rochereau oder den berühmten Friedhof von Montparnasse besichtigt hat und gar nicht damit rechnet, wenige Straßen entfernt einen so charmanten Markt zu entdecken. Die Atmosphäre ist sehr lebendig und hat dörflichen Charakter. Entlang dreier schmaler Marktreihen sind die Produkte appetitlich aufgebaut, die Verkäufer plaudern miteinander und die Käufer bahnen sich geduldig und höflich mit übervollen Einkaufstaschen ihren Weg.

Das 14. Arrondissement gehört zu den schöneren Wohnvierteln der Stadt, auch wenn man auf den ersten Blick den Eindruck hat, es gäbe hier nur Kinos und Nachtlokale. Der wohnliche Charakter erschließt sich bei einem Bummel durch die Seitenstraßen. Man entdeckt ein lebendiges Viertel: Läden mit Kuriositäten, winzige Restaurants mit beschlagenen Fenstern und versteckt liegende Hinterhöfe und Plätze, auf die damals wie heute Künstler blicken, wenn sie aus ihrem Atelierfenster schauen. Ursprünglich war das Gebiet reines Marsch- und Weideland, und über 60 Windmühlen drehten sich unaufhörlich im Wind. Unterirdisch lag ein Steinbruch, wo schon seit dem Mittelalter Sandstein und Gypsum

für die charakteristischen Fassaden und Denkmäler der Stadt abgebaut wurden. Stück für Stück wurden die alten Steinbrüche aufgegeben und zum Anbau von Champignons verwendet oder zu Weinkellern umgewandelt, die die Brasserien des Viertels mit Bier und Wein versorgten. Heute ist fast keiner der Steinbrüche mehr zugänglich, höchstens für improvisierte Szeneparties im Underground.

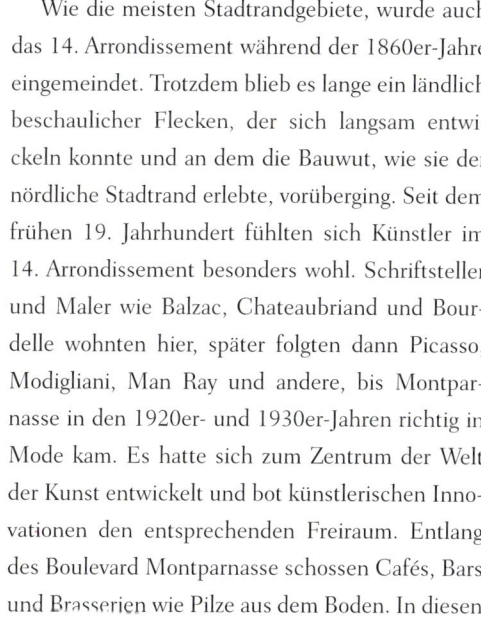

Wie die meisten Stadtrandgebiete, wurde auch das 14. Arrondissement während der 1860er-Jahre eingemeindet. Trotzdem blieb es lange ein ländlich beschaulicher Flecken, der sich langsam entwickeln konnte und an dem die Bauwut, wie sie der nördliche Stadtrand erlebte, vorüberging. Seit dem frühen 19. Jahrhundert fühlten sich Künstler im 14. Arrondissement besonders wohl. Schriftsteller und Maler wie Balzac, Chateaubriand und Bourdelle wohnten hier, später folgten dann Picasso, Modigliani, Man Ray und andere, bis Montparnasse in den 1920er- und 1930er-Jahren richtig in Mode kam. Es hatte sich zum Zentrum der Welt der Kunst entwickelt und bot künstlerischen Innovationen den entsprechenden Freiraum. Entlang des Boulevard Montparnasse schossen Cafés, Bars und Brasserien wie Pilze aus dem Boden. In diesen verräucherten Stuben fühlte sich die internationale Avantgarde besonders wohl.

Der Marché Montrouge wurde bereits 1851, einige Jahre vor der Eingemeindung, gegründet. Er lässt noch an die Zeiten denken, als hier Gemüse angebaut wurde, Schafe und Ziegen grasten und es auf den gemütlichen Landstraßen etwas ruhiger zuging. Auch der Markt wird von intensivem Grün eingehüllt und strahlt eine gewisse Ruhe aus. Hier kann man der Hektik der großen Boulevards und des riesigen Gare Montparnasse entgehen, der 1969 wieder aufgebaut wurde. Trotz großer Ziele – Modernisierung der Gegend und Entstehung eines gemeinschaftlich genutzten Platzes – hat sich der Bahnhof als Fehlschlag erwiesen. Besonders als Fußgänger fühlt man sich zwischen so viel Beton und Reklametafeln verloren.

Sobald man die Rue Mouton-Duvernet überquert hat, betritt man den Markt. Unter bunten Markisen und hohen Baumwipfeln kann man sich entspannen. Ein Plausch mit Michel Meret ist ein schöner Beginn für den Marktbummel. Auf seinem Stand, der mit einer Tischdecke mit Kuhmotiven bedeckt ist, sind die Produkte vom heimischen Bauernhof eher zurückhaltend präsentiert. Da liegen drei wohlgenährte Hühner neben ein oder zwei Enten, stehen ein paar Körbchen mit braun gefleckten Eiern neben kleinen Behältern mit Frischkäse, dem schon etwas Kompott beigemischt wurde. Von benachbarten Höfen im Loiretal bekommt er mal eine Kiste Apfelsaft und selbst gemachte Marmelade, mal eine Kiste Birnen oder Kirschen, die er zusammen mit seiner köstlichen Rohmilch verkauft. Oft steckt er noch einen kleinen runden Käse mit in den Ein-

kaufskorb. Seine Frau ist für die Käserei zuständig: Die ganz harten, bis zu sechs Monate gereiften Käse, werden als Knabberei zum Aperitif gereicht, die weicheren wandern auf die Käseplatte.

Der Dienstag ist auf fast allen Märkten ein ruhiger Tag. Einige Händler verkaufen heute erst gar nicht, sondern nutzen die Zeit, um ihre Spezialitäten für den nächsten Tag vorzubereiten. An Freitagen dagegen ist jeder verfügbare Meter vergeben. In der ersten Reihe verführt neben Monsieur Meret ein Stand mit Kaffeekörben, hohen, rotgrünen Teedosen und Tabletts mit saftigen Brownies und Chocolate Chip Cookies die Käufer mit wunderbaren Gerüchen. Am Fischhändler vorbei kommt man zur *triperie*, die kundig zubereitete Innereien und Fleisch anbietet, bis man bei Monsieur Chevalange angekommen ist, dem *maraîcher*, der süßliche Kartoffeln aus eigenem Anbau, knackigen Salat und intensiv riechende Zwiebeln anbietet, von denen er einen Vorrat in den Holzkisten in seinem Lieferwagen lagert und bei Bedarf am Stand nachfüllt. Der Nachbarstand hat sich auf italienische Delikatessen spezialisiert, die man sonst nicht so oft auf Pariser Märkten findet: dicke Bohnen, Minizucchini, China-Brokkoli

und, wenn man Glück hat, grüne Feigen im Körbchen. Neben italienischen hält der Markt auch portugiesische Spezialitäten feil, darunter die würzige *chorizo*, Streifen des mit Salz bedeckten *bacalao* und eine Auswahl an Port und Weinen.

Auf der anderen Marktseite steht stolz die »Mutterhenne« Claudine Crié hinter ihrer hübsch gestalteten Auslage mit Bio-Geflügel, Wild und Tabletts mit dampfendem *lapin forestier* und *coq au vin*. Zusammen mit ihrem Mann Jean Claude verkauft Claudine Crié schon seit über 30 Jahren solche Delikatessen auf diesem und anderen Märkten der Stadt. Die Töchter Laurence und Nathalie sind in die Fußstapfen der Eltern getreten und bewahren die Geheimnisse der Zubereitung. Die Criés sorgen dafür, dass beim heute typischen Zeitmangel die Raffinesse bei Tisch nicht auf der Strecke bleibt. Aufwendige Arbeitsgänge werden für den Kunden erledigt. Kleine *paupiettes* vom Kaninchen sind entbeint und mit einem Rosmarinzweig dekoriert. Der Truthahnbraten ist bereits mit Zwiebeln und Basilikum gespickt. Die Perlhühner sind mit einer Füllung aus Morcheln und Cognac und ihrem Speckmantel ebenfalls kochfertig. Nun fehlt nur noch ein Schuss Wein, um den Gerichten die gewünschte Note zu verleihen. Andere Gerichte sind bereits verzehrfertig im Angebot: Paella, *ragoût de marcassin* und am Spieß gebratene Enten, Kaninchen, Hühner und Tauben, manchmal auch Lammhaxe, Spanferkel oder Babyziege. Die typisch französische Formalität wird am Stand der Criés nicht hoch gehalten: Madame Crié belehrt jedermann und redet ihre älteren Kunden oft mit »ma petite biche« (meine kleine Hirschkuh) oder »mon petit cœur« (mein Herzchen) an, während sie ihnen die Wachteln präpariert oder Hühnerleber hundertgrammweise abwiegt. Diese Art des sprachlichen Umgangs war typisch auf dem früheren Großmarkt *Les Halles*. Leider hört man ihn heute immer seltener, obwohl sich kein Kunde eines

Der Marché Montrouge gehört zu den kleineren Märkten der Stadt. Die Qualität muss jedoch keine Einbußen hinnehmen. Rechts: Die Auswahl an Birnen, Marmeladen und Fruchtsäften auf dem Stand der Nochets.

POIRES DE
CONFITURES
AVEC ET..... SANS SUCRE!
COMPOTE DE POIRES
GELÉES
POIRES "CROQUANTES"
FORELLE

DIE KATAKOMBEN

Unter dem Kopfsteinpflaster von Paris liegt ein 300 Kilometer langer Irrgarten. Bis in gallisch-römische Zeiten reichen die Wurzeln dieser Steinbrüche unter Tage zurück. Hier wurden bis ins letzte Jahrhundert Gypsum und Sandstein für den Bau vieler Häuser und Denkmäler der Stadt abgebaut. Im 18. Jahrhundert wandelte man den Steinbruch unter der Place Denfert-Rochereau in das größte Beinhaus der Welt um. Über sechs Millionen Skelette wurden von allen Friedhöfen der Stadt hierher verlegt und in *Les Catacombes*, wie der Steinbruch nun hieß, säuberlich aufgeschichtet.

Die Katakomben waren notwendig geworden, weil die kleinen Friedhöfe, die den einzelnen Kirchen angeschlossen waren, die steigende Zahl an Toten nicht mehr aufnehmen konnten. Daraus ergaben sich hygienische Probleme von erschreckenden Ausmaßen. Die Stadt entschloss sich zur umfassendsten Stadtreinigung in ihrer Geschichte. Zwei Jahre lang wurden nach Einbruch der Dunkelheit die Überreste von verstorbenen Parisern – darunter auch Robespierre und Danton – exhumiert, in die umgebauten Katakomben überführt und auf 11 000 Quadratmetern aufgestapelt. Seit damals erfreuen sich die Katakomben bei Besuchern größter Beliebtheit.

Lächelns oder Kicherns erwehren kann, wenn er auf diese Weise angesprochen wird. Die Standdekoration der Criés tut ihr übriges, um beim Kunden gute Laune zu erwecken: frische grünweiße Planen und dazu passende Schürzen.

Gleich daneben sind am Stand *Pommes de Touraine* Äpfel und Birnen fein säuberlich arrangiert – eine Sorte exotischer als die andere. Vor zwölf Jahren erwarben Jean-Claude und Evelyn Nochet ihre Apfelplantage in der Touraine. Damals standen dort 40 000 Granny Smith-Bäume. Was als Hobby begann, entwickelte sich zur Passion. Heute wird man auf der ganzen Anlage keinen einzigen Granny Smith-Apfelbaum mehr finden, denn das Ehepaar hat sich auf seltene und alte Apfelsorten spezialisiert. Auch mit Hybriden wird experimentiert; das Aufpfropfen erfolgt mit Musteräpfeln, die Jean-Claude aus aller Welt von seinen Reisen mitbringt. Durch Erfolg und Misserfolg gelang es ihnen, die saftigsten, geschmacksintensivsten und interessantesten Apfelsorten zu züchten und für jeden, der Äpfel liebt, sind ihre süßen, sauren, zarten und intensiv duftenden Früchte eine kleine Offenbarung.

Der hohe Preis für eine Hand voll Äpfel erklärt sich, wenn man hört, wie eine Apfelplantage wie die der Nochets betrieben wird. Jede Pfropfung braucht zwei Jahre, bis sie Ertrag zeigt. An jedem Baum werden ca. drei von jeweils 20 Apfelblüten belassen, damit diese sich zu prallen, gesunden Äpfeln entwickeln können. Jeder Apfel wandert in eine Styropor-Transportkiste und bekommt ein eigenes kleines Abteil, damit er keine Druckstellen bekommt, sich verfärbt oder verfault.

Zwischen Mitte August und Mitte Oktober wird geerntet. Evelyne Nochet geht ganz behutsam mit der Ernte um und erklärt den Kunden die unterschiedlichen Geschmacksrichtungen und Verwendungsmöglichkeiten der mehr als 35 Varietäten mit außergewöhnlichen Namen wie *Calville blanc, Court-Pendu* oder *Sainte-Germaine*. Bis Ende Juni verkaufen die Nochets ihre Waren auf den Märkten; die nächsten Monate sind dann der Vorbereitung und der Ernte der Äpfel gewidmet.

Als das 14. Arrondissement in die Stadt Paris eingemeindet wurde, war es eines der wenigen Stadtgebiete, wo sich Menschen unterschiedlichster Herkunft zusammenfanden. Künstler zogen anfangs hierher, weil die Mieten günstig waren und es verfügbaren Wohnraum wie Stallungen und Lagerhäuser gab, die in Ateliers umgewandelt werden konnten. Während der 1920er-Jahre erlebte das Viertel einen Zuwachs von Künstlern aus den Vereinigten Staaten, Südamerika und Osteuropa. Namen wie Chagall, Zadkine, Archipenko, Matta und Soutine, um nur einige zu nennen, machten das 14. Arrondissement bekannt. Auch die Bewegung der Surrealisten nahm unter der Führung des früheren Dadaisten André Breton hier ihren Ausgang. Doch nicht nur Künstler der

Rechts: Madame Crié bietet Geflügel und Wild von außergewöhnlich guter Qualität, hat saisonale Produkte wie *cèpes* im Angebot und verkauft auch verzehrfertige Gerichte wie Paella (diese Seite).

Moderne suchten hier Zuflucht, sondern auch politische Aktivisten wie Lenin und Trotzki, die sich versteckt halten mussten und dennoch ab und an in Gesellschaft in den neu eröffneten beliebten Bars und Brasserien gesichtet wurden. Es war typisch für das Lebensgefühl in speziellen Vierteln von Paris, dass sich die Mischung aus unterschiedlichen Kulturen und Klassen als Inspirationsquelle erwies. Die Bauarbeiter kamen in die Bars, um ihren Morgenkaffee und einen Calvados zu trinken, bevor sie das Fundament für neue Straßen und Boulevards legten. Die Künstler kamen auf der Suche nach einer warmen Mahlzeit, ein paar Gläsern Wein, Konversation und Austausch. Das Großbürgertum fühlte sich von dieser lebendigen Mischung angezogen und genoss die Möglichkeit, hier mit einheimischen Künstlern und Menschen aus aller Welt in Kontakt zu kommen.

Natürlich kam nicht jeder nach Montparnasse, um intellektuell inspiriert zu werden. Das *quartier* hatte sich zum Pariser Ausgehviertel gemausert – dank der Restaurants, Clubs, Theater und der berühmten Rue de la Gaîté, wo immer etwas los war. Zwischen den beiden Weltkriegen erlebte Montparnasse seinen Höhepunkt; jetzt hatten auch die namhaften Brasserien *La Coupole* und *La Rotonde* eröffnet und Theater wie das Théâtre de la Gaîté und das Théâtre Bobino. Dort traf sich *Tout Paris*, weil Berühmtheiten wie Edith Piaf und Yves Montand auf den Bühnen standen und für ein fasziniertes und faszinierendes Publikum aus den unterschiedlichsten Schichten spielten, mit dem sie nach der Vorstellung gerne noch bis in den frühen Morgen feierten. Dass das älteste Gewerbe der Welt inmitten dieser bunten schillernden Welt florierte, sollte niemanden verwundern. Die Gare Montparnasse war der Ankunftsbahnhof für viele hübsche Mädchen aus der Bretagne, die sich hier ein besseres Leben erhofften – was sich leider nur allzu selten erfüllte. Die Zuhälter wussten genau, wie sie mit ihnen umzugehen hatten, und so landeten die meisten Neuankömmlinge in der Prostitution.

Für die Glücklicheren jedoch war diese Epoche gleichbedeutend mit ausgelassenen Parties, Kreativität und Weiterentwicklung auf persönlicher Ebene. Nach dem Zweiten Weltkrieg wurde das Viertel von Grund auf erneuert. Damit war der Charme früherer Tage unwiederbringlich dahin.

Links: In Frankreich müssen Metzger nach einer zweijährigen Ausbildung noch fünf Jahre in die Lehre gehen, bis sie selbst ein Geschäft eröffnen können.
Oben: Jean Louis Grimaldi mit seiner Auswahl an Biobroten.

Nach diesem kleinen Exkurs wird man auch die Bedeutung des Marché Montrouge besser verstehen. Nachdem die erste Marktreihe erfolgreich beschritten wurde, entdeckt man in der zweiten Reihe die Familie Crédaro, die auf der einen Seite ihres langen Marktstands farbenprächtige Schnittblumen und auf der anderen Seite Körbchen mit frischen Beeren und einer Auswahl an saisonalen pflückfrischen Gemüsen anbietet. Die Crédaros betreiben Landwirtschaft auf altmodische Art, ohne Kunstdünger und Pestizide. Der Dachverband der Biobauern (*AB*) würde sie längst aufnehmen, doch die ihnen dadurch entstehenden Kosten für den Beitritt und die Jahresgebühren können sie nicht aufbringen, ohne diese auch auf die Produkte abzuwälzen, was sie nicht möchten. Wer also unbehandeltes Gemüse – Wurzeln, Zuckererbsen, Topinambur und sonnengereifte Erdbeeren, um nur eine Auswahl zu nennen – zu günstigen Preisen erwerben möchte, ist hier richtig. Auch frische Eier, Kräuter, Eingemachtes und Topfpflanzen hat das Mutter-Sohn-Team im Angebot: Diese Produkte stammen von benachbarten Bauernhöfen, doch die Crédaros können über alle ihre Waren Interessantes zur Weiterverarbeitung in der Küche berichten. Auch Jean Louis Grimaldi mit seinem Stand *Graine de Vie* hat sich auf Gesundes spezialisiert. Er verkauft mehr als 30 unterschiedliche Biobrotsorten und jede schmeckt lecker. Jean Louis Grimaldi ist Schauspieler aus Leidenschaft und Bäcker aus Erwerbsgründen – was ihn zu einem außergewöhnlich unterhaltsamen Markthändler macht, der auf charmante und lockere Weise noch jeden Kunden von den Vorzügen seiner Brote überzeugen konnte.

In einem Meer von Obst- und Gemüseständen findet sich die *charcuterie Chez Joël et Eliette*, die den mittleren Marktstreifen fast für sich allein zu beanspruchen scheint. Die beiden lebhaften Namensgeber bieten die ganze traditionelle Bandbreite an Pâtés, Würsten, Schinken und Schweinefleisch, eine köstliche *pizza provençale, taboulé* und *jambon persillé* – Gerichte, denen man kaum widerstehen kann. Entlang des kurzen Mittelgangs trifft man auf eine andere *maraîchère*, Madame Tregouet, deren Gemüse, Frischkäse, Joghurt und Eier von frei laufenden Hühnern einen wesentlich angenehmeren Eindruck machen als der Gesichtsausdruck von Madame. Sie ist permanent schlecht gelaunt und kann Kunden gegenüber recht grob werden. Einige hat sie wohl für immer vergrault – wen wundert's! Ganz anders ist der Stand mit Pferdefleisch, den Marie-France Lafforgue am Ende des Mittelgangs betreibt. Er wirkt äußerst einladend (zumindest für alle diejenigen, die dieses sehr magere und leicht süßlich schme-

MONT D'OR RACLETTE

Vacherin kann man auch warm genießen! Dieses ganz einfache Rezept (ähnlich dem Schweizer Käsefondue) stammt von Jean Jacques Lainé, der auf dem Marché Montrouge seinen Käsestand hat. Der Käse wird im Ganzen in seiner Holzschachtel auf einen flachen feuerfesten Teller gestellt. Nun werden mit einem Messer kleine »Kamine« (Löcher) in den Käse gebohrt, 250 ml Weißwein angegossen und der Käse eine Stunde stehen gelassen.

Wer es etwas pikanter mag, kann den Käse mit Knoblauchstiften spicken. Im vorgeheizten Ofen (180 °C) wird er nun in der Holzschachtel 15–20 Minuten gebacken. Der obere Käsedeckel wird abgezogen – *et voilà!* Dazu eine knusprige Baguette, einen fruchtigen Weiß- oder Rotwein, vielleicht einen Salat und ein paar gekochte Kartoffeln und Cornichons reichen und man hat ein köstliches Gericht (siehe Foto oben).

KÄSE

Einige Bauern reifen ihren Käse selbst, doch die meisten Käsesorten entwickeln erst in den Kellern von Käsemachern, den *affineurs*, ihren vollen Charakter. Sie beziehen die jungen Käse direkt von den Höfen. Meist haben diese Käse ihre Schimmelrinde bereits gebildet. Die Reifung erfolgt nun durch unterschiedliche Techniken. In den Käsekellern (Foto links), die oft direkt unter den Käsegeschäften liegen, werden die Käse auf Regalen gelagert, die mit Stroh, Papier oder Plastik ausgelegt sind; alternativ liegen sie direkt auf Holz. Je nach Art des Käses herrscht hohe oder niedrige Luftfeuchtigkeit. Jeder Käse wird einzeln behandelt: er wird entweder mit Lake, Bier oder Alkohol abgerieben, in Asche gerollt oder reift ohne Zusätze. Der Reifeprozess kann zwei Wochen oder mehrere Monaten dauern. Der Käsemacher muss sich täglich um jeden Käse kümmern. Verständlicherweise sind die Käsemacher sehr darauf bedacht, ihre speziellen Techniken nicht zu verraten. Über allgemeine Erklärungen geht ihr Mitteilungsbedürfnis selten hinaus und kaum jemand ist bereit, Außenstehenden den hauseigenen Käsekeller zu zeigen.

Die Bedeutung der *affineurs* bei der Käseherstellung ist nicht zu unterschätzen. Ihr persönlicher Gaumen entscheidet schließlich, wie das Endprodukt schmecken wird. Und für den Kunden kann es bedeuten, dass er zwar den *chèvre* des einen Käsemachers schätzt, weil er ausreichend Schärfe besitzt, aber nicht seinen Camembert, dessen sahnige Beschaffenheit der Kollege besser hinbekommt, der auch den genauen Punkt der Überreife abpassen kann. Wenn man dann noch in Betracht zieht, dass es über 350 französische Käsesorten gibt, kann sich jeder Käseliebhaber nur durch häufiges Probieren ein eigenes Urteil bilden!

Der Mont d'Or ist ein saisonales Produkt. Sobald es auf den Winter zugeht, beginnen die Käsegourmets mit ihrer Suche nach diesem sahnigen Käse mit seiner pfirsichfarbenen, welligen Rinde, der in runden Schachteln aus Fichtenholz abgepackt ist. Die herkömmliche Bezeichnung für diesen Käse, der ab Anfang November offiziell auf dem Markt ist, ist Vacherin. Die sündhaft sahnige Konsistenz verdankt er den Kühen aus der Region Franche-Comté. Die Rassen Montbéliard und Pie Rouge de l'Est konnten den ganzen Sommer auf den Weiden der an die Schweiz grenzenden Bergregion Frankreichs mehr als 50 Sorten Gras und Kräuter zu sich nehmen und gaben sehr sahnige und aromatische Milch. Der Reifeprozess des Käses beginnt im August, wenn aus der Milch der Rohkäse gewonnen wird. Er wird dann geformt und in Fichtenrinde gewickelt. Auf Fichtenholz lagert er vier Monate lang und wird während dieses Reifeprozesses mit Lake abgerieben und ständig gewendet, bis sich eine dünne Rinde gebildet hat. Dann reifen die Käse in Einzelschachteln in Ruhe weiter.

Traditionell wird der Käse, der die Fähigkeiten der französischen Käsemacher beeindruckend unter Beweis stellt, vor dem Verzehr mindestens einen Nachmittag bei Zimmertemperatur gehalten. Man serviert ihn in seiner Holzschale. Die obere Rinde wird vorsichtig entfernt und der Käse mit einem großen Suppenlöffel herausgelöffelt und serviert. Auf keinen Fall wird er angeschnitten! Wer sich an dem Geschmack gar nicht satt essen kann, kann die Käsereste mit dem Löffel aus dem Schächtelchen kratzen. Das Vacherin-Ritual ist besonders zu Weihnachten beliebt, dem jährlichen Höhepunkt dieses Käses. Nach den Feiertagen nähert sich auch die Saison langsam ihrem Ende; nur noch bis Ende Februar ist der Käse erhältlich.

ckende Fleisch mögen). Pferde sind heikle Esser und allergisch gegen Hormone. Was für den Menschen bedeutet, dass ihr Fleisch nicht hormonbehandelt ist, einen geringeren Cholesteringehalt hat und von Ärzten wegen seiner Unbedenklichkeit oft empfohlen wird. Zwar ist die Nachfrage rückgängig, aber den Beruf des *boucher chevalin* wird es immer geben, glaubt Madame Laffourge. Immerhin ist sie schon seit 30 Jahren auf Pariser Märkten als Händlerin tätig.

Die Obst- und Gemüsestände zeichnen den Marché Montrouge aus. Viele werden von südostasiatischen Familien betrieben und liefern exzellente Qualität und ein hervorragendes Angebot. Traditonelle Obst- und Gemüsesorten sind erhältlich, darunter Spargel, junger Spinat, Mischsalat, grüne Bohnen, Bananen, Melonen und Erdbeeren. Aber auch Exotisches ist gefragt und viele Marktkunden steuern auf der Suche nach Chinakohl, schwarzen Rüben, Ingwer, Sojabohnen, Zitronengras, Mangos, Rambutans und Passionsfrucht ihre speziellen Stände an. Überraschend ist, dass viele Händler zufällig zu ihrem Beruf kamen. Jean Luc Lor, ganz am Ende der letzten Marktreihe, war beispielsweise Taxifahrer, Filialleiter und Koch, bevor er sich als Markthändler etablierte. Generell herrscht hier ein geschäftiges Treiben – man ist höflich zu den Kunden, aber die Abfertigung muss schnell gehen und für die Waren muss man auch etwas tiefer in die Tasche greifen. Dafür wird man nie lappigen Salat und Obst ohne Geschmack bekommen.

Der Käsestand der Lainés beliefert den Marché Montrouge bereits seit 1977 mit handgemachten Käsen, die sie von *artisanaux* erwerben. Spezialisiert hat sich der Stand auf *chèvres*, doch ein großes Angebot an Käsespezialitäten aller Regionen Frankreichs ist ebenfalls erhältlich. Monsieur Lainé ist überdies aktiv in der Politik tätig. Er hat berechtigte Befürchtungen, dass die durch die EU verfügten neuen Regelwerke und Bestimmungen bezüglich Produktion und Verkauf von Lebensmittelprodukten den traditionellen Methoden der französischen Gastronomie, um deren Erhalt er kämpft, zuwiderlaufen. Der aus dem Limousin stammende engagierte Verfechter französischer Küche ist ein echter Gourmet und Liebhaber von gutem Essen. Deshalb organisiert er für einen englischen Reiseveranstalter Kochreisen, bei denen Kochschulen, Lebensmittelläden und natürlich die Märkte seiner Stadt besucht werden. Ein hervorragender Verkäufer ist Monsieur übrigens auch; alles darf man drücken, beschnuppern und probieren. Die sahnige Ziegenmilch, Monthais à la feuille und der fette und sehr aromatische Époisses de Bourgogne (das Aroma verdankt er dem Einreiben mit Marc, dem alkoholgewaltigen Tresterbranntwein aus dem Burgund) sind besonders köstlich. Den Autorinnen überließ er großzügig sein Liebingsrezept für *mont d'or* (siehe Seite 209).

Links: Wenn man in Frankreich Käse kauft, werden *fromagers* wie Monsieur Lainé wissen wollen, wann er verzehrt werden soll. Sie bestimmen den Reifegrad des Käses, indem sie in seine Mitte drücken.

Ab und an herrscht auch auf diesem Markt Hektik, wenn nämlich in der Stadthalle im 14. Arrondissement eine Veranstaltung stattfindet, aber meist geht es entspannt und gelassen zu. Wer gerne auf einer sonnenbeschienenen Caféterrasse »Leute gucken« will, findet in der Rue Daguerre, was er sucht. Entlang dieses täglich abgehaltenen Straßenmarktes sind auch einige sehr ansprechende Lebensmittelläden. Buchläden und Boutiquen haben sich dort niedergelassen, ebenso das neu eröffnete Käsegeschäft *Androuët* und die *Fromagerie Vacroux*. *Nicolas* und *Caves Péret* verkaufen hier den passenden Wein und einige Metzger, Bäckereien, Obst- und Gemüsestände und der umfassend sortierte Fischladen *Daguerre Marée*, wo sich alles an Fisch und Meeresfrüchten tummelt, was man sich nur vorstellen mag, sind gleich nebenan. Einige Straßen weiter wird es etwas ruhiger. Hier liegt die für ihre köstlichen Produkte bekannte Bäckerei *Le Moulin de la Vierge*, wo man

eine perfekte *fougasse* oder Sauerteigbrötchen erwerben und dabei zuschauen kann, wie Brote in holzbefeuerte Öfen geschoben werden.

Wer jetzt noch Appetit auf ein Mittagessen hat, dem stehen viele kleine Restaurants mit französischer, indischer oder asiatischer Küche zur Auswahl. Alternativ bieten sich die berühmten Froschschenkel der kleinen Weinbar *Le Vin des Rues* (Rue Boulard Nummer 21) an, die ihren Wein im Glas verkauft. Wer die Zutaten für ein Picknick erstanden hat, kann es sich im weitläufigen Parc Montsouris am See oder unter einem alten Baum gemütlich machen und die Ruhe genießen. Hat man dann irgendwann genug Vogelgezwitscher gehört und blauen Himmel bestaunt, kann man sich unter die Erde wagen. Drei Jahrhunderte Pariser Bewohner sind in den Katakomben fein säuberlich aufgereiht. Ähnlich Schräges gibt es in der Fondation Cartier auf dem Boulevard Raspail zu bewundern, die für ihre Ausstellungen moderner Kunst berühmt ist.

ALESIA

Nur einige Straßenzüge vom wunderschönen Parc Montsouris entfernt liegt der Marché Alesia. Zwei große Blumenstände heißen die Käufer willkommen und der Käsestand *Fromagerie Lovenian* (oben) stimmt mit seinem üppigen Angebot an Ziegenkäse und Körben mit frisch gebackenem Biobrot auf einen schönen Marktgang ein. Monsieur Lacroix und seine Frau bieten eine kleine, aber feine Auswahl an frischem Fisch aus der Normandie und Bretagne an. Monsieur Jouastelle bringt die wohlgenährtesten seiner Hühner, Enten und Perlhühner von seinem Bauernhof in der Region Saône auf den Markt. Nach einigen *maraîchers*, die die pflückfrische Ernte appetitlich in Holzkisten dekoriert haben, folgt einer der Marktveteranen. Monsieur Nougaro, ein *charcutier*, breitet auf seinem großen Stand wunderbare Köstlichkeiten aus – fein gewürzte Quiches und Tartes, leckere Schinken, Würste und sehr gute Schweinefleischprodukte wie Braten, Kotelett und Rippchen. Es herrscht eine entspannte, freundliche Atmosphäre auf diesem Markt, der alles bereithält, was man für das tägliche Leben braucht. Allerdings empfiehlt es sich, recht früh zu kommen, denn spätestens um zwölf Uhr mittags haben die Anwohner den Markt leer gekauft.

EDGAR QUINET

Dreht man dem hässlichen Turm der Gare Montparnasse den Rücken zu und schlendert den Boulevard Edgar Quinet hinunter, wird einen der dort liegende hübsche Markt schnell vom hektischen Treiben auf dem Boulevard Montparnasse ablenken. Auf dem Marché Edgar Quinet herrscht trotz seiner Größe eine Ruhe wie in alten Zeiten. Touristen kommen nur selten hierher; die Käuferklientel wohnt in den umliegenden Straßen. Die beliebtesten Händler kennen ihre Kunden mit Namen und lassen sich von deren anspruchsvollem Kaufverhalten und der peniblen Überprüfung angebotener Waren nicht aus der Ruhe bringen (Qualität und Angebot sind tatsächlich nicht gleichbleibend gut). Köstliches ist natürlich auch zu finden, beispielsweise auf dem Pilzstand *Meyer Champi*, wo sammel- und erntefrische Pilze angeboten werden, auf den Exotenständen von J. & M. Boulay und Gasche-Lecroc, die Obst und Gemüse aus Fernost liefern, auf dem italienischen Stand, wo Daniel Capocci landestypische Spezialitäten, darunter köstliche Schinken und Salamisorten und verzehrfertige Pastagerichte verkauft. Auch einige Fischhändler, Metzger und *charcutiers*, einige *fromagers* und Bäcker, ein Imker, ein *traiteur* für afrikanische Küche und ein Stand für Topfpflanzen lohnen das Verweilen. Die ausgeglichene Atmosphäre macht das Schauen und Auswählen von Produkten zu einem angenehmen Zeitvertreib, bevor man sich dann auf einer der sonnenbeschienenen Caféterrassen des Boulevards niederläßt.

VILLEMAIN

Etwas verloren wirkt der Marché Villemain, wenn mittwochs auf dem Platz nur einige wenige der sonst anwesenden Händler eine entsprechend geringe Anzahl von Kunden bedienen. Die Stellung hält Monsieur Heron, der scheinbar als Einziger über unterhaltende Fähigkeiten verfügt und den Passanten gegenüber seine prallen Burlat-Kirschen oder zarthäutigen Aprikosen lauthals anpreist. Eine Hand voll Händler bieten überdies noch ein kleines, aber ausreichendes Sortiment an Produkten an. Ist man zufällig an einem Sonntag hier in der Nähe, lässt sich der Besuch mit einem Abstecher auf den Marché Convention verbinden, der auf der Rue de la Convention nur eine Métrostation entfernt abgehalten wird.

BRUNE

Marché Brune gehört auch zu den Lieblingsmärkten der Autorinnen. Warum? Hier gibt es Qualität zu sehr guten Preisen. Der einzige Nachteil ist sein Standort, er liegt auf einem großen, sehr verkehrsreichen Boulevard am Stadtrand. Aber dieser Nachteil wird durch die angenehme, freundliche Atmosphäre und die riesige Auswahl mehr als wettgemacht. Unter den über 70 Ständen sind die *maraîchers* besonders zahlreich vertreten, doch auch viele *fromagers*, Metzger und *charcutiers* trifft man auf dem Marché Brune an. Zwischendurch finden sich vielfarbig leuchtende Blumenstände, großzügig gestaltete Fischstände und Geflügelhändler. Der Markt zieht viele Menschen an – verständlich, denn auf Schritt und Tritt entdeckt man Verlockendes. Ein thailändischer Grill beispielsweise, wo Hühner, Kaninchen und Enten mit einer Marinade aus Ingwer, Zitronengras, Kreuzkümmel und Koriander beträufelt werden, bevor sie knusprig braun gegrillt werden. Wer den nahe gelegenen Flohmarkt Porte de Vanves besuchen will, sollte auch dem Marché Brune einen Besuch abstatten. Ebenso lohnt sich ein Besuch der neuen Fischhalle auf der Rue Castagnary, einem Großmarkt mit äußerst frischen Produkten zu sehr günstigen Preisen.

BRANCUSI BIOLOGIQUE

Der Marché Brancusi wurde erst im Oktober 1999 gegründet, doch er beweist, wie beliebt Bioprodukte mittlerweile sind. Der Minimarkt liegt auf einem ruhigen Platz und bietet an ungefähr einem Dutzend Ständen alles aus Bioproduktion: Gemüse, Trockenwaren, Käse, Fleisch, Brot, Fertiggerichte und Fisch. Die hervorragende Bäckerei Max Poilâne rundet das kleine, aber sehr gute Angebot ab. Dieser Markt ist zwar etwas abgelegen, wartet aber nur darauf, entdeckt zu werden.

Le Traiteur Italien

George Capitano ist ein rundlicher Mensch, der immer ein Lächeln auf den Lippen hat – selbst bei so ernsten Themen wie der richtigen Garzeit seiner Ravioli. Mit seinem kecken blauen Wollkäppi steht er stolz und strahlend hinter seinen italenischen Spezialitäten. Die Hände sind vom Griff in die Ravioli ständig mit Mehl überpudert. Zwischendurch wischt er sie am weißen Arbeitskittel ab, um hauchdünnen Parmaschinken zu schneiden (doch der nächste Kunde verlangt schon wieder Ravioli). Denn obwohl die Salamisorten, Schinken, Antipasti und die krümeligen Riesenbrocken des Parmesans und Pecorinos von bester Qualität sind, kommen die Kunden doch vorrangig wegen seiner Ravioli. Bei einem solchen Grad an Beliebtheit und Können erwartet man Geschichten von einer langen Capitano-Tradition auf Märkten. Das Gegenteil ist der Fall: Vor sieben Jahren entschloss sich seine Schwester einen Pizzawagen zu kaufen und George Capitano hatte gerade seinen Job als Computer-Programmierer geschmissen. Er ging nach Italien, um zu lernen, wie man eine perfekte Pizza macht. Eines führte zum anderen und bald fertigte George im Lieferwagen auch frische Fettuccine an und die Kunden stellten sich geduldig nach einem Glas seiner Tomatensauce an. Es lief alles prima, das Pizzageschäft war ein Riesenerfolg, aber nichts inspiriert einen Italiener so wie die Liebe. Sie hieß Françoise, war Chemikerin bei einer großen Pariser

Firma und ließ sich von George Capitanos Vision einer endlosen Liebe in einem eigenen Unternehmen zwischen Tabletts mit zarter Pasta anstecken. Ihr wissenschaftlicher Ansatz und seine Liebe zum Essen machten aus dem Paar das perfekte Team. Die Ravioli sind beeindruckend leicht und sehr lecker. Die meisten Rezepte für seine Raviolivarianten hat George den Rezepten seiner Mutter entlehnt, aber er experimentiert auch gerne und hat so köstlich-kreative Kombinationen wie Walnuss und Aubergine, Balsamicoessig und Spinat, Ricotta und Pesto »erfunden«. Die fertigen Füllungen verfeinert er oft noch mit einem Schuss Weißwein, etwas Muskat oder ein paar Tropfen aromatischen Olivenöls. Kein Wunder, dass sie zu wahren Geschmacksbomben werden.

Der Stand der Capitanos ist unwiderstehlich. Nicht nur wegen der Ravioli. Auch die Antipastiauslagen (marinierte Artischockenherzen, Paprika, grillte Auberginen und Zucchini), die *salumeria*, die Weine und Öle, die sie selbst aus Italien importieren, sorgen für eine ewige Käuferschlange, denn jeder möchte eine Kleinigkeit davon mit nach Hause nehmen.

Die Capitanos sind auf den Märkten Convention, Président Wilson und Saxe Breteuil zu finden.

MARKTREZEPTE

CHAPON AU CHAMPAGNE
Kapaun mit Champagner und Trüffeln

Der Kapaun, ein kastrierter Masthahn, liefert besonders saftiges und zartes Fleisch. Ein Kapaun ist etwas für einen ganz besonderen Anlass, für ein Festmahl. Er ist meist sehr groß, sein Fleisch reicht leicht für 6–8 Personen oder auch mehr, je nachdem, ob man ihn als Entrée oder als Hauptgang servieren möchte. Kapaune sind alles andere als gewöhnliche Hausmannskost, darum muss man wahrscheinlich ein wenig auf die Suche gehen, um einen zu bekommen, oder zumindest längere Zeit im Voraus bestellen. Bei diesem Rezept kann man die Trüffeln auch durch frische oder getrocknete Morcheln ersetzen. Nimmt man getrocknete Morcheln, so weicht man sie vorher in warmem Wasser ein. Verwendet man eingemachte Trüffeln, so sollte man unbedingt auch die Lake verwenden, sie ist nämlich sehr aromatisch.

🕐 20–30 Minuten   🍲 2 Stunden

1 Kapaun (3–4,5 kg)
2 Schalotten
1 große schwarze Trüffel (ca. 60 g)
    oder 60 g frische oder 25 g getrocknete Morcheln
2 EL Pflanzenöl oder Gänse- oder Entenschmalz
Salz, Pfeffer aus der Mühle
1 Flasche Champagner
2–3 EL Crème double

1. Kapaun in Keulen und Brusthälften zerteilen und anschließend in 8 gleich große Stücke schneiden. Schalotten abziehen und hacken, Trüffel zuerst in dünne Scheiben, dann in feine Streifen (Juliennes) schneiden. 2. Kapaunstücke in zwei oder drei Gängen in einem großen Schmortopf in Öl oder Schmalz bei mittlerer Hitze rundum 10 Minuten bräunen. Herausnehmen und beiseite stellen. Überschüssiges Fett aus dem Schmortopf gießen, dann Schalotten hineingeben und glasig dünsten. 3. Die Kapaunstücke zufügen, salzen, pfeffern, Champagner angießen und 2 Minuten kräftig kochen, damit der Alkohol verkocht, dann Trüffel (oder Morcheln) zufügen. 4. Zugedeckt etwa 2 Stunden bei sanfter Hitze schmoren, dabei die Stücke öfters wenden, eventuell etwas Hühnerbrühe zugießen. 5. Vor dem Servieren Crème double unterrühren und mit Reis oder Wildreis servieren. **Für 6–8 Personen.**

🍷 Jahrgangschampagner oder guter Schaumwein (vin mousseux), weißer Burgunder

GÂTEAU AUX POMMES
Warmer Butter-Apfel-Kuchen

Eve Nochets Apfelkuchen ist wirklich ein gelungenes Rezept! Es ist erstaunlich, wie wenig Teig man dafür benötigt: Gerade eben so viel, dass die Apfelschnitten damit bedeckt sind. Das Verhältnis von Kuchenteig und Apfel ist beispiellos, und die Butter-Zucker-Mischung als oberster Belag, der am Ende hinzugefügt wird, ist göttlich.

🕐 15 Minuten   🍲 30 Minuten

8 TL Mehl
3 TL Zucker
1 Tütchen Vanillinzucker
1 TL Backpulver
1 Ei
2 EL Sonnenblumenöl
7 EL Milch
4 Äpfel (Jubilé, Golden Delicious oder andere Backäpfel), geschält, entkernt, geviertelt und in Scheiben geschnitten
Butter zum Fetten der Form

Für den Belag:
4 EL mild gesalzene Butter *(beurre demi-sel)*
6 EL Zucker

1 Kranzform

1. Den Ofen auf 180 °C vorheizen. Mehl in eine Schüssel sieben, Zucker, Vanillinzucker und Backpulver zufügen. 2. Ei, Öl und Milch miteinander verrühren. 3. Die flüssigen Zutaten mit den festen gut mischen, dann die Apfelscheiben zufügen und vorsichtig unter den Teig heben. 4. Die Form fetten. Den Teig in die Form geben und 25 Minuten backen. Butter bei mittlerer Hitze in einer kleinen Stielkasserolle zerlassen. 5. Den Kuchen aus dem Ofen nehmen, zerlassene Butter über den Kuchen träufeln und Zucker darüber streuen. Den Kuchen erneut in den Ofen schieben und weitere 5 Minuten backen. 6. Einige Minuten abkühlen lassen, dann aus der Form stürzen und mit Sahne oder Vanilleeis servieren. **Für 4–6 Personen.**

🍷 Halbtrockene Weißweine oder Roséweine: Anjou, Vouvray

Ein Butter-Apfel-Kuchen von der Bäckerei Max Poilâne.

Das 15. Arrondissement besitzt weder die Koketterie der eleganteren Pariser *quartiers* noch die typische Ansammlung von Monumenten und historischen Ecken und Winkeln. Es gehört zu den jüngeren Stadtvierteln und entwickelte sich während der Industriellen Revolution, als ein Großteil der Pariser Fabriken hier an den Ufern der Seine entstand. In den frühen 1960er-Jahren fand eine weitreichende Umstrukturierung des Viertels statt: Die lauten, unansehnlichen Industrieanlagen wurden in die Vororte verlegt. Durch seine Nähe zum piekfeinen 7. und 16. Arrondissement zog das moderne *quartier* daraufhin viele junge Verwaltungsangestellte mit ihren

XVe ARRONDISSEMENT

Familien an und wurde zu einer beliebten Wohngegend. Im Laufe der Jahre hat es sich bis auf ein neues Geschäftszentrum am Flussufer kaum verändert. Hier etablierten sich Hotels, Kinos und Geschäfte in ultramodernen Hochhäusern, die nicht so recht zur übrigen Architektur der Stadt passen. Nur wenige Reiseführer animieren Paris-Besucher zu einem Rundgang durch das 15. Arrondissement. Dort trifft man selten Touristen auf der Straße. Dabei hat das Viertel eine sympathische Atmosphäre und bietet eine Reihe lebhafter Märkte, darunter den schönen Marché Saint Charles.

37 alte und neue Brücken führen in Paris über die Seine und verbinden das rechte und das linke Flussufer.

AUF ZUM MARKT!
Der Marché Saint Charles

Dieser Markt ist ein typischer Pariser Wochenmarkt: verführerische Düfte und Auslagen, wohin man schaut! Behelfsmäßige Stände vor einladenden Schaufenstern säumen die Bürgersteige zu beiden Seiten der Rue Saint Charles in diesem beliebten Viertel im Südwesten der Stadt. Auf dem Markt drängen sich Kinderwagen, Einkaufskarren und Käufer durch die engen Gänge. Die Fleischer offerieren herzhafte *côtes de boeuf* und Kalbsbraten; die *maraîchers* neue Kartoffeln, Zwiebeln und gartenfrisches Gemüse; die Fischhändler ganze Lachse, leuchtend rote Thunfischsteaks und küchenfertig vorbereitete Fischfilets; und an den Käseständen gibt es Stücke vom Gruyère und Cantal sowie Holzkisten mit cremigem Camembert.

Ursprünglich bestand das am Stadtrand gelegene 15. Arrondissement aus den beiden Weilern Vaugirard und Grenelle, die zur mächtigen Abtei Saint Germain-des-Prés gehörten. Während sich Vaugirard bis 1825 zu einem Dorf mit über 6000 Einwohnern entwickelt hatte, veränderte sich Grenelle erst in den 1830er-Jahren, als es auf-

grund der großen ungenutzten Landflächen und der Flussnähe zum industriellen Zentrum von Paris wurde. Im Mittelalter weidete auf dem üppigen Grünland von Vaugirard das Vieh, mit dem Paris weitgehend versorgt wurde. Benediktinermönche pflanzten hier auch Rebstöcke an und kelterten einen sehr begehrten Rotwein. Der Boden im nahen Grenelle war wenig fruchtbar. Er wurde zudem ständig überflutet. Doch das gute Trinkwasser der Gegend war ein kostbarer Schatz. Da beide

Zwischen den einladenden Schaufenstern der Geschäfte und den Marktständen strömen die Kunden über den schmalen Bürgersteig der Rue Saint Charles.

Ortschaften am Rande der Stadt lagen, jenseits der Zollmauern und daher von Steuern ausgenommen, waren sie beliebte Ausflugsorte. Zecher kamen nach Vaugirard, um die Keller der zahlreichen Tavernen leer zu trinken. Anschließend torkelten sie an der Windmühle von Grenelle vorbei zu dem kleinen Fischerhafen am Fluss, wo sie ein kühles Bad nahmen und Flusskrebse verspeisten.

Der Markt Saint Charles entstand im Jahr 1879 unter der Bezeichnung »Javel« zur Versorgung der Arbeiter und ihrer Familien, die sich in dieser Gegend niederließen und ihren Lebensunterhalt in den zahlreichen Lohgerbereien, Gießereien und anderen Fabriken verdienten. Die bekannteste Fabrik war der französische Automobilhersteller Citroën, der die Präsidentenlimousinen und jene schnittigen Autos baute, mit denen alle Gangster im französischen *film noir* durch die Gegend brausen. Die älteste Fabrik war ein Chemiewerk, das 1777 am ehemaligen Standort der Windmühle von Grenelle entstand; hier wurde die Bleiche erfunden, die den Namen *eau de javel* erhielt, in Anlehnung an die *javeaux,* Inselchen, die sich nach größeren Überschwemmungen entlang der Flussufer bildeten. Das Tempo, mit dem sich diese Gegend bis zum Ende der 1950er-Jahre entwickelte, war überwältigend. Doch die daraus resultierende Fabriklandschaft – mit ihren schwarzen Rauchschwaden, dem allgegenwärtigen Lärm und der verpesteten Luft – war alles andere als schön. Und so war es eine Wohltat, als man die Fabriken umsiedelte und sich die Gegend zu dem friedlichen Wohnviertel von heute entwickelte.

Wer die Métrostation Charles Michel verlässt, wird von zahlreichen Geschäften und Cafés begrüßt und taucht sogleich in die Atmosphäre des Wochenmarktes ein, der hier jeden Dienstag und Freitag entlang der baumbestandenen Bürgersteige zwischen der Rue de Javel und der Rue des Cévennes stattfindet. Einladend ist das *Moule à Gâteau* mit seinem herrlichen Buttergebäck, das die meisten Gäste in ihren Kaffee tunken. Anschließend kann man drüben auf der linken Seite den ersten Marktstand bewundern. Betrieben von Mutter und Tochter, quellen die Tische über von selbst angebauten Produkten, die in Körben und Kisten auf einer leuchtend blauen Plastikdecke stehen. In den Sommermonaten sitzt gleich daneben ein freundlicher, redseliger Tischtuchverkäufer, der sich beim Anblick der Kunden, die bei den beiden Frauen nach Obst und Gemüse anstehen, zweifellos wünscht, seine provenzalischen Tischdecken würden den gleichen reißenden Absatz finden.

Im Lauf des Vormittags wird es dann zunehmend voller auf dem Markt, und die Gänge füllen sich mit Anwohnern, ihren Einkaufskörben, Hunden und kleinen Kindern. Es kann eng werden, aber es gibt kein Geschiebe und Gedränge; alle sind sehr höflich und freundlich. Dies ist kein Markt, bei dem die Verkäufer ihre Waren lautstark anpreisen – es ist nicht nötig, die Marktbesucher näher an die Stände heranzulocken, als sie ihnen ohnehin schon sind! Das erste Geschäft, auf das man trifft, ist eine Fleischerei mit einer verführerischen Auslage, zu der auch Carpaccio gehört, das man portionsweise auf Tellern angerichtet mit nach Hause nimmt. Die Teller bringt man dann am nächsten Tag gespült zurück. Gleich nebenan befindet sich *Buongiorno*, ein italienisches Lädchen knapp 2 mal 3,5 Meter groß, das vom Boden bis zur Decke mit frischer Pasta, Käse, Wein, Schinken, Salami, Kaffee, Antipasti und wunderbaren, selbst gemachten Nachspeisen angefüllt ist. Hier kann man zu seinem Carpaccio eine Flasche bestes natives Olivenöl und dünn gehobelten Parmesan erstehen. In der Bäckerei *Flûte de Gana*, einige Schritte weiter, kann man zuschauen, wie die berühmten dünnen *flûtes* geformt und in noch mit Holz befeuerte Backöfen geschoben werden. Mit ihrer knusprigen Kruste und der lockeren

Krume gehören sie zu den besten Baguettes, die es in der ganzen Stadt zu kaufen gibt.

Vorbei an Ständen mit Fisch, Blumen und Gemüse kommt man an die kaum zu übersehende *charcuterie* von Madame Boulanger und ihrer Tochter Nathalie. Nathalie trifft man häufig auch bei *Rebuzzi*, einem weiteren italienischen Feinkosthändler in unmittelbarer Nachbarschaft der Boulangers. Madame Boulanger gehört zu den wenigen *traiteurs* auf dem Markt, die einige ihrer Speisen an Ort und Stelle zubereiten. Außer Quiche, Pizza, gegrillten Sardinen, *tomates provençales*, Spanferkel, Schinken, *pâtés*, *terrines*, Reispudding, *clafoutis* und Bratäpfeln gibt es Bratkartoffeln mit Auvergnat-Wurst, dampfendes *petit salé aux lentilles*, Blutwurst mit geschmorten Zwiebeln und herzhaftes *cassoulet* zu kaufen.

Wer hier nicht alles findet, was sein Herz begehrt, geht ein Stückchen weiter bis zum Laden an der Ecke. *Au Cochon Rose* besteht seit 1936 und rühmt sich seiner prämierten Blutwürste und dem *fromage de tête* sowie einer wundervollen Auslage mit pochiertem gefülltem Lachs, Wachteln in Aspik, *bouchée à la reine*, Seeteufel- und Seezungen-Terrinen, Hummerhälften mit Avocado, 20 verschiedenen Salaten, darunter die allgegenwärtigen geraspelten Möhren, sowie Salate mit Kartoffeln, mit Garnelen und Grapefruit, mit Weißkraut und Rosinen, mit Chicoree und Walnüssen, mit Tomaten und Zwiebeln, mit Ostseehering, *salade russe* und *céleri remoulade*; und nicht zu vergessen die Platten mit warmem *veau printanier*, gebratener, mit Backpflaumen gefüllter Schweinelende, *morue à la provençale*, gebratenem Schinken mit Kräuterkruste, *boeuf en daube* sowie Kartoffelpüree, Rahmspinat und geschmortem Chicoree als Beilage zu all diesen Gerichten. Ist dies noch nicht genug, steht außerdem noch eine Vielzahl köstlicher Nachspeisen zur Auswahl. Und das Beste: Es gibt Mittagsmenüs schon für 30 Francs. Verständlicherweise stehen die Kunden hier immer Schlange!

In den 1960er-Jahren, nachdem die meisten der Industrieanlagen in die Vororte abgewandert waren, wurden neue Wohnkomplexe gebaut, die jene aufstrebenden Leute anzogen, die eigentlich im nahe gelegenen vornehmen 7. oder 16. Arrondissement leben wollten, es sich aber nicht leisten konnten. Infolge willkürlicher Stadtplanung ist das Viertel ein Mischmasch aus moderner und alter Architektur. Der nördliche Rand des Arrondissements besitzt noch immer ein elitäres Flair, doch insgesamt ist es ein Viertel, in dem hauptsächlich Familien wohnen. Es gibt eine Vielzahl älterer Anwohner, die schon

vor dem Krieg hier lebten, sowie eine wachsende Zahl von jungen Familien, die sich von den funktionalen, modernen Wohnkomplexen und der Nähe zum *périphérique* angezogen fühlen. Ins 15. Arrondissement geht

man eigentlich nicht, um sich Sehenswürdigkeiten anzuschauen; es ist ein aufstrebendes Wohnviertel der Mittelschicht, in dem man tagtäglich seine Lebensmittel einkauft. Die vielen Märkte und Spezialitätengeschäfte locken Pariser an, die ihren Käse am liebsten bei einem *fromager* holen, gerne mit den *maraîchers* plaudern und sich vom *marchand de vin* eine gute Flasche Wein für das Mittagessen mit der Familie empfehlen lassen – anstatt ihre Einkäufe auf die Schnelle in einem unpersönlichen Supermarkt zu erledigen. Touristen verirren sich nur selten in die-

Italienische Feinkostgeschäfte, *traiteurs*, Fleischerläden und Bäckereien säumen die Straße und ergänzen das Angebot des Wochenmarktes.

ses große Arrondissement; wer das Viertel besucht, wird feststellen, dass es zwar nichts Spektakuläres zu bieten hat, aber das typische Alltagsleben von Paris widerspiegelt.

Der Markt geht hinter der Kreuzung der Rue de la Convention weiter, wo zumeist viele Stände mit Bekleidung aufgebaut sind. Anschließend trifft man auf Monsieur Mallet, dessen winziger Tisch angefüllt ist mit Hühnern, Wachteln, Tauben und Kaninchen, frischem Ziegenkäse, Würsten, die er mit Basilikum und schwarzen Trompetenpilzen würzt, und einem Korb mit ein oder zwei Sorten Pilzen, die er aus dem Loire-Tal mitbringt, wo er herstammt. Empfehlenswert ist auch der Stand *Les Chèvres de Saint Vrain* mit seiner großen Auswahl an frischem Ziegenkäse, der hübsch dekoriert neben Käselaiben von Comté de fort Saint Antoine, Mimolette, Brebis fermier, Morbier und cremigem Pont l'Évêque liegt. Die jungen Standbetreiber erläutern begeistert das außergewöhnliche Angebot und helfen ihren Kunden gerne bei der Auswahl. Wer ihrem Rat folgt, wird niemals enttäuscht.

In der blitzsauberen Metzgerei von Monsieur Mahier, dem eine Hand voll erfahrener Angestellter in roten Arbeitskitteln zur Seite steht, bekommt man immer perfekt gebundene Rollbraten und eine herrliche Auswahl an Lamm-, Schweine-, Kalb- und Rindfleisch. Im Herbst träumt man beim Anblick von Hasen, Fasanen, Rebhühnern, Rehwild und Wildschweinen, die wie ein Stillleben im Schaufenster hängen und mit Jagdhörnern aus Messing und Herbstlaub dekoriert sind, von den köstlichsten Wildeintöpfen!

Die vielen Metzgereien, die man entlang der Rue Saint Charles findet, sind wahrscheinlich zurückzuführen auf das Mittelalter, als große Viehherden auf den Weiden von Vaugirard grasten und sich hier ein bedeutender Schlachthof befand, der erst 1970 seine Tore schloss. Der große Zulauf, den Metzger hier haben, ist keinesfalls ungewöhnlich – die Franzosen werden niemals auf ihre gegrillten *entrecôtes* und *steaks tartares* verzichten.

An einem kleinen Verkehrskreisel befindet sich die Weinhandlung *Cellier Saint Charles* mit riesigen Körben voller einfacher Tafelweine und Holzregalen, in denen die erleseneren *cuvées* lagern. Die Lage der Weinhandlung ist ideal, denn nach dem Einkauf auf dem Markt steht die Speisefolge vermutlich fest, und man braucht nur noch einen guten Wein zum Essen, den der charmante Besitzer gerne empfiehlt.

Der letzte Stand auf dieser Seite des Marktes ist voll gepackt mit frisch geschnittenen Rosen: winzige rosarote, blassgelbe, orangerote und langstielige rote Rosen sowie üppige hellrosa Bauernrosen, die oft-

METZGER

Die Fleischergilde ist die älteste und mächtigste in Paris und wurde bereits 1146 während der Herrschaft von Louis VII gegründet. Jahrhundertelang konnte ein Außenseiter nur dann das Metzgerhandwerk ausüben, wenn er eine schriftliche Erlaubnis vom König besaß; ansonsten durften Können und Titel ausschließlich an Familienmitglieder weitergegeben werden. Die Zunft der Fleischer besaß das Monopol auf Frischfleisch. Erst im 16. Jahrhundert wurde den *charcutiers* erlaubt, auch gegartes Schweinefleisch zu verkaufen. Fleisch war noch im Mittelalter eine billige Ware; einfache Arbeiter aßen ebenso wie der Adel üppige Ragouts und Braten. Das Vieh kaufte man entweder auf Viehmärkten in den benachbarten Dörfern und trieb es von dort in die Stadt oder von den gut bestandenen Weiden des Klerus, der überschüssige Rinder Gewinn bringend verkaufte. Aufgrund der wachsenden Bevölkerung und einer Wirtschaftskrise stieg dann Mitte des 16. Jahrhunderts der Preis für Rindfleisch so stark an, dass es sich die meisten einfachen Leute nicht mehr leisten konnten und ein saftiges *côte de bœuf* eine Seltenheit wurde.

Als Antwort darauf begannen die *charcutiers* mit großem Einfallsreichtum, das billigere Schweinefleisch zu zahllosen Wurstsorten, Schinken, *andouillettes* und Sauerfleisch zu verarbeiten.

Bis zum 19. Jahrhundert gab es in Paris keinen Schlachthof, und so war es üblich, dass die Metzger und *charcutiers* die Tiere in den Höfen hinter ihren Geschäften schlachteten und zerlegten. Dabei kam es häufig vor, dass eines der verstörten Tiere entkam und durch die Straßen raste; der Gestank der beim Schlachten anfallenden Reste war zudem unerträglich. Zwischen 1808 und 1818 entstanden deshalb fünf *abattoirs* und weitere fünf Schlachthöfe im Jahr 1860. Der Schlachthof *La Villette* war noch bis in die 1970er-Jahre in Betrieb und gehörte zu den letzten in der Stadt, bis auch er geschlossen wurde. Als Erinnerung an vergangene Zeiten steht heute noch im 15. Arrondissement ein authentischer Pavillon an der Stelle, wo sich einst der Schlachthof von Vaugirard befand, heute jedoch allwöchentlich antiquarische Bücher den Besitzer wechseln.

mals schon alle gegen zehn Uhr morgens ausverkauft sind. Auf der anderen Seite, am Marktanfang, gibt es eine besondere Abteilung, die aus vier Biobauern besteht, welche jeden Freitag hier ihre Produkte verkaufen. Die Pariser Bastionen für Bioprodukte sind der Marché Raspail und der Marché Batignolles, doch die Stände hier ziehen ebenfalls eine recht große Käuferschar an. Monsieur Savier verkauft Gemüse aus eigenem Anbau sowie einige importierte Früchte; sein Angebot ist groß und umfasst beispielsweise Pfirsiche, Mangos, kleine Auberginen und schlanke *haricots verts*. Bei *La Ferme de la Bourgère*, einem Familienbetrieb, stehen Holzkisten mit all dem Gemüse, das auf dem Hof gerade reif ist. Zusammen mit dem Käse- und dem Fleischstand ergibt sich ein kleines, aber vollständiges Biosortiment für ernährungsbewusste Verbraucher.

Obwohl die meisten Geschäfte auf dem letzten Teil des Marktes Bekleidung und Schuhe verkaufen und weniger interessant sind, gibt es hier noch eine Reihe von lohnenswerten Marktständen. Zu den Gemüseverkäufern gehört Monsieur Occaer, der frische *cornichons* anbietet, die man selbst zubereiten oder in großen Einmachgläsern fertig eingelegt mit Essig, Estragonzweigen, Lorbeerblättern und Knoblauch kaufen kann. Auch Fischhändler scheinen diesen Marktabschnitt zu mögen und offerieren hier Kraken, Sardinen, Makrelen, Schwertfisch, Kabeljau, Seezunge, Thunfisch und Garnelen.

In einer ehemaligen Molkerei befindet sich *Au Facteur Cheval*, ein Antiquitäten- und Trödelladen, der einen Abstecher lohnt. Hier findet man wunderschönes altes Porzellan und Glas, Möbel, Gemälde und allen möglichen Schnickschnack zu erschwinglichen Preisen. Es ist ein herrlicher Ort, um dem hektischen Treiben von Saint Charles zu entfliehen und einen Streifzug durch die Jahrhunderte zu unternehmen.

Geht man die Straße weiter hinunter, kommt man zu einem Stand mit Säcken voll Getreide, Bohnen und Reis sowie Behältern mit Oliven, Gewürzen und Trockenfrüchten. Der *Meyer-Champi*-Stand führt eine Auswahl an Pilzen, die wochenweise wechselt. *Girolles, mousserons, cèpes*, Morcheln und *champignons de Paris* sind auf einem gelben Tischtuch ordentlich aufgereiht. Dazwischen liegen Petersilie und frische Kräutersträußchen, die zu der jeweiligen Pilzsorte passen. Ein Käse- und Wurststand ergänzt die Fisch- und Backwarenhändler am Ende des Marktes.

Geht man auf der Rue Saint Charles zurück in Richtung Métro, kommt man zu einem altmodischen, holzverkleideten Käseladen. Der Besitzer lässt den selbst hergestellten Käse im eigenen Keller reifen,

Rechts: Neben erstklassigem Fleisch offerieren die Metzger an der Rue Saint Charles auch ausgezeichnetes Wild. Die Wildschweinsaison beginnt Anfang November.

und zwei enthusiastische Verkäuferinnen bedienen die Kundschaft. In der Rue de l'Église Nr. 20 gibt es einen großen Naturkost-Supermarkt. An der Ecke, am Ende der Rue Saint Charles, befindet sich ein winziges Geschäft mit Spezialitäten aus der Auvergne, wo man – geduckt unter Schinken und Würsten – zu einer Vitrine kommt, in der irdene Töpfe mit *rillettes*, *confit de canard* und hausgemachten *pâtés* stehen. Hat man diese Kreuzung erreicht, gibt es leider nicht mehr viel Interessantes zu sehen oder zu unternehmen. Man kann hinüber zum Quai André Citroën am Fluss gehen, benannt nach dem ersten Citroën, der nach Kriegsende 1919 hier entlangfuhr. Von hier aus sieht man die Replik der Freiheitsstatue und in der Ferne den Eiffelturm. Folgt man

Brassens empfohlen. Hier befand sich früher der Schlachthof von Vaugirard, doch wurde das Gelände in einen modernen Park verwandelt, mit Weingärten, einem Bienenhaus und einem Kräutergarten; in der Halle aus Eisen und Glas findet an Wochenenden ein Bücherflohmarkt statt. Direkt gegenüber vom Büchermarkt bietet sich das *Café du Coin* für eine Pause an; eine unwiderstehliche *tarte aux pommes* gibt es in der hübschen Bäckerei *Max Poilâne*. Anderenfalls kann man auch einfach nur so durch die Gegend schlendern, wo es einige recht einladende Restaurants gibt, die nicht nur französische Gerichte servieren, sondern auch vietnamesische, marokkanische, koreanische, indische und libanesische Speisen.

der Promenade, gelangt man zum neuen André-Citroën-Park auf dem ehemaligen Werksgelände der Autofabrik. Die Kunstlandschaft mit ihrem etwas komplizierten Aufbau umfasst einen Spielplatz im »Weißen Garten«, gepflegte Rasenflächen im »Schwarzen Garten«, Gewächshäuser im »Zentralpark«, wechselnde Pflanzungen im »Jahreszeiten-Garten«, wogende Binsen im »Garten der Bewegung« sowie den »Themen-Garten« mit Exponaten für alle fünf Sinne. Wem dies allzu fassettenreich erscheint, dem sei der kleinere und ruhigere Park Georges

Oben: Der Antiquitätenladen *Au Facteur Cheval*, der sich fast am Ende des Marktes befindet, ist ein Muss für alle »Schatzsucher«.

Le Traiteur

Der *traiteur*-Stand von Annie Boulanger bleibt kaum einem Marktbesucher verborgen. Die reiche Auswahl ist ein wahrer Augenschmaus: zahllose Quiches, *pissaladières*, gegrillte Sardinen, eingelegte Paprika, *terrines*, *pâtés*, *rillettes*, gekochter und geräucherter Schinken, frische und luftgetrocknete Würste, Bratäpfel, *clafoutis*, Obst-Tartes und Reispudding. Es ist eine bemerkenswerte Leistung, dieses vielfältige Angebot zuzubereiten, und als wäre dies noch nicht genug, kocht Annie viele der Speisen an Ort und Stelle. Als eine der ersten, die ein solches Angebot auf dem Markt bereithielten, steht sie stolz hinter ihren robusten gusseisernen Gasbrennern und rührt in den heißen Pfannen mit *fricassée Auvergnat* oder drückt behutsam auf die Blutwürste, die mit goldbraunen Zwiebeln in Gänseschmalz schmoren.

Allabendlich durchforstet Annie ihr Repertoire an traditionellen französischen Rezepten und stellt den Speiseplan für den nächsten Markttag zusammen. In ihrem Arbeitsraum am Stadtrand schält und putzt eine Hand voll Obdachloser und Behinderter die Berge von Zutaten; sie selbst kocht während der Nacht. Im Morgengrauen lädt ihre Tochter Nathalie alles in den Transporter und baut den Marktstand auf; Annie ruht sich ein paar Stunden aus, um rechtzeitig für den *casse-croûte* und den Ansturm der Kunden auch wieder am Stand zu sein.

Annie spricht voller Stolz über ihre 25-jährige Tätigkeit auf Pariser Wochenmärkten. Sie ist so etwas wie eine Berühmtheit geworden und hat stapelweise Magazin- und Zeitungsausschnitte abgeheftet, in denen ihre Kochkünste und ihre reichlichen Portionen gerühmt werden. Sie stammt aus einer normannischen Fischerfamilie und absolvierte in Paris eine Lehre in einem Fischgeschäft. Als sie ihrem Ehemann begegnete, einem *charcutier,* wechselte sie das Metier, dem sie bis heute treu geblieben ist.

Annie und Nathalie sind mit ihrem Stand auf den Märkten Président Wilson, Richard Lenoir und Saint Charles vertreten.

CONVENTION

Auf diesen großen Markt, der entlang der Rue de la Convention stattfindet und bei dem jedes freie Fleckchen auf dem schmalen Bürgersteig belegt ist, sollte man am Sonntag gehen. Ähnlich wie beim Marché Saint Charles reihen sich hier über 100 Stände direkt vor den Türen von Lebensmittel- und Bekleidungsgeschäften aneinander. In den Gängen kann es recht voll werden, so dass man am besten früh kommt, aber es herrscht eine entspannte und heitere Atmosphäre.

Wenn man die Métro verlässt, steht auf der linken Seite der Rue de la Convention ein Karussell, auf dem die Kinder ihren Spaß haben, während ihre Eltern der Musik von Live-Bands zuhören. Der Markt bietet eine große Auswahl an erstklassigem Obst und Gemüse, und es ist ein Vergnügen, die Gänge entlangzuschlendern und sich nicht entscheiden zu können, welche rote Bete man nun kaufen soll, welche Brunnenkresse am grünsten ist oder wer die knackigsten Äpfel hat. Es gibt auch einige große Stände mit frischem Fisch, der sich ebenso schnell verkauft wie Austern, die nicht weniger begehrt zu sein scheinen und in den Wintermonaten von Austernzüchtern angeboten werden. Andere beliebte Stände sind

beispielsweise der von Bernard Duval mit seinen verlockenden Oliven, George Capitanos große Auswahl italienischer Spezialitäten, und *Meyer Champis* Berge von Pilzen. Überdies findet man zahlreiche *charcuteries*, *fromageries*, *volaillers* und *boulangers*, die herrliche Auslagen haben und von hilfsbereiten Händlern geführt werden, so dass es eine Freude ist, auf diesem Markt einzukaufen.

LECOURBE

Obwohl der Lecourbe-Markt gegen eine hässliche Kulisse moderner Wohnkomplexe anzukämpfen hat, verfügt er dennoch über einen gewissen Charme. Entlang der Rue Lecourbe bieten Marktstände wie *Lainé* mit seinem erlesenen Käsesortiment sowie verschiedene Fischhändler, Metzger, Obst- und Gemüsehändler und ein Dutzend andere Stände den Anwohnern der näheren Umgebung ein recht passables Angebot. Wie andere Märkte auch, leidet Lecourbe unter einer Flaute zur Wochenmitte, wenn nur wenige Marktbeschicker ihre Stände aufbauen und die freien Plätze von *marchands volants* eingenommen werden, die Bettdecken, Tischtücher und diversen Krimskram verkaufen.

CERVANTES

Am Rande des 15. Arrondissements wird in einer nicht eben einladenden Umgebung, überschattet von einem modernen Wohnkomplex, der Marché Cervantes abgehalten. In der Mitte eines betonierten Hofes, in den kein Sonnenstahl hineingelangt, kaufen hier die Anwohner der näheren Umgebung ein. Die Stände bieten ein wenig von allem, darunter Obst und Gemüse, Käse, Brot, Fleisch, Fisch und Blumen, aber die Qualität ist größtenteils nur durchschnittlich – es ist kein Markt, für den sich ein Umweg lohnen würde.

LEFEBVRE

Der Markt Lefebvre säumt den verkehrsreichen Boulevard Lefebvre, der vom Kongresszentrum Porte de Versailles und dem Sportstadion dominiert wird. Er ist nicht unbedingt das ideale Ziel für einen Marktbummel, sondern eher ein Stadtteilmarkt, auf dem die Anwohner einkaufen. Wenn man allerdings in der Gegend ist, vielleicht auf dem Weg zum Georges-Brassens-Park, findet man hier eine schöne Auswahl für ein gutes Picknick zu überaus vernünftigen Preisen.,

GRENELLE

Der geschäftige Marché Grenelle mit seiner langen Reihe farbenfroher Stände erstreckt sich unter der Métro-Brücke von Motte-Piquet auf der gesamten Länge zwischen zwei Métro-Stationen. Das Angebot ist riesengroß, und selbst an einem verregneten Sonntag macht ein Besuch auf dem Marché Grenelle großen Spaß. Über 60 Händler bieten ihre Waren feil, abgeschirmt vom betriebsamen Boulevard de Grenelle, der zu beiden Seiten des Marktes verläuft. Zu den zahlreichen Ständen gehören Bauern mit selbst gemachten Milchprodukten, *maraîchers* mit Bergen von Salaten, einige Fleisch- und Geflügelhändler, große Blumenstände, ein Imker, ein Stand mit Weinbergschnecken sowie ein Stand mit Produkten aus der Provence, der Lavendelsäckchen, frische *fougasse* und Oliven verkauft. Wer gute Qualität in einfacher Umgebung sucht, ist auf dem Marché Grenelle am richtigen Platz.

MARKTREZEPTE

PISSALADIÈRE
Zwiebeltarte

Obwohl Annie Boulanger gerade ihr eigenes Kochbuch verfasst, war sie so großzügig, uns ihr Rezept für eine *pissaladière* zur Verfügung zu stellen. Es gibt zahlreiche Versionen: In der Provence bereitet man Zwiebeltarte ohne Eier zu. Häufig wird auch Eiermilch hinzugefügt, wodurch die Tarte mehr an eine Quiche erinnert. Annies Zwiebeltarte ist jedenfalls sehr fein, und wenn man Zwiebeln mag, genau das Richtige!

🕐 30 Minuten   🍲 1 Stunde

Für den Teig:
250 g Mehl
1/2 TL Salz
60 ml Olivenöl

1 Tarteform, 26 cm Ø

Für die Füllung:
1 kg Zwiebeln
3 EL Olivenöl
2 Eier
125 ml Sahne
Salz, Pfeffer aus der Mühle
1 Prise Muskatnuss
1 Prise Zimt

1. Mehl in eine Schüssel sieben und Salz zufügen. Dann Öl in einem dünnen Strahl in das Mehl laufen lassen, dabei alles miteinander mischen. 8 EL Wasser löffelweise zugeben und kneten. Sobald der Teig glatt ist, zu einer Kugel formen, mit einem Küchentuch zudecken und 30 Minuten ruhen lassen. 2. Zwiebeln abziehen, halbieren und in dünne Scheiben schneiden. Öl in einer großen Pfanne erhitzen und Zwiebeln darin bei mittlerer Hitze 20 Minuten dünsten, bis sie braun werden. 3. Den Ofen auf 200 °C vorheizen. Den Teig auf einer bemehlten Arbeitsfläche ausrollen und die gefettete Form damit auskleiden, dabei ein wenig Teig über den Rand der Form hängen lassen. Mit Backpapier auslegen, mit getrockneten Hülsenfrüchten beschweren und 12 Minuten blindbacken. Aus dem Ofen nehmen, Hülsenfrüchte und Backpapier entfernen und weitere 5 Minuten backen. 4. Die Ofentemperatur auf 180 °C reduzieren. 5. In einer großen Schüssel Eier und Sahne verquirlen. Mit Salz, Pfeffer, Muskat und Zimt würzen. Die Zwiebeln zufügen, alles gut vermengen, die Füllung auf den vorgebackenen Teig gießen und gleichmäßig verteilen. 6. 30 Minuten backen. Dann die Ofentemperatur auf 200 °C erhöhen und weitere 10 Minuten backen, damit die Tarte an der Oberfläche schön braun wird. Etwas abkühlen lassen, aus der Form heben und servieren. Die Zwiebeltarte schmeckt heiß oder kalt. **Für 6–8 Personen.**

🍾 Leichte, gekühlte Rotweine: Saumur Champigny, Juliénas, Fleurie, Chénas

BRUSCHETTA AUX PÉTONCLES
Bruschetta mit Kamm-Muscheln

Dieses schmackhafte Entrée ist gleichzeitig ein leichter Hauptgang, den man mit Blattsalaten begleitet. Das Gericht lässt sich schnell und einfach zubereiten und ist eine schöne Alternative zu der klassischen Bruschetta mit Tomaten und Basilikum. In Frankreich kommt die Kamm-Muschel (*pétoncle*), die kleine Verwandte der Jakobsmuschel, meist in der Schale auf den Markt. Beim Öffnen der Muscheln sollte man unbedingt den orangefarbenen Rogensack (*corail*) mit verwenden: Er ist nicht nur sehr schmackhaft, sondern sieht auch hübsch aus.

🕐 15 Minuten   🍲 8 Minuten

500 g Kamm-Muscheln, ohne Schale
4 dicke Scheiben Landbrot (*pain de campagne*)
3 Knoblauchzehen
4 EL Olivenöl
1 EL Butter
6 EL glatte Petersilie, grob gehackt
250 ml Weißwein
Salz, Pfeffer aus der Mühle
gehackte Petersilie und Pfeffer aus der Mühle, zum Garnieren

1. Kamm-Muscheln kalt abbrausen und mit einem Küchentuch trockentupfen. 2. Brotscheiben goldbraun grillen und auf einer Seite mit einer Knoblauchzehe einreiben, dazu die Zehe vorher halbieren. Die Brotscheiben auf vier vorgewärmten Tellern verteilen und warm stellen. 3. Öl und Butter bei mittlerer Hitze mit den restlichen Knoblauchzehen in einer großen Bratpfanne erhitzen, dann Muscheln und Petersilie hineingeben. Muscheln 1–2 Minuten unter Wenden anbraten, dann die Hitze erhöhen und Wein zugießen. Etwa 3 Minuten kochen, bis die Sauce leicht eindickt. Mit Salz und Pfeffer würzen. Die Knoblauchzehen nach Belieben wieder entfernen oder mitservieren. Die Kamm-Muscheln auf den Brotscheiben anrichten, restliche Sauce darüber gießen und mit etwas Petersilie und Pfeffer aus der Mühle abschließen. **Für 4 Personen.**

🍾 Würzige, leichte Weißweine: Bourgogne aligoté, Sancerre, Muscat

Bruschetta aux pétoncles

CAILLES AUX FIGUES FRAÎCHES
Wachteln mit frischen Feigen

Wachteln sind eine schmackhafte Alternative zu traditionellem Brathähnchen. Monsieur Mallet vom Markt Saint Charles empfiehlt, die Wachteln mit einer Feigen-Weinsauce zu kombinieren, da Feigen sehr gut mit den leicht nach Wild schmeckenden Wachteln harmonieren. Reicht man dann noch ein cremiges Kartoffelpüree und einen körperreichen Rotwein dazu, ist die Zusammenstellung perfekt.

⊙ 30 Minuten   ⊡ 45 Minuten

4 Wachteln
Salz, Pfeffer aus der Mühle
4 Scheiben magerer Speck
8 violette Feigen
250 ml Rotwein
2 EL Pflanzenöl
2 Knoblauchzehen
1 Zweig Rosmarin
2 Salbeiblätter
4 Zweige Rosmarin zum Garnieren

1. Die Wachteln gründlich waschen, trockentupfen und innen salzen. Eine Scheibe Speck über jede Brust legen und mit Küchengarn festbinden. Wachteln außen pfeffern. Den Ofen auf 180 °C vorheizen. 2. Feigen vierteln, mit Wein in eine Schüssel geben und ruhen lassen. 3. Die vorbereiteten Wachteln in einer großen Bratpfanne bei mittlerer Hitze etwa 10 Minuten von allen Seiten anbraten, wenn nötig in zwei Portionen. 4. Knoblauch, Rosmarin und Salbei in eine große Auflaufform legen, Wachteln und 60 ml Wasser hineingeben. Etwa 30 Minuten backen. 5. Sind die Wachteln gar, herausnehmen, das Küchengarn entfernen und mit Alufolie zugedeckt in den abgeschalteten Ofen stellen. 6. Den Bratensatz in eine Kasserolle füllen, Feigen und Wein zufügen und bei starker Hitze aufkochen. Etwa 8 Minuten einkochen, bis die Sauce leicht eindickt und die Feigen allmählich auseinanderfallen. Mit Salz und Pfeffer abschmecken und vom Herd nehmen. 7. Die Wachteln auf einer vorgewärmten Servierplatte anrichten, mit der Sauce begießen und mit Rosmarinzweigen garnieren. Sofort mit Kartoffelpüree servieren. **Für 4 Personen.**

🍾 Körperreiche, aromatische Rotweine: St. Emilion, Pauillac, Côte-de-Nuits

CRÈME CARAMEL

Crème caramel ist eines jener zeitlosen, traditionellen französischen Desserts, die sich sehr leicht und schnell zubereiten lassen und bei Tisch immer gut ankommen. Bei diesem Rezept wird die Crème in einer großen Form gegart, man kann sie aber auch in Portionsförmchen zubereiten. Den richtigen Garpunkt muss man im Auge behalten: Öfters mit einem Messer in der Mitte der Form einstechen: Lässt sich das Messer herausziehen, ohne dass Masse an der Klinge haften bleibt, ist die Crème caramel gar. Sie hält sich ein paar Tage im Kühlschrank, also kann man sie getrost einige Zeit im Voraus zubereiten.

⊙ 20 Minuten   ⊡ 40–60 Minuten

Für den Karamell:
100 g Zucker

Für die Crème:
500 ml Milch
1 Vanilleschote
3 Eier
3 Eigelb
6 EL Zucker

1 große Soufflèform (etwa 1 l Inhalt)

1. Den Ofen auf 180 °C vorheizen. 2. Für den Karamell Zucker mit 3 EL Wasser in einer Kasserolle aufkochen, dabei die Kasserolle öfters schwenken. Den Zucker einkochen, bis er zu karamellisieren beginnt. Sobald der Karamell bernsteinfarben ist, vom Herd nehmen und in die Soufflèform geben. Beiseite stellen. 3. Milch in eine Kasserolle gießen. Die Vanilleschote längs aufschlitzen, das Mark herauskratzen und mit der Schote in die Milch geben. Aufkochen, vom Herd nehmen und stehen lassen. 4. Wasser für das Wasserbad erhitzen. 5. Inzwischen Eier, Eigelb und Zucker in einer großen Schüssel 5 Minuten schaumig schlagen. 6. Die Vanilleschote aus der Milch nehmen und die Milch unter die Eimasse rühren. 7. Die Eiermilch in die mit Karamell gefüllte Soufflèform gießen. Die Soufflèform in eine größere feuerfeste Form auf die mittlere Einschubleiste des vorgeheizten Ofens stellen. Kochend heißes Wasser in die größere Form gießen, bis die Soufflèform etwa zur Hälfte im Wasser steht. Den Ofen schließen. 8. Etwa 60 Minuten garen. Das Wasser im Wasserbad darf niemals kochen, sonst flockt die Crème aus. Da die Temperatur von Haushaltsöfen häufig variiert, mit einem Messer eine Garprobe machen, bevor man die Crème aus dem Ofen nimmt. Die fertige Crème abkühlen lassen, dann für 2 Stunden in den Kühlschrank stellen. Unmittelbar vor dem Servieren mit einem Messer an den Seiten der Crème entlang fahren und auf eine Servierplatte stürzen. **Für 4–6 Personen.**

🍾 Madeira oder süßer Sherry

Cailles aux figues fraîches

Wenn jemand sagt, dass er im 16. Arrondissement wohnt, stellen die meisten Leute sich vor, wie diese Person auf der großen Terrasse eines Luxusappartements sitzt, und mit einem Glas Champagner in der Hand und dem erleuchteten Eiffelturm im Hintergrund die Seine überblickt; oder aber man hält einen solchen Menschen für das langweiligste *bourgeoise* Individuum, das einem je begegnen kann. Beides ist wahr und natürlich auch wieder nicht. Es gibt tatsächlich einige fantastische Wohnungen in diesem Viertel, in denen die Reichen und zuweilen Berühmten wohnen; und im Vergleich zu anderen Arrondissements ist hier tatsächlich nicht viel los. Aber an diesem bürgerlich-öden Ort gibt es erstaunlich viele tolle Restaurants, eine ganze Menge Grünflächen, großartige Museen ... und – Hand aufs Herz – niemand hätte etwas dagegen, selbst hier zu wohnen!

XVIᵉ ARRONDISSEMENT

Das 16. Arrondissement war schon immer ein Refugium der Reichen. Ursprünglich lag es am Rande der Stadt, und die Pariser kamen hierher, um sich an den Wäldern, Quellen und Weinbergen zu erfreuen. Seit es zum Stadtgebiet gehört, hat jeder Teil dieses riesigen Arrondissements seinen eigenen Charakter entwickelt: Der südliche Randbezirk ist eine ruhige Wohngegend mit gewundenen Sträßchen, der mittlere Teil ist das geschäftige Herzstück des Arrondissements, mit Geschäften, Kinos, Restaurants und Cafés; und der nördliche Bereich steht für Prunk und Pracht, mit seinen streng gegliederten Boulevards, die von herrschaftlichen Häusern gesäumt sind. Hier wird zweimal wöchentlich der opulente Marché Président Wilson abgehalten, der ein exklusives Angebot für eine ebenso exklusive Klientel bietet.

Im 16. Arrondissement findet der feudalste aller Pariser Märkte statt.

BAUERN FÜR DIE HAUTEVOLEE
Der Marché Président Wilson

Unter den wachsamen Augen von George Washington, der auf seinem bronzefarbenen Ross thront, zieht sich der eleganteste Markt von Paris am baumbestandenen Mittelstreifen der Avenue du Président Wilson entlang. Zwischen dem schönen Museum der Modernen Kunst und dem Modemuseum befindet er sich sozusagen am Eingang zum 16. Arrondissement. Der Markt umfasst über 60 Stände mit Produkten erstklassiger Qualität für eine sehr anspruchsvolle Klientel. Unter farbenfrohen Markisen sieht der Besucher liebevoll zusammengestellte Arrangements aus Prinzessböhnchen, blank polierten Kartoffeln, Körben mit Himbeeren und Bergen von Rauke. Opulente Stände mit Wild, Fleisch, Käse, Fisch und Blumen verwandeln diesen Streifen des Bürgersteigs in ein wahres Mekka für Gourmets.

Wohlhabende Geschäftsleute, Berühmtheiten und finanzkräftige Exilanten haben sich schon immer gerne in diesem exklusiven Wohnviertel niedergelassen. Ursprünglich lag das 16. Arrondissement am Stadtrand als Teil des Waldes von Rouvray, der sich bis Rouen erstreckte. Die Gegend

war ein bevorzugtes Jagdrevier der Könige, die kleinen Dörfer und Weinberge dienten den Reisenden als beliebte Zwischenstation auf dem Weg nach Chaillot und Saint-Germain-en-Laye. In den Wäldern entstanden luxuriöse Jagdhäuser, wo die königlichen Gäste untergebracht und üppige Jagdbankette abgehalten wurden. Im Laufe der Jahrhunderte wurde der Eichenwald zum Großteil abgeholzt und die Dörfer Passy und Auteuil in das 16. Arrondissement integriert, so dass dieses *quartier* heute vom südlichen Stadtrand, an der Seine entlang, bis zur Place de l'Etoile reicht. Ein Stück dieses Waldes bildet heute den Bois

de Boulogne, der sich durch das gesamte Viertel zieht. Diesen Park, mit seinen Teichen, Pfaden und Gärten, besuchen viele Pariser am Wochenende. Bei Eintritt der Nacht verwandelt sich das einstige Jagdrevier der Könige jedoch in einen Sumpf der Ausschweifungen – mit Prostituierten und Transvestiten, die hinter jedem Baum auftauchen.

Der Marché Président Wilson verläuft die breite Avenue von der Place d'Iena entlang bis zum Distrikt der Haute Couture im benachbarten 8. Arrondissement. Etwas vom Pomp und der Raffinesse der schicken Modegeschäfte an der Avenue Montaigne dringt bis in den Wochenmarkt hinein, in Form von eleganten Marktbesuchern, die mit ihren schicken Einkaufswägelchen oder ihren Handkörben an den Auslagen vorbeischlendern, die in vielen Fällen ebenso farbenprächtig und kunstvoll arrangiert sind wie die Schaufenster mit Haute Couture. Es ist ein geschäftiger Markt, wo sich die Kunden gerne Zeit lassen bei der Auswahl der verführerischen Köstlichkeiten, die es an jedem Stand zu kaufen gibt: das große Sortiment der *volaillers* an Wildgeflügel und Wild; zahlreiche *maraîchers* mit köstlichem Gemüse und süßen, makellosen Früchten; *bouchers* mit erstklassigem Fleisch und perfekt gebundenen Rollbraten; *charcutiers* mit raffinierten Schinken und *gelées*; *fromagers* mit bestem Käse, Wein und Brot; und die prachtvollen Blumenstände, die die Gänge zieren. Das Angebot ist von überdurchschnittlicher Qualität – und dementsprechend teuer, so dass man auf diesem Markt leicht ein kleines Vermögen ausgeben kann!

Wenn man den Gang über den Markt oben auf dem Hügel beginnt, sollte man sein Frühstück anderswo einnehmen, denn es gibt dort keine Cafés. Es lohnt sich, bei Madame Quennejean und ihren unzähligen bunten Blumen stehen zu bleiben. Außergewöhnliche Blumen, wie Rit-

Links: Frühaufsteher haben die beste Auswahl, wenn es auf dem Markt noch ruhig ist.

tersporn, Glockenblumen, Orchideen, Lilien und langstielige Iris, stehen in Eimern neben Unmengen von Rosen, Pfingstrosen und Bellis in jeder Farbe und Größe. Viele Pariser tätigen hier ihren wöchentlichen Blumenkauf, denn die Preise sind vernünftig und die Auswahl ist groß. Es gibt drei oder manchmal auch vier Floristen auf dem Markt. Man kann sich einige Sträuße aussuchen und sie – während man seine restlichen Einkäufe auf dem Markt erledigt – zu einem herrlichen Bouquet binden lassen. An diesem Ende des Marktes bauen einige *marchands volants* ihre Stände auf und offerieren Handtücher, Socken, Bekleidung, handbestickte Tischdecken, Keramikgeschirr und dergleichen mehr.

Hilfskraft liebevoll um seinen treuen Kundenkreis. Das Angebot ist makellos. Kein Kunde darf auf einen Pfirsich drücken oder an einer Melone riechen, damit die herrlichen Arrangements nicht durcheinander geraten. Jeder muss warten, bis er dran ist, oder er riskiert ein unfreundliches Wort; doch ist man dann endlich an der Reihe, wird man mehr als aufmerksam bedient und bekommt die beste Ware, die man sich nur vorstellen kann.

Anders als die Eheleute Balmisse baut Joël Thiébault einen großen *maraîcher*-Stand auf. Dort dürfen sich die Kunden aus riesigen Bergen von herrlichem, schmackhaftem Gemüse ihre Waren selber aussuchen.

Kommt man dann zur Marktmitte, beginnt das eigentliche Fest mit einer hervorragenden Auswahl, die von heimischem Obst und Gemüse bis zu exotischen Produkten reicht. Alles sieht aus, als wäre es erst am Morgen geerntet worden, und wird von den Händlern so behutsam behandelt und arrangiert, dass man meinen könnte, es handele sich um zerbrechliches Porzellan. Bündel von zarten gelben Zucchiniblüten und grünem Spargel liegen aufgereiht neben riesigen Artischocken, Körben mit jungem Spinat und duftenden Kräutern, gelborangefarbenen Mangos und am Stamm gereiften Weintrauben. Das Ehepaar Balmisse hat einen der schönsten Stände und kümmert sich zusammen mit einer

Unterstützt von seinem fleißigen Team, das auch den Hof bewirtschaftet, bestückt er seinen Stand mit Salat, Kräutern, Lauch, gekochter roter Bete, Möhren, Brokkoli, Radieschen, Erbsen, Blumenkohl und weißen Rüben. Man wird informiert, wie lange es noch bis zur neuen Tomatenernte dauert und wann es den letzten Rhabarber der Saison gibt. Die Preise sind angemessen; wir verlassen den Stand stets mit vollen Tüten – und haben kein schlechtes Gewissen, dass wir uns für viel Geld ein winziges Schälchen *fraises des bois* gegönnt haben.

Im Herzen dieses exklusiven Viertels liegt die elegante Avenue Foch mit ihren majestätischen Appartementgebäuden und herrschaftlichen Privathäusern sowie zahlreichen Museen, Botschaften und die beliebte Place du Trocadéro. Dort trinkt die kosmopolitische Schickeria bei *Carette* einen Kaffee; und die ungestüme Jugend trifft sich auf der Espla-

Die Händler bauen bereits im Morgengrauen ihre Stände auf. Hier das sorgfältig arrangierte Gemüse der Balmisses und erntefrischer Salat bei Joël Thiébault.

nade vom Palais de Chaillot und fährt mit ihren Inlinern zwischen den Menschenmassen umher, die den Hügel hinab zum Eiffelturm strömen. Das 16. Arrondissement ist so groß und autark, dass es wie eine eigene Stadt wirkt. Das Leben pulsiert, Kinder eilen zur Schule, Au-pair-Mädchen schieben Kinderwagen durch die Straßen, Angestellte hasten vom Büro zum Mittagessen, und Hausfrauen kaufen beim angestammten *traiteur* die Zutaten für das Abendessen, nachdem sie in der Rue de la Pompe ein Paar schicke Schuhe erstanden haben.

Schlendert man weiter über den Markt, kommt man zum Stand von Laurence und Pascal Miolane mit ihren viel gerühmten *poulets de Bresse, poulets de Gers, canards croisés* und *lapins fermiers*, die alle ein Etikett mit der genauen Herkunft tragen; außerdem gibt es pralle *cailles*, Tauben und Spanferkel. Ihr Angebot ist eines Königs würdig, und man kann sich hier mühelos vorstellen, wie die mehrgängigen Bankette am Hofe von Louis XIV ausgesehen haben. Der einzige Unterschied besteht darin, dass das Wild nicht vom König in den Wäldern von Rouvray erlegt wurde, sondern küchenfertig vorbereitet verkauft

Auf dem Marché Président Wilson findet man die exklusivsten Produkte. Im Uhrzeigersinn von links: Drachenkopf-Fische, Steinpilze, Fasane, Seeigel und Zucchiniblüten.

wird. Im September beginnt die Saison für Fasane, Rebhühner und Wildenten. Die Miolanes haben auch stets fertige Gerichte, die Pascal selbst zubereitet und die einem das Wasser im Munde zusammen laufen lassen. Im November und Dezember, wenn es Wildschwein und Reh gibt, führt er seine Kunden mit *civet de marcassin* (Frischlings-gulasch) oder *chevreuil au poivre vert* (Reh mit grünem Pfeffer) in Versuchung. Wer lieber selber kocht, für den legt er das Wild am Tag zuvor

KÖNIGLICHES PICKNICK

Die Könige von Frankreich verstanden wahrlich zu reisen! Bei all ihren Ausflügen und Unternehmungen war sichergestellt, dass sich stets genügend Essbares in Reichweite befand. Es gab einen Kammerdiener, dessen ausschließliche Aufgabe es war, den knurrenden Magen des Königs zu besänftigen. Verspürte der König unterwegs ein wenig Appetit, wurde unverzüglich eine Mahlzeit aufgetragen, bestehend aus sechs Laiben Brot, sechs Flaschen Wein, 20 Keksen, sechs Dutzend Blätterteigteilchen, kandierten Früchten, sechs Orangen, zwei *pâtés*, zwei Bries, 20 Kuchen, 24 Käsetörtchen und 24 Brioches. Das Essen wurde stets auf silbernen Platten angerichtet und der Wein in silbernen Pokalen serviert, auf roten Tafeltüchern, die das königliche Wappen trugen. Der Vorkoster, ein weiterer wichtiger Bediensteter, stellte sicher, dass kein Gift das Vergnügen trübte; und innerhalb von Minuten ließen sich der König und sein Gefolge zu einem kleinen Picknick im Wald nieder.

FOIE GRAS

Arme Enten und arme Gänse, aber glückliche Feinschmecker, die wir eine Schei-be *foie gras* mit einem Glas süßem Sauternes genießen können! Die Enten und Gänse aus dem Périgord und der Gascogne im Südwesten Frankreichs sowie aus dem Elsass im Nordosten liefern die blassrosa Geflügellebern, die überall in Frankreich so geschätzt sind. Diese Delikatesse, die es früher nur in den fest-lichen Wintermonaten zwischen November und Februar gab, ist heute – dank moderner Zuchtmethoden und Importe aus Ungarn und Israel – das ganze Jahr hindurch erhältlich. Für *foie gras* (fette Leber) werden die Tiere vor der Schlach-tung etwa einen Monat lang durch Stopfen zwangsgemästet, so dass eine stark vergrößerte, gehaltvolle Leber entsteht. Obwohl diese Methode recht barba-risch erscheint, genießen die Gänse das restliche Jahr über ein unbeschwertes Leben auf den Wiesen im Freiland. Während früher nur Gänsen dieses Schicksal beschieden war, haben im Verlauf der letzten 20 Jahre Enten die Führung auf dem Markt übernommen, da sie weitaus leichter zu züchten sind, eine ebenso gute Leber liefern (Kenner behaupten sogar eine noch bessere) und ihre köstliche Brust, *magret de canard*, ebenfalls stark gefragt ist.

Foie gras hat eine Fülle von Bezeichnungen, die sich aus ihrer Zubereitung ergeben. Die reinste Form ist rohe, in Scheiben geschnittene und mit bestem Meersalz *(fleur de sel)* bestreute Stopfleber, die aufgrund ihres kräftigen Ge-schmacks und der weichen Konsistenz vor allem etwas für Liebhaber ist. *Foie gras mi-cuit* (halbgegart) ist eine der köstlichsten und beliebtesten Formen

dieser Delikatesse. Hierfür werden ausschließlich die besten Lebern verwendet, die man mariniert, entsehnt, mit Salz und Pfeffer würzt und nur halb gart, damit ihr volles Aroma erhalten bleibt. *Foie gras entier* wird länger gegart, was zu einem milderen Geschmack und einer festeren Konsistenz führt.

Foie gras gibt es in unterschiedlichen Qualitäten. Sie wird frisch oder vakuum-verpackt verkauft. In Dosen konservierte *Foie gras entier*, so meinen viele, wird mit der Zeit immer besser. Darüber hinaus findet man eine Vielfalt von *foie gras* geringerer Qualität, die unter den Bezeichnungen *block*, *mousse* oder *truffé* verkauft werden. In diesen Fällen ist die Leber mit anderen Zutaten vermischt, wie etwa Trüffeln, Schweineschmalz und Leberstücken – was lecker schmeckt, aber eben keine echte Stopfleber mehr ist.

FOIE GRAS POÊLÉE

Frische *foie gras* in gut 1 cm dicke Scheiben schneiden, mit Salz und Pfeffer würzen und dann von jeder Seite 30 Sekunden in der Pfanne braten. Die Pfanne mit etwas Himbeeressig ablöschen, einige frische Himbeeren sowie die gebratene Stopfleber dazugeben und sofort servieren.

ein, so dass man es zu Hause gleich in den Ofen schieben kann. Zu Weihnachten hatten die Miolanes Kapaun mit *foie gras* und dünn gehobelten frischen Trüffeln unter der Geflügelhaut, der köstlich schmeckte. Dieses Festessen genossen wir mit Maronen aus dem Périgord. Einige Flaschen Clos de Mouche aus der Region Côtes-de-Beaune passten ausgezeichnet dazu. Für unsere Party am Neujahrsabend kauften wir bei den beiden ein Stück ihrer erlesenen, butterweichen *foie gras mi-cuit*, die wir auf Toast mit einem Glas Champagner servierten.

Bei einer solchen Auswahl erstklassiger Produkte lassen sich die raffiniertesten Menüs für jede Gelegenheit zusammenstellen. Für ein elegantes Abendessen nach Art der Nouvelle Cuisine ist das begrenzte, aber exquisite Angebot von Thiezaurds Geflügelstand mit seinen winzigen Wachtelschenkeln, die fein säuberlich aufgereiht neben Streifen von *magret de canard*, schlachtfrischer Hühnerleber und prallen Froschschenkeln liegen, zweifellos das Richtige. Jede kleine Geflügelbrust ist so sorgfältig gebunden, dass alle identisch aussehen, selbst wenn man 20 Stück für eine Gesellschaft zubereitet. Darüber hinaus gibt es auch eine Reihe sehr beliebter Fischstände, wie etwa die *Poissonerie Diget* und die *Poissonerie JPB,* wo man stets Austern für *huîtres à la nage* bekommt, sowie Hummer, Fluss- und Meereskrebse, die man kocht und mit frischer Estragonmayonnaise isst, Seeigel als Bestandteil einer *plateau de fruits de mer* und eine reichhaltige Auswahl an fangfrischem Fisch. Fügt man dann noch das richtige Gemüse und herrlichen Käse hinzu, wird jede Mahlzeit zum Erlebnis.

Da der Markt nicht weit von den Champs Elysées und in unmittelbarer Nähe der Pont d'Alma (die nach dem Tod von Lady Di berühmt wurde) liegt, kommen auch viele Touristen hierher. Auch wenn einige der Händler etwas mürrisch sind, haben sich die meisten doch an diese Besucher gewöhnt. Ein paar von ihnen versuchen sich sogar mit einigen englischen Brocken und posieren für Fotos. Monsieur Gremillet mag Touristen ganz besonders. Um sie dazu zu bringen, eine seiner Dosen *foie gras* zu kaufen, bemüht er alles, was ihm in den verschiedenen Landessprachen einfällt. Er ist sogar im Internet vertreten; und – was sehr untypisch für Franzosen ist – er verschickt seine Produkte. Ist man also weit weg von Paris, bekommt man *foie gras* und *cassoulet* per Mausklick.

Im Allgemeinen herrscht auf dem Markt eine entspannte Atmosphäre und man findet häufig Gelegenheit zu einem Schwätzchen mit den Händlern, während sie ein Rückenstück vom Lamm abschneiden oder Kartoffeln abwiegen. Wir unterhielten uns an einem sonnigen Tag vor dem malerischen Garten des Musée Galliera mit einem jungen Mann, der neben seinen Honiggläsern stand. Er erzählte uns die Legende des Honigweins »Hydromel«, den er verkauft. Offenbar gab es diese Mischung aus Honig und Quellwasser, die eine merkwürdige Wirkung zu haben scheint, schon zur Zeit der alten Griechen. Hydromel, der geschmacklich an einen süßen Muskatellerwein erinnert, wird normaler-

weise in kleinen Mengen als Aperitif getrunken – außer in einer Region der Bretagne, wo er ganz besonders beliebt ist. Dort trinkt man ihn häufig im Übermaß, doch kippen die Zecher dann nicht sinnlos betrunken nach vorne über, sondern sie fallen nach hinten, weil der Hydromel offensichtlich auf einen bestimmten Nerv einwirkt. Um sie vor diesem Schicksal zu bewahren, bindet man die ortsbekannten Trunkenbolde in den Tavernen mit einem Seil seitlich am Tresen fest, damit sie nicht auf die hinter ihnen stehenden Tische fallen. Wir entschieden uns gegen Hydromel und für ein Glas aromatischen Rosmarinhonig.

Nicht alle Produkte, die hier verkauft werden, haben eine solch drastische Wirkung. Geht man weiter über den Markt, Seite an Seite mit eleganten Damen und ihren nicht minder aristokratischen Hunden, sowie gut betuchten Ehepaaren, die fürs Wochenende einkaufen, kommt man zu *Les Chèvres de Saint-Vrain*. Hier verkaufen Philippe Perette mit der für ihn typischen Baskenmütze und sein junges, dynamisches Team Ziegenkäse und Bergkäse aus eigener, traditioneller Her-

stellung. Außerdem gibt es in Asche gewälzten Valençay, erdigen Banon, der in *eau-de-vie* getaucht wurde und in Kastanienblätter eingeschlagen ist, und feigenförmigen Gaperon (ein kompakter frischer Bauernkäse, gewürzt mit Pfeffer und Knoblauch) – alles ansprechend auf Korbtabletts arrangiert. Ganz in der Nähe bietet ein anderer *fromager* ein traditionelleres Angebot mit Joghurt, Eiern, Sahne, Butter, Wein, Brot und einer großen Auswahl an Käse, darunter leckeren Petit Query, der mit wilden Maulbeerblättern dekoriert ist, cremigen Saint Marcelin, weichen Pavé d'Auge, Pont-l'Évêque und aromatischen Tête de Moine.

Eine Hand voll *charcutiers*, wie das Mutter-und-Sohn-Gespann Leconte, offerieren herzhafte Köstlichkeiten auf ihren langen Tischen: *terrines*, gefüllt mit *pâtés*, die mit Pistazien und Cognac aromatisiert sind, *mousses* mit Pilzen und grünem Pfeffer, Blutwurst, Würste aus der Auvergne, *andouillettes* und ganze gekochte Schinken. Ebenso verlockend sind der typisch französische Selleriesalat, Möhrensalat, *museau de porc en vinaigre*, *choux farci* und *jambon persillé*. Besonders

köstlich schmecken die *œufs en gelée* (pochierte Eier in Aspik, umwickelt mit Schinken, gewürzt mit frischem Estragon und roten Pfefferkörnern). Schneidet man den herzhaften Aspik durch, läuft das cremige orangefarbene Eigelb heraus – ein himmlischer Genuss. Bei der Auswahl drücken die Lecontes behutsam mit dem Daumen auf die Spitze jedes Eies, um sicherzugehen, dass sie *mollet* sind, denn das Eigelb darf nicht hart gekocht sein.

Im Laufe der Jahre ist die französische Küche erheblich leichter geworden, doch Butter, rotes Fleisch, Sahne, *foie gras* und gehaltvolle Käse gehören noch immer auf den Speiseplan der meisten Franzosen. Fremde sind stets über die zumeist schlanken Pariser erstaunt, während sie selbst ebenso schnell an Taillenweite zunehmen wie sie ihre Francs aus-

geben! Das Geheimnis, das dahinter steckt, heißt Mäßigung. Die Franzosen lieben ihre Delikatessen, aber – im Gegensatz zu früher – schlemmen sie nur von Zeit zu Zeit. Seit dem Mittelalter, als Händler aus der Umgebung frischen Fisch und Austern, Fässer mit Wein, Butter, Sahne, Käse, Hühner und Eier in die Stadt brachten, um sie auf der Île de la Cité zu verkaufen, ist Paris die am besten mit Lebensmitteln versorgte Stadt. 1868 wurden beispielsweise nach Paris geliefert: 10 000 Tonnen Weintrauben (wahrscheinlich in flüssiger Form!), 150 Tonnen Trüffel, 1300 Tonnen Geflügel und Wild, 62 Tonnen Fisch, 190 Tonnen Austern, 2000 Tonnen Eier und 12 000 Tonnen Salz (!) – als Paris nur etwa 1,8 Millionen Einwohner hatte, von denen vielleicht ein Viertel diese Spezialitäten aß. Bei diesen Zutaten kann man sich nur annähernd die vielen Köstlichkeiten vorstellen, die nach traditionellen Methoden zubereitet wurden. Die Bewohner von Paris lieben es, wenn ihre Geschäfte und Märkte mit Delikatessen angefüllt sind – ganz gleich, ob sie sie nun essen oder nicht.

Links: Das Käseangebot bei *Les Chèvres de Saint-Vrain* ist stets hervorragend.
Oben: Einkaufen mit Wägelchen und Hund ist gängige Praxis in Frankreich.

Derart viele verlockende Sachen können überwältigend sein. Wir können all dem oft genug nicht widerstehen und schleppen erheblich mehr nach Hause als wir je beabsichtigen oder bei realistischer Betrachtung überhaupt essen können. Dennoch kommen wir an jedem Samstag wieder her und kaufen erneut riesige Mengen ein! All jene, die – wie die Franzosen – die Kunst des Maßhaltens beherrschen und nicht unter der Last ihrer Einkäufe stöhnen, können noch anderes in dieser Gegend erkunden. Ein Kaffee im Buchladen des Musée d'Art Moderne ist eine gute Einstimmung, bevor man sich auf den Weg zu den zahlreichen Museen im 16. Arrondissement macht. Neben dem Museum der Modernen Kunst und dem Modemuseum sowie dem Völkerkunde- und dem Marinemuseum an der Place du Trocadéro gibt es noch das Weinmuseum, das Musée Dapper mit afrikanischer Kunst, die Stiftung Le Corbusier und das neu renovierte Musée Guimet mit asiatischer Kunst, die alle in diesem Stadtteil liegen. Wer stattdessen lieber etwas essen

gehen möchte, findet rund um den Pont de l'Alma viele nette Lokale: *Marius et Jeanette* ist ein (teures) Muss für Fischfreunde, das ungezwungene *Chez André* bietet eine gute Bistro-Küche und *Noura* ist ein gemütliches libanesisches Restaurant, wo man am Tresen einen Imbiss einnehmen oder auf der Terrasse eine gemischte Vorspeisenplatte genießen kann. Anschließend kann man bei den Modepalästen der Haute Couture, die die Avenues säumen, neidvoll die Schaufenster betrachten – oder reingehen und viel Geld ausgeben. Oder man schlendert über die Place du Trocadéro und bestellt sich bei *Carette* eine sündige Schokoladenmakrone.

Oben: Das schicke *Café Carette* an der Place du Trocadéro, das für seine Schokoladenmakronen bekannt ist.
Rechts: Das Blumenangebot auf dem Marché Président Wilson ist unschlagbar.

AUTEUIL

Hat man die verkehrsreiche Rue d'Auteuil überquert und kommt auf den Marché Auteuil, fühlt man sich auf einen Dorfplatz versetzt und glaubt – wenn man das gelegentliche Hupen der Autos ausblendet – nicht in Paris, sondern an einem sonnigen Ort in der Provence zu sein. Der Markt bietet die gleiche gute Qualität wie der Marché Président Wilson, der an den gleichen Tagen stattfindet, ist aber viel schlichter und weniger pompös.

Farbenfrohe Markisen überdachen etwa 30 Marktstände, die den dreieckigen Marktplatz so dicht ausfüllen, dass einige von ihnen, wie beispielsweise der Apfelhändler Bernard Richaudeau, schon einen Teil der Straße beanspruchen.

Dieser Markt quillt geradezu über von Obst und Gemüse, und elegant gekleidete Kunden stehen mit ihren Körben und Einkaufswägelchen an ihren bevorzugten Ständen artig Schlange. Wir gehen besonders gerne zu Madame Gervais, einer kleinen, rundlichen Frau mit Strohhut, die ein vielfältiges und kreatives Angebot offeriert. Blumengirlanden zieren ihren Stand und in kleinen Körben befinden sich zahlreiche verschiedene Salatsorten, Kräuter und Früchte.

In jeder Richtung findet man Fischhändler mit Unmengen von Lachs, Thunfisch und Zackenbarsch, Metzger, die eilig eine Lammkeule oder *côtes de bœuf* vorbereiten, sowie *fromagers*, die geschickt Stücke von Camembert, Gruyère und Comté einwickeln, um die Wünsche ihrer anspruchsvollen Kundschaft zu erfüllen. Dieser Markt ist ein tolles Einkaufserlebnis und lohnt selbst einen größeren Umweg.

POINT DU JOUR

Dieser große Markt erstreckt sich von der Place Paul Reynaud an der Avenue de Versailles entlang bis zum Kreisverkehr an der Porte de Saint Cloud. Die über 40 Stände reihen sich vor einer Geschäftszeile aneinander. Die Geschäfte präsentieren ihre Auslagen teilweise ebenfalls auf dem Bürgersteig. Es gibt eine gute Auswahl und einige schöne Lebensmittelgeschäfte, doch ist es eher ein Markt für den täglichen Einkauf. Wer dennoch extra herkommt, sollte keinesfalls den wunderbaren Käseladen *Ferme Sainte Suzanne* an der Place Paul Reynaud auslassen und auch nicht die Appetit anregende *charcuterie* gleich nebenan. Besuchen Sie zum Schluss den riesigen Weinladen *Cave Martino* an der Avenue de Versailles.

MARCHÉ COUVERT PASSY

Der überdachte Markt von Passy befindet sich in einem gerüstartigen großen Gebäude mit hohen Metallstreben aus den 1950er-Jahren. Mehr als 20 Stände bieten hier die ganze Palette von Marktprodukten in guter Qualität: schöne Obst- und Gemüsestände, ein italienischer *traiteur* mit selbst gemachter Pasta, frischer Mozzarella, gegrilltem Gemüse in Olivenöl und anderen *antipasti*, ein großer Fleischstand mit ausgezeichnetem Fleisch und Geflügel, verschiedene Fischhändler mit einer reichen Auswahl, ein portugiesischer Stand mit erstklassiger *chorizo*, Oliven und *vinho verde*, und ein Blumenstand, der bis in die angrenzende Rue de l'Annonciation reicht. Braucht man noch Brot, eine *tarte* oder eine Flasche Wein, folgt man einfach dieser Fußgängerstraße.

AMIRAL BRUIX

Der kleine Marché Amiral Bruix, der sich entlang eines breiten Bürgersteigs unter Bäumen erstreckt, findet in unmittelbarer Nähe des Verkehrsknotenpunkts Porte Maillot statt. Trotz des starken Verkehrs herrscht auf dem Markt eine friedliche und ruhige Atmosphäre, wo in erster Linie die Anwohner der unmittelbaren Umgebung einkaufen, die hier in ihren luxuriösen Mietshäusern mit Blick auf den Bois de Boulogne wohnen. Die angebotenen Erzeugnisse sind gut und die Preise angemessen, aber mit nur etwa einem Dutzend Ständen bietet sich ein Besuch auf diesem Markt eigentlich nur an, wenn man ohnehin in der Gegend ist und vielleicht ein paar Blumen oder eine Tüte Kirschen kaufen möchte.

SAINT DIDIER

Der ebenfalls kleine Marché Saint Didier, 1863 erbaut, befindet sich im einzigen hier noch existierenden Baltard-Gebäude. Leider ist das Metalldach der kümmerliche Rest der ursprünglichen Konstruktion, die ansonsten mit Backsteinen und Mörtel verkleidet wurde und so ihren einstigen Charme verloren hat. Obwohl die Händler sich redlich um ein gutes Angebot bemühen, ist die Atmosphäre eher trostlos. Die Hand voll Händler, die ihre Stände mit Obst, Gemüse, Blumen und Fisch draußen an der Rue Mesnil aufbauen, scheinen weitaus mehr Umsatz zu machen.

Oben: Einer der kleineren überdachten Märkte: Saint Didier. Rechts: Auteuil bietet eine nette, dörfliche Atmosphäre und ausgezeichnete Produkte.

GROS-LA-FONTAINE

In einem sehr abgeschiedenen Teil des 16. Arrondissements, das sich im Prinzip nur zu Fuß erreichen lässt, findet der Marché Gros-La-Fontaine statt, der eine treue und anspruchsvolle Klientel aus der unmittelbaren Umgebung versorgt. Hier findet man eine Reihe von Obst- und Gemüsehändlern, Käsestände, Metzger, einen Floristen und einen Fischhändler sowie einen Stand mit Küchenutensilien und einige Bekleidungsstände. Dieser einfache Wochenmarkt gibt einen guten Eindruck vom Pariser Alltagsleben.

PORTE MOLITOR

Der Marché Porte Molitor ist schlecht erreichbar, da er sich am Stadtrand in der Nähe des Bois de Boulogne befindet. Es ist ein nicht sonderlich geschäftiger Wochenmarkt mit einer angenehmen Atmosphäre und einer guten Auswahl an Waren. Wer ein Picknick im Park plant, kann hier bei *Aux Délicieuses Cochonailles* ein paar Scheiben Schinken, *pâté* und *saucisson* kaufen; gleich nebenan eine frisch gebackene *fougasse* oder ein Rosinen-Nuss-Brot, bei einem der *maraîchers* ein paar erntefrische Tomaten oder Pfirsiche und bei einem der *fromagers* einen Crotin de chèvre.

Le Maraîcher

Der Gemüsebauer Joël Thiébault verkauft sein reichhaltiges Angebot an frischem Gemüse der Saison mit der gleichen Freude, mit der er auch den Hof seiner Familie bewirtschaftet. Seine Vorfahren gehörten zu den ersten Händlern auf dem Marché Président Wilson, als dieser 1873 gegründet wurde. Tatsächlich steht Joël heute an genau derselben Stelle, wo bereits seine Urgroßmutter ihre Kisten mit Gartengemüse aufbaute. Als Kind begleitete er seinen Vater, der mit dem Pferdewagen auf den Markt fuhr; und Joël füllte die Körbe der Kunden, von denen viele noch heute zu seiner treuen Kundschaft gehören.

Joël übernahm den Hof erst vor ein paar Jahren von seiner Mutter. Heute beschäftigt er 15 Mitarbeiter, die sich auf den Markt und den Hof verteilen. Sein Stand ist auf saisonales Gemüse spezialisiert. Seine Produkte sind hoch aufgetürmt und die Kunden dürfen sich die Ware selbst aussuchen. Er hat stets verschiedene Salatsorten, frische Kräuter und Wurzelgemüse, doch experimentiert er auch gerne mit neuen Sorten. Große knubbelige Gartentomaten waren in diesem Sommer besonders begehrt. Trotz ihrer unregelmäßigen Form und Farbe nahmen die Kunden sie gerne, um sie in dünne Scheiben zu schneiden und mit Schnittlauchröllchen und Olivenöl zu servieren. Neben dem Gemüseanbau auf seinen 23 Hektar Land, züchtet Joël auch »Designer-Gemüse« für Chefköche, wie etwa gelbe Tomaten, Mini-Blumenkohl, Romanesco, China-Brokkoli, weiße Auberginen und Chilischoten.

Joëls Frau arbeitet zwar nicht auf dem Hof mit, er behauptet aber, sie sei für das Kochen zuständig; wir haben allerdings den Verdacht, dass auch ohne ihr Zutun immer ausreichend große Portionen Erbsen, rote Bete und Brokkoli auf seinem Teller landen.

Joël Thiébault ist ausschließlich auf dem Marché Président Wilson vertreten.

MARKTREZEPTE

FLEURS DE COURGETTE À L'ITALIENNE
Knusprig frittierte Zucchiniblüten

Dies ist ein wunderbares Rezept für die Sommermonate, wenn Zucchiniblüten die Märkte zieren. Obwohl sie in Frankreich noch immer als Delikatesse gelten, bauen einige *maraîchers* wie Joël Thiébault ganze Felder mit Zucchiniblüten an. Er schneidet sie einzeln und stapelt sie in einer besonderen Kiste, die er mit nach vorne in seinen Lastwagen nimmt, damit sie beim Transport unversehrt bleiben. In dem nachstehenden, einfachen Rezept mit italienischer Note werden die Zucchiniblüten frittiert. Ihr Geschmack wird von der wunderbaren Konsistenz von geschmolzenem Mozzarella, kleinen Anchovisstückchen und würzigem Basilikum noch verstärkt. Die Blüten werden in einem japanischen Tempura-Backteig knusprig frittiert. Ein köstliches Entrée, zu dem ein Glas eisgekühlter, trockener Weißwein passt.

⊙ 15 Minuten   ▭ 5 Minuten

12 Zucchiniblüten
1/2 Büffel-Mozzarella
3 Anchovisfilets (oder Anchovispaste in entsprechender Menge)
6 große, frische Basilikumblätter
Öl zum Frittieren
200 g Mehl
125 ml Eiswasser
Salz, Pfeffer aus der Mühle

1. Am besten bereitet man die Zucchiniblüten sofort zu, da sie leicht verderblich sind. Die Stiele etwa 2,5 cm vor dem Ansatz der Blüten abschneiden. Den Blütenstempel in jeder Blüte abzwicken. Die Blüten (nicht waschen) beiseite stellen. 2. Mozzarella in Scheiben und anschließend in 1,5 cm breite Streifen schneiden, Anchovisfilets wässern und quer vierteln, Basilikumblätter längs halbieren. 3. Mozzarellastreifen und Anchovisstücke in die Basilikumblätter einrollen. Zucchiniblüten vorsichtig öffnen und je ein Mozzarella-Anchovis-Basilikumröllchen hineinlegen. Die Spitzen der Blüten leicht verdrehen, damit sie geschlossen bleiben. Beiseite stellen. 4. Öl zum Frittieren in einer Kasserolle mit hohem Rand bei mittlerer Temperatur erhitzen, bis es sehr heiß ist. 5. Inzwischen das Mehl in eine Schüssel sieben und mit dem Eiswasser verrühren, bis ein glatter, flüssiger Teig entsteht. Mit Salz und Pfeffer würzen. 6. Gefüllte Blüten hineintauchen, so dass sie vollständig mit Teig bedeckt sind. Im heißen Fett etwa 4–5 Minuten goldbraun frittieren. Auf Küchenpapier abtropfen lassen und servieren. **Für 4 Personen**.

Anmerkung: Bereitet man die Zucchiniblüten für eine größere Anzahl von Gästen zu, kann man die Blüten auch einige Zeit vor dem Servieren etwa 2–3 Minuten vorbacken: Unmittelbar vor dem Anrichten dann nochmals 2 Minuten goldbraun backen, aber – Vorsicht! – nicht verbrennen lassen!

🍾 Trockene, lebhafte, aromatische Weißweine: Sauvignon blanc, Pouilly Fumé, Sancerre

ROTI DE VEAU AUX CAROTTES DOUCES
Kalbsbraten mit süßen Möhren

Jean Allain empfiehlt, den Kalbsbraten mit Speck zu ummanteln und zu binden, damit er beim Braten nicht austrocknet. Man kann aber auch einen Bogen Backpapier, das größer als der Deckel ist, zwischen Topfrand und Deckel legen, wodurch der Dampf aufgefangen wird und der Braten schön saftig, glänzend und zart bleibt.

◔ 15 Minuten   ⊓ 75 Minuten

1 EL Olivenöl
1,5 kg Kalbsbraten (Oberschale, Nuss, Rücken)
1 EL Butter
6 Möhren, geschält, längs halbiert und geviertelt
10 Schalotten, abgezogen und halbiert
Salz, Pfeffer aus der Mühle
1 Zweig Rosmarin
1 Zweig Thymian
1 Lorbeerblatt
gehackte Petersilie zum Garnieren

1. Öl bei mittlerer Temperatur in einem Schmortopf mit gut schließendem Deckel erhitzen und das Fleisch von allen Seiten darin anbraten. Auf eine Platte legen und Fett aus dem Topf abgießen, dabei verbrannte Rückstände entfernen. Den Boden, wenn nötig, mit einem Holzlöffel auskratzen und mit einem Stück Küchenpapier auswischen. Den Schmortopf wieder auf den Herd stellen und die Hitze reduzieren. Butter hineingeben, dann Möhren und Schalotten zufügen und 4 Minuten leicht anbraten. Darauf achten, dass das Gemüse keine Farbe annimmt. 2. Den Braten salzen und pfeffern und aufs Gemüse legen. Kräuter, Lorbeerblatt und 125 ml Wasser zugeben. Bei mäßiger Hitze 1 1/4 Stunden schmoren, dabei einen Bogen Backpapier zwischen Topfrand und Deckel legen. Braten und Gemüse ab und zu wenden. 3. Kräuter entfernen, den fertig geschmorten Braten herausnehmen, auf ein Schneidebrett legen, mit Alufolie abdecken und etwa 5 Minuten ruhen lassen. Dann in 1,5 cm dicke Tranchen aufschneiden. Die Scheiben auf eine vorgewärmte Servierplatte legen und mit Möhren und Schalotten umlegen. Bratensaft durch eine Sieb über das Fleisch passieren und mit gekochten neuen Kartoffeln oder Wildreis servieren. **Für 6 Personen.**

🍾 Delikate, körperreiche Rotweine: Pauillac, Volnay, Brouilly

TIMBALE DE CRABE ET RATATOUILLE
Taschenkrebs-Timbale mit Ratatouille

Dieser frische Salat ist ein perfektes und elegantes Entrée. Die Ratatouille wird in mehreren Schritten gekocht, damit die Gemüse bissfest bleiben. Jede Zutat wird einzeln gegart und schließlich mit den anderen Zutaten gemischt. So ergibt sich eine schmackhafte Ratatouille. Am besten isst man dieses Gericht eiskalt, darum sollte man es auch im Voraus zubereiten, damit es lange genug im Kühlschrank durchziehen kann.

◔ 30 Minuten   ⊓ 15 Minuten

250 g Krebsfleisch (2 ganze lebende Taschenkrebse)
je 60 ml Olivenöl und Sonnenblumenöl
1 Knoblauchzehe
60 g Zucchini, in Würfel geschnitten
60 g gelber Kürbis, in Würfel geschnitten (ersatzweise gelbe Zucchini)
1 kleine Zwiebel, fein gehackt
je 60 g Aubergine, rote Paprika, gelbe Paprika, grüne Paprika,
    alles in Würfel geschnitten
2 Tomaten, enthäutet, entkernt und gehackt
2 EL Zitronensaft
Salz, Pfeffer aus der Mühle
2 EL frisches Basilikum, in Streifen geschnitten
4 Scheiben Toastbrot, getoastet
Basilikumblüten zum Garnieren

1. Frische Taschenkrebse 20 Minuten in *court bouillon* kochen. Abkühlen lassen, Scheren und Panzer mithilfe einer Hummerzange oder eines großen Küchenmessers aufbrechen und das Fleisch herauslösen. Krebsfleisch in eine Schüssel geben und kalt stellen. Bei gekauftem Krabbenfleisch auf gute Qualität achten. Es muss weiß sein (nicht mit Nordseekrabben verwechseln, die eigentlich Garnelen und von brauner Farbe sind). 2. Oliven- und Sonnenblumenöl miteinander verrühren. 3. 2 EL davon abnehmen, mit der Knoblauchzehe in einer kleinen Kasserolle erhitzen und die Zucchini- und Kürbiswürfel bei mittlerer Hitze etwa 5 Minuten unter Rühren darin anbraten, bis sie gar aber noch fest sind. In eine Schüssel geben, die Knoblauchzehe aber in der Pfanne lassen. 4. Diesen Arbeitsgang mit Zwiebel, Aubergine und den drei Paprikasorten wiederholen, dabei das Gemüse jeweils zu den gegarten Kürbiswürfeln geben. 5. Die Hitze reduzieren, 1 EL Öl in der Kasserolle erhitzen und die Tomaten zufügen. 3 Minuten kochen, dann das ganze Gemüse zugeben und unter Rühren weitere 5 Minuten garen. Salzen, pfeffern, vom Herd nehmen, abkühlen lassen und kalt stellen. 6. Die Ratatouille mit dem Krabbenfleisch vermengen. Die Masse sollte eine schöne rosa Farbe haben und nicht zu dünn sein. Mit Zitronensaft, Salz und Pfeffer würzen. Vor dem Servieren das Basilikum vorsichtig unterheben. Den Salat in mit Olivenöl bestrichene Souffléförmchen oder kleine Tassen füllen, leicht andrücken und auf kalte Teller stürzen. Frisch getoastetes Weißbrot und Basilikumblüten (ersatzweise kleine Basilikumblättchen) dazulegen und servieren. **Für 4 Personen.**

🍾 Trockene, fruchtige Weißweine: Sancerre, Pouilly Fumé, Sauvignon blanc

Timbale de crabe et ratatouille

BŒUF BOURGUIGNON
Rinderschmortopf mit rotem Burgunder

Dieses Rezept ist ein Klassiker des französischen, kulinarischen Repertoires. Wenn es *bœuf bourguignon* gibt, verlangen die Gäste einen Nachschlag und sogar Saucenreste werden nicht verschmäht: Mit Sauce vollgesogene Salzkartoffeln und Zwiebeln sind einfach himmlisch. Es gibt zahlreiche Variationen des Grundrezeptes: Manche marinieren das Fleisch mehrere Tage in Rotwein, andere bestäuben die Fleischwürfel beim Braten mit Mehl. Hier das Rezept von Christian Gardy vom Marché Président Wilson.

🕐 30 Minuten   🍲 3 Stunden

2 dicke Scheiben magerer Speck, in Streifen geschnitten (125g)
1,5 kg Rinderschmorfleisch, in 5 cm große Würfel geschnitten
je 2 Zwiebeln und Möhren, klein geschnitten
2 EL Mehl
0,7 l Rotwein (Burgunder oder Bordeaux)
500 ml Rinderbrühe
500 g Champignons, gewaschen und abgetropft
2 EL Olivenöl
1 Knoblauchzehe, zerdrückt
500 g Perlzwiebeln
2 EL Butter
2 EL Zucker
gehackte Petersilie zum Garnieren

1. Speck in einer großen Kasserolle bei niedriger Hitze mit ein paar Tropfen Öl auslassen, dann die Hitze erhöhen und bräunen. Herausnehmen und beiseite stellen. In dem gleichen Fett die Fleischwürfel bei starker Hitze von allen Seiten bräunen, das Fleisch eventuell in mehreren Portionen anbraten. In eine Schüssel geben und beiseite stellen. 2. Zwiebeln und Möhren bei mittlerer Hitze in der gleichen Kasserolle anbraten. Nach 3 Minuten Fleisch und Speck zufügen und alles gut vermengen. Mit Mehl bestäuben, dann Wein und Brühe angießen und den Topf zudecken. 3. Schnell aufkochen, die Hitze reduzieren und mindestens 2 Stunden zugedeckt schmoren, dabei regelmäßig umrühren. Möglichst viel Fett abschöpfen. 4. Inzwischen von den Pilzen das untere Stielende abschneiden und die Champignons vierteln. Pilze mit Olivenöl und mit Knoblauch nach Geschmack bei starker Hitze kräftig anbraten. Beiseite stellen. 5. Perlzwiebeln mit ein paar Esslöffeln Wasser in einer Stielkasserolle 1–2 Minuten zugedeckt blanchieren; das erleichtert das Schälen. Nach dem Schälen Butter in der gesäuberten Stielkasserolle zerlassen, die Zwiebeln darin mit etwas Wasser und Zucker etwa 20 Minuten bei geringer Hitze dünsten. Vom Herd nehmen und beiseite stellen. 6. Sobald der *bœuf bourguignon* fertig ist – das Fleisch sollte zart und weich sein, die Sauce sollte auf dem Rücken eines Löffels leicht haften bleiben – Champignons und Perlzwiebeln zugeben und das Ragout mit Salz und Pfeffer abschmecken. Mit gehackter Petersilie bestreuen und mit Salzkartoffeln servieren. **Für 6–8 Personen.**

🍾 Rustikale, herbe, körperreiche Rotweine: Gevrey-Chambertin, Pomerol

TARTE AU CITRON
Zitronentarte

Tarte au citron ist etwas Exquisites – fein säuerliche Zitronenfüllung und zarter, knuspriger Mürbeteig harmonieren perfekt miteinander. Der Teig enthält sehr viel Butter: Sollte er beim Ausrollen auf der Arbeitsfläche zu sehr kleben, rollt man ihn besser zwischen zwei Lagen Backpapier aus. Sobald der Teig dünn und breit genug ausgerollt ist, zieht man eine Lage Papier ab und stürzt den Teig auf die Tarteform. Dann drückt man den Teig vorsichtig an Form und Ränder und entfernt die zweite Lage Papier.

🕐 90 Minuten   🍲 35 Minuten

Für den Teig:
100 g Butter
3 EL Puderzucker
$^1/_2$ verquirltes Ei
Mark von $^1/_2$ Vanilleschote (ersatzweise $^1/_2$ Tütchen Vanillinzucker)
1 Prise Salz
200 g Mehl
1 EL gemahlene Mandeln

Für die Zitronenfüllung:
2 Eier
3 Eigelb
200 g Zucker
250 ml Zitronensaft (Saft von etwa 5 Zitronen), inklusive den Saft von
$^1/_2$ Orange, damit es nicht zu sauer wird
125 g Butter
1 EL abgeriebene Zitronenschale, unbehandelt, zum Garnieren

1. Butter, Zucker, Ei und Vanille gründlich vermengen, bis sich eine glatte Paste bildet. Salz, Mehl und Mandeln zufügen und kneten, aber nur so lange, wie unbedingt notwendig. Zu einem flachen, runden Laib formen, zwischen zwei Lage Backpapier legen und mindestens 1 Stunde kalt stellen. 2. Inzwischen Eier, Eigelb und 4 EL Zucker in einer großen Schüssel etwa 5 Minuten schaumig schlagen. Beiseite stellen. 3. Zitrussaft, Butter und restlichen Zucker in einer Kasserolle bei niedriger Temperatur erhitzen. Vom Herd nehmen und unter kräftigem Schlagen die Eimasse einrühren. 4. Wieder in die Kasserolle gießen und bei niedriger Hitze ständig rühren, bis die Masse eindickt. Die Masse darf auf keinen Fall kochen. Vom Herd nehmen, in eine Schüssel gießen und auskühlen lassen. 5. Eine Tarteform (25 cm Ø) einfetten. Den Teig wie oben beschrieben ausrollen. Die Form mit dem Teig auslegen und überhängenden Teig etwa 0,5 cm über dem Rand der Form abschneiden. Teigboden mit einer Gabel mehrmals einstechen und mindestens 30 Minuten kalt stellen. 6. Den Ofen auf 200 °C vorheizen. Backpapier auf den Teig legen und mit getrockneten Hülsenfrüchten beschweren, damit der Teig beim Backen nicht aufgeht. 12 Minuten blindbacken, Hülsenfrüchte und Backpapier entfernen und weitere 8 Minuten backen. 7. Die Temperatur auf 180 °C reduzieren. Die Zitronenfüllung in die vorgebackene Tarte gießen und 30 Minuten backen, bis die Füllung fest ist. Aus dem Ofen nehmen, mit geriebener Zitronenschale bestreuen und abkühlen lassen. 3 Stunden in den Kühlschrank stellen. 15 Minuten vor dem Servieren aus dem Kühlschrank nehmen. **Für 8–10 Personen.**

Das 17. Arrondissement ist ein ausgedehntes *quartier*, in dem es ziemlich ruhig zugeht. Es ist hauptsächlich eine Wohngegend, die den größten Teil des Nordwestens von Paris einnimmt und vom Arc de Triomphe bis zu den Bahngleisen der Gare Saint Lazare reicht. Auf der einen Seite liegt ein ruhiges, bürgerliches Viertel mit prächtigen Bauten und breiten Boulevards, auf der anderen Seite eine – an den Rotlichtdistrikt Clichy angrenzende – urbanere Gegend mit schmaleren Straßen und wenig beeindruckender Architektur. Im 19. Jahrhundert, als dieser

XVIIᵉ ARRONDISSEMENT

Stadtteil entstand, war er ein Viertel des Wandels, der Kreativität und des Wachstums. Baron Haussmann entwarf hier ein modernes Arrondissement; die Brüder Pereire verlegten die ersten Eisenbahnschienen von Paris; und Maler, inspiriert durch die neuartige Landschaft, schufen eine neue Kunstrichtung, den »Impressionismus«. Im Vergleich dazu ist das 17. Arrondissement heute ein friedliches, verschlafenes Fleckchen. Dessen ungeachtet findet hier der zukunftsweisende Biomarkt Batignolles statt, der alles andere als still und träge ist und Käufer aus der ganzen Stadt anzieht.

Die Bahngleise der Gare Saint Lazare verlaufen mitten durch das 17. Arrondissement.
Nur einen Straßenzug entfernt findet der fröhlich-bunte Biomarkt von Batignolles statt.

GLEISE ZU GRÜNEN FELDERN
Le Marché Biologique Batignolles

Der pittoreske Biomarkt Batignolles erinnert mit seinem grünen Blätterdach an einen großen Dorfplatz. Die Schickeriaszene des überaus populären Marché Raspail sucht man hier vergebens. Mit seinem ruhigen, schlichten Umfeld lädt der Markt dazu ein, den ganzen Vormittag zwischen den Ständen umherzuschlendern und ihre Geheimnisse zu entdecken. Hier kann man herausfinden, wie man ganz junge Artischocken (*poivrade*) am besten zubereitet, welche Kräuterteemischung den tiefsten Schlaf verspricht und welche Linsensorte man am besten für einen erfrischenden Salat verwenden sollte. Als der kleinere der beiden Biomärkte von Paris zieht Batignolles all jene überzeugten Naturköstler an, die die Menschenmassen am linken Ufer meiden wollen, aber eine gleichwertige Auswahl und Qualität suchen. Und obwohl es diesen Markt erst seit 1994 gibt, ist er bereits fest etabliert.

Der Marché Batignolles erstreckt sich weiträumig entlang des Mittelstreifens vom Boulevard des Batignolles, im östlichen Teil des 17. Arrondissements. Im 19. Jahrhundert verwandelte Baron Haussmann dieses Landwirtschafts- und Jagdgebiet in ein modernes Wohnviertel mit breiten Boulevards, gesäumt von Bäumen und majestätischen Mietshäusern aus Sandstein, die den Weg zur Stadtmitte freigeben. Die Bourgeoisie nahm dieses neue Viertel um den Parc Monceau und die Place de l'Étoile bereitwillig an. Der bereits bestehende östliche Teil, abgegrenzt durch breite Eisenbahnanlagen, blieb das Zuhause der Arbeiterklasse. Das Gesicht und der Charakter dieses Viertels haben sich im Laufe der Zeit kaum verändert; es ist noch immer eine ruhige Wohngegend.

An jedem Samstag verwandelt sich der schmale Mittelstreifen des Boulevard des Batignolles in einen betriebsamen Biomarkt.

Nähert man sich dem Markt, sieht man bereits von weitem ein großes Transparent mit der Aufschrift »Marché Biologique Batignolles« zwischen den Bäumen hängen. Der Markt, der weder Hast noch Enge ausstrahlt, verteilt sich auf zwei Plätze mit ungefähr 40 Ständen, die biologisch erzeugte Produkte anbieten. Am Eingang steht eine Reihe farbenfroher Stände mit heimischem und importiertem Obst und Gemüse. Bananen aus Kolumbien, Zitrusfrüchte aus Korsika, Erdbeeren aus Spanien und Kumquats aus Italien ergänzen das heimische Angebot aus roter Bete, rotem und grünem Rhabarber, Bergen von Blumenkohl und Knollensellerie.

Überall in den Gängen gibt es Verlockendes zu sehen und man weiß eigentlich nicht, wo man als erstes hingehen soll. Auf der rechten Seite trifft man gleich zu Beginn auf eine Bäuerin, die hier jede Woche die frischen Produkte von ihrem Hof verkauft. An manchen Tagen bringt sie auch Apfelkuchen, Rührkuchen oder Plätzchen mit, die sie am Vorabend backt; an anderen Tagen einige Platten legefrischer Eier oder in Käseleinen eingeschlagene Blockbutter, Töpfchen mit stichfester *crème fraîche* und zuweilen sogar einen Kalbsbraten, ein oder zwei Hühner, oder aber einen Korb mit Äpfeln. Ihrem Stand gegenüber bietet der *traiteur* von Raspail, *Madame Annie*, alle möglichen raffinierten Salate, Quiches, Suppen und Gebäck auf einem langen Tisch an, auf dem außerdem verschiedene Tees und Honigsorten stehen. In diesem Marktabschnitt gibt es auch einen Stand, der ausschließlich Biofisch verkauft. Das bedeutet, dass der Fisch nicht in Gefangenschaft gezüchtet, nicht mit künstlichen Farb- oder Konservierungsstoffen behandelt ist und nicht eingefroren wurde. Sogar das zerstoßene Eis, das zum Kühlen dieser silbrig glänzenden Fische verwendet wird, ist völlig ohne Zusätze. Dies mag ein wenig überzogen erscheinen, doch zumindest kann man sicher sein, hier fri-

263

schen, französischen Fisch, wie etwa Wildlachs oder Forelle, zu bekommen, der im Morgengrauen in sauberen Gewässern gefangen wurde – und entsprechend teuer ist!

In der Mitte des Platzes zieht es die Marktbesucher zu einem der größten Stände auf dem Markt, der von vier jungen Händlern betrieben wird, die ihre Produkte von über 30 Lieferanten auf dem Großmarkt Rungis beziehen. Dies ist ein beliebtes *métier:* Viele junge Leute, die keine Arbeit in traditionellen Berufen finden, halten die Flexibilität und Unabhängigkeit einer Arbeit auf wechselnden Wochenmärkten für sehr attraktiv. Hinter den niedrigen, U-förmig aufgestellten Tischen eilen Mario, Tarik, Vanessa und Mickey hin und her, um ihre treue Kundschaft aus Körben mit weißem Spargel zu bedienen, die neben Bergen von schlanken *haricots verts* und am Stamm gereiften Tomaten stehen. Bei Tarik kauften wir köstlichen *chèvrefeuille (wilder Eichblattsalat)*, gemischt mit jungem Spinat, rotem Chicorée, Rauke und dem rötlich-braunen Lollo rosso, woraus wir – mit einigen Esslöffeln gutem Olivenöl, einem Schuss Walnussöl, einem Löffel Essig, Salz und Pfeffer – einen wundervollen Salat zubereiteten!

Ein Stück weiter gibt es einen Stand, der Bekleidung aus 100 % Baumwolle in verschiedenen Erdtönen, selbstverständlich natürlich gefärbt, verkauft – alles hübsch und bequem, aber auch hübsch teuer. Als nächstes sieht man einen Eimer mit frischer, langstieliger Aloe, die beim Aufschneiden ein klares Gel absondert, das man bei Brand- und Schnittwunden und zur Pflege von Haut und Haar verwenden kann.

Schlendert man weiter über den Markt, hört man vielleicht einen einsamen Poeten, der seine neuesten Gedichte rezitiert – und stellt fest, dass es sich dabei um den Mann der netten Frau handelt, bei der man auf dem Marché Batignolles eine Crêpe gekauft hat. Thérèse und Michel Beucher sind jede Woche auf diesem Markt, um ihre traditionellen normannischen Crêpes zu verkaufen sowie biologisch erzeugten Cidre und Calvados, der aus den Früchten der hauseigenen Apfelplantage hergestellt wird, die sie seit über 20 Jahren in der Normandie bewirtschaften. Wer gerne prickelnden Cidre trinkt, sollte ein wenig mit Michel plaudern und einige Flaschen aus seinem Angebot probieren. Man wird schon bald die Welt des Cidre schätzen lernen, wenn man die verschiedenen Jahrgänge kostet. Der 1997er ist fruchtig, alkoholreich und von honiggoldener Farbe, während der 1996er vielleicht ein kräftigeres Zitrusaroma aufweist und heller ist. Und ob es einem gefällt oder nicht, Michel hat für jeden Schluck auch ein Gedicht – im Zweifelsfall muss man sich einfach mitten in einer Strophe von ihm losreißen.

Dieser Markt ist eine angenehme Überraschung für alle, die nicht ganz so früh aufstehen. Denn im Gegensatz zu anderen Wochenend-

Mit wachsender Nachfrage haben die Biobauern auch ihr Angebot erweitert und bieten mittlerweile eine große Bandbreite an Obst und Gemüse an.

DIE FREIHEITSSTATUE

Das 17. Arrondissement war der Geburtsort von New Yorks symbolträchtigstem Denkmal – der Freiheitsstatue auf Bedloe Island. Die überdimensionale Hand und die Fackel der Freiheit wurden von Frédérique-Auguste Bartholdi in seinem Atelier am Parc Monceau entworfen und als Bronzeguss gefertigt; zur Seite stand dem Bildhauer dabei niemand geringeres als Gustave Eiffel, der Erbauer des berühmten Eiffelturms. Das ganze Viertel wurde damals Zeuge der Entstehung der Statue und spendete dem Werk (mehr als Kopf und Hand waren noch nicht vorhanden) auf der Pariser Weltausstellung des Jahres 1878 Beifall. 1884 wurde die 200-Tonnen-Lady dann fertiggestellt.

Ursprünglich sollte die Statue über dem Eingang zum Suez-Kanal aufgestellt werden, doch für dieses Unternehmen reichten die finanziellen Mittel nicht und so wurde ihr ein anderes Schicksal zuteil. Sie segelte über den Atlantik und wurde in New York als (reichlich verspätetes) Geschenk der Franzosen zum 100. Geburtstag der Vereinigten Staaten wieder zusammengesetzt. Die Fackel der Statue sollte den Einwanderern, die in Amerika ihr Glück suchten, symbolisch den Weg leuchten.

märkten braucht man sich hier nicht den Weg durch die Menschenmassen zu bahnen, um den letzten Liter Milch oder die letzten Eier für
den Brunch zu ergattern.

Man trifft auf ältere Damen, die ihre Einkaufswägelchen mit den
sorgfältig verstauten Zutaten für das Sonntagsessen hinter sich her-
ziehen, junge Eltern mit überfüllten Körben, die Buggys schieben und
ihre davonlaufenden Kleinkinder wieder einfangen, und Kenner, die
wegen all der Spezialitäten dieses Marktes aus anderen Stadtteilen her-
kommen. Die Stände bieten stets ein reichhaltiges Angebot, das niemals
ausverkauft zu sein scheint, was vermutlich daran liegt, dass die Händler für den Marché Raspail, der am folgenden Tag stattfindet, reichlich
mit Ware bestückt sind.

Überquert man die kleine Straße und geht hinüber zum zweiten
Platz, kommt man zu einem farbenfrohen Obststand, dessen Verkäufer
rot-weiß gestreifte Schürzen und Strohhüte tragen. Ihre Auslage unterscheidet sich von den übrigen Marktständen, denn sie stellen keine
Tische auf, sondern stapeln je nach Jahreszeit Kisten mit Erdbeeren,
Mangos, Avocados oder Melonen einfach übereinander. Außerdem gibt
es bei ihnen 30 verschiedene Sorten Marmeladen und Gelees, von
denen man eine ganze Reihe auf dem köstlichen Weizenvollkornbrot
vom angrenzenden Bäckerstand kosten kann. Madame Corvaisier von
La Ferme de la Metairie bereitet ihre Marmeladen mit mehr als 60 %
Frucht zu und verwendet interessante Kombinationen, wie etwa Bana-
ne-Rhabarber, Möhre-Orange und Kiwi-Ananas, sowie traditionelle Geschmacksrichtungen wie Himbeere, Orange und Aprikose, und ungewöhnliche wie Quitte, rote Tomate und Feige. Wir empfehlen Limette-
Blaubeer, die so lecker auf unserem Frühstückstoast schmeckte.

Das helle klare Licht, das hier durch die Bäume auf den Markt fällt,
wurde bereits zu jener Zeit gepriesen, als in diesem Stadtteil von Paris
viele impressionistische Maler zu Hause waren, zu denen auch der
berühmte Edouard Manet gehörte. Dieser östliche Teil des 17. Arrondissements, auch »Le Village des Batignolles« genannt, war bei den
Künstlern wegen seines Nebeneinanders von Moderne und Tradition
beliebt. Die neu verlegten Eisenbahnschienen und der dazugehörige
Bahnhof boten ihnen einmal andere Motive, gleichzeitig aber auch die
Möglichkeit, aus dem Stadtzentrum zu den nahe gelegenen Feldern und
Wäldern von Saint-Germain-En-Laye zu entkommen. Großzügige
Räumlichkeiten für Ateliers und Bars waren durchaus bezahlbar, wie
etwa das *Café Guerbois*, dessen Gärten und Terrassen ein beliebter
Treffpunkt und Schauplatz hitziger Debatten waren. Man sagt sogar, die
impressionistische Bewegung habe in diesem Café ihren Ursprung
genommen. Nur wenige Häuserblocks von hier entfernt, malte Manet

Der Stand von Thérèse und Michel Beucher bietet Spezialitäten aus der Normandie, darunter auch eine Auswahl an Jahrgangs-Cidre.

BIOLOGISCH IST NICHT VEGETARISCH

Agriculture biologique, wie in Frankreich die offizielle Bezeichnung des biologischen Anbaus lautet, ist nicht gleichbedeutend mit vegetarischer Ernährung, sondern soll lediglich die Art der Nahrungsmittelproduktion definieren, die in diesem Fall auf möglichst natürliche Weise und ohne Zusatz von chemischem Dünger und Herbiziden erfolgt. Die Bionahrung hat also die klassischen Essgewohnheiten der Franzosen nicht verändert, und auf den Biomärkten werden die gleichen Erzeugnisse angeboten wie auf den normalen Wochenmärkten.

Es gibt Metzger mit Schweinefleisch, Rind und Lamm; *volaillers* mit Hühnern, Enten und Kaninchen; *charcutiers* mit *pâtés*, Schinken, Würsten und Speck; Käsestände; Bäcker mit Schokoladen Éclairs, Croissants und Baguettes; Weinhändler; *épiciers* mit Ölen, Kaffee, getrockneten Früchten und verschiedenem Getreide, sowie einer großen Auswahl an Obst und Gemüse. Der einzige auffällige Unterschied zwischem dem herkömmlichen und dem Bioangebot sind die höheren Preise. Die Erträge biologisch angebauter Feldfrüchte sind oft etwas geringer und erklären die Preisdifferenz.

Oben: Comté gehört zu den Lieblingskäsesorten der Franzosen. Er wird in drei Reifegraden (drei bis 12 Monate Lagerung) angeboten. Rechts: Crêpes werden noch auf traditionelle Weise zubereitet. Mit einem Holzspatel wird der Teig hauchdünn verstrichen. Unten: Kartoffel-Möhren-Pfannkuchen sind beliebte Snacks. Man findet sie auf allen Biomärkten der Stadt.

sein Meisterwerk »Le Chemin de Fer« (Die Eisenbahnschiene), das romantische Gestalten in einer modernen Umgebung zeigt.

Seit Ausbruch des »Rinderwahnsinns« BSE sind die Schlangen an den Ständen der Biometzger um ein Vielfaches länger geworden; Pariser nehmen heute bis zu 20 Minuten Wartezeit in Kauf, um ihre begehrten Steaks und Kalbskoteletts zu erstehen. Monsieur Lessieu, ein Pionier in Sachen Biofleisch, hat seinen Stand immer an der hinteren linken Ecke des zweiten Platzes. Seit 1973 – lange bevor es Bio-Warenzeichen gab – zieht er auf seinem Hof in den grünen Tälern der Perche-Region Rinder ohne Chemie und Hormone groß. Auf allen Biomärkten in und um Paris verkauft Monsieur Lessieu Rind- und Kalbfleisch aus eigener Erzeugung, Lamm- und Schweinefleisch von benachbarten Biohöfen sowie eine Auswahl selbst gemachter *pâtés*, Würste, Schinken und Salami. Fleisch von Biometzgern ist immer von erstklassiger Qualität, mit einem vollen Aroma und Preisen, die mit anderem hochwertigem Fleisch aus normalen Metzgereien noch vergleichbar sind.

Ganz in der Nähe verkauft Henri Martin, ein stämmiger Mann mit einer großen weißen Schürze, die besten Eier des Marktes. Voller Stolz bietet er eine recht seltene Sorte an, die sich durch ihre gesprenkelte, dunkelbraune Schale und ihr gehaltvolles, tieforangefarbenes Eigelb

auszeichnet. Diese Eier stammen von den *poules de Maranes*, einer uralten Hühnerrasse aus der Charente. Sie schmecken köstlich und werden am besten *à la coque* verzehrt. Außerdem gibt es bei ihm auch stets einige Hühner, verschiedene Ziegenkäse und bergeweise sahnige Sauerrahmbutter, die Monsieur Martin pfundweise verkauft. Er ist immer fröhlich und unterhält sich gerne über seine ganz besonderen Hühnereier. Schlendert man dann weiter an den verschiedenen Ständen vorüber, dringt einem von *Les Encens Divins* ein Hauch von Weihrauch in die Nase. Kunden, die unter Angstzuständen leiden, erläutert Claire gerne, wie sich durch das Verbrennen von Weihrauch und traditionellen Kräutermischungen über kleinen Holzkohlelampen eine entspannende Atmosphäre erzeugen lässt. Oder man plaudert mit Madame Jacquinet, die bei der Auswahl von Kräutertees hilft, die all jene Leiden lindern, die sich durch Weihrauch nicht heilen lassen. Wem das noch nicht reicht, der geht zu einer *épicerie*, die eine riesige Auswahl mit allen nur erdenklichen Arten biologisch erzeugter Lebensmittel anbietet: Linsen, Reis, Erbsen, Leinsamen, Adzukibohnen,

Oben: Neben vielen anderen Produkten findet man auf dem Marché Batignolles Hülsenfrüchte und frischen Ziegenkäse. Rechts: Der größte Fan seiner legefrischen Eier der *poules de Maranes* ist er selbst – Standbetreiber Henri Martin.

Kasha, Bulgur, Kichererbsen, getrocknete Kräuter, Gewürze, Seetang, Sojamilch, Sojakäse, Kaffee, Tee, Öl und eine Vielfalt von unbehandelten Trockenfrüchten und Nüssen. An diesem Stand gibt es Produkte aus der ganzen Welt und er bietet die Gelegenheit, immer wieder neue Zutaten zu entdecken. Olivier und sein Team erklären bereitwillig, wie man pechschwarzen Thai-Reis und orangerote Linsen gart und zubereitet und was man am besten dazu isst und weshalb! Es gibt begeisterte Naturköstler, die hierher pilgern, um eine ganz bestimmte Bohnensorte zu erstehen, Rezepte und Buchtipps auszutauschen und eifrig über die Vorzüge der verschiedenen Getreidearten zu diskutieren.

Auf dem Weg zurück und hinüber zum ersten Platz findet man an der Ecke *La Ferme de la Table au Roy*, wo man Joghurt, Milch und die beste Käseauswahl des gesamten Marktes bekommt. Obwohl auf Biomärkten die wichtigsten Käsesorten vertreten sind – wie etwa Ziegenkäse, Brie, Camembert, Roquefort und verschiedene Hartkäse wie Comté, Emmentaler und Cantal – ist die Auswahl nicht übermäßig groß. Da die Käseproduktion in Frankreich stark reglementiert ist und die Gesetze zur Käseherstellung ebenso streng sind wie die Gesetze zur biologischen Erzeugung von Nahrungsmitteln, könnten viele Käsesorten in Frankreich problemlos das staatliche Bio-Warenzeichen *AB* tragen. Doch die meisten Käsehersteller zeigen kein Interesse, der *AB*-Vereinigung beizutreten, so dass die Käseauswahl auf Biomärkten ziemlich begrenzt ist.

Zurück am Ausgangspunkt sollte man sich die Zeit nehmen, um den Biowein zu kosten, den Monique und Paul Giboulot seit 1970 auf ihrem Weingut bei Beaune in Burgund produzieren. Direkt daneben verkauft Pauls Sohn Henri-Jean Gemüse, das er in unmittelbarer Nachbarschaft der Weinberge seines Vaters anbaut. Auch das schmackhafte Charolais-Rindfleisch, das diese ambitionierte Familie erzeugt, ist auf dem Markt bei der *Boucherie Bessier* erhältlich.

Wer noch ein wenig in dieser Dorfatmosphäre verweilen möchte kann von hier zur Kirche Sainte Marie laufen, die nur wenige Häuserblocks entfernt liegt. Man geht die von Geschäften gesäumte Rue des Batignolles, wo früher der impressionistische Maler Edouard Manet wohnte, hinunter, bis man die Kirche erreicht. Dort kann man im Restaurant *Le Jardin d'Isa* auf der linken Seite dieses hübschen Platzes etwas trinken oder zu Mittag essen. Einen Besuch lohnen auch die Antiquitätengeschäfte, die man hier in der Gegend findet, und anschließend kann man sich in den wunderschönen Gärten hinter der Kirche, einem grünen Refugium voller bunter Blumen, erholen. Wer dann noch weiter Lebensmittel einkaufen möchte, findet einige Blocks in Richtung Westen die Rue Levis mit guten *traiteurs* und *charcuteries*.

Oben: Am Stand *Les Encens Divins* werden mit Duftstoffen versetzte Räucherwaren auf Duftlampen verbrannt; dabei werden heilende Rauchschwaden freigesetzt. Rechts: Auf natürliche Weise hergestellte Seifen aus den Grundstoffen Olivenöl oder Mandelöl, mit unterschiedlichen Duftnoten.

RUE LEVIS

Der belebte Straßenmarkt der Rue Levis liegt nur wenige Blocks vom Biomarkt von Batignolles entfernt und wird im Wohngebiet des 17. Arrondissements auf einem Bürgersteig abgehalten. Obwohl das Angebot an Obst und Gemüse hier bei weitem nicht so frisch ist wie auf dem Marché Batignolles, finden sich dennoch einige sehr gute Läden. Die *charcuterie* Schmid Levis hat sich auf elsässische Spezialitäten konzentriert. Der *traiteur* Ballereau bietet an seinem Stand frisch zubereitete Gerichte wie *bœuf bourguignon*, Paella oder *coquelet au fenouil* (Hähnchen mit Fenchel) an. Der Käsestand *J. Carmes et Fils* hat seine riesige Auswahl auf Weinfässern ausgebreitet, die auch das Kopfsteinpflaster der Straße erobert haben. Mehrere Bäcker, Metzger, Floristen und ein malerisches altes Lädchen, in dem man frisch gerösteten Kaffee bekommt, vervollständigen diesen Straßenmarkt.

BERTHIER

In dieser Wohngegend, die abseits vom Trubel der Großstadt liegt und an den *périphérique* grenzt, hat sich mitten auf einem Spielplatz der Marché Berthier etabliert, der die Anwohner mit Grundnahrungsmitteln beliefert. Es herrscht eine freundliche Atmosphäre, die abseits vom Geschehen der Metropole für ein entspanntes und angenehmes Einkaufen sorgt. Die Auswahl ist zwar eher gering, doch das Angebot wird ansprechend präsentiert, die Qualität ist gut und die Preise moderat. Dennoch ist dieser Markt kein Muss, sondern allenfalls einen kleinen Abstecher wert.

MARCHÉ COUVERT BATIGNOLLES

Die Markthalle von Batignolles ist heute leider eine herbe Enttäuschung. Die herrliche ursprüngliche Hallenkonstruktion aus Glas und Eisen, 1867 von dem Architekten Baltard entworfen, wurde 1979 abgerissen und durch einen hässlichen, mehrstöckigen Backsteinbau ersetzt. Der Markt mit seinen dicht gedrängten Ständen befindet sich im Erdgeschoss – künstliches Licht und Hintergrundmusik, wie man sie aus Supermärkten kennt, sorgen nur für wenig Atmosphäre. Ungefähr 20 Stände kämpfen hier ums Überleben und bieten ein nur durchschnittliches Angebot an Fleisch, Käse, Obst und Gemüse. Allein die Stände für portugiesische Spezialitäten und Fisch stechen aus dem Einerlei hervor. Doch alles in allem lohnt dieser Markt keinen Umweg.

NAVIER

Wer sich vorgenommen hat, auch den letzten Winkel von Paris zu erkunden und dabei im 17. Arrondissement gelandet ist, der sollte diesem winzigen Markt einen Besuch abstatten. Ein Dutzend Stände bieten ausgesprochen gute Ware an. Es geht hier äußerst freundlich und vor allem sehr französisch zu, was überraschen mag, denn das Umfeld ist alles andere als einladend. Aber man kann sich gut vorstellen, wie die Stammkundschaft hier jeden Dienstag und Freitag schnell noch die Vorräte an frischen Eiern und Geflügel auffüllt, dazu köstliche Entenbrüste, ein paar *chevaline tournedos*, Seezunge, süß duftende Melone, Spargel und reifen Camembert einkauft.

RUE PONCELET

Gleich neben der belebten Avenue des Ternes hat sich in einer Seitenstraße ein vorwitziger Obst- und Gemüsestand etabliert, der die vorbeieilenden Fußgänger anzulocken versucht. Hier gibt es Orangen, Grapefruits und Erdbeeren – als Einstimmung auf den geschäftigen Straßenmarkt zwischen der Rue Bayon und der Rue Poncelet. *Daguerre Marée* ist ein riesiger Fischstand, der sich auf einer ganzen Straßenseite der Rue Bayon ausbreitet. Einige Fische und Meeresfrüchte werden hier noch lebend in Wassertanks gehalten und das Angebot wird ansprechend präsentiert.

Die Rue Poncelet hinunter gibt es weitere Obst- und Gemüsestände, die allerdings nur Ware von durchschnittlicher Qualität zu hohen Preisen anbieten. Ein kleiner Pferdemetzger, erkennbar an dem nachgebildeten Pferdekopf, der über dem Eingang hängt, findet sich direkt neben der riesigen *Boucherie Roger*.

Hauptattraktionen des Marktes sind jedoch die Bäckerei *Paul*, die vor ihrem Stand mit einem kleinen Wagen lockt, auf dem Baguettes, Törtchen und Brioches hübsch dekoriert sind; die *Brûlerie des Ternes*, eine Kaffeerösterei; der Käseladen *Alléosse*, der eine wunderbare Auswahl an Käsesorten bietet, die im Käsekeller bis zum perfekten Reifegrad lagern durften; und das Feinkostgeschäft *Stubli*, wo man mitten in Paris Weißwurst und Strudel direkt auf der Hand (oder zum Mitnehmen verpackt) probieren kann.

MARCHÉ COUVERT DES TERNES

Obwohl er zu den ältesten überdachten Märkten der Stadt gehört und 1852 erbaut wurde, versteckt sich der *marché couvert* von Ternes unter einer architektonischen Scheusslichkeit aus den 1970er-Jahren. Die Stände bieten eine Vielfalt an Fleisch, Geflügel, Käse und Milchprodukten an. Ein Spezialitätenstand für portugiesische Produkte, einige Obst- und Gemüsestände und ein wenig beeindruckender Fischstand runden das Marktangebot ab. Leider gelingt es weder den wenigen Sonnenstrahlen, die sich ihren Weg in die Markthalle bahnen, noch den Händlern selbst, diesem Markt zu wirklichem Leben zu verhelfen. Auch die nahe liegende Ladenzeile in der Fußgängerzone der Rue Lebon lockt wenige potentielle Kunden in die Markthalle. Auf der Rue Poncelet lässt sich der tägliche Einkauf auf viel charmantere Weise erledigen.

Links: So schmeckt der Sommer: Köstlich pralles Obst und knackiges Gemüse auf dem Marché Batignolles. Rechts: Jakobsmuscheln, *coquilles Saint Jacques*, in der Schale und mit Rogensack sind ebenfalls im Angebot.

La Patissière

Bis oben hin ist ihr Auto mit Buchweizenspezialitäten angefüllt, wenn sich die Chauvels an jedem Wochenende von ihrem 450 km entfernten bretonischen Bauernhof auf den Weg nach Paris machen. Auf zwei Märkten verkaufen sie selbst hergestellte Backwaren. Auf einem kleinen Tisch werden die Köstlichkeiten auf einem rot-weiß karierten Tischtuch sorgfältig aufgebaut und gestapelt: Buchweizencrêpes, Blinis, Buchweizenbrote, buttrige Apfeltörtchen, Vanillecreme, Apfelgelee, Kürbismarmelade und abgepacktes Mehl. Die Chauvels sind schon weit über 70, aber sogar mitten im Winter stehen sie, gut eingehüllt in handgestrickte Jacken und dicke Wollmäntel, hinter ihrem Stand und wärmen sich die Hände am Crêpe-Eisen.

Einmal in der Woche steigt Basil Chauvel die Holzleiter zum Scheunenboden hinauf und füllt dort zwei Eimer mit Buchweizen. Die Körner werden in einer Steinmühle gemahlen und dann gesiebt. Seine Frau Madeleine füllt das Mehl in Säckchen, und verabeitet es später zu Kuchen, Broten und Blinis. Jeden Freitag nach dem Mittagessen machen sich die beiden auf den Weg nach Paris und kommen bei Anbruch der Nacht in ihrer Zweitwohnung im Stadtzentrum an. Dort begibt sich Madeleine unverzüglich an die Arbeit und backt 120 *galettes au sarrasin*. Basil leistet ihr neben dem Ofen Gesellschaft und probiert ihre Köstlichkeiten.

Vor mehr als einem halben Jahrhundert lernte die Bauerstochter Madeleine den Müllerssohn Basil kennen. Vier Kinder hat das Ehepaar zusammen groß gezogen. Noch heute wohnt es in Madeleines Geburtshaus. Vor 15 Jahren übernahm Sohn Edouard den Hof, mittlerweile in der elften Generation! Und seine Entscheidung, Buchweizen anzubauen, gab den Anstoß für den Verkauf dieses traditionsreichen Erzeugnisses in der Hauptstadt. *Sarrasin* (Buchweizen) kam im 17. Jahrhundert nach Europa. Jahrhundertelang wurde er zu nahrhaftem Brei oder gemischt mit weißem Mehl zu Brot verarbeitet. Heute wird der meiste Buchweizen importiert; die Chauvels gehören zu den Wenigen, die die Tradition des Buchweizenanbaus in Frankreich noch aufrecht erhalten.

Trotz ihres Alters und ihrer langen Berufstätigkeit zeigen die Chauvels keinerlei Anzeichen von Müdigkeit. Wenn das Wochenende vorüber ist und die langen Kundenschlangen zufrieden von dannen gezogen sind, werden die Reste eingepackt – Kuchen, Brote und *galettes* nehmen sie für ihr wahrhaft glückliches Schwein mit.

Die Chauvels findet man auf den Märkten Port Royal und Place Monge.

MARKTREZEPTE

CRÊPES AU SARRASIN
Buchweizencrêpes

Dieses Crêpe-Rezept stammt von Madeleine Chauvel. Es lässt sich gut zu Hause zubereiten, obwohl sie darauf schwört, dass die Crêpes nicht den gleichen Geschmack haben, wenn man nicht ihr steingemahlenes Mehl dafür verwendet. Man sagt, Crêpes aus Buchweizenmehl seien gesünder (und auch schwerer!) als die bekannten Crêpes aus hellem Weizenmehl, man serviert aber beide auf die gleiche Art. Sie schmecken großzügig mit Marmelade oder Honig bestrichen oder mit geriebenem Käse, Schinken oder einem Ei gefüllt. Im Kühlschrank sind sie mehrere Tage haltbar. Man erhitzt sie mit etwas Butter in einer Pfanne und garniert sie dann.

🕐 75 Minuten   🍲 30 Minuten

250 g Buchweizenmehl
1 Eigelb
1 Eiweiß
1 Prise Salz und Pfeffer aus der Mühle
2 TL Weizenmehl
2 TL Sonnenblumenöl
Butter zum Ausbacken

1. Buchweizenmehl mit Eigelb und 600 ml Wasser in einer großen Schüssel glatt rühren. **2.** In einer weiteren Schüssel Eiweiß mit Salz und Pfeffer verquirlen. Weizenmehl und Öl nach und nach unterrühren. **3.** Die Eiweißmasse unter den Buchweizenteig ziehen, eventuell noch etwas Wasser zugießen. Der Crêpeteig sollte flüssig sein. Die Teigschüssel mit einem Küchentuch abdecken und mindestens 1 Stunde ruhen lassen. **4.** Eine Crêpe-Pfanne oder eine beschichtete Pfanne auf mittlere Temperatur erhitzen. Ist der Teig inzwischen zu dick geworden, noch etwas Wasser zufügen, er sollte sich gut gießen lassen. Etwas Butter in die Pfanne geben und einen Schöpflöffel Teig hineingießen. Die Pfanne schwenken, so dass sich der Teig gleichmäßig verteilt. Man kann den Teig auch mithilfe eines Holzspatels verteilen. Von jeder Seite 3–4 Minuten backen. Crêpe auf einen Teller geben und den restlichen Teig ebenso zu feinen, dünnen Crêpes verarbeiten. Vor dem Servieren die Crêpes in einer Pfanne wieder mit etwas Butter erhitzen, mit Marmelade bestreichen, zusammenrollen oder -falten und sofort essen. Man kann die Crêpes in der Pfanne auch mit geriebenem Käse bestreuen, mit Schinken oder anderen Zutaten belegen oder füllen und nach Geschmack kurz überbacken.
Ergibt etwa 12 Crêpes.

🍾 Trockener, perlender Cidre

PAVÉ DE SAUMON AVEC SALADE DE LENTILLES
Pochierter Lachs mit Linsensalat

Dieses leichte Sommergericht wird meist lauwarm gereicht, kann aber auch im Voraus zubereitet und kalt serviert werden. Laut Rezept benötigt man die kleinen grünen Puylinsen, andere Linsen eignen sich aber auch.

🕐 10 Minuten   🍲 45 Minuten

250 g Puylinsen
1 TL Salz
1 Möhre, geschält und gehackt
1 kleine Zwiebel, gehackt
1 große Knoblauchzehe, gehackt
1 *bouquet garni* (2 Thymianzweige, 2 Petersilienzweige, 1 Lorbeerblatt)
1 EL Dijon-Senf
1 EL Essig
3 EL Olivenöl
Salz, Pfeffer aus der Mühle
2 EL gehackter Dill
100 g Speckstreifen (nach Belieben)
12 Dillzweige zum Garnieren

4 Lachsfilets à 180 g
1 EL Weißweinessig
Lorbeerblatt
1/2 TL schwarze Pfefferkörner
1/2 Zwiebel
1 Stange Staudensellerie, in kleine Stückchen geschnitten

1. Linsen in eine große Kasserolle geben und Wasser aufgießen, so dass die Linsen vollständig bedeckt sind. Kurz aufkochen und durch ein Sieb abgießen. **2.** Die Kasserolle säubern, die Linsen wieder hineingeben und mit kaltem Wasser bedecken. Salz, Möhre, Zwiebel, Knoblauch und *bouquet garni* zufügen. Aufkochen und die Hitze reduzieren. 40 Minuten köcheln lassen, bis die Linsen weich sind. **3.** Vom Herd nehmen und abkühlen lassen. Senf, Essig und Öl verrühren, salzen und pfeffern. Linsen abgießen und einen Teil der Garflüssigkeit beiseite stellen. Linsen mit der Vinaigrette und Dill mischen. Nach Geschmack angebratene Speckstreifen zufügen. Ist der Linsensalat zu trocken, etwas Garfond zugießen. **4.** Lachsfilets in eine Pfanne mit hohem Rand legen. Mit Wasser auffüllen, bis die Filets bedeckt sind. Restliche Zutaten zufügen und aufkochen. **5.** Die Hitze reduzieren und den Fisch etwa 5–7 Minuten unter dem Siedepunkt garziehen lassen. Er sollte im Kern noch ein wenig roh sein. Aus dem Wasser nehmen. Falls nötig, die Haut abziehen, entgräten und servieren. Zum Anrichten 2–3 gehäufte Esslöffel Linsensalat in die Mitte eines jeden Tellers geben und mit dem Löffelrücken flach drücken. Die Lachsfilets darauf legen und mit Dillzweigen garnieren. **Für 4 Personen.**

🍾 Trockene Weißweine oder fruchtige Rotweine: Côtes de Bourg, Mercurey, Saint-Amour

SALADE AUX HERBES
Sommerlicher Kräutersalat

Am schönsten zelebriert man den Sommer mit einem Salat aus würzigen Kräutern und knackigen Blattsalaten frisch vom Markt. Dieser Salat ist ein wunderbarer Einstieg in ein leichtes sommerliches Menü oder eine erfrischende Beilage zu jedem Fleisch- oder Fischgericht. Mit Käse (vor allem gereiftem Ziegenkäse), knusprigem Brot und einer eisgekühlten Flasche trockenen Weißweins kann er auch ein unvergleichbar aromatischer Hauptgang sein. Das nachstehende Rezept ist nur eine Empfehlung, die tatsächliche Auswahl der Kräuter und Blattsalate bestimmt am besten jeder selbst.

15 Minuten

1 schöner, fester Kopfsalat
1 roter Eichblattsalat
1 grüner Eichblattsalat
1 Radicchio
1 Bund Basilikum
1 Bund Kerbel
4 Zweige frischer Estragon
12 Halme Schnittlauch

Für die Vinaigrette:
60 ml natives Olivenöl extra
2 EL Walnussöl
3 EL Rotweinessig
Salz, Pfeffer aus der Mühle

1. Salate waschen und trockenschleudern. 2. Kräuter (bis auf den Schnittlauch) waschen, trockenschütteln, die Basilikum-, Kerbel- und Estragonblätter abzupfen und Schnittlauch mit einer Schere in 5 mm lange Röllchen schneiden. 3. Für die Vinaigrette alle Zutaten miteinander verrühren. 4. Blattsalate und Kräuter in einer Schüssel vorsichtig mischen und mit der Vinaigrette anmachen. **Für 4 Personen.**

Trockene, delikate Weiß- und Roséweine: Pouilly Fumé, Rosé de Provence, Tourraine

GÂTEAU À L'ORANGE
Orangenkuchen mit Cointreau

Dieses originelle Kuchenrezept stammt von Madame Annie vom Marché Batignolles. Der Orangenkuchen ist ein idealer Imbiss für den Nachmittag und passt auch gut zu einem prickelnden Glas Champagner. Die für dieses Rezept verwendete Kuchenform ist wichtig: Am besten eignet sich eine Springform mit kegelähnlichem Boden (ähnlich einer Guglhupfform).

15 Minuten   60 Minuten

500 g Zucker
250 g weiche Butter
Mark von 1 Vanilleschote (oder 1 Tütchen Vanillinzucker)
2 EL abgeriebene Orangenschale, unbehandelt
5 Eier
550 g Mehl
1 EL Backpulver
1 Prise Salz
200 ml Milch

Für die Glasur:
60 g Butter
160 g Zucker
60 ml Orangensaft
125 ml Cointreau

Springform mit kegelähnlichem Boden

1. Den Ofen auf 180 °C vorheizen. 2. Zucker und Butter 3 Minuten schaumig rühren. Vanillemark und Orangenschale in die Butter-Zucker-Mischung rühren. 3. Ein Ei nach dem anderen zugeben und rühren, bis die Masse glatt ist. 4. Mehl in eine zweite Schüssel sieben, Backpulver und Salz zufügen. Abwechselnd Mehl und Milch unter die Zucker-Butter-Ei-Mischung rühren. Der Teig sollte sehr locker sein. 5. Die Form buttern und bemehlen. Den Teig in der Form verteilen und 60 Minuten backen. 6. Der Kuchen ist fertig, wenn die Klinge eines Messers, die man in die Mitte des Kuchens sticht, beim Herausziehen absolut sauber bleibt. Aus dem Ofen nehmen und etwas abkühlen lassen. 7. Für die Glasur alle Zutaten in einem kleinen Topf bei mittlerer Temperatur erhitzen, bis die Butter zerlassen ist und der Zucker sich vollständig aufgelöst hat. Nicht kochen. 8. Den noch warmen Kuchen an den Rändern vorsichtig mit einem Messer von der Form lösen und auf eine Kuchenplatte stürzen. Die heiße Glasur darüber gießen. Sie sollte gleichmäßig an den Rändern herunterlaufen, und der Kuchen sollte regelrecht in der Glasur schwimmen. Kuchen mindestens 1 Stunde abkühlen lassen. **Für 8–10 Personen.**

Champagner

Salade aux herbes

Jeder Besucher der »Lichterstadt« steigt einmal die nicht enden wollenden Stufen zum Gipfel des Montmartre hinauf, um das zu entdecken, was für den Inbegriff dieses Pariser Viertels gehalten wird. Dabei ist der malerische Hügel, gekrönt durch die schneeweißen Kuppeln von Sacré-Cœur, einen Weinberg und ein Labyrinth von Kopfsteinpflaster-Gassen nur ein Teil des 18. Arrondissements. Rings um dieses urige Dörfchen liegt eines der bevölkerungsreichsten und vielgestaltigsten Viertel von Paris. Das 18. hat verschiedene Gesichter an einzelnen Seiten des Hügels. Man kann von städtischer Hast mitgerissen

XVIIIᵉ ARRONDISSEMENT

werden, stille Seitenstraßen entdecken oder durch ein geschäftiges, multikulturelles *quartier* schlendern. Das mag verwirren, wenn man eigentlich nur mit Fahrrädern, Baguettes und Baskenmützen gerechnet hat – und dennoch ist es eine authentische Seite dieser kosmopolitischen Stadt. Zweimal in der Woche findet in diesem Viertel ein Markt mit unglaublich niedrigen Preisen statt. Der quirlige Marché Barbès ist ein Traum für Schnäppchenjäger. Hierher strömen Scharen von Kunden aus allen Winkeln der Stadt, um ein besonders günstiges Angebot nach Hause zu tragen.

Vom Gipfel des Montmartre aus hat man einen hinreißenden Blick über die Stadt.

PARIS – GANZ PREISWERT
Der Marché Barbès

Der riesige Markt von Barbès, geduckt unter das Stahlgerüst einer der ältesten Métro-Überführungen der Stadt, vibriert vor Betriebsamkeit und Energie. Im Gegensatz zu vielen anderen Märkten ist Barbès so exotisch wie ein marokkanischer *souk*. Menschen jeden Alters drängen sich zwischen den überfüllten Ständen, um ein Schnäppchen zu ergattern. Direkt an der Kreuzung der stets verstopften Boulevards Barbès und de la Chapelle im beliebten 18. Arrondissement gelegen, ist er zwar nicht gerade ein typischer Pariser Markt, doch spiegelt er eine wichtige Seite der Stadtkultur wider. Berge aus Obst und Gemüse malen entlang des Hauptweges ein schier endloses Band aus Farben. Die Stände wackeln im Gedränge der Kunden, die sich in einem dichtem Strom von einem Ende des Marktes zum anderen schieben. Hier ist alles billig. Wenn nicht, handeln die Stammkunden so lange, bis der Preis stimmt.

Dieser östliche Teil des 18. Arrondissements ist auch als »La Goutte d'Or« (Der Goldtropfen) bekannt. Wenngleich am Fuß des Montmartre gelegen – nur einen Steinwurf von der Zahnradbahn entfernt, die Touristen zur Sacré-Cœur und zur Place du Tertre hinaufbringt – ist La Goutte d'Or von der Klischeefolklore des berühmten Berges weit entfernt. Besucher wie Einheimische gehen oft achtlos vorüber. Reihenweise parken die Touristenbusse in den Nachbarstraßen, doch die kamerabehangenen Horden kommen selten in diesen Teil des *quartiers*. Hier leben Menschen aus über 30 Nationen friedlich zusammen. Es gibt eine etablierte nordafrikanische Gemeinde, und in jüngster Zeit kommen immer mehr Westafrikaner dazu.

La Goutte d'Or, früher ein Weiler außerhalb der Stadt, verdankt seinen Namen den berühmten Weinstöcken an seinen sonnigen Hängen. Wie in vielen anderen Außenbezirken der Stadt änderte sich das beschauliche Dorfleben während der industriellen Revolution drastisch.

Es wurde zur Heimat der Armen und der schlecht bezahlten Arbeiter, die aus der Provinz kamen, um in den vielen Fabriken zu schuften, die wie Narben das nordöstliche Gesicht von Paris entstellten. Während des vorigen Jahrhunderts siedelten sich Immigranten hier an, und nur langsam wurde das Viertel ins Stadtleben integriert.

Wenn man an der Métro-Station Barbès Rochechouart aussteigt, muss man einfach den Massen folgen und ist schon da. *Marchands volants* haben improvisierte Stände aus Kartons aufgebaut und verkaufen auf die Schnelle Avocados oder Fladenbrote, bis die Marktaufsicht sie entdeckt. Einen Einkaufsroller sollte man nicht mitbringen. Es ist so voll hier, dass man ständig aufpassen müsste, niemandem über die Füße zu fahren. Es empfiehlt sich, für zehn Francs eine karierte Nylon-Einkaufstasche am ersten besten Stand mit Haushaltswaren zu kaufen. Beim ersten Betreten des Marktes erschreckt der Anblick der wimmelnden Menge. Zwischen bepackten Einkäufern, die sich durch die Menschenmassen schieben, tappen blinde Bettler mit ausgestreckter Hand. Kinder klammern sich an den mütterlichen Rock – es sieht aus, als sei kein Quadratzentimeter Platz für noch eine weitere Person. Jetzt gilt es: Die Einkaufstasche fest im Griff und hinein ins Getümmel!

Arbeitet man sich nun durch den Mittelgang, höchstwahrscheinlich eingeklemmt zwischen einem Mann mit einem 20-kg-Sack Mohrrüben und einer Mutter mit Baby, das mit einem breiten Tuch aus farbenprächtigem afrikanischem Stoff auf den Rücken seiner Mutter gebunden ist, so entdeckt man, dass dieser Markt vor allem Obst und Gemüse

Unter dem majestätischen Stahlbau der Métro-Überführung, getragen von dicken Pfeilern, wirkt das Meer von Kunden klein wie eine Miniatur.

bietet. Stände, vier- oder fünfmal länger als auf anderen Märkten, reihen sich aneinander und präsentieren fast alle Zutaten, die für die Maghreb-Küche gebraucht werden. In Frankreich fasst man die Menschen aus Tunesien, Marokko und Algerien unter dem Begriff *maghrébins* (Nordafrikaner) zusammen, obwohl jede Gruppe eigentlich ihre eigene Kultur und Küche hat. Sie mögen zwar die gleichen Grundzutaten verwenden und ähnliche Namen für die Gerichte kennen, etwa Tahin oder Couscous, doch hat jedes Land seinen typischen Stil.

Berge von Tomaten, Auberginen, Chilischoten, Limonen, Knoblauch, Orangen, Wassermelonen, aber auch frische und getrocknete Datteln, dicke Bohnen, Zwiebeln, Zucchini, Okras, Schalotten, Paprikaschoten und Rüben füllen die Tische. Gleich daneben duften Minze, Koriander und Petersilie. Ganze Scharen drängen sich um die Stände. Und die Verkäufer füllen auf wunderbare Weise die Stände im Gleichschritt mit ihrer Plünderung wieder mit neuen Waren auf. Gleichzeitig reichen sie Plastiktüten, handeln mit Käufern und wiegen die Waren aus. Obwohl manchmal nur mäßige Qualität angeboten wird, ist der Markt ideal für alle, die große Mengen einkaufen müssen. Wegen der niedrigen Preise kommen Käufer aus ganz Paris hierher, und jeder trägt mindestens zwei überquellende Einkaufstaschen.

Neben den Kräutern für die nordafrikanische Küche findet man an einigen Ständen auch Gewürze und andere Zutaten. Da gibt es Oliven für *tajine aux olives*, Grieß für lockeren Couscous, die Zutaten für *beghirs* (hauchdünne Pfannkuchen, die mit Datteln und Honig belegt werden), ganze und gemahlene Gewürze wie Kreuzkümmel, Safran, Anissamen und Zimt für würzige Brühen und Schmorgerichte, Trockenfrüchte für Braten und Suppen, Kichererbsen, weiße Bohnen und Fava-Bohnen für Salate. Gemahlener Chili, Knoblauch, Kreuzkümmel- und Koriandersamen werden mit Öl vermischt angeboten. Dies sind die Grundzutaten des feurigen *harissa*, einer Paste, die auf dem Esstisch steht, der Brühe eines Couscous den richtigen Pepp gibt oder wie Senf auf *mechoui* (Lammbraten) gestrichen wird.

Wenn man an den vielen Ständen entlang geht, kann das Rumpeln der Métro über den Köpfen, das Gewimmel der Marktbesucher und das Geschrei der Verkäufer überwältigend und erdrückend wirken. Und dennoch macht gerade dies einen Teil des exotischen Reizes des Marktes von Barbès aus. Die Verkäufer sind echte Profis. Sie konkurrieren miteinander, preisen ihre Waren in gutturalem Arabisch oder gebrochenem Französisch an und sorgen für Aufruhr, um die Aufmerksamkeit der Kunden auf sich zu ziehen. Da die meisten Produkte direkt aus dem Erzeugerland kommen und nur wenige Anbauer selbst anwesend sind, sehen sich die Stände sehr ähnlich. So liegt es an den Verkäufern, sich mit ihren Waren hervorzuheben, etwa indem sie beim Verhandeln über den Preis dem Kunden eine saftige Scheibe Wassermelone anbieten.

Zwar gibt es hier riesige Pyramiden aus Obst und Gemüse, doch nur wenige Schlachter. Einen Block weiter, in der Rue de La Goutte d'Or,

Auf dem Marché Barbès findet man nordafrikanische Spezialitäten wie feuriges *harissa*, eingesalzene Limonen, Fladenbrote und Datteln.

THÉ À LA MENTHE

Frischer Pfefferminztee ist das Lieblingsgetränk der Nordafrikaner. Er ist nicht nur ein köstlicher und wohltuender Abschluss einer üppigen Mahlzeit, sondern auch Symbol für die nordafrikanische Gastfreundschaft.

Meist trinkt man diesen Tee nach den Mahlzeiten oder als Willkommensgeste zur Begrüßung, und es wird als Beleidigung empfunden, wenn man das Glas mit dem glühend heißen, süßen Tee ablehnt. Traditionell wird der Tee vom Vater oder vom ältesten Sohn im Haushalt aufgebrüht. Manchmal bittet man auch einen Ehrengast, das Ritual durchzuführen, doch niemals eine Frau.

In einer metallenen Teekanne   vorzugsweise aus Silber – wird eine kleine Menge chinesischen Grüntees mit etwas Wasser überbrüht, um die Bitterstoffe herauszuziehen. Danach gibt man eine großzügige Hand voll frischer Pfefferminzblätter und eine ebenso großzügige Portion Zucker hinzu und gießt mit Wasser auf. Der Tee wird umgerührt, dann hüllt man die Kanne in ein Tuch und lässt alles einige Minuten ziehen. Nach nochmaligem Umrühren gießt man den Tee aus einiger Höhe in kleine, verzierte Gläser. So kühlt er etwas ab, und das Plätschern des duftenden Gebräus dringt ans »geneigte Ohr des Allmächtigen«.

YAMATO
Limes
23F90/kg

1kg
DORADE PAGRE
59,95
1kg
SOMPATTE
1kg
DISK congelé
29Frs,95
19Frs,95
1kg

findet man sie an jeder Ecke. Weil in dieser Gegend viele Moslems leben, verkaufen die meisten Schlachter kein Schweinefleisch, sondern nur Fleisch von Tieren, die nach muslimischer Tradition geschlachtet wurden. Die Stapel aus Kalbsfüßen und Lammköpfen am Eingang mögen bei Neulingen Befremden auslösen, ebenso die Auslagen voller Innereien und Schlachtabfälle – Rinderherz, Lammzunge, Kutteln, Hirn, Leber … nichts, was es nicht gibt. Würste, abgepackt in leuchtend rotem und gelbem Plastik, hängen wie kunterbunte Weihnachtsdekorationen an den Markisen. Hühner, würzige *merguez* und Stücke von Lamm und Rind runden das Angebot ab. Obwohl strenggläubige Moslems keinen Alkohol trinken, findet man in vielen Geschäften marokkanischen und algerischen Wein. Die Weinberge, die im 19. Jahrhundert von den Franzosen in Nordafrika angelegt wurden, sind Basis eines

Schaufenstern sieht man dicke Ballen farbenfroher, gemusterter Stoffe, aus denen die Frauen ihre Nationaltracht mit passendem Turban – *boubou* genannt – schneidern. In vielen ethnischen Gruppen Frankreichs tragen die Männer und Kinder hauptsächlich westeuropäische Kleidung, während die Frauen den traditionellen Trachten treu bleiben.

Ist man schon einmal in der Gegend, kann man die vielen Spezialitäten entdecken, die in den Geschäften der angrenzenden Straßen zu finden sind. In der Rue des Poissonniers und der Rue Myrha gibt es alle Zutaten für die typischen Gerichte aus Ländern wie Benin, Elfenbeinküste, Togo, Kamerun, Senegal und Kongo. Hierher kommen Kunden aus ganz Paris, um seltene und exotische Gemüse zu kaufen, die auf dem Marché Barbès nicht zu haben sind. In den Auslagen vor den Geschäften sieht man große, knorrige Maniok- und *ligname*-Wurzeln,

wichtigen Wirtschaftszweigs, und die fruchtigen Rot- und Roséweine passen ausgezeichnet zur würzigen Maghreb-Küche.

Auch Fisch ist eine Rarität auf diesem Markt. Wer welchen kaufen will, muss sich ein Stück über die Rue de la Goutte d'Or hinauswagen – auf den Markt in der Fußgängerzone Dejean. Hier findet man zwei große Fischhändler, die sich auf exotische Sorten spezialisiert haben, etwa die seltsamen *thiofs* oder *disks*, die gefroren von der Elfenbeinküste eingeflogen werden. Zu den heimischen Sorten gehört noch lebender Seewolf, der mit heftigen Schwanzschlägen die Passanten nass spritzt. Biegt man aus der Rue de la Goutte d'Or in die Rue Dejean ein, sind westafrikanische Einflüsse immer deutlicher zu spüren. In den

meist geschält und gekocht, um daraus ein weißes Püree zu bereiten. Daneben liegen Ingwerwurzeln, Yams, Kochbananen und Körbe voller *miloukhia*-Blätter, die in Geschmack und Biss an Okraschoten erinnern. Drinnen stapeln sich auf den Regalen Flaschen mit gewürztem Palmöl, Dosen mit Kokosmilch, Beutel mit Tapioka, Tüten mit exotischen Gewürzen und Körbe voll sonnengetrockneter Fische und Garnelen. Spe-

Links: Exotische Gemüse in der Rue Myrha; ungewöhnliche Fische in der Rue Dejean.
Oben: Schlange stehen vor einem muslimischen Fleischer.

PIGALLE UND MOULIN ROUGE

Überall auf der Welt kennt man den berühmten Moulin Rouge als Symbol des Rotlichtviertels von Paris, wo nimmermüde Can-Can-Tänzerinnen ihre Beine schwingen. Im Gebiet um Pigalle etablierte sich Ende des 18. Jahrhunderts das Pariser Nachtleben. Es war ein ärmliches Viertel an der Eisenbahn am Rand der Stadt und damit prädestiniert für die Halbwelt. Kabaretts, Clubs und Bars entstanden auf dem Boulevard am Fuße des Montmartre. Die explosive Mischung aus Armut und Bourgeoisie auf der Suche nach dem besonderen Erlebnis entlud sich oft in Schlägereien, Messerstechereien und Überfällen. Hier traf man elegante Herren flankiert von *dames de la nuit*, aber man sah auch verwegene *mademoiselles* in den starken Armen zwielichtiger Mannsbilder. Das Viertel erlebte um die Mitte des 19. Jahrhunderts eine Hochblüte und wurde zum Treffpunkt für *tout Paris*.

Im 20. Jahrhundert entwickelte sich Pigalle zu einem lebhaften Stadtviertel. In der Moulin Rouge traten internationale Berühmtheiten auf, darunter Edith Piaf, Bing Crosby, Yves Montand, Ray Charles, Liza Minelly, Charles Aznavour, Ella Fitzgerald, Ginger Rogers und Frank Sinatra. Zusammen mit den 60 Can-Can-Tänzerinnen des Nachtclubs bezauberten diese Stars ein illustres Publikum. Heute finden in der Moulin Rouge täglich drei Shows statt. Das quirlige Rotlichtviertel mit seinen Sex-Shops und Strip-Lokalen steht voller Touristenbusse. Es gibt hier aber auch Theater, Konzerthallen, elegante Bars und noble Restaurants.

zialitäten wie lebende Riesen-Landschnecken von der Elfenbeinküste ringeln sich in Pappkartons. Sie werden meist gekocht, dann mit Zitrone gesäubert und anschließend gebraten. Rollen aus Bananenblättern mit einer Füllung aus gekochtem Maniok, die gedämpft und als Beilage zu herzhaften Schmorgerichten oder gebratenem Huhn gegessen werden, gelten als Delikatesse. Für westliche Gaumen ist der Geschmack jedoch etwas fade. Aber als Beilage zu einem authentischen Gericht mag ein Kenner diese Delikatesse zu schätzen wissen.

Auf dem Rückweg vom Markt sollte man in einer der Bäckereien ein halbmondförmiges *corne de gazelle* oder ein süßlich-klebriges marokkanisches *chabakia* aus geröstetem Grieß und Honig kaufen. Dazu schmeckt ein Glas heißer Pfefferminztee. Auch ein Fladenbrot mit Sesam oder Anis gehört zu den orientalischen Backwaren, die hier angeboten werden. Es schmeckt köstlich zu gegrillten *merguez* und frischem Tomatensalat. Wer jetzt noch nicht alle Einkäufe erledigt hat, muss sich beeilen, um noch etwas zu ergattern, ehe sich gegen ein Uhr nur noch leere Obstkisten und Kartons auf der Straße stapeln und die Tauben sich über die Reste hermachen. Um diese Zeit senken die Händler ihre Preise oft noch einmal, um die letzten Waren noch an den Mann oder die Frau zu bringen.

Am Ende des Spaziergangs zum Marché Barbès und La Goutte d'Or quillt die Einkaufstasche vermutlich über von Bündeln frischer Minze, würzigen Oliven, goldverzierten Teegläsern, ein paar Metern afrikanischen Stoffs und vielleicht sogar einer bauchigen *couscoussière*. Ist das nicht der Fall, sollte man sich überlegen, ob man sich unter die Schnäppchenjäger bei TATI mischen möchte – einer Fundgrube für Preisbewusste. Oder man geht ein paar Blocks weiter in den malerischen Park zu Füßen von Sacré-Cœur, streckt dort seine müden Beine aus und genießt den Blick über die Stadt. Wenn man sich wieder erholt hat, schlendert man weiter über den Montmartre. Es lohnt sich ein Spaziergang durch das Labyrinth pittoresker Gassen bis an die Place des Abbesses, wo man in einem der zahlreichen Restaurants oder Bars eine Kleinigkeit essen kann. Dann geht man den Straßenmarkt in der Rue Lepic hinunter zum berühmten Moulin Rouge und beschließt den Gang durch das vielgesichtige 18. Arrondissement im angrenzenden Rotlichtviertel von Pigalle mit seinem jüngst neu eröffneten Musée de l'Érotisme.

Rechts: Farbenprächtige Stoffe am Ausgang des Marktes.

TATI

Die Kreuzung der stets verstopften Boulevards Rochechouard und Barbès wird beherrscht von dem Rosa-Weiß der TATI-Geschäfte. Ströme von Kunden auf der Suche nach dem ultimativen Schnäppchen schieben sich durch die Läden der Billigkette. Die rosa-weiß karierten Plastiktüten, Markenzeichen der Kette, quellen über vor Kleidung, Modeschmuck, Kosmetikartikeln, Schuhen und sogar Brautkleidern, die zu Niedrigstpreisen angeboten werden.

Das TATI-Imperium entstand in den 1950er-Jahren als Geschäftsidee des Tunesiers Jules Ouaki. Er machte die Nachkriegsklientel mit dem Konzept des ständigen *soldes* (Ausverkauf) bekannt. Das Konzept erwies sich als unglaublich erfolgreich. Noch 40 Jahre später blüht das Unternehmen und wächst unter der Leitung von Ouakis Sohn Fabian. Auch dieser vertritt die Ideologie, die den Familienbetrieb zum Erfolg führte: dass man nämlich ein Vermögen machen kann, auch ohne anderen den letzten Pfennig aus der Tasche zu ziehen.

RUE LEPIC

Steigt man den steilen Straßenmarkt in der Rue Lepic zum Boulevard Clichy hinauf, laden die überquellenden Auslagen der Geschäfte ein, bis zum Gipfel zu klettern. Die Rue Lepic liegt auf der Grenze zwischen dem 9. und dem 18. Arrondissement. Hier gibt es die größte Ansammlung von Lebensmittelgeschäften, darum erledigen die meisten Bewohner von Montmartre dort ihren täglichen Einkauf. In dem Block haben wir mehr Schlachter gesehen als sonst irgendwo: über ein Dutzend. Das mag vielleicht daran liegen, dass man für den Aufstieg auf den Montmartre besonders viel Proteine braucht. Hier finden Sie verschiedene Spezialgeschäfte: *artisanals*, gewöhnliche Schlachter, *chevalines* und *triperies*. Natürlich gibt es auch ein breites Angebot an Käse, Fisch, Gemüse, Wein und Blumen, außerdem mehrere Bäckereien, *traiteurs* und Cafés, in denen man seine müden Beine ausruhen kann. Biegt man auf dem Gipfel in die Rue des Abbesses ein, setzt sich die Reihe fort: ein gut sortiertes italienisches Spezialitätengeschäft, noch mehr Schlachter (!), einige nette Weinhandlungen und verlockende Käsegeschäfte. Dann setzt sich langsam die Atmosphäre des Montmartre durch: Man sieht mehr Modeboutiquen, die Cafés dehnen sich auf die Straße aus, die Menschenmengen werden dichter. Es gibt viele sonnige Terrassen, auf denen man in aller Ruhe die Passanten beobachten kann, ehe man sich zu Sacré-Cœur hinaufwagt, um sich porträtieren zu lassen.

ORDENER

Steigt man an der Métro-Station Jules Joffrin vor der Kirche Notre-Dame-de-Clignancourt aus, stolpert man sofort über Einkaufswagen. Vor dem Marché Ordener befindet sich der geschäftige Straßenmarkt in der Rue Poteau und Rue Duhesme. Hier gibt es einige schöne Geschäfte, doch ehe man etwas ersteht, sollte man ein paar Straßen weiter gehen und sehen, was der Markt in der Rue Ordener zu bieten hat. Der quirlige Markt zieht sich an einer Seite der Straße entlang, so dass ein schmaler Gang zwischen Weinhandlungen, Cafés und Bäckereien entsteht. Die Auswahl ist gewaltig. Da gibt es ausgezeichnete Gemüsestände, eine beeindruckende Käseauswahl und einige sehr gute Schlachter. Ein beliebter Stand hält eine Auswahl an Oliven, Trockenfrüchten, Nüssen und anderen Spezialitäten wie *tapenade*, *harissa* und würzige Öle für den Pepp im Alltag bereit. Im Winter findet man hier einen Austernfischer, dessen Angebot die kunstvollen Auslagen der Fischhändler ergänzt. Blumen, Kleidung und verschiedene andere Waren runden das Angebot ab.

CRIMEE

Können Sie getrost vergessen! Wir sind mit von Müdigkeit gezeichneten Gesichtern am inneren *périphérique* entlang gewandert, um schließlich die zwei Stände zu finden, die diesen Markt ausmachen; nur schlappes Gemüse und scheußliche Blumen.

ORNANO

Ornano ist ein sehr langer Markt, dessen Stände auf beiden Seiten des Boulevards stehen. Auf einer Seite wird hauptsächlich Obst und Gemüse angeboten, auf der anderen ist das Angebot mit *charcuteries*, Käseständen, Fischhändlern und Bäckereien breiter gefächert. Die Straße ist sehr lebhaft, Menschen schlendern an den Marktständen entlang und besuchen eins der zahlreichen Cafés. Die Qualität der Waren auf dem Markt ist unterschiedlich. Wenn Sie aber auch in die Geschäfte an der Straße gehen, können Sie Ihren Einkaufskorb mit ausgesuchten Produkten zu sehr vernünftigen Preisen füllen. Unser Lieblingsgeschäft ist *La Rose de Tunis*

(Hausnummer 7), spezialisiert auf Teigwaren aus Nordafrika und dem Mittleren Osten. Außerdem gibt es hier verschiedene muslimische Schlachter, einige herrliche Gewürzstände, wo einen die verschiedensten Düfte und Aromen einfangen, sowie eine Hand voll französischer Spezialitätenläden. Es lohnt sich, auf dem Rückweg vom Clignancourt-Flohmarkt, der nur wenige Blocks entfernt liegt, über diesen Markt zu gehen.

LA CHAPELLE

Der Marché La Chapelle ist einer unserer liebsten überdachten Märkte in Paris. Die große Markthalle, 1858 von dem Architekten Mange erbaut, wurde meisterhaft restauriert. Obwohl sie in einem sehr urbanen Teil des 18. Arrondissements liegt, ist das unmittelbare Umfeld der Markthalle noch immer malerisch. Auf der Fußgängerstraße Rue l'Olive, gleich gegenüber einer Kirche gelegen, schafft der Bau aus Glas und braunem Metall eine ur-pariserische Atmosphäre. Etwa 30 Stände bieten unter dem hohen Glasdach eine gute Auswahl hochwertiger Waren an. Viele der Verkäufer kommen schon seit Jahren hierher, manche gar seit mehr als drei Generationen. Auffällig ist die besondere Vertrautheit der Händler mit den alten Kunden, die diesen Markt besuchen. Wenn Sie Märkte lieben oder ein Fan von Gebäuden im Baltard-Stil sind, sollten Sie den Umweg zu diesem zauberhaften *marché* unbedingt auf sich nehmen.

NEY

Der große Marché Ney liegt am stark befahrenen inneren *périphérique* am nördlichen Stadtrand von Paris. In diesem Gebiet gibt es viele moderne Wohnkomplexe, aber auch den größten Flohmarkt der Stadt – den *Marché aux Puces* an der Porte de Clignancourt. Dies ist gewiss kein malerisches Einkaufsgebiet. Dennoch gibt es hier einige ordentliche Schlachter, *charcuteries* und Fischhändler. Obst und Gemüse sind von durchschnittlicher Qualität. Wenn Sie an einem Sonntag zum Flohmarkt gehen, sollten Sie jedoch lieber den Marché Ornano besuchen, der gleich um die Ecke am Boulevard Ornano liegt.

L' Épicier

Wie in einem *souk* ist der Stand der Benkritlys ein Fest von Farben, Düften und exotischen Versuchungen: Da gibt es verschiedenste Getreide, Hülsenfrüchte, Trockenfrüchte, Nüsse, Oliven, Teigwaren und kandierte Früchte. Ursprünglich hatten Laurence und Abdelrani Benkritly nur einen kleinen Stand mit überschaubarem Angebot, doch sie haben im Laufe der Jahre erheblich expandiert. Heute zählen sie zu den besten *épiciers*, die man auf den offenen Märkten finden kann.

Laurence war die treibende Kraft der Expansion. Sie ist begeisterte Köchin voller Neugier auf die Küchen der Welt, und sie begann, mit den verschiedensten Zutaten zu experimentieren und traditionelle Gerichte aus der algerischen Heimat ihres Mannes nachzukochen. Nach und nach fanden die neuen Gewürze und Zubereitungen Eingang in das Angebot an ihrem Stand. Jede Woche veranstaltet Laurence zweitägige Kochorgien in der Familienküche. Sie backt *cornes de gazelle*, ein zartes, halbmondförmiges Gebäck, das mit Puderzucker bestäubt wird, aber auch Blätterteig mit Pistazien und Honig. Sie bereitet gefüllte Weinblätter und gefüllte Datteln zu und kandiert Zitrusschale selbst. Wir mögen besonders das Fladenbrot *k'sra* mit Grieß, das auf Tonplatten gebacken und noch warm mit Butter und Honig oder frischem Hummus, *tarama* oder *tapenade* gegessen wird. Anregungen findet Laurence in ihrer Sammlung von über 400 Kochbüchern.

Abdelrani hält sich lieber aus der Küche heraus, obwohl er gern die Gewürzmischungen für die vielen verschiedenen Olivensorten komponiert. Seine Aufgabe ist es vor allem, den Lagerbestand von über 300 Produkten zu sichern. So zieht er los, um Vanille aus Tahiti, Aprikosen aus der Türkei, Riesenkapern aus Andalusien, Basmati-Reis aus dem Himalaja, Datteln aus Israel und die berühmten *pruneaux d'Agen* (Trockenpflaumen) aus Südfrankreich zu beschaffen.

Abdelrani und Laurence Benkritly trifft man auf den Märkten Auguste Blanqui und Lefebvre.

MARKTREZEPTE

CAVIAR D'AUBERGINE
Auberginenkaviar

Auberginenkaviar ist ein wunderbar leckeres *amuse gueule*, das sehr gut zu einem Glas kaltem Weißwein oder Roséwein passt. Dazu reicht man am besten getoastetes Pitabrot oder dünne Baguettescheiben.

◔ 5 Minuten   ⊡ 40 Minuten

2 mittelgroße Auberginen, gesäubert
2 EL Olivenöl
1 EL Walnussöl
1/2 Knoblauchzehe, zerdrückt
Salz, Pfeffer aus der Mühle
1/2 Zitrone
gehackte Petersilie zum Garnieren

1. Den Ofen auf 180 °C vorheizen. Auberginen mit einer Gabel gleichmäßig einstechen. In Alufolie einschlagen und 40 Minuten backen, bis sie auf Fingerdruck deutlich nachgeben. Aus dem Ofen nehmen und abkühlen lassen. 2. Längs aufschneiden, das Fruchtfleisch herauslösen und in die Küchenmaschine geben. Öle und Knoblauch zufügen und 2 Minuten pürieren. Mit Salz, Pfeffer und Zitronensaft abschmecken. In einer Schüssel servieren, etwas Olivenöl darüber träufeln und mit Petersilie und schwarzem Pfeffer aus der Mühle garnieren. **Für 4 Personen.**

🍾 Körperreiche, fruchtige Weißweine: Côtes du Rhône, Chardonnay

VICHYSSOISE D'AVOCAT
Avocado-Vichyssoise

Avocado-Vichyssoise ist eine wunderbare Verbindung der klassischen Vichyssoise mit Avocados, nur dass man bei diesem Rezept den Lauch weglässt. Abgerundet wird sie mit einer Prise Kreuzkümmel. Eine eisgekühlte, sommerliche Suppe mit herrlich samtiger Konsistenz.

◔ 15 Minuten   ⊡ 2 Stunden

3 mittelgroße Kartoffeln, vorwiegend festkochend
2 große, reife Avocados
1/4 TL gemahlener Kreuzkümmel
1 l kalte Hühnerbrühe
Salz, Pfeffer aus der Mühle
rosa Pfefferkörner und Koriandergrün zum Garnieren

1. Kartoffeln schälen und in Salzwasser kochen. Abgießen und abkühlen lassen. Avocados längs aufschneiden und den Stein herausnehmen. 2. Mit einem Löffel das Fruchtfleisch herauslösen und mit Kartoffeln, Kreuzkümmel und 250 ml Hühnerbrühe in den Mixer füllen. Zu einem glatten Püree verarbeiten, dann nach und nach die restliche Brühe zugießen. Die Vichyssoise sollte dick und cremig sein. 3. Mit Salz und Pfeffer abschmecken und mehrere Stunden kalt stellen. Die Suppe durchrühren und in eisgekühlte Suppentassen schöpfen, mit Pfefferkörnern und Koriander garniert servieren. **Für 4 Personen.**

🍾 Lebhafte, erdige Weißweine: Vouvray, Saint-Véran

Vichyssoise d'avocat

TAGINE D'AGNEAU AUX CITRONS CONFITS
Lamm-Tagine mit Oliven und eingelegten Zitronen

Tagine ist ein würziger Eintopf aus Nordafrika und wird traditionell in einem irdenen, innen glasierten Kochtopf mit konischem Deckel auf dem Herd geschmort. Laurence Benkritly versicherte aber, dass Tagine auch in einem Topf gelingt, und sie hat Recht behalten: Das Ergebnis war exzellent! Die in Salzlake eingelegten Zitronen verleihen dem Gericht einen ganz besonderen Geschmack und machen das Fleisch während des Schmorens schön zart. Wenn man die Gewürze und Zitronen kauft, sollte man auch gleich ein Fladenbrot mitbringen.

10 Minuten   90 Minuten

2 Zitronen
4 EL Erdnussöl
1 kg Lammschulter, in größere Stücke geschnitten,
    die Knochen aufheben
1 TL Ingwerpulver
1 TL gemahlener Kreuzkümmel
1 TL gemahlener Kurkuma (Gelbwurz)
1 Prise Safranpulver
4 Zwiebeln, gehackt
1/2 Brühwürfel (Geflügel)
1 EL Essig
250 g grüne Oliven, entkernt
1/2 Bund Petersilie, gehackt
1/2 Bund Koriander, gehackt

1. Die Zitronen mehrere Stunden in kaltes Wasser legen, dabei das Wasser ab und zu wechseln. Öl bei mittlerer Temperatur erhitzen und die Lammstücke darin rundum bräunen. 2. Knochen, Gewürze und Zwiebeln zufügen und dünsten, bis die Zwiebeln glasig sind. Dann so viel Wasser zugießen, bis alle Zutaten bedeckt sind. Brühwürfel zugeben. 3. Die Zitronen halbieren, Schale abschneiden und in feinste Streifen (Juliennes) schneiden. Mit dem klein geschnittenen Fruchtfleisch zum Fleisch geben. Sobald das Fleisch kocht, die Hitze reduzieren, zudecken und den Eintopf etwa 90 Minuten köcheln lassen. 4. Inzwischen etwas Wasser mit Essig aufkochen, Oliven hineingeben und 10 Minuten kochen. Abgießen und die Oliven 30 Minuten vor Ende der Garzeit in den Lammtopf geben. 5. Sobald das Fleisch zart und weich ist, Petersilie und Koriander zufügen. Mit Salzkartoffeln und Fladenbrot servieren. **Für 4 Personen.**

Rustikale oder fruchtige Rot- und Roséweine: Morgon, Bandol, Tavel

PASTILLA MAROCAINE AU PIGEON
Marokkanische Pastillas mit Taube

Marokkanische Pastillas sind dreieckige Pasteten aus Filoteig. Sie werden mit Trockenfrüchten und Taubenfleisch gefüllt und goldbraun frittiert. Man kann das Taubenfleisch auch durch Huhn oder ein anderes Fleisch ersetzen. Die Pastillas werden zum Schluss mit Zucker und Zimt bestreut, wodurch sie eine ungewöhnliche, aromaverstärkende Note erhalten.

60 Minuten   10 Minuten

6 EL ÖL
4 Tauben
1 Zwiebel, fein gehackt
je 75 g Petersilie und Koriander, gehackt
je 40 g Pinienkerne, Mandeln, Rosinen und getrocknete Aprikosen,
    gehackt
je 1 EL Ingwerpulver und Zimt
2 Prisen Safranpulver
Salz und Pfeffer aus der Mühle
12 Filoteigplatten (ersatzweise Strudelteig)
Rührei aus 2 Eiern und ein paar EL Sahne (nach Belieben)
1 Ei, verquirlt
Öl zum Frittieren
Zucker und Zimt

1. 3 EL Öl in einer großen Kasserolle erhitzen und die Tauben von allen Seiten bräunen. 250 ml Wasser zugießen und zugedeckt etwa 45 Minuten köcheln lassen. Die Tauben sind gar, wenn man mit einer Fleischgabel in das Brustfleisch sticht, und der austretende Fleischsaft klar ist. Vom Herd nehmen und abkühlen lassen. Die Haut entfernen und die Knochen auslösen. Fleisch in kleine Stücke schneiden. 2. Restliches Öl in einer Kasserolle erhitzen, Zwiebel darin glasig dünsten, dann Kräuter, Pinienkerne, Mandeln, Rosinen, Aprikosen und Gewürze zufügen und alles etwa 5 Minuten garen. Das Taubenfleisch unterheben und das Ganze großzügig mit Salz und Pfeffer würzen. Vom Herd nehmen. 3. Die Teigplatten ausbreiten und halbieren, je 1 gehäuften EL Füllung auf jedes Teigstück geben. Nach Belieben vor dem Einschlagen in Filoteig Rührei auf die Farce geben. Den Teig zu 8–10 cm großen Dreiecken einschlagen. Die Teigränder mit Ei bestreichen und verschließen. Die Teigdreiecke mit einem Geschirrtuch zudecken, so dass sie nicht austrocknen. 4. Das Öl zum Frittieren in einem Topf bei mittlerer Temperatur erhitzen. Die Teigtaschen in kleinen Portionen in dem heißen Fett etwa 1 Minute backen, dann wenden und weitere 2 Minuten backen, bis sie goldbraun sind. Dabei darauf achten, dass sie nicht verbrennen. Aus dem Öl nehmen und auf Küchenpapier abtropfen lassen. Mit Zucker und Zimt bestreuen und sofort servieren. Die heißen Pastillas auf vorgewärmten Tellern als Entrée oder auf einer Servierplatte als Bestandteil eines Buffets reichen. **Für 4 Personen.**

Trockene Roséweine oder fruchtige Rotweine: Bergerac, Gigondas, marokkanische Weine

Fernab der denkmalgesäumten Esplanaden und des schillernden Glamours, den man gemeinhin mit Paris assoziiert, beherbergt das 19. Arrondissement einen Mischmasch aus alter und neuer Architektur, der sich seit den 1970er-Jahren am nordöstlichen Rand der Stadt entwickelt hat. Es ist ein multikulturelles Viertel, mehr als 67 ethnische Gruppen leben hier in einer unvergleichlichen Symbiose. Die kleinen Geschäfte und Restaurants in Chinatown, die blühenden Wiesen rings um den Buttes-Chaumont-Park,

XIXᵉ ARRONDISSEMENT

die Spazierwege am Bassin de la Villette und die vielen offenen Märkte sind eine Seite von Paris, die eher unbekannt ist. Der lebhafte Marché Joinville, hingestreckt am friedlichen Canal de l'Ourcq, fasst mit seiner Farbenpracht, dem vielfältigen Angebot und der bunt gemischten Kundenschar alle Facetten des 19. Arrondissements zu einem großen Ganzen zusammen.

Ein malerischer Kanal zieht sich von der Spitze des 19. Arrondissements quer über das rechte Ufer von Paris und mündet schließlich in die Seine.

DER SCHMELZTIEGEL
Der Marché Joinville

Der Marché Joinville erstreckt sich am friedlichen Canal de l'Ourcq, nicht weit von der belebten Rue de Flandre. Jeden Donnerstag und Sonntag verwandelt er den schattigen Platz mit der hübschen Kirche und ihrem Glockenturm in ein farbenfrohes, geschäftiges Gewimmel. Reihen um Reihen Früchte und Gemüse, Unmengen duftender Kräuter, üppig herabhängende Weintrauben, frische Datteln und Maiskolben füllen die über 100 Stände. Dazwischen findet man einige Fischhändler, Fleischer, *charcutiers* und *fromagers*. Die Kunden strömen aus allen Richtungen hierher, um den Vormittag in der lebhaften Atmosphäre zu verbringen und aus dem reichen Angebot zu wählen. Dieser Markt hat mit seiner Mischung aus Nationalitäten und Sprachen ein exotisches Flair. Stellen Sie sich auf den Lärm ein, der vor allem am Wochenende ohrenbetäu-bend sein kann. Während Menschenmengen durch die vier Gänge strömen, preisen die Verkäufer ihre Waren mit Rufen wie »*Dix balles, dix balles!*« (Zehn Francs) oder »*Ah, mes belles oranges!*« (Schöne Orangen zu verkaufen!).

Die Geschichte des 19. Arrondissements beginnt 1198. Damals war es ein Dorf inmitten von Weinbergen, Weizenfeldern und Wiesen. Als wohlhabende Gemeinde außerhalb der Stadtmauern blühte der unabhängige Weiler bis zum frühen 19. Jahrhundert. Durch den Bau eines Kanals, der das Dorf durchschnitt, wurde die Landschaft grundlegend verändert. Diese als Canal de l'Ourcq bekannte, über 100 km lange Wasserstraße mündete in die Seine, brachte Wasser in die Stadt und schuf eine schiffbare Verbindung vom Norden bis zum Fuß der Bastille. Hafenanlagen, Lagerhäuser, Fabriken und kleine Industriebetriebe

Der quirlige Marché Joinville ist seit seiner Gründung im Jahr 1873 eine Attraktion des quartiers.

schossen an seinen Ufern in die Höhe. Als 1860 das 19. Arrondissement zu Paris eingemeindet wurde, war seine Bevölkerung um das 20fache auf 30 000 Menschen angewachsen. Sein Gesicht hatte sich völlig verändert: Obwohl der südliche Zipfel mit winzigen Häusern und Gärten zwischen malerischen Wiesen seinen dörflichen Charakter noch bewahrt hatte, waren die nördlichen Gebiete zu einem unansehnlichen Industrieareal geworden, wo Schornsteine qualmten und Müllhaufen stanken.

Dass hier 1876 der größte Schlachthof der Stadt errichtet wurde, verbesserte die Lage nicht. Erst nach dessen Schließung knapp 100 Jahre später wurde das Gebiet gründlich »gesäubert«. Die Fabriken, Gerbereien, Zuckerraffinerien und Lagerhäuser wurden außerhalb der Stadt untergebracht. Der Schlachthof wurde abgerissen und durch das futuristische Museum Cité des Sciences et de l'Industrie sowie einen modernen Park ersetzt. Das einzige Überbleibsel aus dem 18. Jahrhundert, das davon weitgehend unberührt geblieben ist, sind die gewundenen Straßen herab vom zauberhaften Buttes-Chaumont-Park. Der Rest des Stadtviertels wurde dem Erdboden gleichgemacht und mit modernen Hochhäusern und Wohnblocks zugebaut. Dieser Bauboom zog viele Menschen an, die auf der Suche nach preiswerten Wohnungen waren. Heute hat das 19. Arrondissement eine der dichtesten und vielfältigsten Bevölkerungen der Stadt. Auf der Rue Joinville gelingt es nur wenigen Autos, sich durch die Menschenmengen und die geparkten Transporter der Händler zu zwängen. Die Straße führt zum Marktplatz hinauf und ist blockiert von den Marktbesuchern, die im Zickzack vom Café zum asiatischen Gemüsehändler, vom Zeitungskiosk zum muslimischen Schlachter und zum Käsehändler pendeln, ehe sie schließlich den Marktplatz erreichen. Der erste Teil des Marktes liegt auf der rechten Seite des Platzes.

DATTELHÄNDLER

Als die ersten zuckrigen Datteln aus Nordafrika nach Frankreich kamen, stellten die Händler fest, dass die Pariser wenig Interesse an den dunkelbraunen, klebrigen Früchten hatten. Sie mussten sich also etwas einfallen lassen, um die Passanten zu überzeugen. So verkleideten sie sich nicht nur wie Türken mit Turbanen, Pluderhosen und spitzen Schnabelschuhen, sie erfanden auch eine Fantasiesprache und hofften, mit dem exotischen Gebrabbel Aufmerksamkeit zu erregen.

Der Trick muss gewirkt haben, denn heute findet man auf jedem Markt saftige, runde Datteln, meist an den Ständen mit Trockenfrüchten und Oliven. In den Sommermonaten gibt es einen köstlichen Genuss, der einen geradewegs in die *souks* von Marokko versetzt: Zweige frischer, gelber Datteln, knackig im Biss, süß, aber viel milder im Geschmack als die dunklen.

Gegen 11 Uhr ist die schmale Durchfahrt unpassierbar. Schimmernder, goldbestickter Samt und Satin, bis auf den Boden hängende afrikanische Gewänder mit passenden bestickten Pantoffeln und eine lange Galerie von Blumen und Pflanzen begrüßen den Marktbesucher. Auf dem Pflaster stehen Eimer voller Dahlien, Gladiolen, silbrigem Eukalyptus, Astern, Rosen und duftenden Freesien neben Töpfen mit Mini-Kakteen, Farnen, Stiefmütterchen-Keimlingen, Efeu und Flechtstamm-Ficus. Duftende Berge von Kurkuma, Kreuzkümmel, Curry, roten Pfefferkörnern, feurigem Paprika und Anissamen locken eine Schar von Kunden. An einem festlich dekorierten Stand hängen traditionelle Espandrilles-Schuhe neben gewaltigen Schinken, Girlanden aus getrockneten, roten Chilischoten, verlockenden *pâtés*, *jambon de Bayonne* und baskischen Würsten.

Weiter oben arrangiert die Familie Bourgeois fülliges Geflügel, ein verlockendes Sortiment fertig gewürzter und gerollter Hähnchen-Tournedos, *paupiettes*, Shish Kebab und Hasenrücken. Sie kommen von einer Farm in der Region Seine-et-Marne, wo sie frei laufende Kaninchen und Hühner züchten. In sauberen kleinen Reihen liegen die Hähnchen da, die Köpfe mit dem roten Kamm artig unter den Flügel gesteckt (natürlich ziehen die Händler sie auf Wunsch auch hervor). Dieses Geflügel braucht keine kunstvolle Zubereitung: Nur mit etwas Salz und frisch gemahlenem Pfeffer einreiben, einen Zweig Thymian hinzufügen und ab in den Ofen. Wer es eilig hat, kauft fertig gebratene Hähnchen, Kaninchen oder Truthahnschenkel, dazu vielleicht knusprig braune Bratkartoffeln und ein Töpfchen Soße, das mit einem Schuss Calvados oder Sahne noch verfeinert werden kann. Eine *triperie* und ein beliebter Fischstand, dessen Verkäufer in Latzhosen aus gelbem Ölzeug stecken, führen schließlich zum Zentrum des Marktes.

Auf dem zentralen Platz geht es am geschäftigsten zu. Hier sieht man Menschen, die von einem Stand zum anderen schießen, um zu ergattern, worauf ihr Blick gerade fällt. Selbst am frühen Morgen, wenn schlaue Kunden auf der Jagd nach den besten Waren sind, geht es hier quirlig zu. Im vorderen Teil ist das Warenangebot breiter gefächert. Da findet man alles außer einem klassischen Rind- und Lammschlachter – was wahrscheinlich auf Zeiten zurückgeht, als hier noch der Schlachthof stand und das Gebiet ohnehin voller Fleischereien war. Obwohl auch die Pferdeschlachter immer seltener werden, findet man mindestens einen auf jedem Pariser Markt. Einer steht gerade hier an der Ecke.

Monsieur Danville ist ein sanftmütiger Mensch, der in aller Ruhe seinem Gewerbe nachgeht. Sorgsam schneidet er Braten und Filetstücke zurecht, als gäbe es sonst keine Probleme auf der Welt.

Rechts: Dies ist einer der wenigen Märkte, auf denen man seine Waren selbst aussuchen darf. Normalerweise bestehen die Händler darauf, das zu erledigen.

Wer unvorbereitet hierher gekommen ist, sollte für zehn Francs eine leichte und praktische Nylontasche kaufen, um die Einkäufe zu verstauen. Ein Mann, der die Taschen anbietet, zieht durch die Marktgänge. Im Vorbeigehen wird man Türme von Eiern entdecken, hinter denen die Köpfe der Verkäufer kaum zu sehen sind. Als wir zum ersten Mal diesen verblüffenden Berg sahen, hielten wir es für absurd. Doch Bernard von der *Fromagerie à la Ferme Normande* versteht sein Geschäft: Am Mittag waren die Eier verschwunden. Nebenan ist eine *charcuterie* mit würzigen *terrines*, Würsten, hausgemachten *chipolatas* und ländlichen Pasteten. Der Fischhändler Claude Cabrit präsentiert schimmernde Berge von Bouchot-Muscheln aus der Bucht von Mont Saint Michel, außerdem eine große Auswahl an frischen Seezungen, Makrelen, Sardinen, *dorade grise*, Seebarsch und manchmal auch eine Kiste fingerlanger *éperlans*, aus denen man eine köstliche *friture* bereiten kann.

Wir gehen immer auf dem kürzesten Weg zu Nicole Denoits Stand, damit wir unsere Portion *cèpes* ergattern, ehe sie ausverkauft sind. In der kurzen Saison, die etwa von September bis November dauert, bringt sie zwei Kisten einer kleinhütigen Sorte mit, so genannte *bolets*, die angeblich mehr Aroma und ein festeres Fleisch haben sollen. Mit ihrer Designerbrille und den Perlenohrringen bezaubert Nicole seit über 32 Jahren ihre Kunden mit ihrer großartigen Auswahl an Pilzen. Sie hat große Mengen von *champignons de Paris*, daneben *rosés*, *girolles* und *trompettes-des-morts*. Sauber eingepackt in Holzkisten liegen besonders große und edle *pieds de mouton* und gelbe *chanterelles*. Sie erklärt, dass man alle Pilze mindestens eine halbe Stunde kochen sollte – außer den *cèpes*: Die brät man nur fünf Minuten von jeder Seite in einer Pfanne mit etwas Butter, streut etwas Meersalz und frisch gemahlenen Pfeffer darüber, *et voilà* (und fertig). Sie besteht darauf, dass man beim Zubereiten von *cèpes* nichts anderes tun darf, weder Telefonieren noch sonst etwas – nur über der Pfanne wachen und sofort servieren.

Nicole gehört zur alten Garde des Marktes. Sie hat erlebt, wie die Obst- und Gemüsehändler, die jetzt zwei Drittel des Platzes beherrschen, *en masse* anrückten. Die Entwicklung kam zu Stande, weil die Nachfrage der Kunden nach preiswerteren Produkten von der schwindenden Zahl der *maraîchers* nicht mehr gedeckt werden konnte. Über 60 Stände, jeder mit drei oder vier Verkäufern, bieten Produkte an, die größtenteils importiert sind und direkt vom Großmarkt Rungis hierher transportiert werden. Pyramiden von Melonen, knackige Birnen, Granatäpfel, Chilischoten, Limonen, Orangen, Mangos, Bananen, Weintrauben, Mais, Auberginen, Tomaten und ganze Knoblauchzöpfe

Links: Karierte Nylontaschen für zehn Francs haben auf den meisten Pariser Märkten den Einkaufskorb verdrängt.

wechseln beinahe zu Großhandelspreisen den Besitzer. Es gibt allerdings erhebliche Qualitätsunterschiede. Erfahrene Kunden kommen hier gut zurecht, man sollte aber immer ein Auge darauf haben, was der Verkäufer in die Tasche steckt. Die Händler tragen zum Flair des Marktes bei. Sie preisen ihre Waren lauthals an, sind freigebig mit Kostproben und albern mit ihren Kunden herum. So ziehen sie eine Menge Passanten jeden Alters, jeder Nationalität und Hautfarbe an. Die bunte Menschenmischung, die diesen Markt bevölkert, trägt zu seiner Einzigartigkeit bei.

Auch die wenigen *maraîchers* treiben noch blühenden Handel. Einer von ihnen ist der gebürtige Marokkaner Monsieur Gueddour, versteckt hinter Bergen von Minze, Petersilie, Koriander und Kisten voller Rettiche, Rüben und Möhren. Im Gegensatz zu den meisten Kräuterhändlern, die die würzigen Zutaten für die nordafrikanische Küche importieren, baut er sie noch selbst an. Von seinem kleinen Gartengrundstück bei Fontainebleau verkauft er wöchentlich bis zu 7000 Bund Kräuter. Nebenan bedient der stämmige Didier Cattiaux flink seine Kunden. Mit seinen riesigen Händen schaufelt er die frischen Waren in einen Metallkorb. Er brummelt freundlich vor sich hin, während er Berge von Kartoffeln, roten Beten, Wirsing, Chicoree, Topinambur und dicken Bohnen auf einen langen Tisch packt, als würden sie gar nichts wiegen. Cattiaux bewirtschaftet mit seinem Vater ein Stück Land in der Region Cergy-Pontoise und beschickt den Markt mit Gemüsen der Saison. Ein

paar Stände weiter, gleich neben dem winzigen Büro der Marktaufsicht, stehen die Kunden vor dem Stand von Claudine und Michel Tarry Schlange. Hier ist die Auswahl großartig: Salate, Kräuter, Artischocken, Sellerieknollen, Porree, rote Bete, Blumenkohl, Äpfel, Maronen und Birnen – alles tagesfrisch. Während wir (nicht ganz so geduldig) warten, bis wir an die Reihe kommen, amüsieren wir uns über den Geflügelhändler auf der anderen Seite. Er ließ sich überreden, für einige Fotos zu posieren, während er einen Fasan rupfte und mit seinen Kollegen Witze riss.

Geduckt hinter der Rückwand der Kirche liegt in einem Meer aus Obst und Gemüse die *fromagerie Maison Ventura* mit ihrer makellos gekleideten Besitzerin. In einer appetitlichen Rüschenschürze bewegt sie sich flink hinter ihrem Stand mit dem großen Angebot an Käsesorten. Auf einem Ende des Tisches stehen Stapel von Eierkartons. Sauber hinter einer Glasscheibe verstaut reihen sich Ziegenkäse, Räder von Roquefort und Bleu d'Auvergne, flacher, »laufender« Brie, Töpfe mit *fromage blanc* (Quark) und verschiedene Hartkäse. Sie hat eine Hand voll Helfer, darunter Monsieur Dajot, einen lebhaften Achtzigjährigen, der umherhuscht und Sahne abfüllt, Stücke vom Gruyère herunterschneidet, Camemberts befühlt und Eier zehnmal schneller als die jüngeren Standgehilfen abpackt. Dieser Käsehändler, der kürzlich in den Ruhestand gegangen ist, hat 1934 die Arbeit auf den offenen Märkten begonnen und stand seit 1969 auf dem Marché Joinville. Es scheint

CHAMPIGNONS DE PARIS

Der Anbau der berühmten Speisepilze *champignons de Paris (Agricus hortensis)* mit ihrem weißen oder hellbraunen Hut hat seinen Ursprung in den Gärten Louis XIV auf einem Haufen Pferdemist. Die Gärtner von Versailles entdeckten ihn zuerst, und seitdem hat der vielseitige Pilz die Welt erobert. Später hat sich auch der Anbau aus den königlichen Gärten in bescheidenere Gefilde verlagert, nämlich die stillgelegten U-Bahn-Schächte unter dem Gebiet von Montrouge im 14. Arrondissement. Unter den Straßen von Paris gediehen die kugelköpfigen Pilze hervorragend und versorgten die Küchenchefs mit festem, aromatischem Fleisch, das sie in unzähligen Rezepten und Variationen verwendeten. Der kleine *champignon de Paris* war eine großartige Quelle kulinarischer Inspiration, gedünstet mit cremiger Sahnesoße, als Füllung für *vol-au-vent*, roh in dünnen Scheiben für knackige Salate, als Zutat zu Suppen und Schmorgerichten, zum Konservieren in Öl eingelegt, getrocknet oder in Dosen verpackt. Die *champignonnières* von Montrouge blieben bis ins frühe 20. Jahrhundert in Betrieb. Dann wurde der Anbau in den Norden und die Randgebiete von Paris verlegt, ins Loiretal und ins Bordelais. Frankreich ist nach den USA und China der drittgrößte Produzent dieser Pilze, die ganzjährig geerntet werden können.

CHAMPIGNONS DE PARIS
FOURRÉS AUX ESCARGOTS
Mit Schnecken gefüllte Champignons

Nicole Denoit, die Pilzhändlerin auf dem Markt von Joinville, betete eines schönen Morgens das folgende Rezept herunter. Die braunen oder weißen Köpfe der Champignons werden dabei mit einer würzigen Mischung aus Petersilie, Knoblauch und Schnecken (oder nach Geschmack Schinken oder anderem Fleisch) gefüllt.

Für vier Personen säubert man acht große Pilze und dreht die Stiele heraus. Das Innere der Pilzhüte mit einem Löffel herausschaben, zusammen mit den Stielen, zwei Schalotten und einer Knoblauchzehe hacken. In einer Kasserolle 2 Esslöffel Olivenöl erhitzen und die Mischung 4 Minuten lang andünsten, aber nicht bräunen. 250 g gehackte Schnecken (oder anderes Fleisch nach Geschmack) und 3 Esslöffel gehackte Petersilie zugeben und noch 4 Minuten sautieren. Mit einem Schuss Weißwein, Salz und Pfeffer abschmecken. Die Masse in die Pilzhüte füllen. Die Kasserolle auswischen und 2 Esslöffel Olivenöl hineingeben. Die Pilze darin bei mittlerer Hitze mit der Füllung nach oben 8 Minuten lang andünsten. Dann in eine ofenfeste Form legen und bei 160 °C 20 Minuten überbacken. Das ist eine ideale Beilage zu Steak oder Braten. Perfekt wird es mit einem sanften, würzigen Rotwein wie Gigondas oder Saint Emilion.

ihm schwer zu fallen, vom quirligen Marktleben Abschied zu nehmen. Er ist ein echtes Original, der jeden anlächelt und immer einen Scherz auf den Lippen hat. Seine Stammkunden verlassen sich bei der Auswahl von Käse auf sein geschultes Auge, und es macht ihnen nichts aus, zu warten, bis er sie bedient.

Am Stand gegenüber können Sie köstliche Pistazien und Oliven kaufen, aber auch verschiedenste Trockenfrüchte, Nüsse, Getreide, Gewürze, Soßen und Pasten. Die in einheitlich blaue Jacken gekleideten Verkäufer sind freigebig mit Kostproben und Ratschlägen für leckere Rezepte, z. B. Rosinen, Zimt und Ingwer für die Füllung lockerer *pastillas*, gemahlene Mandeln, Anis und Honig für *cornes de gazelle*, grüne Oliven, Safran und eingesalzene Zitronen für Hühnchen-*tagine*.

Etwa in der Mitte des Marktes kommen Sie an einen Stand mit im Wind baumelnden Würsten in leuchtend rot-goldenen Umhüllungen und einer Kühltheke mit einer Fülle weiterer bunt bemantelter Köstlichkeiten. Monsieur Bacha, gebürtiger Algerier, verkauft Würste aus Truthahn, Rind-, Kalb- und Schweinefleisch von verschiedenen Erzeugern. Man isst sie kalt, in dünne Scheiben geschnitten auf Brot oder als Vorspeise. Wenn Sie nur einmal probieren möchten, verkauft Ihnen Monsieur Bacha auch gern ein paar *rondelles*. Er selbst bereitet traditionelle *merguez* zu, die unbedingt zu dampfendem Couscous gehören, sowie frische, würzige Rindswürste, die köstlich schmecken, wenn man sie grillt und mit Oliven zu frischem *khob*, dem nordafrikanischen Fladenbrot, isst.

Wenn man die steile Treppe zur Kirche hinaufsteigt, kann man den quirligen Markt von oben betrachten. Oder man schlendert ein letztes Mal über den Markt, damit einem wirklich nichts entgeht. Am Ausgang schauen wir immer bei einem der asiatischen Gemüsehändler an der Rue Joinville herein und erstehen ein Stück Ingwerwurzel, etwas Zitronengras, eine Papaya oder eine kleine Tüte brennend scharfer grüner Chilischoten. Dort gibt es auch eine kleine Auswahl frischer Fische, gefrorener Tintenfische und Krabben. Auf den Regalen stapelt sich ein exotisches Allerlei, Flaschen mit Sojasoße und Dosen mit unleserlichen Etiketten. Der asiatische und der muslimische Schlachter sind nicht ganz so einladend, doch der Käseladen *Aux Délices de Carole*, der vor fünf Jahren eröffnet wurde, ist sehr ansprechend – vor allem, wenn der Magen zu knurren beginnt. Der Besitzer hat eine schöne Auswahl an Käse und Wein, die man mitnehmen und auf einer der Bänke am Kanal verzehren kann. Man kann aber auch seine Einkäufe einfach abstellen und an einem der Tische, die der Besitzer Monsieur Rémond gern zusammenschiebt, zu einer *dégustation* (Verkostung) Platz nehmen. Meist hat er einige Käsesorten mit ungewöhnlichen Namen vorrätig, die er in einer kleinen Käserei bei Pont l'Évêque einkauft. Probieren Sie doch einmal *la vierge folle* (die verrückte Jungfrau) oder *coup de pied au cul* (Tritt in den Hintern).

Vielleicht setzt man die Erkundung des Viertels mit einem Spaziergang durch die malerischen Wiesen und Plätze in Richtung auf den hübschen Buttes-Chaumont-Park fort, wo man sich auf dem Rasen ausstrecken oder ein Ruderboot auf dem See mieten kann. Wer lieber am Kanal entlang spazieren möchte, geht zurück, am Markt vorbei bis zu der Kirche aus dem 19. Jahrhundert und der Zugbrücke. Die Kirche ist weniger spektakulär, doch die Brücke ist die einzige ihrer Art, die noch funktioniert. Man sollte sich die Zeit nehmen und warten, bis ein Schiff kommt, um zu beobachten, wie mühelos die gewaltigen Räder die Brücke in die Höhe heben. Der Kanal fließt durch den Parc de la Villette, wo man den Rest des Tages damit zubringen kann, im Wissenschaftsmuseum Knöpfe zu drücken, im Rundkino Géod einen Film zu sehen oder ein Konzert in der beeindruckenden neuen Cité de la Musique zu genießen. In diesem Komplex ist immer etwas los, und er ist besonders interessant für Kinder. Wer sich jedoch lieber zu einem

ausgedehnten sonntäglichen Essen niederlassen möchte, geht in das Steakhaus, wo ausgesprochene Fleischfans sich seit den Tagen des alten Schlachthofes im Belle-Epoque-Ambiente treffen. Das *Bœuf Couronne* in der Avenue Jean Jaurès 188 steht in dem Ruf, ausgezeichnetes Rindfleisch in mächtigen Portionen zu servieren.

Links: Am Käsestand *Maison Ventura* geht es immer sehr geschäftig zu.
Oben: Zugbrücken und Schleusen am Kanal sind noch in Betrieb und sorgen dafür, dass die Wasserstraße befahren werden kann.

PORTE BRUNET

Leider ziehen sich die lauschigen Wiesen von Butte Chaumont nicht bis zum Marché Porte Brunet hin. Stattdessen stehen die etwa 20 Stände am tristen unteren Ende der Rue du Général Brunet und bieten Durchschnittsqualität zu vernünftigen Preisen an. Der Markt steht vor den Fronten mehrerer Lebensmittelgeschäfte, unter denen eine ländliche Pferdeschlachterei die Perle ist. Der stets lächelnde Besitzer ist ebenso reizend wie der ganze Laden. Nebenan drehen sich in einer *rôtisserie* knusprige Hähnchen auf dem Spieß, und sie werden schneller verkauft als sie gar werden können.

Dies ist kein Markt, der einen Umweg wert ist, doch wenn Sie gerade in der Gegend sind, kaufen sie hier ein paar Zutaten für ein Picknick ein und gehen Sie in den wenig bekannten Park Square de la Butte du Chapeau Rouge gleich am Ende der Straße.

VILLETTE

Nur einem Block von der Métro-Station Belleville entfernt liegt unter einem schützenden Dach von Bäumen der Marché Villette auf dem Mittelstreifen des Boulevard de la Villette. Etwa 40 Stände versorgen die Bewohner des 18. und 19. Arrondissements mit einem überraschend ansprechenden Angebot. Da findet man verlockende Auslagen mit Fischen und Schalentieren, *charcuteries*, Blumen, Obst und Käse. An Françoise Chastangs Stand entdecken Sie eine große Auswahl von wilden und Zuchtpilzen. Die Familie Bourgeois bietet Geflügel aus Freilandhaltung, und beim *traiteur* ein Stück weiter gibt es Spanferkel am Spieß. Am Ende der langen Reihe brät die lächelnde Mannschaft von *La Boutique Créole* goldbraune, würzige *accras de morue*, die ideal gegen den kleinen Hunger sind.

RIQUET

Leider mangelt es den meisten der überdachten Pariser Märkte an Charme, und der Marché Riquet ist das beste Beispiel dafür. Im Erdgeschoss eines hässlichen modernen Gebäudes versorgt ein Dutzend Händler die Nachbarschaft im Rhythmus dudelnder Musik und kaltem Neonlicht. Zwar ist die Qualität der angebotenen Waren nicht übel, doch die Atmosphäre ist grässlich.

SECRETAN

Dieser hübsche, ländliche, überdachte Markt sieht aus der Ferne hinreißend aus. Setzt man aber den Fuß in die Halle, zerbröseln alle Hoffnungen. Die meisten Markthallen wurden renoviert und haben dadurch leider ihren Charme verloren. Diese jedoch hat ihren Charme eingebüßt, weil sie vernachlässigt wurde. Nur eine Hand voll Händler stehen in der großen Halle. Sie breiten ihre Waren aus und mühen sich ab, den täglichen Betrieb aufrecht zu erhalten. Man bekommt hier Obst und Gemüse, Käse, Blumen, Geflügel, Fisch und sogar Bioprodukte. Doch leider ist auf dem Marché Secretan vom geschäftigen Treiben früherer Zeiten nichts mehr zu spüren.

JEAN-JAURÈS

Der winzige Markt, der aus wenigen Stände besteht, ist keinen Umweg wert. Ein Geflügelhändler, einige traurige Obst- und Gemüsestände, ein paar *marchands volants*, die T-Shirts oder Leggings verkaufen – mehr hat der Markt an der Avenue Jean-Jaurès nicht zu bieten.

Wenn Sie gerade in der Gegend sind, gehen sie lieber hinüber ans anderen Ufer des malerischen Canal de l'Ourcq und kaufen Sie auf dem Marché Joinville ein.

PLACE DES FÊTES

Wenn man sich die modernen Wohnblocks rings um die Place des Fêtes wegdenkt, kann man diesen Markt, der dreimal in der Woche im Schatten großer Bäume stattfindet, durchaus genießen. Sobald man aus der Métro steigt, steht man schon mitten im Geschehen. Etwa 60 Stände reihen sich auf beiden Seiten des Gehwegs aneinander und umringen einen Spielplatz. Einige ausgezeichnete *maraîchers* bieten gartenfrisches Gemüse an, verschiedene Fischhändler stehen bereit, unter ihnen der bekannte *Poissonnier Gioia. Charcutiers*, Geflügelhändler und Fleischer haben ihre Stände aufgebaut, dazwischen verkaufen einige *marchands volants* allerlei Krimskrams wie Kurzwaren, Vogelfutter, Bonbons und Socken. Ein Rosenzüchter präsentiert Eimer voll duftender Knospen auf dem Gehweg.

Halten Sie Ausschau nach dem Stand *escargots de la hutte* mit den wilden Schnecken, die der Händler selbst in Südfrankreich sammelt. Probieren Sie je ein halbes Dutzend der *petit gris* und der *bourgognes*, beide mit köstlicher Knoblauchbutter ofenfertig vorbereitet.

Links: Geflügelhändler an der Place des Fêtes.
Rechts: Obwohl immer weniger Pariser Pferdefleisch essen, sind die würzigen *merguez* dieses Pferdemetzgers sehr begehrt.

Les Volaillers

Wir begegneten dem Geflügelhändler Daniel Letard, wie er auf einer umgekippten Kiste saß und energisch einen Fasan rupfte. Die Gauloise hing ihm lässig im Mundwinkel, während seine Frau Monique eine Ente trimmte und einem Kunden Zubereitungstipps gab.

»... eine Ente immer in den kalten Ofen schieben. Nicht vorheizen, sonst wird das Fleisch zäh ... nach dem Salzen und Pfeffern müssen Sie die Unterseite der Ente einstechen, ehe Sie sie in den Ofen schieben ... Sie können Sie mit grünen Oliven, Kirschen oder Feigen füllen oder einfach so braten ... Nur ein bisschen Wasser oder Weißwein über die Oliven, und die Temperatur auf 200 °C einstellen. Aber denken Sie daran: Nie den Ofen vorheizen!!«

Sie erklärt noch, dass man bei Fasanen die Weibchen bevorzugen sollte, weil sie zarter sind. Außerdem soll man immer einen Petit Suisse (kleiner runder Frischkäse) in die Bauchhöhle schieben, weil Fasan sonst leicht austrocknet.

Ein paar Tage später besuchten wir die Letards zu Hause in einem Vorort von Paris. Wir saßen in einem ordentlichen Wohnzimmer, ein ausgestopfter Fasan starrte uns vom Kaminsims an und ein weißer Terrier wuselte uns um die Beine. Wir erkundigten uns, wie sie *volaillers* wurden. Daniels Schicksal war besiegelt, als er mit 18 Jahren Lehrling im Geflügelhandel seines Vaters wurde. Als er und Monique ein paar Jahre später heirateten, eröffneten sie ein Geschäft im 14. Arrondissement. Sie fanden es aber bald zu teuer und die Öffnungszeiten schränkten sie zu sehr ein. So bewarben sie sich um einen Platz auf einem der offenen Märkte. Fünf Jahre später wurde ihnen ihr jetziger Platz auf dem Marché Brune zugewiesen, wo sie seit inzwischen 30 Jahren Fasane, Truthähne, Hähnchen, Tauben, Hühner, Perlhühner, Haus- und Wildenten, Wachteln und Kaninchen verkaufen.

Sie planen, demnächst in den Ruhestand zu gehen und den Stand an ihren Sohn weiterzugeben, der mit seiner Frau einen Stand in einer Vorort-Markthalle betreibt. Zwar wird man die Letards wohl nicht mehr lange auf dem Marché Brune sehen, doch Moniques Entenrezept können Sie noch oft genießen.

Die Letards findet man noch auf dem Marché Brune.

MARKTREZEPTE

FRITURE D'ÉPERLAN
Frittierte Stinte

Die schmackhaften, fingerlangen Fische lassen sich sehr einfach zubereiten. Das Rezept erfordert so gut wie keine Vorbereitung. Stinte frittiert man wie *pommes frites*, nur dass sie vorher in Mehl gewendet werden. Ihre Gräten sind so zart, dass man sie im Mund fast nicht wahrnimmt. Sind keine *éperlans* erhältlich, kann man auch auf die ebenso schmackhaften kleinen Ährenfische *(siouclets* oder *joëls)* ausweichen.

🕐 5 Minuten   🍲 5–6 Minuten

500–750 ml Öl zum Frittieren
500 g kleine Stinte oder kleine Ährenfische
500 ml Milch
¹/₂ TL Salz
200 g Mehl
1 Zitrone, in Spalten, zum Garnieren

1. Öl in einer Kasserolle mit hohem Rand bei mittlerer Temperatur erhitzen. **2.** Fische kurz unter kaltem Wasser abbrausen und mit Milch und Salz in eine Schüssel geben. **3.** Mehl in eine große Schüssel sieben. Fische aus der Milch nehmen, abtropfen lassen und in Mehl wenden. **4.** Überschüssiges Mehl abschütteln. Die Fische portionsweise in das heiße Fett legen und öfters bewegen, damit sie nicht zusammenkleben. Sie sollten relativ schnell Farbe annehmen. Sie sind gar, wenn sie goldbraun sind. Mit einem Schaumlöffel herausnehmen und auf Küchenpapier abtropfen lassen. Frittierte Stinte sollte man möglichst sofort essen, solange sie knusprig sind. Etwas salzen und mit einer Zitronenspalte servieren.
Für 4 Personen.

🍾 Trockene, fruchtige Weißweine: Touraine, Muscadet

311

CANARD AUX CERISES
Ente mit Kirschen

Dieser leckere Entenbraten lässt sich mit vielerlei Saucen und Beilagen kombinieren. Madame Letard empfiehlt rote Kirschen. Alle, die bei der Zubereitung von Ente etwas unsicher sind, können dieses Rezept von Madame Letard bedenkenlos ausprobieren. Die Ente wird garantiert zart und knusprig.

⏱ 15 Minuten   🍲 90 Minuten

1 Barbarieente, 2–2,5 kg
Salz, Pfeffer aus der Mühle
1 Zweig Rosmarin
2 EL Butter
250 g Kirschen, entsteint

Für die Sauce:
150–250 ml Weißwein oder Wasser
60 ml Kirschwasser (nach Belieben)

1. Ente gründlich waschen, gut abtropfen lassen, trockentupfen und evtl. Federkiele entfernen. Innen salzen und pfeffern und mit Rosmarinzweig füllen. Ente binden und außen mit Butter, Salz und Pfeffer einreiben. In einen ofenfesten Schmortopf legen und 150 ml Wasser zugießen. In den kalten Ofen schieben, dann erst auf 200 °C schalten. 2. Nach 30 Minuten wenden und weiter braten, dabei die Ente regelmäßig mit Bratensaft übergießen. 3. Nach 30 Minuten die Ente erneut wenden und Kirschen zufügen. Weiter braten, bis die Ente gar ist (nach etwa 90 Minuten), dabei regelmäßig mit Bratensaft begießen. 4. Sobald sie gar ist, den Ofen ausschalten und die Ente noch etwa 10 Minuten bei geöffneter Ofentür im Ofen ruhen lassen. 5. Ente aus der Form nehmen, Kirschen in eine Schüssel geben und den Bratensaft durch ein Sieb in einen Messbecher passieren. Die Ente zurück in die Form legen und im geöffneten Ofen warm halten. 6. So viel Fett wie möglich vom Bratensaft abschöpfen. Dann den Bratensaft abmessen, in eine Kasserolle gießen und die gleiche Menge Weißwein abmessen. Nach Belieben den Bratensaft mit Kirschwasser parfümieren, aufkochen und bei starker Hitze einige Minuten einkochen, damit der Alkohol verdampft. Dann den Wein zugießen und die Sauce auf die Hälfte einkochen. 7. Die Kirschen wieder zufügen, kurz erhitzen, mit Salz und Pfeffer abschmecken. Die Ente in Scheiben schneiden und servieren. Die Sauce separat dazu reichen. **Für 4–6 Personen.**

🍾 Aromatische Rotweine: Pommard, Haut Médoc, Moulis

POULET AU RIESLING
Huhn mit Rieslingsauce

Ein sehr einfaches Rezept, dass sich für jede Jahreszeit eignet, ob nun als Bestandteil eines Festessens oder als einfaches Abendessen. Das Huhn stammt aus Freilandhaltung der Familie Bourgeois, die ihr Geflügel auf dem Markt Joinville anbietet und von der auch das Rezept stammt.

⏱ 15 Minuten   🍲 1 Stunde

1 Huhn (möglichst Freilandhaltung und mit Mais gefüttert)
16 Perlzwiebeln
2 EL Pflanzenöl
500 ml elsässischer Riesling
125 ml Hühnerbrühe
1 Lorbeerblatt
1 EL Mehl
1 EL Crème double
Salz, Pfeffer aus der Mühle
gehackte Petersilie zum Garnieren

1. Huhn in Bruststücke und Keulen teilen, diese dann halbieren, so dass das Huhn in 8 Stücke plus Rumpf zerlegt ist. Zwiebeln abziehen. 2. Öl bei mittlerer Temperatur in einer Kasserolle erhitzen und die Hühnerstücke von allen Seiten anbraten, herausnehmen und beiseite stellen. In dem gleichen Fett die Zwiebeln anbraten, bis sie goldbraun sind. Herausnehmen und zu den Hühnerstücken geben. 3. Bratensatz mit Wein loskochen, dann Brühe, Lorbeerblatt, Hühnerstücke und Zwiebeln hineingeben. Zugedeckt bei mittlerer bis niedriger Hitze etwa 45 Minuten schmoren. 4. Sobald die Hühnerstücke gar sind, etwas Sauce in einer separaten Schüssel mit Mehl verrühren. Zurück in die Kasserolle gießen, umrühren und weitere 10 Minuten köcheln lassen. Crème double unterrühren. Sauce mit Salz und Pfeffer abschmecken. Hühnerstücke (ohne Rumpf) auf eine Servierplatte mit Rand legen, die Sauce durch ein Sieb darübergießen und mit Petersilie bestreut servieren. **Für 4–6 Personen.**

🍾 Kräuterwürzige Weißweine aus dem Elsass: Riesling, Tokay, Pinot gris

Rechts: Kommt der Herbst, gibt es Quitten auf den Märkten.

COINGS POCHÉS AU CASSIS
In Cassis pochierte Quitten

Immer wenn man an den mit Äpfeln, Birnen und Quitten gefüllten Obst-kisten von Bernard Richaudeau vom Marché Auteuil und Jeanne d'Arc vorbeikommt, läuft einem das Wasser im Munde zusammen. Unweiger-lich denkt man an Bratäpfel, Birnentartes, Marmeladen und pochierte Quitten. Im Gegensatz zu Birnen sind Quitten von festerer Konsistenz und ihr Geschmack ist voller. Bei diesem Rezept werden die Quitten in Cassis und Rotwein pochiert, wodurch sie eine kräftige, violette Farbe bekommen.

🕒 20 Minuten   🍲 30 Minuten

4 mittelgroße Quitten
Saft von 2 Zitronen
1 l fruchtiger Rotwein (z. B. Beaujolais)
3 EL Crème de Cassis
125 g Zucker
Mark von 1 Vanilleschote
4 Nelken
4 schwarze Pfefferkörner
1/2 Zimtstange

1. Quitten schälen, ohne die Stiele zu entfernen (Schale aufbewahren) und in eine Schüssel mit kaltem Wasser und der Hälfte des Zitronensafts legen, damit sich das Fruchtfleisch nicht verfärbt. 2. Schalen mit 250 ml Wasser und den restlichen Zutaten in eine große Kasserolle mit hohem Rand geben und aufkochen. Durch die Schalen bekommt die Flüssigkeit mehr Bindung und wird aromatischer. 3. Die Hitze reduzieren und die Quitten hineinlegen. Sie sollten vollständig mit Flüssigkeit bedeckt sein, ansonsten noch Wein oder Wasser nachgießen. Je nach Reifegrad und Größe etwa 30 Minuten knapp unter dem Siedepunkt garziehen lassen. Früchte herausnehmen und die Flüssigkeit nach Geschmack bei starker Hitze etwa 15 Minuten einkochen, damit die Sauce dicker und konzen-trierter wird. 4. Die Sauce durch ein Sieb in eine Schüssel gießen, auf Zimmertemperatur abkühlen lassen und die Quitten hineinlegen. Die pochierten Früchte mindestens 2 Stunden im Kühlschrank ziehen lassen. Am intensivsten schmecken sie, wenn man sie am Vortag zubereitet und über Nacht kalt stellt. Die Quitten in kleinen Glasschalen anrichten und mit Sauce begießen. **Für 4 Personen.**

🍾 Samtige, körperreiche Rotweine

Das 20. Arrondissement hat mit den glamourösen *quartiers* nicht viel gemein. Es ist ein ruhiger Winkel innerhalb der Stadt. Trotzdem zieht es viele Besucher hierher, die den Friedhof Père Lachaise besuchen, durch den herrlichen Park schlendern und ihren Idolen Ehre erweisen wollen. Nur wenige von ihnen denken aber daran, die anderen Ecken dieses Viertels zu erkunden. Schließlich liegt es an der Peripherie der Stadt und kann keine berühmten Attraktionen vorweisen. Die meisten Besucher gehen geradewegs bergab zur Bastille oder verschwinden in der Métro, um an spektakuläreren Orten wieder

XXe ARRONDISSEMENT

aufzutauchen. Das 20. Arrondissement hat einen typisch französischen Charakter. Hier hat sich über Jahrhunderte hinweg die Arbeiterklasse angesiedelt und an den Idealen von *liberté, égalité, fraternité* (Freiheit, Gleichheit, Brüderlichkeit) um jeden Preis festgehalten. Aus diesem Viertel stammen auch Ikonen wie Edith Piaf und Maurice Chevalier. Der liebenswerte Marché Réunion bringt etwas Leben und Farbe auf einen friedlichen Platz in diesem letzten Arrondissement von Paris.

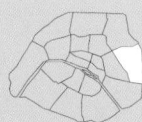

Die gemütliche Wohngegend »La Campagne à Paris« ist eines der bestgehüteten Geheimnisse der Stadt.

VIVE LA FRANCE
Der Marché Réunion

Kommt man an einem Sonntag, dann sprudelt die Place de la Réunion über vor Leben, wenn sich nahezu das ganze *quartier* hier versammelt, um in die geschäftige Atmosphäre des Marché Réunion einzutauchen. Unter farbenfrohen Markisen haben über 40 Händler ihre Stände zu einem Labyrinth voll verlockender Auslagen aufgebaut. Im Laufe des Vormittags füllen sich langsam die Gänge mit Kunden, die in aller Ruhe die Posten auf ihren Einkaufszetteln abhaken, mit den Händlern plaudern und mit den Nachbarn tratschen, während sie ihre Körbe und Einkaufsroller beladen.

Das 20. Arrondissement ist ursprünglich aus vier Dörfern entstanden, die außerhalb der Stadtgrenzen lagen. Die Bewohner lebten von ihren Felderträgen und Weinbergen. Wie andere Außengebiete waren die Dörfer Belleville, Menilmontant, Bagnolet und Charonne bei den Parisern hoch geschätzt. Sie liebten die frische Luft, die schöne Aussicht und den steuerfreien Wein. Angeblich lagen in der Gegend verstreut über 100 Tavernen, einige davon groß genug für 2000 Gäste. Man muss sich eine Mischung aus Arbeitern, Bauern und angeheitertem Stadtvolk vorstellen, dazwischen Hühner, die auf dem Nachbargrundstück nach Insekten picken und Schweine, die in den ländlichen Gassen grunzen. Dieser Lebensstil hatte ein abruptes Ende, als 1860 die vier Dörfer zusammengefasst und als 20. Arrondissement zu Paris eingemeindet wurden. Von einem Tag auf den anderen waren die Bewohner nicht mehr unabhängig und mussten hohe städtische Steuern zahlen. Sie wurden mit den anderen 500 000 Bewohnern, die innerhalb der neuen Stadtgrenzen lebten, über einen Kamm geschoren. Lange

Straßen durchschnitten die Dörfer, teilten Grundstücke und entzweiten Familien. Die Weinstöcke verschwanden nach und nach oder wichen hastig zusammengezimmerten Wohnhäusern und Werkstätten. Die Bauern konnten ihr Land nicht mehr bestellen und mussten sich andere Arbeit für niedrigen Lohn suchen. Gleichzeitig explodierten die Lebenshaltungskosten. Arbeiter und andere Menschen auf der Suche nach preiswertem Wohnraum zogen hierher. Als gegen Ende des Jahrhunderts die industrielle Revolution in vollem Gange war, war dies der am dichtesten bevölkerte Teil von Paris geworden. Hunderte kleiner Werkstätten beschäftigten ein Heer von Arbeitern.

Heute findet man die Namen der Dörfer nur noch in den Namen von Straßen wieder, die mit der hügeligen Landschaft, mit Bächen und den schönen alten Kopfsteinpflasterstraßen nichts mehr gemein haben. Nach und nach wurden die Werkstätten abgerissen und durch moderne, hässliche Wohnanlagen ersetzt. Bei der Entwicklung dieses *quartiers* hatten viele Architekten ihre Hände im Spiel. Der Geist und der Charakter der Einwohner heute unterscheidet sich aber wenig von dem der Bewohner, die 1870 für die Rechte der Arbeiterklasse kämpften. Unter dem Namen »La Commune« kämpften sie im französischen Bürgerkrieg erbittert gegen die konservative Regierung. Noch heute ist dies ein Gebiet mit ausgeprägtem sozialen Bewusstsein. Oft sieht man Gruppen von Menschen, die sich auf dem Markt versammeln, um lokale Probleme zu diskutieren oder Flugblätter an Passanten zu verteilen. Die verschiedenen Bezirke des 20. Arrondissements haben durchaus ihren eigenen Charakter. Geht man durch das Arrondissement, meint man, von einem Dorf ins andere zu gelangen. Und obwohl die moderne Zeit auch diesem *quartier* viele neue Gesichter gegeben hat, ist die Struktur der Bevölkerung eini-

Der in einem abgelegenen Teil des 20. Arrondissements abgehaltene Marché Réunion verkörpert den Geist dieses Pariser *quartiers*.

germaßen einheitlich geblieben. Der Marché Réunion wird durch die Rue Vitruve in zwei Abschnitte unterteilt. Der größere Teil ist gedrängt und hektisch, der kleinere dagegen wirkt weitläufiger und weniger überlastet. Wer mit der Métro ankommt, muss zunächst einige Blocks weit gehen. Der Markt liegt etwas abseits vom Boulevard Charonne auf der Place de la Réunion. Dieser Platz erhielt seinen Namen im 19. Jahrhundert, als die Dörfer Charonne und Bagnolet im Herzen des südlichen Teils dieses Arrondissements vereinigt (*réuni*) wurden. Er entstand dort, wo die Dörfer ursprünglich aneinander grenzten. Seit 1865 findet der Markt auf diesem Platz statt. Damals wurde ein kleiner Bronzebrunnen zum Schmuck in der Mitte des Platzes aufgestellt und nur an Markttagen (Dienstag und Sonntag) eingeschaltet. Der Brunnen tropft und gluckst noch immer, doch ist er heute hinter einem Spielplatz versteckt.

Es gibt einige Cafés am Platz, doch wir nehmen unseren Kaffee und die *tartine beurrée* am liebsten im flippigen *Le Poisson Bleu* einen Block weiter. Es liegt an der Ecke der Rue Vitruve und Rue des Orteaux neben einem schönen Blumenladen und einer beliebten Bäckerei.

Am Anfang des Marktes präsentiert die *charcuterie Grandjean* an ihrem beeindruckenden Stand eine riesige Auswahl an Spezialitäten. Übergroße Pfannen mit brodelnden Schmorgerichten stehen an den vier Ecken. Auf den langen Tischen findet man eine Vielfalt von *pâtés*, Schinken, Würsten und gewürzten Schweinefleisch-Scheiben. Das Mutter-und-Sohn-Team stellt die meisten Köstlichkeiten selbst her. An Markttagen haben sie einige junge Helfer, die umherflitzen, die Kunden bedienen und dabei miteinander herumalbern. Der Stand ist wie ein freundlicher Willkommensgruß des Marktes.

Der *volailler* Michel Chamillard präsentiert seinen prächtigen Stand mit säuberlich dressiertem Geflügel und im Hintergrund einer Reihe von *rôtisseries*, auf denen sich goldbraune, knusprige Vögel drehen. *Rôtisseries* gehen zurück auf das Mittelalter, als der würzige Bratenduft von Gans und Fasan, Wildbret, Spanferkel und Moorhuhn durch die Straßen von Paris zog. Obwohl sich der Geschmack der Kunden gewandelt hat (heute findet man hauptsächlich Hähnchen, Truthahn und Kaninchen auf den Spießen), lieben die Pariser noch immer die Bequemlichkeit perfekt gewürzter verzehrfertiger Braten und viele reservieren sich ihr Stück, bevor sie mit dem Einkauf beginnen. Michel erzählte uns, dass er in jungen Jahren mit einem Transporter voll gackernder Hühner, quakender Enten und kollernder Truthähne zum Markt fuhr. Damals kauften die Kunden das Geflügel am liebsten lebendig und trugen die flatternde Beute nach Hause. Seit dies 1980 durch ein Gesetz verboten wurde, findet man lebendes Federvieh heute nur noch auf

Früher wurden Hühner und Kaninchen lebend auf dem Markt verkauft. Wer keine Lust zum Kochen hat, kann sie heute fertig gebraten erstehen.

dem Tiermarkt am Quai de la Mégisserie an der Seine. Stände mit Obst und Gemüse machen den Löwenanteil des Angebots in diesem ersten Abschnitt aus. Die Preise sind niedrig, doch die Qualität ist leider sehr mittelmäßig. Zu den lobenswerten Ausnahmen gehört Monsieur Mimouni, der makellose Brunnenkresse anbietet, knackige Radieschen, frisch geerntete Karotten, leuchtende rote Bete, kräftigen Salat und eine große Auswahl frischer Kräuter. Er hat nur einen kleinen Stand, auf dem sich die Waren stapeln. Oft begleitet ihn sein Sohn, der ebenso schüchtern wie der Vater zu sein scheint. Das junge Team vom Stand *Aux Délices Parmentier* gegenüber bietet über 15 Sorten Kartoffeln an, darunter die vielseitige *Charlotte*, die nussige *Ratte* und die rötliche Neuzüchtung *Francine*. Alle Sorten sind ordentlich gekennzeichnet, und auch Kochhinweise findet man in Kreideschrift auf den kleinen Tafeln, die darüber hängen. Pierrot und Henrique haben ihren Stand nach dem berühmten Agronomen Augustin Parmentier benannt, der 1787 die Kartoffel in

Frankreich einführte. Sie bieten auch Zwiebeln, Knoblauch, Schalotten und *bouquets garnis* an, um *court bouillon* oder *hachis parmentier* zuzubereiten. Der restliche Stand ist mediterranen Früchten und Gemüse gewidmet. Die Verkäufer schreien stets aus vollem Halse, um Aufmerksamkeit zu wecken für ihre Pyramiden aus knackigen Birnen, Orangen, Zucchinis, Weintrauben, Auberginen, Clementinen, Tomaten, Bohnen und Bananen. Die lebhafte Gruppe versprüht gute Laune und steckt die Passanten damit an. Wenn Sie am Stand vorbeigehen, reichen Ihnen die Verkäufer eine Tüte heraus, damit Sie selbst wählen können. Wer sich auskennt, kann hier einen guten Kauf machen. Unerfahrene können aber auch später enttäuscht über die erstandene Ware sein, die natürlich nicht umgetauscht werden kann.

An der äußersten Ecke dieses Abschnitts verzaubert René Vigoureux das Pflaster mit Eimern voller leuchtender Rosen, die er von seinem Anwesen in der Region Val-de-Marne mitbringt. Monsieur Vigoureux hat über 90000 Rosenbüsche in seinen Gewächs-

häusern. Er ist seit 29 Jahren im Geschäft und kultiviert gesunde Sorten in herrlichen Farbtönen. Die Rosen sind erstaunlich preiswert und sehr beliebt. Fast jeder bleibt auf dem Heimweg stehen um ein oder zwei Dutzend zu kaufen. Nebenan bietet Eddy Guignolle hausgemachtes Gebäck nach den Rezepten seiner Urgroßmutter an, die schon vor 75 Jahren ihre *flans*, *chouquettes* und Apfelkuchen auf den offenen Märkten verkaufte. Zusammen mit seiner Mutter und seiner Schwester verkauft er die kleinen *flans*, in hauchzarter Kruste gebacken und säuberlich zu Dreien gestapelt: »trois pour vingt francs« (3 für 20 Francs). Das Lieblingsgebäck der Kinder ist bei ihm im Dutzend zu haben, *chouquettes*, kleine Bällchen aus lockerem Teig, die in Puderzucker gewälzt werden.

Diese ruhige Ecke des Marktes erinnert an »La Campagne à Paris« (Das ländliche Paris), den einzigen unberührten Bereich des 20. Arrondissements nahe der Porte de Bagnolet. Das Netz kleiner Straßen mit den niedlichen Häusern und den hübschen, üppigen Gärten, die fernab

der städtischen Hektik liegen, macht seinem Namen alle Ehre. Es entstand um 1927 als Projekt sozialen Wohnungsbaus auf dem Gipfel eines kleinen Hügels, und ist heute ein Juwel voll zwitschernder Vögel und maunzender Katzen. Die Siedlung wurde ursprünglich von einer philanthropischen Gruppe entwickelt, die von den kläglichen Versuchen der Regierung, Wohnraum für die Arbeiterklasse zu schaffen, wenig beeindruckt war. Sie hielten es für nötig, im Interesse aller den Lebensstandard der Armen zu verbessern, erdachten dieses Paradies im Taschenformat und hatten damit großen Erfolg. Leider fanden ihre idealistischen Visionen im restlichen Paris keine Nachahmer, wie man an den hässlichen Billigbauten erkennen kann, die die Skyline der Stadt entstellen. Wie dem auch sei: Diese 89 idyllischen Landhäuschen gehören heute zu den begehrtesten Objekten in der Stadt, und ihr Wert liegt weit über dem Budget eines Arbeiters. Wenn man nun hinübergeht zum zweiten Abschnitt des Marktes, wird man vermutlich aufgefordert werden, irgendeine Petition zu unterschreiben, ein paar Flugblätter in die Hand

gedrückt oder von einem engagierten Freiwilligen einen Anstecker an den Kragen geheftet bekommen. Denn hier versammeln sich die politischen, sozialen und lokal interessierten Gruppen der Gegend. Es ist immer interessant, etwas über die verschiedenen brandaktuellen Themen zu hören, und wenn Sie informiert sind, können Sie sich auf eine hitzige Diskussion einlassen, die im Café an der Ecke fortgesetzt wird. Vielleicht möchten Sie sich aber lieber mit wichtigeren Dingen befassen, etwa der richtigen Kartoffelsorte für das ultimative *purée*. Dann sind Sie bei Claude Ceccaldi richtig. Mit seinen 30 Jahren kann er Ihnen in epischer Breite die Vorzüge von über 350 in Frankreich angebauten Kartoffelsorten erläutern (glücklicherweise verkaufen er und seine Frau nur 30 davon). Die Kartoffeln liegen in hölzernen Trögen, aus denen sie in Metallschalen geschaufelt und gewogen werden, ehe sie in Ihren Einkaufskorb kullern. An diesem Stand herrscht immer ein Andrang, als wären Kartoffeln ein seltener Luxus. Manchmal vermischt sich die Schlange auch mit der vor dem italienischen und portugiesischen Spezialitätenstand nebenan. Dort sollte man sich von der schroffen Art des Besitzers Aderito Brito nicht vom Betrachten der hinreißenden Auswahl abhalten lassen. Flaschen voll *vinho verde* und *Chianti Classico* füllen ein Ende des Standes aus, begleitet von Oliven, Käse, Salami, Schinken, Brot, frischer Pasta und Bergen von *bacalao*.

Vielleicht finden Sie sogar eine Kiste eingesalzener Dorschzungen, die angeblich der köstlichste Teil dieser Fische sind – aber sehr rar, weil die Fischer sie meist für sich selbst behalten. Sie werden ebenso wie *bacalao* zubereitet. Zusammen mit Kartoffeln von den Ceccaldis erhalten Sie so die Zutaten für eine perfekte *brandade de morue*.

Wenn Sie keine Lust haben, diese Fische stundenlang zu wässern, aber trotzdem wissen möchten, wie *bacalao* schmeckt, lassen Sie sich von Fahtim bei *La Calebasse* eine Fischfrikadelle, *beignet de morue*, braten und essen Sie sie gleich von der Hand. Dieser afrikanische *traiteur* bietet eine große Auswahl fertiger Speisen, und das Angebot wechselt jede Woche. Es gibt z. B. *maffe*, ein würziges Schmorgericht mit Rindfleisch und Erdnüssen, *samosas*, frittierte grüne Nudeln mit einer Füllung aus Gemüse oder Fleisch, oder *colombo*, ein Hühnchengericht mit feurigen grünen Chilischoten. Wenn Sie ein Rezept von Fahtim ergattern, kaufen Sie das Hühnchen bei Jaques Loquineau, der wahrscheinlich gerade mit seinen Nachbarn von der *charcuterie Les Trois Frères* plaudert. In ihren rot-weiß gestreiften Jacken huschen die drei Brüder flink von einem Ende des Standes zum anderen, säbeln Stücke köstlicher *pâté* ab, schneiden Schinken in hauchdünne Schei-

Oben: Die Kartoffelhändler haben oft 30 und mehr Sorten im Angebot.

BACALAO

Berge von salzverkrustetem *bacalao* sieht man überall auf den offenen Märkten von Paris. Der luftgetrocknete Dorsch, flach und hart wie ein Brett, verwandelt sich nach einer Einweichzeit in ein köstliches saftiges Schmorgericht. Die Portugiesen gehörten zu den ersten, die diesen vielseitigen Fisch zu schätzen wußten. Die Beliebtheit des Stockfisches reicht zurück bis zur Entdeckung der Neuen Welt. Als portugiesische Galleonen von der Atlantikküste nach Kanada segelten, waren die Seeleute so erstaunt über die großen Mengen von Dorschen, die sich im kalten Wasser tummelten, dass sie den neuen Kontinent »Land des Dorsches« nannten. Gegen Ende des 16. Jahrhunderts fischten sie mehr als 3000 Tonnen jährlich aus den rauen Gewässern. Sie konservierten den Fang mit Salz und transportierten ihn nach Portugal, wo sich der *bacalao* bald als Grundnahrungsmittel durchsetzte. Damals wogen die Dorsche bis zu 220 Pfund. Als Folge moderner Fischereimethoden und -techniken erreichen sie heute kaum einmal 50 Pfund. Im Laufe der Jahrhunderte hat sich auch die Fischerei verändert. Heute ist Island der größte Exporteur von Dorsch. Seine Wirtschaft ist so eng mit der Fischerei verknüpft, dass vor der Unabhängigkeit von Dänemark ein Dorsch mit einer goldenen Krone das isländische Nationalwappen zierte.

Morue, wie dieser Fisch in Frankreich genannt wird, hat sich auch in der französischen Küche einen Platz erobert. Das berühmteste Gericht ist *brandade de morue*. Dafür wird der getrocknete Dorsch bis zu 24 Stunden gewässert, dann gekocht. Das magere, flockige Fleisch wird mit Kartoffelpüree, einem Schuss Olivenöl und einem Hauch Knoblauch vermischt. *Bon appétit!*

ben oder binden Schweinebraten zusammen. Nebenan versorgen die acht Verkäufer von *Tan Ly Thong* Scharen von Kunden. Hier bekommen Sie perfekt gereifte Ananas oder Mangos aus Mexiko, Brechbohnen aus dem Senegal, Spargel aus Chile, Clementinen aus Spanien sowie einheimische Gemüse der Saison.

Wenn man es schafft, sich durch die Menge zu zwängen, sollte man auch einen Blick auf den Second-Hand-Buchstand werfen, der vom Duft des angrenzenden Blumenstandes eingehüllt wird. Oder man schnappt sich ein Dutzend Austern bei Jean Claude Debotte, dem *ostériculteur* aus dem Oléron, ehe man bei *À Votre Service Poissonnement* den tagesfrischen Fang in Augenschein nimmt. Ein paar Schritte weiter bietet die *Crèmerie Bouvet* ein großes Sortiment an Käse und Milchprodukten an. Wenn Sie aber einen perfekt ausgereiften Brie, einen cremigen Schafskäse oder einen scharfen Tomme de Savoie suchen, sollten Sie zurück in den ersten Marktabschnitt zur *Fromagerie Caillere* gehen. Dort hilft Ihnen Nali gern bei der Auswahl. Sie kennt all die Geheimnisse des Käses von ihrem Vater, der seit 40 Jahren Käsehändler ist. Nali wird das Geschäft übernehmen, wenn ihre Eltern in den Ruhestand gehen. Der einzige Schlachter auf dem Markt ist Jean Pierre Retaud, der Charolais-Rind, Kalbfleisch aus der Region Cozèrre und Lamm aus der Normandie anbietet. Er hat ein Geschäft in der Nähe, in dem er auch Innereien, Schlachtabfälle, Geflügel und hausgemachte *charcuteries* anbietet, darum sieht man ihn nur sonntags auf dem Markt. Er ist ein *artisan*-Fleischer, das heißt, er holt ganze Tiere vom Schlachthof und schneidet die Fleischstücke selbst zu. Seit dem BSE-Skandal ist jedes Tier im Hinblick auf Herkunft und Ernährung registriert. Das Fleisch wird in Frankreich nach einer traditionellen Methode zugeschnitten, die sich vom in Deutschland üblichen Fleischzuschnitt unterscheidet: Man trennt stets ganze Muskeln heraus, statt sie durchzuschneiden. Ehe ein angehender Schlachter eine Lizenz erhält und selbst ein Geschäft eröffnen darf, muss er eine zweijährige Ausbildung an einer französischen Fachschule absolvieren. Daran schließt sich eine Lehrzeit von mindestens fünf Jahren an. Die Schlachter nehmen ihr *métier* sehr ernst.

Man beschließt den Marktrundgang am besten mit einem Blick auf den großen Fischstand von Jean Pierre Bracke. Hier finden sich häufig lebende Krabben, mächtige Hummer und von Zeit zu Zeit auch Seespinnen, *araignée de mer* genannt. Dieses leuchtend orangefarbene Meerestier hat einen stacheligen, runden Körper, aus dem lange, dünne Beine ragen. Angeblich hat sie einen feineren Geschmack als der *tourteau*, der gekocht rostrot wird. Man sollte Marie Noële oder Frédéric bitten, ein Weibchen herauszusuchen, weil diese am besten schmecken und zudem den beliebten Rogen besitzen. Es ist wichtig, dass das Tier

Links: Jean Pierre Retaud und sein Helfer nehmen ihr *métier* sehr ernst. Nali bedient ihre Kunden mit einem Lachen. Rechts: Faxen an Jaques Loquineaus Geflügelstand.

Cadran de Sologne

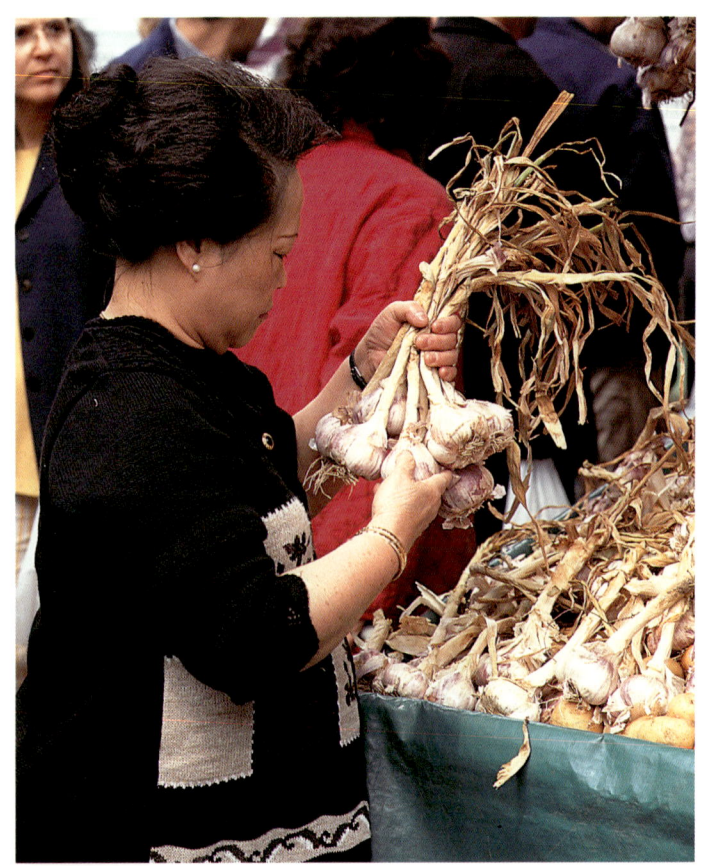

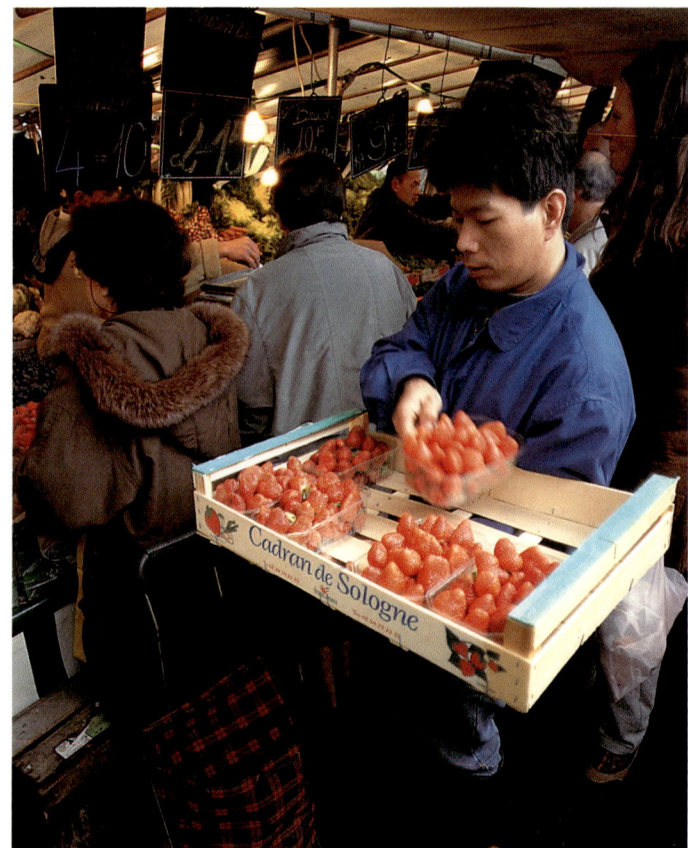

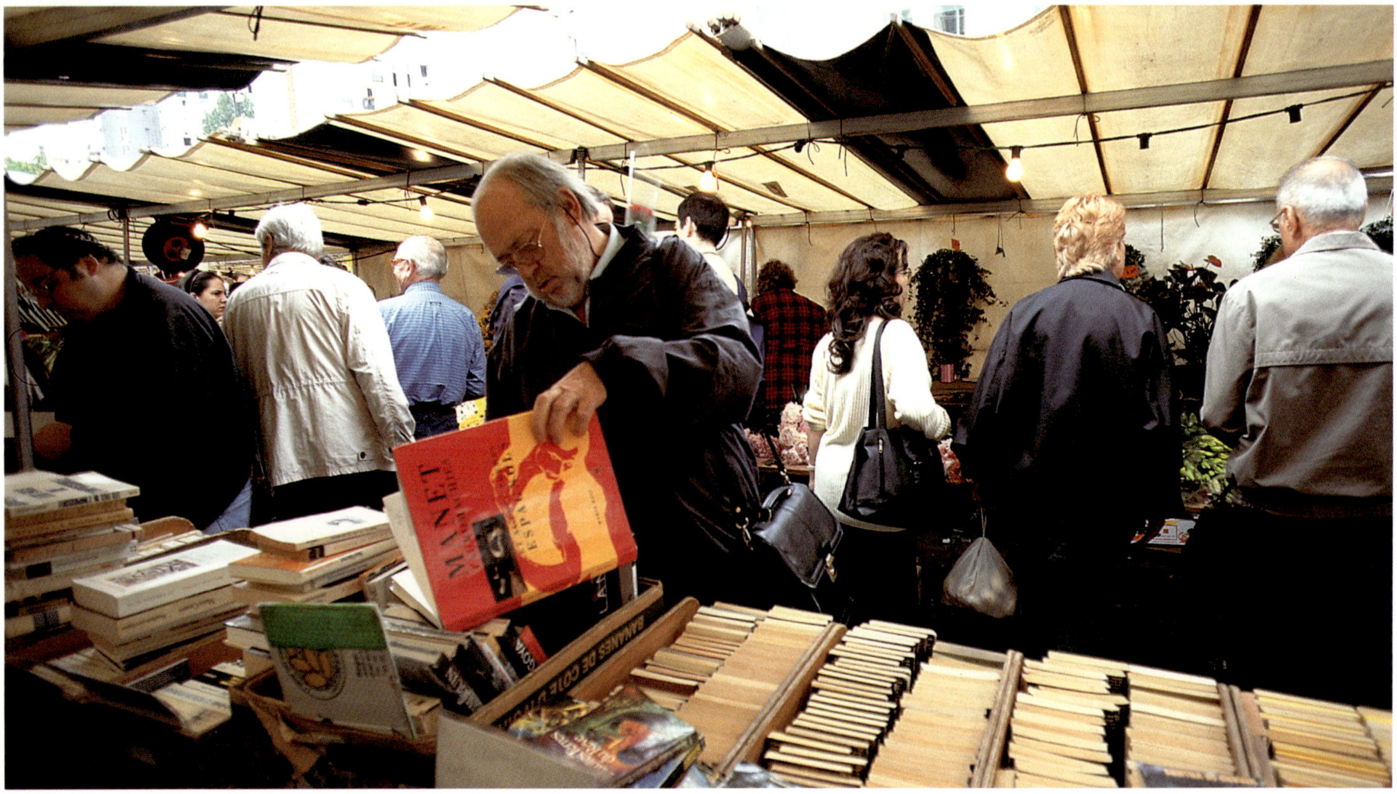
MANET

lebt und kräftig zappelt. Kaufen Sie nie eine tote Seespinne. Nun heißt es, allen Mut zusammenzunehmen und das Tier selber zu kochen: Man bringt eine Bouillon zum Kochen, holt tief Luft und wirft das lebende Tier in den Topf. Schnell den Deckel darauf legen. 20 Minuten kochen lassen, dann so lange abkühlen, wie man braucht, um eine cremige Mayonnaise zu rühren. Frisch gekochte Seespinnen schmecken so herrlich, dass man nie wieder eine im Restaurant bestellen wird.

Wenn man einen letzen Blick auf die Stände wirft, entdeckt man vielleicht noch eine Spezialität, etwa Oliven mit Mandel- oder Anchovis-Füllung, Pistazien oder geröstete Kichererbsen zum *apéritif*. Und nicht vergessen: die Rosen am Ausgang!

Wenn die *araignée* nicht zu sehr im Einkaufskorb zappelt, sollte man anschließend einen Spaziergang über den Friedhof Père Lachaise machen und eine Rose auf Edith Piafs Grab legen. Oder man geht ein Stückchen weiter, um die liebevoll gepflegten Gärten in »La Campagne à Paris« zu bewundern. Wer noch weiter will, kann im Chinatown auf der Rue de Belleville ein paar Räucherstäbchen erstehen oder eine schnelle Wantan-Suppe genießen. Steht einem dagegen der Sinn nach einer kräftigen Mahlzeit, bestellt man *bœuf gros sel* im gleichnamigen Restaurant oder klassische Bistro-Küche im *Allobroges*. Beide liegen nur wenige Blocks südlich des Marktes an der Rue des Grand Champs. Wenn man dann zufrieden mit dem Cognac in der Hand dasitzt, denkt man an seine Lieblingsmärkte, die bezaubernden Menschen, die betörenden Düfte, köstlichen Aromen und die wunderschönen Plätze, die einem die vielfältigen Facetten dieser herrlichen Stadt gezeigt haben.

Was einmal ein abgelegenes Dorf war, ist heute ein belebtes Stadtgebiet mit vielen versteckten Schätzen. Außerdem findet es heutzutage niemand mehr absurd, kreuz und quer durch die Stadt zu fahren, um etwas Besonderes einzukaufen: Saxe-Breteuil für Oliven und *coquilles Saint Jacques*, Montrouge für Äpfel und Vollkornbrot, Batignolles für Buchweizen-*crêpes* und Marmelade, Saint Charles für frische Ravioli und *côte de bœuf*, Richard Lenoir für *saucisson sec* und *dorade royale*, Raspail für sündige Brownies und biodynamischen Salat, Joinville für Pilze und exotische Gewürze, Aguesseau für Blumen und Kaviar, Aligre für *chipolatas* und eine Flasche Côtes du Rhône, Saint Quentin für Artischocken und frische Walnüsse, Barbès für duftende Minze und Tapioka, Maubert für *accras de morue* und Austern, Réunion für Rosen und Granatäpfel, Rue Montorgueil für Strudel und frisch gerösteten Kaffee, Auguste Blanqui für cremigen Brie und ländliche *pâté*, Président Wilson für Wildbret und *foie gras*. Die Welt der Märkte hat Sie mitten ins Herz von Paris geführt und Ihnen etwas von der Leidenschaft der Franzosen gezeigt: Essen!

Das Angebot der offenen Märkte ist riesig und faszinierend.

Le Patatier

Claude Ceccaldis Stand lässt keinen Zweifel an seinem Gewerbe aufkommen: Er ist Kartoffelhändler. Der niedrige, abgeschrägte Tisch ist unterteilt und präsentiert über 30 Sorten der Knollen, dazu verschiedene Zwiebeln, Schalotten, Knoblauch und Kräuter. Der Tisch ist auch zur Rückseite hin geneigt, so dass die Kartoffeln leicht in die Metallschalen der Waagen geschaufelt werden können. Claude gilt als einer der letzten echten *patatiers*.

Als Claude mit 14 Jahren seinem Stiefvater in diesem Gewerbe aushalf, träumte er davon, als Glaser Buntglasfenster herzustellen. Bald wurde er aber von der Marktatmosphäre angesteckt. Die frühe Arbeitszeit, der *casse-croûte*, die Intensität der Arbeit, die Kameradschaft unter den Händlern und der Umgang mit den Kunden hatten ihn verzaubert. Mit 24 Jahren betrieb er seinen eigenen Kartoffelhandel. Er hatte von seinem Stiefvater die Eigenschaften der einzelnen Sorten gelernt, von seiner Mutter den Charme im Umgang mit den Kunden.

30 Jahre später ist er noch immer gut im Geschäft. Mithilfe seiner Frau Cathérine und seines Neffen Claude gibt er sich alle Mühe, jedem Kunden die Kartoffel zu verkaufen, die in Geschmack, Konsistenz und Farbe seinen Wünschen entspricht. Kartoffeln fallen zu verschiedenen Jahreszeiten sehr unterschiedlich aus, und Claude kennt Geschmack und Biss jeder Sorte. Im Sommer empfiehlt er *Berber* für ein leichtes Püree, aber *Concurrent* für ein schweres. Im Winter rät er zu *Samba* und *Asterix*.

Die Ceccaldis findet man auf den Märkten Richard Lenoir, Daumesnil und Charonne.

DIE KARTOFFEL

Die Kartoffel kam 1540 aus Peru, über Spanien und Irland nach Frankreich. Zuerst hielt man sie für eine Zierpflanze, erst 50 Jahre später wurde sie als Gemüse kultiviert. Bald wurde der Anbau jedoch verboten, weil es hieß, die Knollen würden Lepra verursachen. Während sich in England, Schottland und den Niederlanden die Kartoffel – damals *batata* genannt – bald durchsetzte, verhalf ihr in Frankreich erst der berühmte Agronom Auguste Parmentier zum Durchbruch. Während der Hungersnot im Jahre 1787, die schwer auf Mägen und Seelen der Pariser lastete, wurde ihm ein karges Stück Land in den Außenbezirken der Stadt zugewiesen. Damit gelang es ihm, die hungrige Bevölkerung und das skeptische Königshaus vom Wert der missachteten *batata* zu überzeugen. Sorgfältig pflanzte er Reihe um Reihe der Setzlinge. Er ließ sie von bewaffneten Soldaten bewachen – in der Hoffnung, damit die Aufmerksamkeit der Nachbarn zu erregen. Sein Plan gelang. In der Nacht plünderten die neugierigen Bauern das Feld, machten sich mit den Jungpflanzen davon und vergrößerten prompt ihre magere Ernte. Den Widerstand des Königs wischte er weg, indem er Louis XVI mit einem Strauß Kartoffelblüten bezauberte. Durch Parmentiers Initiative errang die Kartoffel bald Starruhm. Ein herzhaftes Eintopfgericht aus Kartoffeln und Fleisch wurde nach ihm benannt: *hachis parmentier*.

Heutzutage sind durch Kreuzungen allein in Frankreich über 350 Kartoffelsorten zu finden. Zu den beliebtesten gehören *Rosa*, *Roseval* und *Ratte* sowie die Frühkartoffeln von der Ile de Ré und der Ile de Noirmoutier vor der Atlantikküste. Diese Inselkartoffeln, die vor der Reife geerntet werden, haben einen charakteristischen Geschmack, weil der Boden mit Algen angereichert wird. Zu den beliebtesten Sorten dieser jungen Kartoffeln gehören *Amandine*, *Starlette*, *Alcmaria* und *Charlotte*. Frühkartoffeln hatten noch nicht die Zeit, eine harte Schale auszubilden. Am besten schmecken sie einfach in Wasser gekocht und mit etwas Butter und Salz serviert. Sie sind zwar nicht ganz billig, doch durchaus ihren Preis wert.

LA PURÉE

Für ein perfektes *purée* sollten Sie die Kartoffeln niemals mit einer Maschine zerkleinern. Dadurch werden sie leicht überschlagen, das Püree wird schwer und klebrig. Die Kartoffeln werden geschält, geviertelt und in Salzwasser mit einem aromatisierenden Stück Zwiebel gekocht. Dann drückt man sie durch eine Handpresse oder stampft sie. Man sollte die Kartoffeln sorgfältig auswählen. Eine gute *purée*-Kartoffel behält ihre Form. Zerfällt sie beim Kochen, enthält sie viel Wasser und ist von minderwertiger Qualität. Dann rührt man etwas Butter, einen Schuss Sahne und eine Prise Muskatnuss unter. Soll das Püree goldgelb werden, gibt man noch ein Eigelb hinzu. So erhält man ein köstliches *purée*, das einem König zur Ehre gereichen würde.

TÉLÉGRAPHE

Der Marché Télégraphe hat trotz seiner geringen Größe und seines abgelegenen Standorts eine erstaunlich ansehnliche Auswahl zu bieten. Er ist nicht unbedingt einen Umweg wert, doch wenn Sie in der Nähe sind, werfen Sie ruhig einen Blick auf die paar Händler, die auf beiden Seiten der Rue Télégraphe stehen. Die farbenfrohen Stände von Clavière Ambroise und Yvonne Gervais bieten ein herzliches Willkommen, und sie haben immer eine gute Auswahl einheimischer und exotischer Produkte. Der *artisanal*-Fleischer Yannick Lebert hat ausgezeichnetes Fleisch, *La Ferme Normande* präsentiert ein gutes Sortiment an Käse, Freilandgeflügel und hausgemachten Spezialitäten. In diesem Bereich des 20. Arrondissements gibt es sonst recht wenig zu entdecken. Nach dem Einkauf sollte man noch einen Strauß Blumen mitnehmen und in Richtung Stadtzentrum aufbrechen.

PYRÉNÉES

Unter der Woche ist der Marché Pyrénées mit seinen wenigen Ständen ein trauriger Anblick. An Sonntagen aber füllt sich der Platz und quillt über in die Rue des Pyrénées. Der große Markt besteht hauptsächlich aus Obst- und Gemüseständen von unterschiedlicher Qualität. Einige *maraîchers* heben sich jedoch aus der Masse hervor, darunter Georges Planet,

der von seinem Hof in der Region Seine-et-Marne frisches Gemüse, einen oder zwei Körbe Eier und ein paar Hühner mitbringt. Die Atmosphäre ist lebhaft, es gibt ein paar Fischhändler, *fromagers* und Schlachter. Auf dem Marché Pyrénées finden Sie alles, was Sie brauchen, aber nichts Spektakuläres.

BELGRAND

Im östlichsten Zipfel von Paris gelegen ist der Marché Belgrand ein quirliger Ort, der den Geschmack und die Bedürfnisse der Anwohner dieses Mittelschicht-Wohngebietes widerspiegelt. Über 60 Händler versammeln sich in einer ruhigen, von Bäumen beschatteten Nebenstraße und schlängeln sich über die Rue Belgrand bis hin zu einem kleinen Platz, der nach Frankreichs bekanntester Sängerin Edith Piaf benannt ist. Unter den verschiedenen Ständen mit Fisch, Gemüse und Käse findet man auch eine Reihe von *charcutiers*. Wir mögen am liebsten den Stand eines spanischen Paares, wo es neben dem traditionellen Angebot von Schinken, Würsten und *pâtés* auch würzige *chorizo* und Salamanca-Würste gibt.

Die Atmosphäre auf diesem Markt ist herzlich, die Preise vernünftig. Der Einkaufskorb wird schneller voll, als man erwartet hätte. Lassen Sie genug Platz für eine oder zwei Baguettes, die Sie auf dem Rückweg in der Rue

des Pyrénées Nr. 226 kaufen sollten. Die Bäckerei *La Flûte de Gana* gehört zu den besten der Stadt, und sie ist berühmt für ihre köstliche, knusprige *flûte*.

DAVOUT

Davout ist ein Nachbarschaftsmarkt, der an einer Seite der langen Stadtumgehung liegt. Obwohl dieser Markt für die Bewohner der Gegend durchaus seine Bedeutung hat, fehlt es ihm an Charakter und Atmosphäre. Außerdem ist er recht abgelegen. An der Métro-Station findet man einige Geschäfte, die an alte Zeiten erinnern und die das Marktangebot gut ergänzen.

Einige Stände unterscheiden sich von den eher durchschnittlichen *charcutiers*, *fromagers*, *poissonniers* und *marchands volants*. Jean Claude Bonneau verkauft frische Eier, Hühner und Ziegenkäse von seinem Hof in der Region Sartre. Monsieur Boulemzahir hat eine Auswahl an Obst und Gemüse, das auf anderen Märkten selten zu finden ist, darunter Brokkoli-Sprossen, Topinambur, langstieligen Radicchio (*trevise*), frischen Ingwer, violette Kartoffeln, Granatäpfel, rohe Oliven, Chilischoten und Dattelpflaumen.

MORTIER

Der Marché Mortier liegt nur einen Steinwurf entfernt von dem reizenden Gebiet, das »La Campagne à Paris« genannt wird. Statt sich zwischen die niedlichen kleinen Häuser zu zwängen, wird der Markt auf dem breiten, hässlichen Boulevard Mortier aufgebaut. Etwa 30 Händler bieten ein umfangreiches Angebot und bringen zugleich etwas Farbe und Leben in diese Straße.

Der *tripier* Michel Sortais verkauft beste Ware an vertrauensvolle Kunden, die gern eine Portion seiner *tripoux d'Auvergne* mitnehmen – ein herzhaftes, würziges Gericht mit Kutteln. Der Fischhändler Philippe Yvernault managt seine große Auslage mit nur einem Arm. Jean-Luc Bône steht hinter Bergen von gartenfrischem Gemüse, das er von seinem Hof in der Region Essonne mitbringen. *Le Boulanger du Marché* präsentiert eine große Auswahl altmodisch-ländlicher Brote. Madame Ganaoui hat ein herrliches Angebot an Obst und Gemüse. Und um die Liste zu vervollständigen, gibt es etwas weiter die Straße hinab eine Weinhandlung, in der man eine oder zwei gute Flaschen erstehen kann.

Oben: Blumen und Herbstgemüse auf dem Marché Belgrand.

MARKTREZEPTE

MOULES MARINIÈRES
Gedämpfte Miesmuscheln mit Schalotten und Wein

»Einfachheit ist Raffinesse«, sagt Jean-Pierre, der Besitzer des Fischgeschäftes *JPB*. Mit Nachdruck empfiehlt er, den feinen Geschmack von frischem Fisch zu erhalten, indem man ihn dämpft, pochiert oder grillt und nur mit etwas Olivenöl beträufelt und eine Zitronenspalte dazu reicht. Vor allem solle man sich mit Sauce zurückhalten. Das gleiche gelte für Miesmuscheln: Am besten würden sie, wenn man die Muscheln nur mit einem Thymianzweig (und etwas Flüssigkeit) dämpfe. Dennoch gab er für dieses Buch ein weiter ausgearbeitetes Rezept preis. Es bringt den Geschmack der fleischigen *bouchots* (besonders große Miesmuscheln) aus der Bucht Mont Saint Michel am besten heraus.

15 Minuten   10 Minuten

4 kg Miesmuscheln
2 EL Butter
2 Schalotten, gehackt
250 ml Weißwein
Pfeffer aus der Mühle
2 EL glatte Petersilie, gehackt
gehackte Petersilie zum Garnieren

1. Muscheln unter fließendem kaltem Wasser gründlich waschen und die Bärte entfernen. 2. Butter bei mittlerer Hitze in einer Kasserolle zerlassen. Schalotten darin glasig dünsten, sie sollten auf keinen Fall Farbe annehmen. 3. Die Hitze etwas erhöhen, Wein angießen und aufkochen, so dass der Alkohol verdampft. Muscheln hineingeben. Die Kasserolle schütteln, damit sich die Flüssigkeit und die Schalotten verteilen. Zugedeckt 5–8 Minuten dämpfen, dabei die Kasserolle häufiger schütteln. Alle Muscheln sollten geöffnet sein, wenn die Kasserolle vom Herd genommen wird. Geschlossene Muscheln unbedingt aussortieren und wegwerfen. Muscheln pfeffern und mit Petersilie bestreuen. Die Muscheln werden entweder in der Kasserolle serviert oder in eine Suppenterrine umgefüllt und zugedeckt. So bleiben sie beim Essen länger warm. Eine Extra-Schüssel für die Schalen mit auf den Tisch stellen. Dazu noch Baguette zum Aufsaugen der Sauce reichen. **Für 4 Personen.**

Lebhafte, trockene Weißweine: Muscadet de Sèvres-et-Maine sur Lie, Pouilly Fuissé

HACHIS PARMENTIER
Im Ofen überbackenes Kartoffelpüree mit Hackfleisch

Hachis parmentier ist ein traditionelles, sättigendes Gericht und zählt zu den Lieblingsspeisen von Claude Ceccaldi. Am liebsten bereitet er es mit übrig gebliebenem Gulasch und Bratenfleisch zu. Für dieses Rezept nimmt man jedoch frisches Hackfleisch vom Schwein, Rind und Kalb.

30 Minuten   30 Minuten

Für das Püree:
1 kg Kartoffeln, vorwiegend festkochend, geschält und geviertelt
1/2 Zwiebel, abgezogen
100 ml Milch
3 EL Butter
Salz, Pfeffer aus der Mühle
1 Prise Muskatnuss

Für die Fleischfüllung:
1 EL Pflanzenöl
1 Lorbeerblatt
1 Zweig Thymian
1 Zwiebel, fein gehackt
2 Knoblauchzehen, zerdrückt
125 g Schweinehack
je 300 g Rinderhack und Kalbshack
Salz, Pfeffer aus der Mühle
3 EL Rinderbrühe
2 EL Butter
1 EL frisch geriebener Emmentaler

1. Kartoffeln und Zwiebel in Salzwasser gar kochen. Inzwischen Milch mit Butter, Salz, Pfeffer und Muskat erhitzen. Kartoffeln abgießen, zurück in den Topf geben und ausdampfen lassen. Vom Herd nehmen und durch eine Kartoffelpresse in eine große Schüssel drücken. Heiße Milch mit einem Schneebesen kurz unter die Kartoffeln rühren. Je weniger das Püree gerührt wird, desto lockerer bleibt es. Beiseite stellen. 2. Öl in einer Pfanne erhitzen, Lorbeerblatt und Thymian zugeben, dann Zwiebel darin bei mittlerer Hitze glasig dünsten. Knoblauch zufügen. Gesamtes Hackfleisch zugeben und bei mittlerer Hitze braten, bis das Fleisch gerade gar ist. Lorbeerblatt und Thymian entfernen, Hackfleisch salzen und pfeffern und die Brühe zugießen. 3. Den Ofen auf 200 °C vorheizen. Eine große, ovale Auflaufform buttern und die Hälfte des Pürees einfüllen. Das Kartoffelpüree mit einem Teigschaber bis an den Rand hochziehen. Dann das Hackfleisch gleichmäßig darüber verteilen und mit dem restliche Püree bedecken. Mit Butterflöckchen belegen und mit Käse bestreuen. 4. 20–30 Minuten backen und weitere 5 Minuten unter dem Grill gratinieren, bis das *hachis parmentier* goldbraun ist. Sofort servieren und Blattsalate dazu reichen. **Für 4 Personen.**

Leichte, frische Rotweine oder füllige, tanninreiche Rotweine: Chinon, Châteauneuf-du-Pape

Moules marinières

BRANDADE DE MORUE
Südfranzösisches Stockfisch-Kartoffelpüree

Brandade de morue (Püree aus getrocknetem Kabeljau, Seelachs oder Schellfisch) ist eine südfranzösische Spezialität und ein Klassiker – obwohl man sich über die richtige Zubereitung oft streitet. Einige verwenden Knoblauch, andere lassen das Kartoffelpüree weg, wiederum andere nehmen Sahne statt Milch, würzen das Püree mit Muskat oder rühren sogar schwarze Trüffel hinein. Für folgendes Rezept nimmt man Kartoffeln, Knoblauch und Milch. Sobald man aber das Grundrezept beherrscht, kann man es wunderbar nach eigenem Geschmack abwandeln.

🕐 24 Stunden   🍲 45 Minuten

750 g *bacalao* (Stockfisch)
500 g Kartoffeln, vorwiegend festkochend, geschält und halbiert
1/2 Zwiebel
125 ml Milch
60 ml Olivenöl
2 Knoblauchzehen, zerdrückt
weißer Pfeffer aus der Mühle
etwas Zitronensaft
Salz
1/2 Baguette, in dünnen Scheiben, mit Olivenöl bestrichen

1. Stockfisch so schneiden, dass er in einer großen Schüssel ausreichend Platz findet. Kalt abbrausen, in die Schüssel legen und mit kaltem Wasser aufgießen. 24 Stunden wässern, dabei das Wasser mindestens dreimal wechseln. 2. Abtropfen lassen und in mehrere gleich große Stücke schneiden. Mit der Hautseite nach oben in eine Kasserolle mit kaltem Wasser legen. Bei mittlerer Temperatur aufkochen, Hitze reduzieren, so dass die Fischstücke leicht köcheln. Etwa 8 Minuten kochen, dabei öfters abschäumen. Die Stücke mit einem Schaumlöffel herausnehmen und auf einem Teller abkühlen lassen. 3. Kartoffeln und Zwiebel in Salzwasser gar kochen. Abgießen, Kartoffeln zurück in den Topf geben und ausdampfen lassen. Kartoffeln mit einer Gabel zerdrücken und beiseite stellen. 4. Haut und Gräten vom Fisch entfernen und das Filet mit den Fingern zerpflücken, in ein Geschirrtuch einschlagen und über die Arbeitsfläche rollen, damit es noch feiner zerpflückt wird. 5. Milch erwärmen. Olivenöl bei mittlerer Temperatur in einem großen Topf erhitzen. Knoblauch, Stockfisch und Kartoffeln zugeben und kräftig verrühren. Milch zugießen, die Hitze reduzieren und unter ständigem Rühren etwa 10 Minuten köcheln lassen, bis die Masse glatt und locker ist, dabei darauf achten, dass das Püree nicht am Topfboden ansetzt. Das Püree pfeffern, mit Zitronensaft und, falls nötig, mit Salz abschmecken. 6. Baguettescheiben 2–3 Minuten in den heißen Ofen schieben und Farbe annehmen lassen. 7. Das Stockfisch-Kartoffelpüree in eine vorgewärmte Keramik- oder Porzellanschüssel füllen, die Oberfläche glatt streichen und ein paar Minuten im Ofen überbacken. Sofort mit den heißen Baguettescheiben servieren.
Für 4–6 Personen.

🍾 Lebhafte, junge Weiß- und Roséweine: Sancerre, Vinho verde, Rosé de Loire

CLAFOUTIS AUX CERISES
Kirsch-Clafoutis

Monsieur und Madame Leveau vom Marché Président Wilson haben immer die süßesten Kirschen und bereiten dieses traditionelle Rezept zu Hause zu. Clafoutis macht man am besten im Spätsommer, wenn die Auslagen der Märkte vor dunklen, süßen, reifen Kirschen nur so überquellen. Kirschen aus dem Glas tun's auch: Man lässt sie in einem Sieb abtropfen und entkernt sie, bevor sie in Butter gedünstet werden.

🕐 20 Minuten   🍲 60 Minuten

2 EL Butter
500 g schwarze Kirschen, entsteint
2 EL Zucker
60 ml Kirschwasser (nach Belieben)

6 EL Mehl
5 EL Zucker
1 Prise Salz
3 Eier
Mark von 1 Vanilleschote (oder 1 Tütchen Vanillinzucker)
250 ml Milch
Puderzucker zum Garnieren

Auflaufform oder rechteckige, flache Backform

1. Den Ofen auf 180 °C vorheizen. 2. Butter in einer Pfanne zerlassen, Kirschen und Zucker hineingeben und etwa 3 Minuten bei schwacher bis mittlerer Hitze dünsten. Nach Wunsch das Kirschwasser angießen, kurz erhitzen, dann anzünden und die Kirschen flambieren. Vom Herd nehmen und beiseite stellen. 3. Mehl, Zucker und Salz in einer großen Schüssel mischen. Eier zugeben und mit einem Holzlöffel glatt rühren. 4. Vanille in die Milch geben und mit einem Schneebesen gleichmäßig verteilen. Die Milch über den Teig gießen und das Ganze glatt rühren. Bleiben Klumpen zurück, den Teig durch ein Sieb streichen. 5. Die Form buttern, etwa 1 cm hoch mit dem Teig füllen und etwa 10 Minuten backen, bis er fest wird. Aus dem Ofen nehmen, die Kirschen darüber verteilen und mit dem restlichen Teig bedecken. Trotzdem treiben die Kirschen beim Backen meist an die Oberfläche. 6. In die Mitte des Ofens stellen und etwa 1 Stunde backen. Den Gargrad bestimmen, indem man mit einem Messer in die Mitte des Kuchens einsticht. Bleibt die Klinge beim Herausziehen sauber, ist der Clafoutis fertig. 7. Aus dem Ofen nehmen und mit Puderzucker bestreuen. Warm oder kalt servieren. **Für 6 Personen.**

🍾 Champagner rosé

Clafoutis aux cerises

BETRIEBSZEITEN

MONTAG

KEIN MARKTBETRIEB

DIENSTAG

IIe
RUE MONTORGEUIL ★★★
IIIe
ENFANTS ROUGES
V^e
MAUBERT ★★★★
PORT ROYAL ★★★★
MOUFFETARD ★★★★
VIe
RASPAIL ★★★
SAINT-GERMAIN ★★★
RUE SEINE-BUCI ★★★
VIIe
RUE CLER ★★★★
VIIIe
AGUESSEAU ★★★★
EUROPE ★★
X^e
SAINT QUENTIN ★★★
SAINT MARTIN ★★
XIe
POPINCOURT ★★★
PÈRE LACHAISE ★★
BELLEVILLE ★★
XIIe
ALIGRE ★★★★
DAUMESNIL ★★★★★
XIIIe
AUGUSTE BLANQUI ★★★★★
SALPETRIERE ★★
BOBILLOT ★★
XIVe
MONTROUGE ★★★★★
RUE DAGUERRE ★★★
XVe
SAINT CHARLES ★★★★★
CONVENTION ★★★★★
XVIe
PORTE MOLITOR ★★★
POINT DU JOUR ★★★
SAINT DIDIER ★★
PASSY ★★★★
GROS-LA-FONTAINE ★★
XVIIe
NAVIER ★★★
RUE LEVIS ★★★
BATIGNOLLES ★
RUE PONCELET ★★★★
TERNES ★
XVIIIe
ORNANO ★★
RUE LEPIC ★★★
LA CHAPELLE ★★★
XIXe
JEAN-JAURÈS ★
PLACE DES FÊTES ★★★
RIQUET ★
SECRETAN ★★
XXe
DAVOUT ★★

MITTWOCH

IIe
RUE MONTORGEUIL ★★★
IIIe
ENFANTS ROUGES
V^e
MONGE ★★★★
MOUFFETARD ★★★★
VIe
SAINT-GERMAIN ★★★
RUE SEINE-BUCI ★★★
VIIe
RUE CLER ★★★★
VIIIe
EUROPE ★★
X^e
SAINT QUENTIN ★★★
SAINT MARTIN ★★
XIe
CHARONNE ★★★
XIIe
ALIGRE ★★★★
COURS DE VINCENNES ★★★★
XIIIe
VINCENT AURIOL ★★★
XIVe
ALESIA ★★★
VILLEMAIN ★★
EDGAR QUINET ★★★★
RUE DAGUERRE ★★★
XVe
CERVANTES ★
LEFÈBVRE ★★
LECOURBE ★★
GRENELLE ★★★★
XVIe
PRÉSIDENT WILSON ★★★★★
ADMIRAL BRUIX ★★
AUTEUIL ★★★★★
PASSY ★★★★
XVIIe
BERTHIER ★★
RUE LEVIS ★★★
BATIGNOLLES ★
RUE PONCELET ★★★★
TERNES ★
XVIIIe
BARBES ★★★★
CRIMÉE ★
ORDENER ★★★★
RUE LEPIC ★★★
LA CHAPELLE ★★★
XIXe
PORTE BRUNET ★★
VILLETTE ★★★
RIQUET ★
SECRETAN ★★
XXe
TÉLÉGRAPHE ★★
BELGRAND ★★★★

UHRZEIT

Alle Märkte sind von morgens 9 Uhr bis mittags 13 Uhr geöffnet. Geschlossene (=überdachte) Märkte haben auch am Nachmittag von 16 bis 19 Uhr geöffnet – außer sonntags.

AUSZEICHNUNG

Märkte mit fünf Sternen haben ein ausgesprochen gutes Warenangebot mit ansprechender Präsentation in angenehmem Ambiente. Märkte, die nur mit einem Stern ausgezeichnet sind, sind weder optisch noch kulinarisch eine Versuchung.

DONNERSTAG

IIᵉ
RUE MONTORGEUIL ★★★
IIIᵉ
ENFANTS ROUGES
Vᵉ
MAUBERT ★★★★
PORT ROYAL ★★★★
MOUFFETARD ★★★★
VIᵉ
SAINT-GERMAIN ★★★
RUE SEINE-BUCI ★★★
VIIᵉ
SAXE BRETEUIL ★★★★★
RUE CLER ★★★★
VIIIᵉ
EUROPE ★★
Xᵉ
SAINT QUENTIN ★★★
SAINT MARTIN ★★
XIᵉ
RICHARD LENOIR ★★★★★
XIIᵉ
ALIGRE ★★★★
PONIATOWSKI ★★★
SAINT ELOI ★★★
LEDRU ROLLIN ★★
XIIIᵉ
MAISON BLANCHE ★★
JEANNE D'ARC ★★★★
XIVᵉ
BRUNE ★★★★
RUE DAGUERRE ★★★
XVᵉ
CONVENTION ★★★★★
XVIᵉ
POINT DU JOUR ★★★
PASSY ★★★★
XVIIᵉ
RUE LEVIS ★★★
BATIGNOLLES ★
RUE PONCELET ★★★★
TERNES ★
XVIIIᵉ
NEY ★
RUE LEPIC ★★★
LA CHAPELLE ★★★
XIXᵉ
JOINVILLE ★★★★★
JEAN-JAURES ★
RIQUET ★
SECRETAN ★★
XXᵉ
REUNION ★★★★
PYRENÉES ★★
MORTIER ★★★

FREITAG

IIᵉ
RUE MONTORGEUIL ★★★
IIIᵉ
ENFANTS ROUGES
Vᵉ
MONGE ★★★★
MOUFFETARD ★★★★
VIᵉ
RASPAIL ★★★
SAINT-GERMAIN ★★★
RUE SEINE-BUCI ★★★
VIIᵉ
RUE CLER ★★★★
VIIIᵉ
AGUESSEAU ★★★★
EUROPE ★★
Xᵉ
SAINT QUENTIN ★★★
SAINT MARTIN ★★
XIᵉ
POPINCOURT ★★★
PERE LACHAISE ★★
BELLEVILLE ★★
XIIᵉ
ALIGRE ★★★★
DAUMESNIL ★★★★★
XIIIᵉ
AUGUSTE BLANQUI ★★★★★
SALPETRIERE ★★
BOBILLOT ★★
XIVᵉ
MONTROUGE ★★★★★
RUE DAGUERRE ★★★
XVᵉ
SAINT CHARLES ★★★★★
XVIᵉ
PORTE MOLITOR ★★★
GROS-LA-FONTAINE ★★
SAINT DIDIER ★★
PASSY ★★★★
XVIIᵉ
NAVIER ★★★
RUE LEVIS ★★★
BATIGNOLLES ★
RUE PONCELET ★★★★
TERNES ★
XVIIIᵉ
ORNANO ★★
RUE LEPIC ★★★
LA CHAPELLE ★★★
XIXᵉ
PLACE DES FÊTES ★★★
RIQUET ★
SECRETAN ★★
XXᵉ
DAVOUT ★★

SAMSTAG

IIᵉ
RUE MONTORGEUIL ★★★
IIIᵉ
ENFANTS ROUGES
Vᵉ
MAUBERT ★★★★
PORT ROYAL ★★★★
MOUFFETARD ★★★★
VIᵉ
SAINT-GERMAIN ★★★
RUE SEINE-BUCI ★★★
VIIᵉ
SAXE BRETEUIL ★★★★★
RUE CLER ★★★★
VIIIᵉ
EUROPE ★★
Xᵉ
SAINT QUENTIN ★★★
SAINT MARTIN ★★
XIᵉ
CHARONNE ★★★
XIIᵉ
ALIGRE ★★★★
COURS DE VINCENNES ★★★★
LEDRU ROLLIN ★★
XIIIᵉ
VINCENT AURIOL ★★★
XIVᵉ
BRANCUSI (BIO) ★★★
EDGAR QUINET ★★★★
ALESIA ★★★
RUE DAGUERRE ★★★
XVᵉ
LEFÈBVRE ★★
LECOURBE ★★
CERVANTES ★
XVIᵉ
PRÉSIDENT WILSON ★★★★★
AUTEUIL ★★★★★
PASSY ★★★★
AMIRAL BRUIX ★★
SAINT DIDIER ★★
XVIIᵉ
BATIGNOLLES (BIO) ★★★★★
RUE PONCELET ★★★★
RUE LEVIS ★★★
BERTHIER ★★
BATIGNOLLES ★
TERNES ★
XVIIIᵉ
BARBES ★★★★
ORDENER ★★★★
RUE LEPIC ★★★
LA CHAPELLE ★★★
CRIMÉE ★
XIXᵉ
VILLETTE ★★★
PORTE BRUNET ★★
SECRETAN ★★
RIQUET ★
XXᵉ
BELGRAND ★★★★
TÉLÉGRAPHE ★★

SONNTAG

IIᵉ
RUE MONTORGEUIL ★★★
IIIᵉ
ENFANTS ROUGES
Vᵉ
MONGE ★★★★
MOUFFETARD ★★★★
VIᵉ
RASPAIL (BIO) ★★★★★
SAINT-GERMAIN ★★★
RUE SEINE-BUCI ★★★
VIIᵉ
RUE CLER ★★★★
VIIIᵉ
EUROPE ★★
Xᵉ
SAINT QUENTIN ★★★
SAINT MARTIN ★★
ALIBERT ★★
XIᵉ
RICHARD LENOIR ★★★★★
XIIᵉ
ALIGRE ★★★★
PONIATOWSKI ★★★
SAINT ELOI ★★★
XIIIᵉ
AUGUSTE BLANQUI ★★★★★
MAISON BLANCHE ★★
JEANNE D'ARC ★★★★
XIVᵉ
VILLEMAIN ★★
BRUNE ★★★★
RUE DAGUERRE ★★★
XVᵉ
CONVENTION ★★★★★
GRENELLE ★★★★
XVIᵉ
POINT DU JOUR ★★★
PASSY ★★★★
XVIIᵉ
RUE LEVIS ★★★
BATIGNOLLES ★
RUE PONCELET ★★★★
TERNES ★
XVIIIᵉ
NEY ★
ÖRNANO ★★
RUE LEPIC ★★★
LA CHAPELLE ★★★
XIXᵉ
JOINVILLE ★★★★★
JEAN-JAURÈS ★
PLACE DES FÊTES ★★★
RIQUET ★
SECRETAN ★★
XXᵉ
RÉUNION ★★★★
PYRENÉES ★★
MORTIER ★★★

MARKTADRESSEN

MARKT	ADRESSE	MÉTRO-STATION
IIe		
33 * RUE MONTORGEUIL	Auf der Rue Montorgeuil von der Rue de Turbigo bis zur Kirche St. Eustache	Les Halles oder Sentier
IIIe		
33 • ENFANTS ROUGES	39, Rue de Bretagne	Filles du Calvaire
Ve		
38 MAUBERT	Place Maubert gleich am Bd Saint-Germain	Maubert Mutualité
56 MONGE	Place Monge	Place Monge
56 PORT ROYAL	Bd de Port Royal von der Rue Saint Jacques bis zur Rue Berthollet	RER Port Royal
53 * RUE MOUFFETARD	Rue Mouffetard von der Place de la Contrescarpe bis zum Square Saint Médard	Censier Daubenton
VIe		
60 RASPAIL (BIO)	Bd Raspail zwischen Rue du Cherche Midi & Rue de Rennes	Sèvres-Babylone oder Rennes
78 RASPAIL	Bd Raspail zwischen Rue du Cherche Midi & Rue de Rennes	Sèvres-Babylone oder Rennes
78 • SAINT-GERMAIN	3, Rue Mabillon vom Bd Saint-Germain rechts auf die Rue Montfaucon	Mabillon
78 * RUE DE SEINE-BUCI	Rue de Buci vom Bd Saint-Germain bis zur Rue Mazarine	Mabillon und Odéon
VIIe		
82 SAXE-BRETEUIL	Avenue de Saxe von der Place de Breteuil bis zur Avenue de Ségur	Ségur oder Sèvres Lecourbe
99 * RUE CLER	Rue Cler zwischen Avenue de la Motte Piquet und Rue de Grenelle	Ecole Militaire
VIIIe		
104 AGUESSEAU	Place de la Madeleine	Madeleine
114 • EUROPE	1, Rue Corvetto in der Nähe der Rue de Lisbonne	Villiers oder Miromesnil
Xe		
120 • SAINT QUENTIN	85, Bd de Magenta zwischen Rue des Petits Hôtels und Rue de Chabrol	Poissonnière oder Gare de l'Est
129 • SAINT MARTIN	31, Rue du Château d'Eau, an der Ecke zur Rue Bucharlon	Château d'Eau oder Jacques Bonsergent
129 ALIBERT	Neben dem Krankenhaus Saint Louis entland der Rue Alibert, Verlängerung der Avenue Claude Vellefaux	Colonel Fabien oder Goncourt
XIe		
134 RICHARD LENOIR	Bd Richard Lenoir von der Place de la Bastille bis zur Rue Saint Sabin	Bastille oder Bréguet Sabin
150 CHARONNE	Bd de Charonne, an der Ecke zur Rue de Charonne	Alexander Dumas
150 POPINCOURT	Zwischen Bd Richard Lenoir und Rue Oberkampf	Oberkampf
151 PÈRE LACHAISE	Bd Ménilmontant, Beginn an der Ecke zur Rue Oberkampf	Ménilmontant
150 BELLEVILLE	Bd de Belleville von der Rue Jean Pierre Timbaud bis zur Rue de Belleville	Couronnes oder Belleville
XIIe		
158 ALIGRE	Rue d'Aligre von der Rue Saint Antoine bis zur Rue de Charenton	Ledru Rollin
172 COURS DE VINCENNES	Cours de Vincennes von der Place de Nation bis zur Avenue Dr. Arnold Netter	Nation
173 PONIATOWSKI	Bd Poniatowski von der Avenue Daumesnil bis zur Rue de Picpus	Porte d'Orée
172 SAINT ELOI	36/38, Rue de Reuilly	Reuilly Diderot oder Montgallet
172 DAUMESNIL	Bd de Reuilly von der Place Félix Eboué bis zur Rue de Charenton	Daumesnil oder Dugommier
173 LEDRU ROLLIN	Avenue Ledru Rollin von der Avenue Daumesnil bis zur Rue de Lyon	Gare de Lyon und Ledru Rollin
XIIIe		
178 AUGUSTE BLANQUI	Bd Auguste Blanqui von der Place d'Italie bis zur Rue Barrault	Place d'Italie oder Corvisart
193 MAISON BLANCHE	Avenue d'Italie von der Rue de Tolbiac bis zur Rue Vandrezanne	Tolbiac
192 JEANNE D'ARC	Place Jeanne d'Arc	Nationale
192 SALPETRIERE	Unter der Métro, entlang dem Bd de l'Hôpital	Gare d'Austerlitz oder Saint Marcel
192 BOBILLOT	Rue Bobillot und Rue Rungis	Maison Blanche, dann Bus 67 zur Place Rungis
193 VINCENT AURIOL	Bd Vincent Auriol von der Rue Nationale bis zur Rue Dunois	Nationale
XIVe		
198 MONTROUGE	Am Platz an der Ecke Rue Brézin/Rue Saillard	Mouton Duvernet
212 VILLEMAIN	Place du Lieutenant Piobetta auf der Rue Alésia und Avenue Villemain	Plaisance
212 ALESIA	Platz zwischen Rue d'Alesia und Rue Tolbiac	Glacier
212 EDGAR QUINET	Bd Edgar Quinet von der Rue du Départ bis zur Rue de la Gaîté	Edgar Quinet
212 BRUNE	33–73, Bd Brune von der Avenue Jean Moulin bis zur Rue Friant	Porte de Vanves
212 BRANCUSI (BIO)	Place Brancusi, von der Avenue du Maine aus entlang der Rue de l'Ouest	Gaîté

MARKT		ADRESSE	MÉTROSTATION
	XVe		
216	SAINT CHARLES	Rue Saint Charles von der Rue de Javel bis zur Rue des Cévennes	Charles Michels
230	CONVENTION	Rue de la Convention von der Rue de Vaugirard bis zur Rue de Dantzig	Convention
231	CERVANTES	Rue Bargue zwischen Rue Dutot und Rue Platon	Volontaires
231	LEFÈBVRE	Ecke Bd Lefebvre/Rue Vaugirard nahe der Rue de Dantzig	Porte de Versailles
230	LECOURBE	Ecke Rue Lecourbe/Bd Victor	Balard oder Lourmel
231	GRENELLE	Bd de Grenelle vom Bd de la Motte-Piquet bis zur Rue de Lourmel	La Motte-Piquet Grenelle oder Dupleix
	XVIe		
236	PRÉSIDENT WILSON	Avenue du Président Wilson von der Rue Freycinet zur Avenue d'Iéna	Alma Marceau oder Iéna
252	ADMIRAL BRUIX	Bd de l'Amiral Bruix und Rue Weber	Porte Maillot
252	AUTEUIL	Ecke Rue d'Auteuil/Rue La Fontaine	Michel-Ange Auteuil
253	PORTE MOLITOR	Place de la Porte Molitor und Bd Murat	Michel-Ange Molitor
252	POINT DU JOUR	Avenue de Versailles von der Porte de Saint Cloud bis zur Rue Murat	Porte de Saint Cloud
252 •	SAINT DIDIER	Ecke Rue Saint Didier/Rue Mesnil	Victor Hugo
252 •	PASSY	An der Place de Passy auf Rue Duban, von der Rue de Passy aus	La Muette
253	GROS-LA-FONTAINE	Ecke Rue La Fontaine/Rue Gros	Jasmin
	XVIIe		
260	BATIGNOLLES (BIO)	Bd de Batignolles von der Rue Boursault bis zur Rue des Batignolles	Rome
273 ∗	RUE LEVIS	Rue Levis quer vom Bd de Courcelles	Villiers
273 •	BATIGNOLLES	24, Rue Brochant	Brochant
273 ∗	RUE PONCELET	Rue Poncelet und Rue Bayen von der Avenue des Ternes aus	Ternes
273 •	TERNES	8, Rue Lebon	Ternes or Péreire
273	BERTHIER	Avenue Brunertière (hinter Bd Berthier)	PC Bus bis Gourgaud-Paul Adam
273	NAVIER	Rue Navier von der Avenue de St Ouen aus	Porte St Ouen
	XVIIIe		
278	BARBES	Bd de la Chapelle vom Bd Barbès aus	Barbès Rochechouart
291	CRIMÉE	Bd Ney an der Porte Aubervilliers	Porte de la Chapelle
291	ORDENER	Rue Ordener von der Rue du Montcalm bis zur Rue de Championnet	Jules Joffrin und Bus 31
291	NEY	Bd Ney und Porte de Clignancourt	Porte de Clignancourt
291	ORNANO	Bd Ornano zwischen der Place Albert Kahn und der Rue Ordener	Simplon und Porte de Clignancourt
291 ∗	RUE LEPIC	Rue Lepic zwischen Bd de Clichy und der Rue des Abbesses	Blanche
291 •	LA CHAPELLE	10, Rue de l'Olive von der Rue Riquet aus	Marx Dormoy
	XIXe		
296	JOINVILLE	Place de Joinville von der Rue de Joinville aus, neben dem Kanal	Crimée
308	PORTE BRUNET	Avenue de la Porte de Brunet von der Rue Sérurier aus	Danube
308	VILLETTE	Bd de la Villette	Belleville
309	JEAN JAURES	145–185, Avenue Jean Jaurès	Ourcq
309	PLACE DES FÊTES	am Platz, wo Rue Crimée und Rue Pré-Saint-Gervais zusammentreffen	Place des Fêtes
309 •	RIQUET	42, Rue Riquet	Riquet
309 •	SECRETAN	Kreuzung von der Avenue de Secrétan und der Rue de Meaux Bolivar	Bolivar
	XXe		
314	RÉUNION	Place de la Réunion von der Rue Alexandre Dumas aus	Alexandre Dumas
330	TÉLÉGRAPHE	Rue du Télégraphe von der Rue de Belleville aus	Télégraphe
330	BELGRAND	Entlang der Rue de la Chine und Rue Belgrand	Gambetta oder Porte de Bagnolet
330	PYRÉNÉES	Rue des Pyrénées zwischen der Rue du Jourdain und der Rue de l'Hermitage	Pyrénées
331	MORTIER	Ecke Bd Mortier/Rue Capitaine Ferber	Porte de Bagnolet
331	DAVOUT	Bd Davout von der Rue Paganini bis zur Rue de Lagny	Porte de Montreuil

• Geschlossener Markt: Lebensmittelhallen mit einzelnen Ständen

∗ Straßenmarkt: Fußgängerzone mit Geschäften und Ständen auf dem Bürgersteig

FISCHE UND MEERESFRÜCHTE

TURBOT
Steinbutt

SOLE
Seezunge

CONGRE
Meeraal

RAIE
Rochen

LOTTE
Seeteufel

THON GERMON
Weißer Thunfisch

MERLAN
Merlan, Wittling

MAQUERAU
Makrele

CABILLAUD
Kabeljau, Dorsch

MERLU
Seehecht

ANCHOIS
Sardelle, Anchovis

SARDINE
Sardine

DAURADE ROYAL
Goldbrasse

ROUGET/ROUGET-BARBET
Meerbarbe/Rotbarbe

LOUP DE MER
Wolfsbarsch, Seewolf

MULET
Meeräsche

PAGEOT
Rotbrasse

RASCASSE ROUGE/CHAPON
Roter Drachenkopf

SAINT-PIERRE
Sankt-Petersfisch, Heringskönig

POULPE
Tintenfisch

CALAMAR
Kalmar

CREVETTE ROSE/BOUQUET
Garnele mit rotem Panzer

CREVETTE GRISE
Nordseegarnele, Krabbe

LANGOUSTE
Languste

HOMARD
Hummer

ÉCREVISSE
Flusskrebs

LANGOUSTINE
Kaisergranat, Scampo

ARAIGNÉE DE MER
Seespinne, Teufelskrabbe

TOURTEAU
Taschenkrebs

OURSIN
Seeigel

BULOT
Wellhornschnecke

HUÎTRE
Auster

MOULE
Miesmuschel

COQUILLE ST JACQUES
Jakobsmuschel

PÉTONCLE
Kamm-Muschel

PALOURDE/CLOVISSE
Venusmuschel

PRAIRE
Raue Venusmuschel

AMANDE DE MER
Samtmuschel

COQUE
Herzmuschel

343

KÄSE

FROMAGES À CROUTE FLEURIE
Weißschimmelkäse

Coulommiers

Chaource

Brie de Melun

Brillat-Savarin

Saint-Marcellin

Neufchâtel

Camembert

Brie de Meaux

FROMAGES À CROUTE LAVÉE
Weichkäse mit Rotflora

Munster/Münster

Langres

Maroilles

Livarot

Pont l'Évêque

Vacherin Mont d'Or

Epoisses

FROMAGES À PÂTE PERSILLÉE
Blauschimmelkäse

Bleu d'Auvergne

Bleu de Gex

Roquefort

Bleu des Causses

Fourme d'Ambert

CHÈVRE
Ziegenkäse

Picodon de l'Ardèche

Charolais/Charolles

Poivre d'âne

Chabichou du Poitou

Montrachet

Saint-Maure

Cabécou

Crottin de Chavignol

Pouligny-Saint-Pierre

Selles-sur-Cher

Pélardon

FROMAGES À PÂTE PRESSÉE NON CUITE
Halbfeste und feste Schnittkäse

Salers

Cantal

Laguiole

Ossau-Iraty

Reblochon

Saint-Nectaire

Bethmale

Mimolette

Ardi-gasna

Tomme de Savoie

Morbier

FROMAGES À PÂTE PRESSÉE CUITE
Hartkäse

Abondance

Beaufort

Comté, Gruyère de Comté

345

FRANZÖSISCHER FLEISCHSCHNITT (RIND)

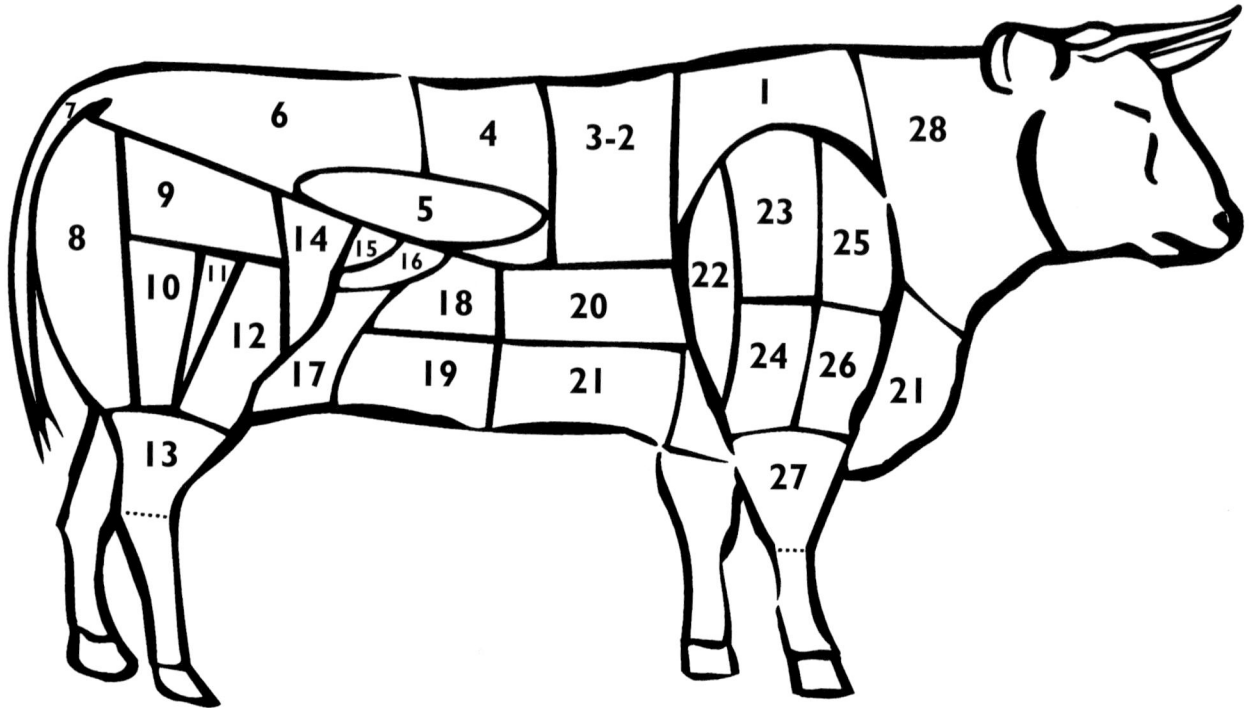

1 Basses côte – Hohe Rippe
2 Côtes – Hohe Rippe, Rindskotelett
3 Entrecôte – Zwischenrippenstück
4 Faux-filet – Roastbeef, schmackhaftes Lendenstück
5 Filet – Filet
6 Rumsteck – Rumpsteack, Hüftsteak
7 Queue – Schwanz
8 Rond de gîte – hinterstes Stück der Oberschale
9 Tranche grasse – vordere und mittlerer Oberschale
10 Gîte a la noix – Nuss
11 Araignée – Maus, zentrales Keulenstück
12 Tranche – Kluftscheibe und unterstes, vorderes Stück der Unterschale
13 Gîte et jarret arrière – Hinterhesse, hintere Beinscheibe
14 Aiguillette baronne – oberster Zipfel der Nuss

15 Onglet – inneres Zwerchfellstück unter dem Filet
16 Hampe – Wamme, Zwerchfellstück
17 Bavette d'aloyau – hinterstes Lappenstück
18 Bavette de flanchet – Seitenstück aus dem oberen Lappen
19 Flanchet – Bauch oder unterer Lappen
20 Plat de côtes – Schmor- oder Spannrippe
21 Poitrine – Bruststück
22 Macreuse à bifteck – mageres, hinteres Bugstück
23 Pabron – Schaufeldeckel
24 Macreuse – zentraler, unterer Schulterteil
25 Jumeau à bifteck – Schaufelstück, Schulterspitz
26 Jumeau à pot au feu – unterer, vorderer Schulterteil
27 Gîte et jarret avant – Vorderhesse, vorderer Beinscheibe
28 Collier – Hals oder Nacken

KOCHGLOSSAR

Bain Marie Ein heißes Wasserbad, das verwendet wird, um die Hitzezufuhr bei empfindlichen Zutaten (wie Soufflés) oder Zutaten, die eine lange Garzeit erfordern (z. B. Pasteten) zu reduzieren. Dabei wird das Gargut in einem größeren Behälter etwa bis zur Hälfte in Wasser gestellt.

Blanchieren Ob nun Gemüse, Fisch, Meeresfrüchte oder Hülsenfrüchte blanchiert werden, der Vorgang ist letztlich immer der gleiche: Das Gargut wird kurz gekocht. Zum Blanchieren taucht man es für etwa 60 Sekunden in kochendes Wasser. Anschließend das Gargut aus dem kochenden Wasser nehmen, abtropfen lassen und unter fließend kaltem Wasser abschrecken.

bouquet garni Ein *bouquet garni* ist eine Zusammenstellung verschiedener Kräuter, die zusammengebunden oder in ein Säckchen aus Mulltuch eingeschlagen und gebunden werden. Meist besteht es aus Petersilie, Thymian und Lorbeerblatt. Man kann aber auch, je nach Rezept, andere Kräuter und Gewürze nehmen, etwa Rosmarin, Selleriekraut, Knoblauch und schwarze Pfefferkörner.

Eier trennen Die Eier trennen und Eiweiß in eine große, saubere, absolut fettfreie Schüssel geben. Darauf achten, dass beim Trennen der Eier kein bisschen Eigelb in das Eiweiß gelangt, da sich das Eiweiß sonst nicht mehr richtig steif schlagen lässt. Eiweiß wird entweder mit einem Schneebesen mit der Hand, mit einem Handmixer oder in der Küchenmaschine mit 1 Prise Salz steif geschlagen. Beim Schlagen wird das Eiweiß zuerst schaumig, bekommt allmählich Volumen und erhält Stabilität. Anfänglich ist der Eischnee weich, wird aber durch Weiterschlagen fester, bis beim Herausziehen des Schneebesens eine stabile Spitze entsteht. Durch noch längeres Schlagen würde der Eischnee griesig werden und sich anschließend trennen.

Flambieren Flambieren ist ein sehr einfacher Vorgang, der von vielen gefürchtet wird, da man weitläufig annimmt, Flambieren sei Köchen und Kellnern in großen Restaurants oder Hotels vorbehalten. Ist der Moment erreicht, an dem eine Zubereitung flambiert werden soll, gießt man den jeweiligen Alkohol an, geht einen Schritt zurück, zündet ein Streichholz an und hält es in die Pfanne oder den Topf. Der Alkohol entzündet sich und Flammen züngeln nach oben. Die Pfanne oder den Topf dann leicht schütteln, bis die Flamme erlischt.

Flüssigkeit erhitzen Flüssigkeit, meist Milch, wird erhitzt, aber nicht zum Kochen gebracht.

Hühnerbrühe Für eine gute Hühnerbrühe gibt man folgende Zutaten in eine große Kasserolle, bringt sie zum Kochen und lässt sie etwa 1 Stunde zugedeckt leicht köcheln: Knochen von 1 Huhn, 1 Möhre, 1 geschälte Zwiebel, 1 Zweig Selleriekraut, Pfefferkörner, Petersilienstiele, 1 TL Salz. Vom Herd nehmen, durch ein Sieb gießen, auskühlen lassen und kalt stellen. Vor der weiteren Verwendung das fest gewordene Fett, das sich an der Oberfläche abgesetzt hat, in großen Stücken abheben. Hühnerbrühe lässt sich im Voraus zubereiten und kann auch einfroren werden.

mit Salz und Pfeffer abschmecken In den meisten Rezepten dieses Buches wird keine genaue Salz- oder Pfeffermenge angegeben. Meist wird am Anfang oder während der Zubereitung eines Rezeptes mit Salz und Pfeffer gewürzt. Genau abgeschmeckt wird eine Speise mit Salz und Pfeffer fast immer am Ende der Garzeit oder unmittelbar vor dem Servieren. Wird die Salz- oder Pfeffermenge jedoch angegeben, sollte man sie auch genau abmessen.

Tomaten enthäuten Mit einem kleinen, spitzen Messer schneidet man den Strunk aus den Tomaten und ritzt die Haut auf der gegenüberliegenden Seite kreuzweise ein. Dann die vorbereiteten Tomaten in eine Kasserolle mit siedendem Wasser tauchen und etwa 30 Sekunden blanchieren. Sobald sich die Haut abzulösen beginnt, die Tomaten mit einem Schaumlöffel herausnehmen und in einer Schüssel mit eiskaltem Wasser abschrecken. Abkühlen lassen und schälen. Anschließend werden die Tomaten halbiert, entkernt und je nach Verwendung klein geschnitten.

Rinderbrühe Für eine gute Rinderbrühe gibt man 2 große Beinknochen vom Rind mit 1 Möhre, 1 geschälten Zwiebel und 1 Selleriestange in eine ofenfeste Form. Im vorgeheizten Ofen bei 230 °C etwa 20 Minuten backen. Aus dem Ofen nehmen und die Zutaten in eine große Kasserolle geben, mit Wasser, 1 TL Salz, einigen Petersilienstielen auffüllen und zum Kochen bringen. Mindestens 2 Stunden bei niedriger Hitze köcheln lassen, dabei öfters abschäumen. Durch ein Sieb in einen großen Behälter abgießen, abkühlen lassen und kalt stellen. Vor der weiteren Verwendung das fest gewordene Fett, dass sich an der Oberfläche abgesetzt hat, in großen Stücken abheben. Rinderbrühe lässt sich im Voraus zubereiten und kann auch eingefroren werden.

GLOSSAR

abattoir – Schlachthaus

accras de morue – gebratene Kabeljaubällchen

affinage – Nachreifungsprozess beim Käse

affineur – Käsehändler, der Käse im eigenen Keller nachreifen lässt

amanites des Césars – Kaiserling (Speisepilz)

amuse-gueule – »Gaumenfreude«, Appetithäppchen, Vor-Vorspeise

andouillette – gewürztes Gekrösewürstchen aus klein geschnittenen Darmstücken und anderen Innereien

antipasti – (ital.) Vorspeisen

arrondissement – in Paris verwendeter Begriff für »Stadtviertel«. Die Stadt ist in 20 nummerierte Arrondissements oder Stadtviertel unterteilt.

artisanal – nach alter Tradition hergestellt oder hausgemacht

auberge – familiengeführtes Restaurant, Pension oder Herberge

bacalao (morue) – Stockfisch = gesalzener Kabeljau (Dorsch)

ballon de rouge – umgangssprachlicher Begriff für ein Glas Rotwein

barquette – kleines schiffchen- oder körbchenförmiges Gebäck

belon – Austernart (s. Abbildung Seite 29)

beurek – Dreiecke aus Filoteig, mit gewürztem Fleisch, Ricotta oder Spinat gefüllt

bien cuit – durch (à point = »auf den Punkt«, im Kern rosa, *rosé* = rosa, *saignant* = blutig)

bio/biologique – biologisch, biodynamisch

bleu de travail – Arbeitskittel

blinis – kleine, hohe Pfannkuchen aus Buchweizenmehl (russische Küche)

bœuf bourguignon – Ragout aus in Rotwein geschmorten Rindfleischwürfeln

bœuf en daube – bei schwacher Hitze, mit wenig Flüssigkeit geschmortes Rindfleisch

bœuf gros sel – gekochtes Rindfleisch, mit Gemüse und grobem Salz serviert

bouchée à la reine – Königinpastete = mit einem Ragout aus Geflügel, Kalbfleisch und Rahmsauce gefüllte Blätterteigpastetchen

boucherie – Metzgerei

bouillabaisse – klassischer, provenzalischer Fischeintopf

bouquetière – Blumenhändlerin

bouquiniste – Antiquariatsbuchhändler

brandade de morue – Stockfischpüree (s. Rezept Seite 334)

bresaola – (ital.) luftgetrocknetes Rinderfilet aus den Alpen, wird hauchdünn aufgeschnitten

brocante/brocanteur – Antiquitäten- und Trödelhändler

burma – tunesisches Gebäck aus Engelshaar-Teig, mit Pistazien gefüllt

cabri – Zicklein

café au lait – Milchkaffee

cailles aux figues fraîches – gebratene Wachteln mit frischen Feigen (s. Rezept Seite 235)

canard croisé – Kreuzung zwischen Wild- und Hausente (canard de Rouen)

casse-croûte – Imbiss, Brotzeit, zweites Frühstück

cassoulet – Eintopf aus weißen Bohnen und verschiedenen Wurstsorten, Ente *(confit de canard)*, Gans, Lamm- oder Schweinefleisch

céleri rémoulade – geraspelter Knollensellerie mit Mayonnaise

cèpe (porcini) – Steinpilz, begehrter Speisepilz mit brauner Kappe und nussigem Geschmack

chabrot – ländlicher Brauch, Rotwein in den Rest der Suppe oder des Eintopfes zu giessen und diese Mischung auszulöffeln

champignons de Paris – Zuchtchampignons

chanterelle (girolle) – Pfifferling, Gelbschwammerl, sehr begehrter, mild schmeckender Speisepilz

charcuterie/charcutier – Sammelbegriff für Wurstwaren, wie Schinken und Pastete *(pâté)*, meist aus Schweinefleisch; Wurstwarengeschäft/(Schweine-) Metzger, Fleischer oder Inhaber eines (Wurstwaren-) Feinkostgeschäftes

charolais – weiße Mastrindrasse mit besonders saftigem, zartem Fleisch; stammt ursprünglich aus der Gegend von Charolles

cheval – Pferd, Pferdefleisch; *(boucherie chevaline)* Pferdemetzgerei

chevreuil – Reh, Rotwild

chipolata – (ital.) kleine Bratwürstchen

chorizo – (span.) pikant gewürzte, grobe Hartwurst aus Schweinefleisch

chou farci – mit einer Farce aus Schweinehack, Zwiebeln, Eiern, Wein und Gewürzen gefüllte Kohlroulade, Krautwickel

choucroute garnie (alsacienne) – elsässischer, mit Weißwein zubereiteter Sauerkrauttopf mit gepökeltem Schweinefleisch, Schinken, Bauchspeck und Würsten

chouquettes – gebackene Teigbällchen, mit grobem Zucker bestreut

clafoutis – mit Biskuit- oder Brandteig überbackene frische Früchte (meist schwarze Süßkirschen, ursprünglich aus dem Limousin (s. Rezept Seite 334)

confit de canard – im eigenen Fett eingemachte Ententeile (meist Keule)

coq au vin – in Weiß- oder Rotwein geschmorte Hähnchenstücke (s. Rezept Seite 131)

coque – Herzmuschel, kleine weißschalige Muscheln *à la coque* – siehe *œuf à la coque*

cornes de cerf (feuille de chêne) – Eichblattsalat, grüner Blattsalat mit braunen Spitzen, die an Eichenblätter erinnern

cornichons – in Essig eingelegte Gewürz- oder Pfeffergürkchen

côte de bœuf – Rippenstück (Rind) zum Braten

coup de cœur – Lieblingsstück

court bouillon – mit aromatischen Gemüsen und Kräutern gewürzter und meist mit Essig oder Wein versetzter Sud zum Garen von Fischen, Krustentieren, Gemüsen und hellem Fleisch

couscoussière – spezieller Dämpftopf zum Garen von Couscous (grobkörniger Hartweizengrieß)

crème fraîche – cremiger, leicht säuerlicher Rahm mit etwa 40 % Fett i. Tr.

cuisson – das Kochen, Braten, Sieden, Backen; Gargrad (meist bei Fleisch und Geflügel)

»dix balles« – »zehn Francs«

dolma – mit Hackfleisch und Gewürzen gefüllte Gemüse (s. Rezept Seite 103)

douzaine – ein Dutzend

eau-de-vie – Weinbrand oder anderer hochprozentiger Alkohol

épeautre – Dinkel (Weizenart, die bis Anfang des 20. Jh. besonders häufig angebaut wurde)

éperlan – Stint oder Binnenstint, kleine silberfarbene Fische, die im Ganzen frittiert und gegessen werden

épicerie/épicier – Lebensmittelgeschäft/Lebensmittelhändler

escalope – dünne Scheibe Fleisch, Schnitzel

escargots de Bourgogne – fette weiße Weinbergschnecken, die in ihrer Schale mit Butter, Knoblauch und Petersilie zubereitet werden; klassische Spezialität aus dem Burgund

fait maison – hausgemacht

feuilleté – delikates Gebäck aus Blätterteig; warme Blätterteigpastete

fez (pl. fezzes) – ein Scheitelkäppchen, das von Männern in arabischen Ländern getragen wird

fines de claires – Austernart

flan – salziger oder süßer Auflauf, Pudding, Flan

flûte – dünne Baguette

foie gras – die Stopfleber gemästeter Gänse oder Enten, eine kulinarische Köstlichkeit; wird meist in einer Terrinenform (s. Rezept Seite 118) oder frisch zubereitet und mit einer süßen Sauce serviert

fougasse – flacher, im Ofen oder in Asche gebackenes Brot aus Weizen- oder Hefeteig (Südwestfrankreich); wird meist mit Olivenöl, Kräutern, Zwiebeln oder Oliven oder süß mit kandierten Früchten gebacken

fraises des bois – Walderdbeeren

fricassé Auvergnat – Frikassee mit frischen, geschnittenen Würsten und Kartoffeln, die in Gänse- oder Entenschmalz zubereitet werden (Auvergne)

friture – kleine, unausgenommene Fische zum Frittieren (s. Rezept Seite 311)

fromage de tête (de cochon) – Schweinskopfsülze

fromagerie/fromager – Käsegeschäft/Käsehändler

galette – Pfannkuchen aus Blätterteig oder Hefeteig und Buchweizenmehl mit verschiedenen Belägen

gare – Bahnhof

gariguette – längliche, leicht nach Zitronen schmeckende Erdbeeren

gelée – Gelee = erkalteter, fest gewordener Saft von

Fleisch oder Früchten

guinguette – volkstümliches Tanzlokal im Grünen; Ausflugslokal (spätes 18. Jh.)

hachis parmentier – im Ofen überbackenes Kartoffelpüree mit Hackfleisch (s. Rezept Seite 333)

haricots verts – grüne Bohnen; Prinzessbohnen

harissa – (arab.) sehr scharfe Würzpaste aus kleinen roten Pfefferschoten und weiteren Gewürzen (Nordafrika, Mittlerer Osten)

haut de gamme – Spitzenprodukt, -klasse

hôtel particulier – herrschaftliches Stadthaus

huîtres à la nage – Austern, die in einer leichten Rahmsauce zubereitet werden (s. Rezept Seite 57)

jambon – Schinken

jambon persillé – gekochter Schinken in Petersilienaspik

La Vieille France – Bezeichnung für das alte Frankreich mit seinen bewährten Traditionen

lapin forestier – Eintopf mit Kaninchen und Wildpilzen

lentilles aux lardons – Linsen mit gebratenem Speck

ligname – Wurzel, aus der ein dem Porridge ähnlicher Brei zubereitet wird

mâche – Feldsalat

madeleine – französisches Teegebäck (s. Rezept Seite 118)

magret (auch: maigret) de canard – Brustfilet von der Ente

manioc – Maniok; Tapioka (Stärkemehl aus der Maniokwurzel)

maraîcher – Gemüsegärtner

marchand – Händler, Ladeninhaber

marché – Markt

merguez – würzige, nordafrikanische Lammwurst

métier – Beruf

mi-cuit – halb gar

mollet – weich gekocht; weich, zart; (Ei) wachsweich gekocht

morue (à la provençale) – frischer Kabeljau, mit Tomaten, Knoblauch und Kräutern zubereitet

mousseron – Bezeichnung für verschiedene, meist violette oder braune Speisepilze (Maipilz, Mehlschwamm)

museau de porc en vinaigre – Schweinskopfsülze, angemacht mit Essig und Öl

natas – (port.) mit Vanillecreme (Konditorcreme) gefüllte Tartes

Nouvelle Cuisine – wörtl. »Neue Küche«, französischer Kochstil der 1980er-Jahre, schonende Zubereitung mit Akzent auf dem Eigengeschmack ausschließlich frischer Produkte, kleine Portionen bei verringerter Verwendung von Butter und Sahne, verkürzte Garzeiten

œuf à la coque – weiches (Dreiminuten-)Ei

pain au chocolat – mit Schokolade gefülltes Croissant

pain de campagne – Landbrot (meist aus Weizenmehl, evtl. etwas Roggenmehl)

parmigiano reggiano – (ital.) Parmesankäse

pastillas – gebratene, mit Fleisch, Nüssen und verschiedenen Gewürzen gefüllte Teigtaschen aus Filoteig (Nordafrika)

patatier – Kartoffelhändler

paupiettes – mit einer Fleisch-Gemüse-Farce gefüllte Kalbs- oder Putenrouladen

périphérique – Ringautobahn um Paris

petit déjeuner – Frühstück

petit gris – kleine, essbare Schnecken

petit salé aux lentilles – gepökeltes Schweinefleisch mit Linsen gekocht

pièce de bœuf – dicke Fleischschnitte, meist aus dem Filet

pied de mouton – Semmelpilz, essbarer Stachelpilz, pfifferlingähnlich

pissaladière – provenzalische Zwiebeltarte (s. Rezept Seite 232)

plat du jour – Tagesgericht (mit Beilagen)

plateau de fruits de mer – Zusammenstellung aus Austern, Venusmuscheln, Krabben, Garnelen, Scampi (Kaisergranat), Seeschnecken, Miesmuscheln und Seeigeln, die auf einer großen, mit zerstoßenem Eis belegten Metallplatte serviert werden; dazu werden Roggenbrot, Butter, Zitrone, Schalotten, Vinaigrette und Mayonnaise gereicht; typisch für Brasserien mit Austernbar

poilâne – ein Sauerteigbrot, das in Holzöfen gebacken wird; der Name stammt von dem berühmten Bäcker Poilâne, der es als erster auf den Markt brachte und dessen Söhne diese Tradition weiterführten

poivrade – scharfe Pfeffersauce oder kleine Artischocken, die nur mit Salz gewürzt und ganz gegessen werden

pommes frites – Pommes frites

pot au feu – in klarer, kräftiger Bouillon gekochtes (Rind-)Fleisch, Geflügel mit Gemüse (s. Rezept Seite 35)

poule au pot – Suppeneintopf mit gefülltem Huhn, Rindfleisch und Gemüse

poulet de Bresse – ausgezeichnetes, im Freiland mit Körnerfutter aufgezogenes Hähnchen aus der Bresse

poulet de Gers/de Maranes – wie Bresse-Hähnchen, nur aus der Region Gers/Maranes

prosciutto – (ital.) luftgetrockneter Schinken

provolone – italienischer Käse aus Kuhmilch

quartier – Viertel; Stadtviertel

quenelles de brochet – Hechtklößchen; lockere, ovale Klößchen aus Hechtfarce, die mit einer Rahmsauce serviert werden

ragoût de marcassin – Ragout, Schmorgericht aus Wildschweinstücken in würziger brauner Sauce

rillettes – im eigenen Schmalz eingemachtes Schweine-, Kaninchen-, Enten- oder Gänsemett als Vorspeise oder Brotaufstrich, wird mit Senf und *cornichons* serviert

rondelles – runde Scheiben

roquette – Rauke (ital. Rucola), kräftig aromatisch

schmeckender, leicht bitterer Blattsalat

rosés – leicht rosafarbene Champignons *(champignons de Paris)*

rôtisserie – Grillrestaurant, Grillstand oder -geschäft, in dem gegrilltes Fleisch oder Geflügel vom Spieß verkauft wird

salade russe – russischer Salat mit gekochtem Gemüse, Kartoffelwürfeln und Mayonnaise

salumeria – (ital.) Feinkostgeschäft

sarrasin – Buchweizenmehl

saucisson – (Brüh-, Schnitt-)Wurst in vielen Varianten, meist geräuchert oder luftgetrocknet

souper – spätes Abend-, Nachtessen

steak frites – typisch französisches Gericht: gegrilltes oder kurz gebratenes Steak mit Pommes frites

steak tartare – typisch französisches Gericht: rohes Hacksteak aus Rindfleisch, Kapern, Zwiebeln, Senf, Tabasco, rohem Eigelb, Salz und Pfeffer; wird mit Pommes frites und Salat serviert

sur place – an Ort und Stelle

taboulé – erfrischender Salat aus Weizengrieß (Couscous), Minze, Petersilie, Tomaten, Zwiebeln, Paprika und Zitrone

tagine – Schmortopfgericht aus Nordafrika (s. Rezept Seite 294)

tapenade – würzig-pikante Olivenpaste (s. Rezept Seite 90)

tarama (taramasalata) – Brotaufstrich aus geräuchertem Kabeljaurogen, Crème fraîche, Olivenöl oder Mayonnaise

tarte aux pommes – Apfeltarte

tartine beurrée – Butterbrot

terrine – Pastete aus Fleisch, Geflügel, Fisch oder Gemüse, die in einer Terrinenform (meist aus Steingut) gegart und serviert wird

teurgoul – Reispudding, ein altes Rezept aus der Normandie

topinambour – subtropisches Knollengemüse (Jerusalem-Artischocke)

tourteau – Taschenkrebs

tout Paris – wörtl. »Ganz Paris«, die Schönen und Reichen der Pariser Gesellschaft

traiteur – Feinkosthändler, -geschäft; Verkauf von zubereiteten Gerichten

triperie/tripier – Innereienhändler, Innereien-, Kaldaunengeschäft

trompettes-des-morts – wörtl. »Totentrompeten«, Herbst-, Totentrompete; begehrter Speisepilz mit sehr nussigem Geschmack

veau printanier – wörtl. »Frühlingskalb«; sautiertes Kalbsfleisch mit in Butter gedünstetem jungem Gemüse

viticulteur – Winzer

volaille/volaillier – Geflügelgeschäft/Geflügelhändler

vol-au-vent – große Blätterteigpastete, mit Pilzen, Fleisch usw. gefüllt, heiß serviert.

voyou – Ganove

ADRESSEN

Allobroges, 71, Rue des Grands-Champs, 75020 Paris

Au Bœuf Couronné, 188, Avenue Jean Jaurès, 75019 Paris

Au Cochon Rose, 137, Rue St Charles, 75015 Paris

Aux Délices de Carol, 30, Rue de Joinville, 75019 Paris

Balajo, 8, Rue de Lappe, 75011 Paris

Bofinger, 5, Rue de la Bastille, 75004 Paris

Brasserie Lipp, 51, Bd St Germain, 75006 Paris

Café de Flore, 172, Bd St Germain, 75006 Paris

Café de France, 12, Place d'Italie, 75013 Paris

Carette, 4, Place du Trocadéro, 75016 Paris

Caves Péret, 6, Rue Daguerre, 75014 Paris

Caviar Kaspia, 17, Place de la Madeleine, 75008 Paris

Charcutier Lyonnais, 58, Rue des Martyrs, 75009 Paris

Cherche-Midi, 22, Rue du Cherche-Midi, 75006 Paris

Chez André, 12, Rue Marbeuf, 75008 Paris

Chez Gladines, 30, Rue des Cinq Diamants, 75013 Paris

Chez Teil – Produits d'Auvergne, 6, Rue de Lappe, 75011 Paris

D'Chez Eux, 2, Avenue Lowendal, 75007 Paris

Daguerre Marée, 9, Rue Daguerre, 75014 Paris
        4, Rue Bayen, 75017, Paris

Dominique Martino – La Truffe Noire Domaine de La Rabasse
        04210 Valensole-en-Provence

Facchetti, 134, Rue Mouffetard, 75005 Paris

Fauchon, 30, Place de la Madeleine, 75008 Paris

Fouquet's, 99, Avenue Champs Elysées, 75008 Paris

Fromagerie Vacoux, 5, Rue Daguerre, 75014 Paris

Gremillet – Lafitte Foie Gras
        20, Rue de l'Union, 78601 Maisons BP23
        Laffitte Cedex, Internet: www.sollers.fr/foie-gras

Hédiard, 21, Place de la Madeleine, 75008 Paris

Hôtel Lutetia, 45, Bd Raspail, 75006 Paris

Julien, 16, Rue du Faubourg St Denis, 75010 Paris

L' Ebauchoir, 43–45, Rue de Cîteaux, 75012 Paris

L'Oiseau de Passage, 7, Rue Barrault, 75013 Paris

La Galoche d'Aurillac, 41, Rue de Lappe, 75011 Paris

La Librairie des Gourmets, 98, Rue Monge, 75005 Paris

La Rôtisserie du Beaujolais, 19, Quai de la Tournelle, 75005 Paris

La Tour d'Argent, 15–17, Quai de la Tournelle, 75005 Paris

Ladurée, 16, Rue Royale, 75008 Paris
        75, Avenue Champs Elysées, 75008 Paris

Le Baron Rouge, 1, Rue Théophile Roussel, 75012 Paris

Le Bœuf Gros Sel, 120, Rue des Grands-Champs, 75020 Paris

Le Celtique, 25, Bd Auguste Blanqui, 75013 Paris

Le Cochon à l'Oreille, 15, Rue Montmartre, 75001 Paris

Le Comptoir de la Gastronomie, 34, Rue Montmartre, 75001 Paris

Le Jardin d'Isa, 1, Charles Fillion, 75017 Paris

Le Moulin de la Vierge, 166, Avenue de Suffren, 75015 Paris

Le Moulin Rouge, 82, Bd de Clichy, 75018 Paris

Le Poisson Bleu, 12, Rue Vitruve, 75020 Paris

Le Raspail, 58, Bd Raspail, 75006 Paris

Le Tambour, 41, Rue Montmartre, 75002 Paris

Le Viaduc Café, 43, Avenue Daumesnil, 75012 Paris

Les Vergers St Eustache, 13, Rue Montorgueil, 75001 Paris

Maison Maille, 6, Place de la Madeleine, 75008 Paris

Maison Molard, 48, Rue des Martyrs, 75009 Paris

Marius et Janette, 4, Avenue George V, 75008 Paris

Boulangerie Moisan (BIO), 5, Place Aligre, 75012 Paris

Musée de l'Érotisme, 72, Bd de Clichy, 75018 Paris

Noura, 12, Avenue Marceau, 75116 Paris

Parc André Citroën, Rue Saint Charles und Rue Balard, 75015 Paris

Parc de la Villette, 30, Avenue Corentin-Cariou, 75019 Paris

Parc des Buttes Chaumont, Rue Botzaris und Rue de Crimée, 75019 Paris

Parc Georges Brassens, Rue Brancion und Rue Morillons, 75015 Paris

Parc Montsouris, Métro: Cité Université, 75014 Paris

Printemps, 64, Bd Hausmann, 75009 Paris

Quatre Hommes, 118, Rue Mouffetard, 75005 Paris
        62, Rue de Sèvres, 75007 Paris

Quoniam, 107, Rue Mouffetard, 75005 Paris

Rendez-vous de la Nature, 96, Rue Mouffetard, 75005 Paris

Square Trousseau, 1, Rue Antoine Vollon, 75012 Paris

BIBLIOGRAPHIE

Arcache, Jean, *Le Guide Hachette des Vins, 1998,*
Paris (Hachette Livres) 1997.

Beck, Simone, Louisette Bertholde und Julia Child,
Mastering the Art of French Cooking,
New York (Alfred A. Knopf, Inc.) 1961.

Christain, Glynn, *Edible France,*
London (Grub Street) 1996.

Dominé, André (Hg.), *Culinaria – Französische Spezialitäten,*
Köln (Könemann) 1999.

Eß-Dolmetscher Frankreich,
München (Orbis) 2000.

Fierro, Alfred, *Histoire et Dictionnaire de Paris,*
Paris (Robert Laffont, S.A.) 1996.

Fortin, Jacques (Hg.), *Food Guide – Internationaler Lebensmittelkompass,*
Köln (Könemann) 1999.

Hillairet, Jacques, *Connaissance du Vieux Paris,*
Paris (Payot et Rivages) 1993.

Hillairet, Jacques, *Dictionnaire Historique des Rues de Paris,*
Paris (Ed. Minuit) 1991.

Johnson, Hugh, *Der große Johnson,*
Ostfildern (Hallwag) 1999.

Larousse, Pierre, *Nouveau Dictionnaire Illustré,*
Paris (Larousse) 1909.

Maureau, Andrée, *Recettes en Provences,*
Aix-en-Provence (Edisud) 1991.

Vallois, Thirza, *Around and About Paris,*
London (Illiad Books) 1997.

Varejka, Pascal, *Paris – brève histoire de la capitale,*
Paris (Ed. Parigramme) 1995.

Werle, Loukie und Cox, Jill, *Ingredienzen,*
Köln (Könemann) 2000.

BILDNACHWEISE

ABKÜRZUNGEN, MENGENANGABEN

1 g	= 1 Gramm = 1/1000 Kilogramm
1 kg	= 1 Kilogramm = 1000 Gramm
125 ml	= 125 Milliliter = 1/8 Liter
250 ml	= 250 Milliliter = 1/4 Liter
500 ml	= 500 Milliliter = 1/2 Liter
750 ml	= 750 Milliliter = 3/4 Liter
1 EL	= 1 Esslöffel = 15–20 g/15 ml
1 TL	= 1 Teelöffel = 3–5 g/5 ml